高等院校汽车类创新型应用人才培养规划教材

道路交通安全

主　编　郑安文
副主编　杜胜品　张良力

内容简介

本书为 21 世纪全国高等院校汽车类创新型应用人才培养规划教材。本书在广泛吸收国内外道路交通安全最新研究成果的基础上，以构成现代道路交通系统的人员、车辆、道路及交通环境三大要素为基础，系统分析了交通安全与人员、车辆、道路及交通环境的内在关系，具体阐述了道路交通事故分析及道路交通事故预防的基本理论与方法，全面介绍了智能交通系统、道路交通电子监控设备（技术）等交通安全新技术。全书共包括 9 章：道路交通安全概论、交通参与者与道路交通安全、车辆与交通安全、道路与交通安全、道路交通事故调查与处理、道路交通事故统计分析、交通安全评价与事故预测、道路交通管理与交通安全、智能交通系统等。在内容的选取上注重实用性与新颖性，系统反映道路交通安全领域的最新成果。

本书既可以作为交通工程、交通运输、安全工程、车辆工程、汽车服务工程等相关专业的本科、专科院校的教材，也可以作为从事道路交通安全设计、交通安全管理人员等相关人员的参考用书，以及交通运输系统安全管理人员短中期安全培训的教材，也可作为相关专业研究生的教学参考书。

图书在版编目（CIP）数据

道路交通安全/郑安文主编. —北京：北京大学出版社，2017.1
（高等院校汽车类创新型应用人才培养规划教材）
ISBN 978-7-301-27868-0

Ⅰ.①道… Ⅱ.①郑… Ⅲ.①道路交通安全法—法律解释—中国—教材 Ⅳ.①D922.145

中国版本图书馆 CIP 数据核字(2016)第 320678 号

书　　　名	道路交通安全 DAOLU JIAOTONG ANQUAN
著作责任者	郑安文　主编
策 划 编 辑	童君鑫
责 任 编 辑	李娉婷
标 准 书 号	ISBN 978-7-301-27868-0
出 版 发 行	北京大学出版社
地　　　址	北京市海淀区成府路 205 号　100871
网　　　址	http://www.pup.cn　新浪微博：@北京大学出版社
电 子 信 箱	pup_6@163.com
电　　　话	邮购部 010-62752015　发行部 010-62750672　编辑部 010-62750667
印 刷 者	北京虎彩文化传播有限公司
经 销 者	新华书店
	787 毫米×1092 毫米　16 开本　22.5 印张　526 千字 2017 年 1 月第 1 版　2023 年 6 月第 4 次印刷
定　　　价	69.00 元

未经许可，不得以任何方式复制或抄袭本书之部分或全部内容。
版权所有，侵权必究
举报电话：010-62752024　电子信箱：fd@pup.pku.edu.cn
图书如有印装质量问题，请与出版部联系，电话：010-62756370

前　言

进入 21 世纪，随着我国国民经济的持续快速发展和人民生活水平的提高，乘用车正快速进入我国普通百姓家庭。汽车的广泛使用在带给人们便利生活的同时，道路交通事故已成为危害我国人民生命、财产安全的重要社会问题之一。

道路交通事故已成为一大社会公害。美国著名学者乔治·威伦在研究了美国和其他一些国家的交通、消防与犯罪的问题后通过其著作《交通法院》告知世人："交通事故已成为今天国家的最大问题之一，它比火灾问题严重，因为每年交通事故所造成的死伤及财产损失比火灾更大。它比犯罪问题更严重，因为它与整个人类有关，不管你是强者还是弱者，富人还是穷人，聪明人还是愚蠢人，男人、女人、小孩还是婴儿，只要他（或她）在公路上或街道上，每分钟都有死于交通事故的可能。"

道路交通活动表明，汽车在使用过程中带给使用者自身、带给他人的安全风险时刻存在，道路交通安全是涉及千家万户且与每个社会成员相关的社会问题，道路交通事故已成为严重的社会问题之一，需要每位交通参与者引起高度重视。因而，深入研究道路交通事故的基本特征，发生发展及分布规律，影响因素，分析评价方法，预防对策及控制措施，对于提高我国道路交通管理水平，降低交通事故发生率，都具有重要的现实意义。

本书共 9 章。第 1 章为概述，首先分析了道路交通事故的严重危害，在此基础上系统介绍了道路交通事故的相关概念、基本特点，国内外道路交通安全状况及其发展趋势、现代道路交通系统交通安全状况的变化过程及道路交通安全的研究内容等；第 2 章围绕交通参与者要素重点讨论分析了驾驶人的交通特性、行人骑车人乘客的交通行为特点，系统分析了交通行为与交通安全意识之间的关系；第 3 章围绕车辆要素，分别从汽车制动性能、汽车操纵稳定性能、汽车驾驶环境、汽车安全技术 4 个方面讨论分析了其性能、技术状况变化对交通安全的影响；第 4 章围绕道路要素，分别从道路特性、交通安全设施、道路行车环境、道路现场作业、道路交通电子监控设备（技术）等方面讨论分析了其特性要素、环境要素、设施技术状况变化对交通安全的影响；第 5 章从交通事故调查内容和方法、事故现场及勘查、责任认定及处理、事故责任及追究等方面阐述了交通事故调查与处理的主要内容和方法；第 6 章从交通事故统计、交通事故分布、交通事故影响因素分析、交通事故多发点辨识与治理等方面阐述了交通事故统计分析的主要内容和方法；第 7 章从交通安全评价、交通事故预测、交通冲突应用技术等方面阐述了交通安全评价与交通事故预测的主要内容和方法；第 8 章从交通安全法规、交通安全审计、交通事故紧急救助等方面阐述了交通安全管理的基本理论和方法；第 9 章从智能交通系统的概念、特点、框架结构、关键技术、典型应用等方面阐述了智能交通系统的基本理论和主要内容。

本书由郑安文、杜胜品、柳祖鹏、张良力编写。其中，第 1 章、第 2 章、第 3 章、第 4 章、第 5 章由郑安文编写，第 6 章、第 7 章由杜胜品编写，第 8 章由柳祖鹏编写，第 9 章由张良力编写。研究生陈引、吕天浩、童高鹏、邵红玲参加了资料收集工作。全书由郑安文统稿。在编写本书的过程中，编者参考了大量国内外文献资料，限于篇幅未能一一列出，引用及理解不当之处，敬请谅解，并在此向这些文献资料的原作者表示衷心的感谢！限于编者的水平和学识，书中难免存在不足之处，敬请读者批评指正。

编　者

2016 年 10 月

目 录

第1章 道路交通安全概论 ········· 1
1.1 道路交通事故已成为严重的社会问题 ········· 2
1.2 道路交通事故的概念与分类 ········· 7
1.3 国内外道路交通安全概况与发展趋势 ········· 21
1.4 现代道路交通系统交通安全状况的变化过程 ········· 28
1.5 现代道路交通系统简介 ········· 34
1.6 道路交通安全研究的基本内容 ········· 35
思考题 ········· 40

第2章 交通参与者与道路交通安全 ········· 41
2.1 驾驶人交通特性 ········· 43
2.2 其他交通参与者与交通安全 ········· 71
2.3 交通行为与交通安全意识之关系 ········· 78
思考题 ········· 83

第3章 车辆与交通安全 ········· 85
3.1 汽车制动性能与行车安全 ········· 87
3.2 汽车操纵稳定性与行车安全 ········· 97
3.3 汽车驾驶环境与交通安全 ········· 104
3.4 汽车安全技术与交通安全 ········· 114
思考题 ········· 135

第4章 道路与交通安全 ········· 137
4.1 道路特性与交通安全 ········· 139
4.2 交通安全设施与交通安全 ········· 171
4.3 道路行车环境与交通安全 ········· 183
4.4 道路现场作业与交通安全 ········· 191
4.5 道路交通电子监控设备（技术）与交通安全 ········· 198
思考题 ········· 204

第5章 道路交通事故调查与处理 ········· 205
5.1 道路交通事故调查的内容和方法 ········· 207
5.2 道路交通事故现场及勘查 ········· 210
5.3 交通事故责任认定及处理 ········· 221
5.4 交通事故责任及其追究 ········· 238
思考题 ········· 243

第6章 道路交通事故统计分析 ········· 244
6.1 交通事故统计调查与统计分析方法 ········· 246
6.2 交通事故分布规律解析 ········· 253
6.3 交通事故影响因素分析 ········· 259
6.4 交通事故多发地点的辨识与治理 ········· 267
6.5 道路交通事故信息系统简介 ········· 276
思考题 ········· 277

第7章 交通安全评价与事故预测 ········· 279
7.1 道路交通安全的评价 ········· 280
7.2 交通事故预测 ········· 287
7.3 交通冲突分析方法 ········· 290
思考题 ········· 298

第8章 道路交通管理与交通安全 ········· 299
8.1 道路交通管理概述 ········· 301
8.2 道路交通安全法规与交通安全 ········· 310
8.3 道路安全审计与事故预防 ········· 314
8.4 交通事故紧急救援 ········· 320
思考题 ········· 326

第9章 智能交通系统 ········· 327
9.1 智能交通系统概述 ········· 328

9.2 智能交通系统结构 ……………… 333
9.3 智能交通系统的关键技术 ……… 337
9.4 智能交通系统应用 ……………… 343

思考题 ……………………………… 349

参考文献 ………………………… 350

第 1 章
道路交通安全概论

本章教学要点

知识要点	掌握程度	相关知识
道路交通事故已成为严重的社会问题	了解汽车的正面效应、负面效应，我国机动化进程及面临的交通安全问题	道路交通安全的重要性；汽车与道路交通安全之间的关系
道路交通事故的概念与分类	理解安全及道路交通事故等相关概念的内涵；掌握道路交通事故的分类方法；认识道路交通事故的形式、特点及其危害	道路交通事故不同分类方法对认识交通事故发生规律的作用
国内外道路交通安全概况与发展趋势	了解国内外道路交通安全概况与发展趋势及其关键因素	影响道路交通安全发展趋势的关键因素
现代道路交通系统交通安全状况的变化过程	深入理解道路交通系统安全状况三个典型时期的划分方法及关键性影响因素，当前中国道路交通安全状况所处时期	现代道路交通系统的意义，交通事故死亡人数的三个典型时期的指导意义
现代道路交通系统简介	深入理解构成现代道路交通系统的基本要素及相互关系	人是影响道路交通系统安全性的关键性因素
道路交通安全研究的主要内容	了解道路交通事故学、道路交通安全技术、道路交通安全设施、道路交通安全组织管理等专题的主要内容	不同研究专题之间的相互关系

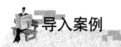

导入案例

交通事故猛于虎，交通安全重于山

至 2015 年年底，我国公路通车里程超过 450 万 km，其中高速公路通车里程突破 12 万 km。随着国内以高速公路为主体的快速道路运输网络的形成和交通流量的增大，一方面交通事故随之增多；另一方面由于高速公路上车辆行驶速度高、运动动量大，一旦发生交通事故，危害性大、损失惨重，后果严重。交通事故猛于虎，以下几起严重交通事故触目惊心：

2013 年 2 月 1 日上午 9 时左右，连霍高速洛(阳)三(门峡)段义昌大桥因一辆违规运输烟花爆竹的货车突然发生爆炸，引起大桥南半幅 80m 左右的桥面坍塌，导致 8 辆在行车辆坠桥损毁，事故造成 13 人死亡、11 人受伤。

2012 年 8 月 26 日凌晨 2 时许，在陕西省延安市境内的包茂高速公路安塞化子坪服务区南出口 200m 处，一辆由呼和浩特驶向西安的号牌为蒙 AK1475 双层卧铺客车(核载 39 人，实载 39 人)和一辆由榆林开往山东的号牌为豫 HD6962 的装有甲醇的罐车(荷载 40t，实载 35t)发生追尾并致两车起火，事故造成 36 人死亡，客车报废，罐车严重受损。

2011 年 10 月 7 日，由河北保定开往唐山的一辆实载 55 人的大客车行至天津市境内滨保高速公路上行 60km+700m 处，与一辆乘用车刮蹭后侧翻，并与右侧波形护栏发生猛烈撞击，在巨大惯性作用下波形护栏将大客车垂直切开并嵌入车厢内部，共造成 35 人死亡、19 人受伤。

2011 年 7 月 22 日 3 时 43 分，一辆由山东威海开往湖南长沙的中型客车(核载 35 人，实载 47 人)行驶至京珠高速公路河南省信阳市境内 938km+115m 处时，突然发生爆燃，该客车继续前行 145m 至京珠高速公路 938km+260m 处，与道路中央隔离护栏刮蹭碰撞后停车，共造成 41 人死亡、6 人受伤，客车严重烧毁，直接经济损失 2342 万元。

2011 年 8 月 6 日，在沪昆高速江西上饶段发生一起 5 车连环相撞，导致 17 人死亡、4 人受伤的重大交通事故。

2005 年 3 月 29 日晚，一辆罐式半挂车在京沪高速公路江苏淮安段发生事故后引发车上罐装的液氯大量泄漏，即"3·29"特大液氯泄漏事故，共造成 29 人死亡，436 名村民和抢救人员中毒住院治疗，直接经济损失 1700 万元，同时使京沪高速公路宿迁至宝应段关闭 20 个小时。

这些恶性公路交通事故既给人民的生命财产造成严重损失，也对经济和社会发展产生了不良影响，并对高速公路安全畅通造成严重威胁，值得每位交通参与者引起高度重视。

1.1 道路交通事故已成为严重的社会问题

1886 年，世界上第一辆内燃机动力汽车在德国诞生。以汽车为代表的机动车是人类社会科学技术发展的重要产物，现已成为当今世界人们出行的主要工具之一。100 多年来，随着社会的进步、汽车技术的发展及汽车品种、功能的多样化，汽车获得了广泛应用，至2010年，全世界汽车保有量达到10亿辆。汽车的广泛使用为人类的工作、生活、运动、交流带来了极大的便利。

1.1.1 汽车的积极作用

自1886年汽车发明以来的100多年里，世界汽车工业经历了发明应用(1866—1910年)、技术完善(1911—1940年)、快速发展(1941—1960年)、以电子技术为代表的高科技广泛应用(1961年至今)四个阶段。虽然在此四个阶段世界汽车工业面临的发展环境并不相同，世界汽车工业的重心也处于不断变化和转移过程中，但由于社会发展过程中对汽车的巨大需求，使得促进世界汽车工业发展的原动力和总趋势并没有改变，导致世界范围内的汽车保有量呈几何倍增长。根据相关资料及《Wardsauto(汽车世界)》杂志的统计分析，世界汽车保有量的增长变化的轨迹为：1935年，世界汽车保有量约为3500万辆；1950年，世界汽车保有量超过1亿辆；1970年达到2.5亿辆；1986年达到5亿辆；2003年达7.5亿辆左右；2010年达到10亿辆，到2050年这一数字将升至25亿辆。汽车已成为当今社会数量最多、活动范围最广泛、使用方式最普及、运输量最大的道路交通工具。

100多年来，随着汽车技术的进步，汽车的结构不断改进与完善，使得性能不断提高，品种不断增多，用途不断扩展。和火车、飞机、轮船等交通工具一样，汽车使人类摆脱了自身的生理局限，将跨越空间的速度提高了几十倍，有效地节约了大量宝贵的时间；与火车、轮船、飞机等交通工具相比，在中、短途行程范围内汽车运输的最大突出特点是方便、快捷、灵活、易于实现门对门运输。火车、轮船虽然装载量大，但只能沿铁路或水路等固定线路行驶且需要在火车站或码头等固定地点装运乘客或货物；飞机适用于长距离快捷的运输，同时还需要有固定的机场，唯独汽车可以不需要。汽车方便、灵活、易于实现"门对门"运输的突出优点使其在第二次世界大战后的几十年内获得了跨越式发展，现已成为最主要、最受青睐的交通工具之一，在人类工作、生活的各个方面发挥着重要作用。

在乘用车、货车、客车三种车型构成中，乘用车数量比例高达70%以上。随着乘用车的普及，人们的生活方式、工作方式正在发生着深刻的变化，乘用车的普及和广泛应用扩大了人们的活动范围，提高了工作效率和生活质量，使得人们的生活变得更加丰富多彩；同时也促进了社会的文明和进步，加快了社会的变革，因此，汽车被称为"改造世界的机器"。美国是汽车保有量最高的国家(2010年千人汽车保有量高达800辆以上)，由于汽车是美国人日常生活中不可或缺的一部分，美国也被称为"车轮上的国家"。汽车全方位渗透到当今社会的各个方面，在给人们的工作、生活、学习带来了极大的方便，也使得人们对汽车的依赖程度越来越高，在人类社会的政治、经济、军事等各个领域及人们生活中的衣、食、住、行的所有方面，汽车都与之有着紧密的联系，汽车已成为人类文明与社会进步的象征和标志。

多年来，世界多个发达国家和许多发展中国家高度重视汽车工业的发展，许多国家将汽车工业作为国民经济的支柱产业，以此带动国家经济的发展，汽车为人类经济的发展和社会的进步亦作出了巨大的贡献。

1.1.2 道路交通事故已成为世界性的社会问题之一

汽车的广泛使用在带给人类社会文明和进步、带给人们工作生活快捷和方便等正面效应的同时，也带给人类交通事故、环境污染、能源紧张、城市交通拥堵等一系列负面效应。据联合国相关机构的统计，2015年，全世界道路交通事故约造成125万人死亡、5000万人受伤，其经济损失占国民经济总产值的1%～2%。与此同时，保有量达10亿辆的汽车耗能量巨大，每年需消耗十几亿吨燃油，超过世界石油产量的1/3以上，对能源安全构成巨大压力；每年十几亿吨燃油燃烧后产生近亿吨有害气体，严重污染环境，影响人的身体健康；此外，汽车数量增多导致道路交通特别是城市道路交通拥塞，停车场短缺等。由于道路交通事故直接威胁着人们的生命和财产安全，因而它已成为危害最大、最严重的负面效应之一。

据有关报道，自从有机动车道路交通事故死亡记录以来，全世界因道路交通事故死亡的总人数已超过3200万人，远高于同期死于战争的人数。在许多国家，道路交通事故引起的人员伤亡和经济损失，比火灾、水灾、意外伤害等灾难造成的人员伤亡总和及经济损失要大得多，因而人们将道路交通事故称为"柏油路上的战争"，"文明世界的第一大公害"，而把汽车称为"飞驰的凶器""行驶的棺材"。

据世界卫生组织统计，2000年，在人类死亡和发病的原因中，道路交通事故排在第九位，即道路交通伤害已成为全球疾病和伤害负担的第九大原因；如果不采取有力措施，预计到2020年，道路交通伤害将成为全球疾病与伤害负担的第三大原因，将远远高于艾滋病、疟疾等疾病。道路交通事故致人伤亡已成为全球关注的"重点"之一。

1.1.3 我国的机动化进程

机动化，即机动车保有量和使用量的增长过程，它是人类社会进步的综合反映。100多年来，随着汽车的广泛应用和保有量的不断增长，以汽车为代表的机动化进程对人类社会、经济、生活产生了深远的影响：首先，极大地满足了人们的出行需要，扩大了人们的活动范围，从而使世界范围内的城市规模得到史无前例的扩张，进入城市化时代；其次，加强了地区间的联系，促进了地域分工，形成了基于公路网络的城镇体系；再次，机动化的过程使得以煤炭、石油、天然气等能源矿物的化学能在真正意义上替代了以畜力、人力等为代表的生物能，成为人类能源利用的主流，并且引起或加剧了自然、社会、经济环境的一系列变化，如温室效应、城市交通拥挤、交通安全问题等。

在当今世界，由于社会经济发展水平与人流、物流的强度密切相关，机动车的拥有量一般随着经济活动强度的增长而增长。因此，一个国家或地区的机动化率往往作为其经济发展水平的重要指标之一，目前，发达国家的机动化率普遍高于发展中国家。

我国以汽车为代表的机动化进程始于改革开放。改革开放以来，随着我国经济的持续高速发展，我国机动车保有量快速增长。1990—2014年，我国机动车数量保持了强劲的增长态势，1990年，我国机动车保有量仅为1476万辆，2012年达2.64亿辆，2014年较1990年增长了1788.62%，年平均增长率为12.8%，其变化曲线如图1.1所示。

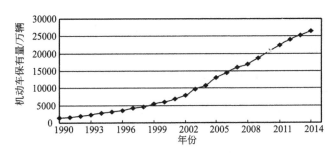

图 1.1　1990—2014 年中国机动车保有量变化曲线

图 1.1 表明，1990—2014 年，我国机动车数量呈现指数增长态势，特别是 2000 年以来，这种趋势更加明显，在今后的一定时期内，这种增长趋势仍将持续，但增长速度会适当放缓。

千人机动车拥有量是指每 1000 人拥有的机动车数量。随着我国机动车数量的快速增长，其千人机动车拥有量亦快速增长。1990 年，我国千人机动车拥有量为 12.91 辆，2014 年，我国千人机动车拥有量为 193.01 辆，2014 年较 1990 年增长了(1495.04%)，年平均增长率为 11.9%，其变化曲线如图 1.2 所示。

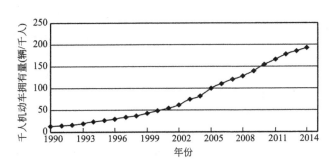

图 1.2　1990—2014 年中国千人机动车拥有量变化曲线

我国千人机动车拥有量的持续增长表明我国机动化水平正快速提高，且这种趋势在进入 21 世纪后变得更加明显。进入 21 世纪，我国城乡机动化速度明显加快，在北京、上海、广州、深圳一线城市及省会、计划单列市等二线城市和经济发达及较发达地区，乘用车正快速进入普通居民家庭，成为人们工作、生活的重要交通工具；而在城镇和广大农村，摩托车正快速替代自行车进入百姓家庭。乘用车和摩托车快速进入我国城乡普通百姓家庭将对百姓大众的工作、生活方式产生深远影响，将加快汽车文化在我国的普及，促进社会文明和进步，加快社会变革；与此同时，汽车和摩托车在快速发展过程中频发的道路交通事故已给人民生命财产造成了重大损失，已经成为危害我国人民生命安全的重要社会问题之一。虽然我国以汽车为代表的机动化快速发展过程中还存在一些问题，但总体而言是利大于弊，从经济发达国家机动化发展过程的经验看：

(1) 应公平、理性地看待机动化发展过程及其发展过程中产生的各种问题，包括道路安全问题，对于中国的机动化过程，既不可不加限制地盲目发展，也不可以一味排斥，应从国情出发，合理地、有限度地发展和使用小汽车，有序推进中国以乘用车为主体的机动化过程。

(2) 我国的机动化将是一个较长时期的持续过程。一方面，由于我国幅员辽阔，东、中、西部地区经济发展水平不平衡现象较突出，这种经济发展不平衡现象使得我国的机动化将是一个递阶式的推进过程，需要延续几十年甚至更长时间；另一方面，我国在推进机动化的过程中，机动化产品也将随着社会科技的发展不断进步。

(3) 目前科技条件下道路交通事故尚难以完全避免。在目前科技条件下，机动化发展过程中产生的道路交通事故尚难以完全避免，交通事故将是人类需要长期面对的问题之一，对此，需要以理性、务实的态度正确对待，采取针对性的措施积极应对，努力将机动化发展过程中的负面效应降到最低程度。

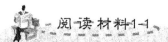

道路交通事故虽不能完全避免但可预防

道路交通事故是机动车特别是汽车广泛使用过程中派生出来的问题，已成为当今社会一大严重公害，而且在目前科学技术条件下尚不可能完全避免。这是因为在当前科学技术条件下，作为现代道路交通系统的人员、车辆、道路三大要素均存在着引发道路交通事故的可能性。其中，对于人即交通参与者而言，无论是机动车驾驶人在驾车过程中还是行人在行走过程中、骑车人在骑车过程中均存在着过失的可能性；对于机动车而言，在设计、制造、使用、维护、管理等诸多方面仍存在许多不完善之处；对于道路及其交通系统而言，在设计、建设、管理及维护等诸多方面也仍然存在着相当多的不完善之处；与此同时，在道路交通法规的制定、执行过程中也存在着缺陷及漏洞。此外，实际中还存在着一些意外情况等。只要这些不完善之处不彻底消除，对于道路交通系统而言就时刻存在着发生交通事故的可能性，从而使得道路交通事故在目前科技水平条件下还不能完全避免。

虽然在目前科学技术水平条件下道路交通事故尚不能完全避免，但就交通事故的形成原因而言，因绝大多数（90%以上）道路交通事故是由非自然因素（主要为人祸因素而非天灾因素）造成，而由非自然因素引发的道路交通事故在现代技术水平条件下都是可以通过事先采取相关措施进行积极预防的。也就是说，虽然在目前科学技术条件下道路交通事故尚不能完全避免，但现实中90%以上的道路交通事故却是可以采取相关措施进行积极预防的。从此意义上讲，在目前科学技术水平条件下，采取针对性措施进行积极预防是减少道路交通事故的重要途径。

（资料来源：郑安文等. 道路交通安全概论 [M]. 北京：机械工业出版社，2010.）

在道路交通事故尚不能完全避免的条件下，对于每个社会成员而言，在工作、生活中以积极的心态充分利用汽车带给人类社会、人们生活的正面效应，以理性客观、实事求是的态度面对汽车使用过程中的负面效应，注重自我交通安全意识的培养和提高，在参与道路交通活动中严格遵守道路交通安全法律、法规，文明礼让，构建安全和谐的道路交通环境对于保护自身和他人安全、避免交通伤害具有积极意义。

1.2 道路交通事故的概念与分类

1.2.1 相关概念

1. 安全与危险

安全,简明地讲是指人们在生产、生活活动中其人身伤害或财产损失不超过可接受的水平,即安全意味着人身伤害或财产遭受损失的可能性和程度限定在可接受的范围内,若这种可能性和程度超过了可接受的状态即为不安全。

作为安全的对立面,危险的意义是指人们在生产、生活活动中潜在的可能造成人身伤害、致病或财产损失的状态。这里所述的安全主要是指与人们的生产、生活相关领域的安全问题,并不包括军事及社会意义下的安全,也不包括与疾病相关的安全。安全是相对危险、威胁、事故而言的。对于一个系统而言,安全与危险永远是一对矛盾,相伴存在。在现代社会,保障安全、免受伤害是人们从事工作、生活等各项活动的一项最基本要求,缺乏安全保障的工作、生活条件和环境是无法保证人们安心和努力工作的。因而,安全对于人类非常重要。

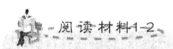

阅读材料1-2

绝对安全与相对安全的区别

安全按其危险性程度可进一步分为绝对安全和相对安全。

绝对安全是指人们在生产、生活活动过程中没有危险、不受威胁和危害、不出事故,即消除可能导致人身伤害或死亡,诱发疾病或造成设备破坏、财产损失以及危害环境的条件。绝对安全是安全的一种理想状态,也是人们追求的一种期望目标,然而实际中却很难实现,或者说就不存在,这是因为现实中没有绝对安全的环境及条件。

相对安全是指人们对生产、生活、生存的环境及条件所判明的危险性不超过允许的限度,即当人们对工作、生活、生存的环境及条件所判明的危险性未超过允许的限度时,就认为是安全的,否则,就认为是不安全的。现实中,人们所述的安全通常都是指相对安全。

由于安全具有相对性,而危险具有绝对性,因而,危险会始终与人们的工作生活相伴随。未来社会无论人们对安全的认识多么深刻,安全防范技术多么先进,安全设施多么完善,危险也将会存在,并始终不会消失。安全与危险的相互关系可概括为以下4个方面:

(1) 安全与危险是一对彼长此消的矛盾双方,它们都是与生产过程共存的"过程状态",具有连续性。

(2) 描述安全与危险的指标分别是安全性与危险性,两者间存在的关系可表示为

$$安全性 = 1 - 危险性$$

显然,当危险性降低时,安全性就提高;反之,亦然。当危险性降为零时,则安全性

达到100%，这就是所谓绝对安全状态，实际中是难以实现的。

（3）危险不仅包含了作为潜在事故根源的各种危机及其作为潜在事故条件的各种隐患，还包含了某些瞬间突变发生的外在表现出来的事故结果。

（4）事故总是发生在操作的现场，伴随隐患的发展而发生在生产过程之中，事故是隐患进一步发展的结果，隐患是事故发生的必要条件。

2. 交通参与者

交通参与者，简明地讲是指参与交通活动的人，通常指机动车驾驶人、骑车人、行人、乘客等。判断一个公民是否是交通参与者与其当时的行为和角色相关，如果某公民当时的行为和角色与交通活动无关，他当时的角色就不是一个交通参与者，只有他的行为和角色与交通活动有关，他才是一个交通参与者。例如，对于一位企业管理者，如果他在办公室主持会议，他此时行使着管理职能，与交通活动无关，因而不能称为交通参与者；但如果他自驾车辆行驶在道路上，此时他是一个驾驶人类交通参与者；如果他行走在道路上，此时他是一个行人类交通参与者。因而，交通参与者是指在从事交通活动过程中与人的特定行为或临时角色相关的不同群体。我们每位公民，只有参与交通活动，就是一名交通参与者。

交通警察，虽然在工作时间范围内的任务也与道路交通活动紧密有关，但因主要是以道路及交通安全管理为内容，一般不应包含在交通参与者之列。交通警察在工作时间之外作为普通人群参与交通活动时则属于交通参与者。

3. 机动车与非机动车

机动车是指由动力装置驱动或者牵引、在道路上行驶的、供人员乘用或者用于运送物品以及进行工程专项作业的轮式车辆。具体包括各种汽车、（无轨）电车、摩托车（包括轻便摩托车）、拖拉机、低速货车（即原"四轮农用运输车"）和三轮汽车（即原"三轮农用运输车"）以及被牵引的半挂车和全挂车等，但不包括任何在轨道上运行的车辆。

非机动车是指以人力或者畜力为驱动，上道路行驶的交通工具，以及虽有动力装置驱动但设计最高时速、空车质量、外形尺寸符合有关国家标准的残障人机动轮椅车、电动自行车等交通工具。具体包括自行车、三轮车（用人力驱动的设计有三个轮子的车辆）、人力车（用手推或手拉方式驱动的两轮或独轮车）、畜力车、残障人专用车、电动自行车（目前我国相关法规规定电动自行车按非机动车进行管理）等。

由于机动车的行驶速度通常大大高于非机动车，因而，行驶过程中发生交通事故的危险性和一旦发生事故造成交通伤害的严重性均比非机动车要大得多，为此，世界各国都对机动车进行严格管理。

4. 机动化程度

汽车保有量和机动车保有量是两个紧密相关但其内涵又存在明显差别的概念。汽车保有量是指一定时期内一个国家或一个地区车辆管理部门登记在册的汽车数量；机动车保有量是指一定时期内一个国家或一个地区车辆管理部门登记在册的机动车数量。由于机动车包括汽车和摩托车等，因而，汽车保有量仅是机动车保有量的一部分，机动车保有量的数值高于汽车保有量数值。2012年，我国机动车保有量为24000万辆，其中民用汽车保有量为12089万辆。

机动化程度是指在一定时期内一个国家或一个地区范围内统计人口所拥有的机动车数量。通常用每1000人拥有的机动车数量表示。显然，一个国家或一个地区范围内每1000

人拥有的机动车数越多,其机动化程度就越高。2012年,我国大陆地区每1000人拥有的机动车数为177辆。

机动化程度是评价一个国家机动化水平的重要指标。近些年来,随着我国经济的快速发展和国民收入水平的快速提高及乘用车快速进入普通百姓家庭,我国机动车保有量快速增加,我国机动化程度亦快速提高。

5. 万车死亡率

万车死亡率(也称为万辆机动车死亡人数)是指一定时期内一个国家或一个地区范围内按机动车拥有量所平均的交通事故死亡人数。

万车死亡率是评价一个国家或地区道路交通安全状况的一个重要指标。在机动车总量一定的条件下,万车死亡率数值越低,道路交通事故死亡人数的绝对数则越少。2012年,我国大陆地区每万辆机动车死亡人数为2.5人,这一数值较交通发达国家仍然高出许多。

6. 道路交通安全

相对于一般意义下的安全而言,道路交通安全主要指交通参与者在参与交通活动过程中的人身及财产安全。道路交通安全是指在交通活动过程中,能将人身伤害或财产损失控制在可接受水平的状态。道路交通安全意味着人身伤害或财产遭受损失的可能性是可以接受的;若这种可能性超过了可接受的水平,即为不安全。通俗地讲,道路交通安全是指交通参与者在参与交通活动的过程中确保自身和他人的生命及财产安全,也就是既不要向他人(包括自己)或他物施加伤害,也不要遭受到外来伤害。对于交通参与者的人身安全,存在两方面的含义:

(1) 从交通参与者个体微观层面上讲,人身安全就是交通参与者在参与交通活动的过程中人身不要受到伤害。具体体现为"三不伤害":①我不伤人,即交通参与者自己不要伤害其他参与者(别人);②人不伤我,即交通参与者自己不要被其他参与者(别人)伤害;③我不伤我,即交通参与者自己不要伤害自己。

(2) 从交通管理部门的宏观层面上讲,人身安全可用机动化程度和交通安全的乘积描述。用公式表示则为

$$人身安全 = 机动化程度 \times 交通安全$$

就机动化程度和交通安全两项指标的乘积而言,其数值越小,表明人身安全状况越好;在机动化程度一定的条件下,万车死亡率指标越低,人身安全状况就越好。虽然中国的机动车保有量处于快速增长过程中,但多年来万车死亡率不断降低,总体而言,中国的交通安全状况正逐年趋好。

道路交通安全从本质上讲就是交通参与者在参与交通活动过程中的人身及财产安全的保障水平,实际中,若保障水平高,道路交通安全状况会变好,否则,相反。就道路交通安全而言,其特点如下:①道路交通安全是相对的,绝对的道路交通安全是不存在的;②道路交通安全也不是瞬间的结果,而是对道路交通系统在某一时期、某一阶段的过程或状态的描述;③道路交通安全是交通系统在一定危险条件下其状态的一种外在表现,并非绝对不发生道路交通事故;④对于不同的时期和地域,由于人们可接受的损失水平是不同的,因而衡量道路交通系统是否安全的标准也应不同。

7. 交通强者与交通弱者

在交通对象中,交通强者与交通弱者是个比较概念。当一起交通事故涉及两方或两方以上的更多方时,交通弱者是指在道路交通活动过程中当交通事故发生时容易造成交通伤害的一

方,而交通强者则是相对而言在交通事故发生时交通伤害相对较轻或不容易造成交通伤害的一方。如在机动车与非机动车或行人发生的事故中,机动车就属于交通强者,非机动车或行人属于交通弱者;而当非机动车与行人相撞时,非机动车则属于交通强者,而行人属于交通弱者。

1.2.2 道路交通事故的基本概念

1. 交通事故的定义

世界各国由于国情、经济发展水平、文化的差别及交通规则、道路交通安全状况和交通管理规定的不同,对道路交通事故的定义也不尽相同。中国根据本国的国情及其交通安全状况,在2004年5月1日开始实施的《中华人民共和国道路交通安全法》(以下简称《道路交通安全法》)中给出的定义为:交通事故是指车辆在道路上因过错或者意外造成的人身伤亡或者财产损失的事件。此定义主要强调车辆在道路上因过错或者意外原因造成的人身伤亡或者财产损失事件,比较适合当今中国道路、车辆和人员参与交通活动的现状。对此定义的理解要重点把握住以下3点:

(1) 车辆在道路上,而非其他地方,其中车辆、道路均有特定的含义。

(2) 造成交通事故的原因为非故意的过错或者意外。其中,非故意的过错原因的内涵是指当事人行为过错的原因,即当事人的违法和过失等非故意行为的原因,意外原因的内涵是指因自然因素的原因引起而非人为因素原因引起,如流石、泥石流、山崩等。

(3) 交通事故造成了人身伤亡或者财产损失的损害后果发生。

美国国家安全委员会对交通事故给出的定义为:交通事故是指车辆或其他交通物体在道路上所发生的意料不到的有害的或危险的事件。这些事件妨碍着交通行为的完成,其原因常常是由于不安全的行动或不安全条件,或者是两者的结合,或者是一系列不安全行动或一系列不安全条件所致。

日本对交通事故给出的定义为:由于车辆在交通中所引起的人的死伤或物的损坏,在道路交通中称为交通事故。

2. 构成道路交通事故的六大基本要素

1) 车辆

车辆是构成交通事故的首要前提条件。这里所说的车辆包含各种机动车辆和非机动车辆,且主要为民用车辆(军用车辆一般不包括其列)。在轨道内运行的火车、城市轨道列车、地铁列车等则不属于道路交通管理中的车辆范围。

在交通事故的相关各方当事人中至少有一方使用了车辆且主要为机动车辆,无车辆参与则不能认定为是道路交通事故,如行人在行走过程中,发生意外碰撞致伤或致死的事件则不属于交通事故。

2) 在道路上

道路是构成交通事故的基础条件。道路的一般意义是指地面上供人、车、马通行的部分,供各种车辆和行人等通行的工程设施。这里所说的道路并非一般意义上的道路,特指公路、城市道路和虽然为单位管辖范围但允许社会机动车通行的地方,包括广场、公共停车场等用于公众通行的场所。道路的范围为公众通行的整个路面,包括机动车道、非机动车道、人行道、隔离带等。道路按其使用特点分为公路、城市道路、厂矿道路、林区道路及乡村道路等。

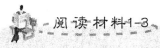

阅读材料1-3

《道路交通安全法》中的道路类型

《道路交通安全法》中定义的道路具体包括以下几种：

(1) 公路。根据《中华人民共和国公路法》(以下简称《公路法》)的规定，公路按照其在公路网中的地位，分为国道、省道、县道和乡道。包括陆面道路和公路桥梁、公路隧道和公路渡口等。

(2) 城市道路。根据《城市道路管理条例》的规定，城市道路是指城市供车辆、行人通行，具备一定技术条件的道路、桥梁及其附属设施。

(3) 广场：城市规划在道路用地范围内，专供公众集会、游嬉、步行和交通集散的场地。

(4) 公共停车场：在规划的道路用地范围内专门划设出供车辆停放的车辆集散地，是道路系统中的一个重要组成部分。

属于单位管辖范围但允许社会机动车通行的道路也包括厂矿道路、机场道路、港区道路等，凡是社会机动车可以自由通行的地方，均按道路进行管理。

道路具有形态性、客观性、公开性3种特性。其中，形态性是指与道路毗连的供公众通行的地方；客观性是指道路为公众通行所建；公开性是指交通管理部门认为是供公众通行的地方。显然，道路的形态性、客观性、公开性等特性鲜明地体现出道路供公众使用的公共性质。仅供本单位车辆和行人通行的，交通管理部门没有义务对其进行管理的，因不具备公共性质不能列为道路之列，如矿区、厂区、林区、农场等单位自建的不通行社会车辆的专用道路、乡间小道、城市楼群或排房之间的甬道以及机关、学校、住宅小区内的甬道等均不属于《道路交通安全法》规定的道路范畴。高等学校校园内的道路主要是供校内师生学习、工作使用的，也不能列为道路范围。

对交通事故中是否在道路上这一要素的确认应以事故发生时车辆所在的位置而不是事故发生后车辆所在的位置进行判断。

3) 运动中(运行中)

运动中即车辆处于行驶或正处于停放过程中。停车后车辆因溜滑所发生的事故在公路上属于交通事故，在货场里发生的伤害事故则不算为交通事故，乘车人在车辆行驶时由车上跳下造成的事故属于交通事故，而车辆停稳后乘车人由车上跳下造成的事故则不属于交通事故。停在路边的车辆，被过往车辆碰撞发生事故属于交通事故。

对交通事故中车辆在运动中这一要素的确认关键在于交通事故涉及的各当事方中是否至少有一方的车辆处于运动状态。

4) 有交通事态(发生)

有交通事态(发生)。即发生了碰撞、刮擦、碾压、翻车、坠车、爆炸、失火等交通事故现象中的一种或几种。若没有发生上述现象而是行人或旅客因其他原因(如疾病)造成死亡的不属于交通事故。

5) 过错或意外

交通事故或是因过错原因造成，或是因意外原因造成，在过错方面造成交通事故的原因虽是人为的，但却是非故意的，主要有违法行为与过失行为两类。所谓违法行为，是指交通参与者违反道路交通管理法规、规章所禁止的行为；所谓过失行为是指因当事人的疏忽大意或过分自信而发生的损害后果。对于意外原因，主要是强调事先无法预料的特殊事件，如车辆在行驶过程中因流石或地震等自然灾害造成的人员伤亡和财产损失。

在造成事故的原因中强调事故行为人的非故意心理具有重要意义。这是因为故意是指行为人明知自己的行为会发生危害的结果，并希望或有意地放任这种结果的发生。如果当事人故意造成人身伤害或财产损失的，就不适合按交通事故处理，而应按相关刑事案件处理。实际中在道路上时有发生的假碰撞伤害，即"碰瓷"事件，就是有关当事人典型的故意行为所致。如遇到此类情况，应及时向公安部门报案。

没有违法行为而出现损害后果的事故不属于交通事故，有违法行为但违法行为与损害后果无因果关系也不属于交通事故。若道路交通事故发生时当事人的心理状态出于故意，如行人自杀或利用交通工具进行其他犯罪，则不属于交通事故。精神病患者在发病期间不能自控而发生的事故也不属于交通事故。

因人力无法抗拒的自然灾害如山洪、泥石流、流石、地震、雷击、台风、海啸等造成的交通事故，属于我国《道路交通安全法》中给出的交通事故定义中的"意外"包含的范围，按照《道路交通安全法》中给出的交通事故定义则为交通事故。这是《道路交通安全法》对交通事故认定范围的重要变化之处，与原来执行的《道路交通事故处理办法》中的道路交通事故定义相比，《道路交通安全法》中的定义扩大了道路交通事故的范围，道路交通事故不仅可由特定的人员违反交通管理法规造成，也可以是由于意外如地震、台风、山洪、雷击等不可抗拒的自然灾害造成。显然，《道路交通安全法》中定义的交通事故范围比原《道路交通事故处理办法》定义的交通事故范围要宽。

6）有后果（损害后果）

交通事故必须有损害后果存在，即有人员、牲畜伤亡或车辆、物品损坏发生。这是构成交通事故的本质特征。只有因当事人违法行为造成了损害后果才能称为交通事故，若只有违法而没有损害后果则不能算作交通事故。

对于任意一起交通事故而言，上述6个基本要素缺一不可，特别是损害后果更是不可缺少。若前5个基本要素都具备，但实际上没有造成损害后果，其结果是使当事人虚惊一场，即为人们通常所说的有惊无险。

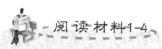

我国未列入统计范围的交通事故

（1）轻微事故。

（2）不通行社会车辆的专用道路上发生的事故（如厂矿、油田、农场、林场自建的专用道路，农村机耕道，机关、学校、单位大院内的道路，车站、机场、港口、货场内以及住宅区楼群之间的道路）。

（3）在非交通性质的活动中发生的事故不属于道路交通事故。如：参加军事演习、体育竞赛、断路施工作业路段中车辆自身发生的事故不属于道路交通事故。

（4）军车、武装警察车辆发生未涉及地方车辆或人员的事故。

（5）铁路道口及渡口发生的事故。

（6）蓄意驾车行凶、自杀，酗酒者、精神病患者自己碰撞车辆等发生的事故。

（7）车辆尚未开动发生的事故（如人员挤、摔伤亡事故）。

《道路交通安全法》第七十七条及《交通事故处理程序规定》第二条都明确规定,"车辆在道路以外通行时发生的事故,公安机关交通管理部门接到报案的,参照本法有关规定办理"。实际中,对于在不通行社会车辆的专用道路上如居民小区、学校校园内发生的在行车辆伤害他人、在行车辆损坏他物的事件,公安机关交通管理部门接到报案后一般比照道路交通事故进行处理。

1.2.3 道路交通事故的分类

1. 按事故后果分类

根据人员伤亡或财产损失数额不同,道路交通事故分为轻微事故、一般事故、重大事故和特大事故等不同事故级别,具体分类标准如表1-1所示。

表1-1 道路交通事故的分类标准

事故级别	人员伤害	财产损失/元
轻微事故	轻伤1~2人	<200(非机动车);<1000(机动车)
一般事故	重伤1~2人,或轻伤3人以上	<30000
重大事故	死亡1~2人,或重伤3~10人	30000~60000
特大事故	死亡3人以上,或者重伤11人以上,或者死亡1人,同时重伤8人以上,或者死亡2人,同时重伤5人以上	① >60000; ② 或有重大政治影响的事故

注:死亡、重伤、轻伤、直接经济损失4项指标,达到其中之一即可定为相应类比的事故。

目前各国对交通事故中人员死亡事故的时间规定不尽相同,有1天、3天、7天、30天(1个月)或不限制天数之别。国际标准规定为30天,即因道路交通事故致受害人员当场死亡或在受伤后30天内死亡的。我国对交通死亡事故的时间规定是7天,其意义是指因道路交通事故受害人员当场死亡或在受伤后7天内抢救无效死亡。意大利的标准也为7天;希腊和奥地利为3天;西班牙、日本为1天。

为便于对不同死亡事故时间规定条件下的死亡人数数据进行比较,联合国规定:交通死亡事故时间少于30天者应加修正值,其值的大小等于原事故统计死亡人数乘以修正系数,则修正后的事故死亡人数等于原事故统计死亡人数加修正值。7天事故死亡时间的修正系数为6%。

交通事故除了造成人的死亡外,对人体造成的伤害可分为重伤与轻伤。

交通事故造成人体的重伤主要指下列情况:①使人肢体残废或者毁人容貌的。②使人丧失听觉、视觉或者其他器官功能的。③其他对人身健康有重大伤害的。

交通事故造成人体的轻伤是指表皮挫裂、皮下溢血、轻度脑震荡等情况。

对因交通事故造成的人体重伤、轻伤程度的具体确定分别按中华人民共和国司法部、公安部、最高人民法院、最高人民检察院发布的《人体重伤鉴定标准》《人体轻伤鉴定标准》执行。

交通事故直接财产损失是指因交通事故造成的车辆、道路设施等财产直接损失的折款,但不包含事故现场抢救(险)、人员伤亡善后处理的费用,也不包括因事故造成的停工、停产、停业等行为所造成的间接财产损失。

2．按事故原因分类

道路交通事故产生的原因按动因的不同可分为主观原因和客观原因两大类。

1）主观原因造成的事故

主观原因是指由道路交通事故当事人本身内在的因素，如主观过失或有意违章；因主观原因引起当事人在行为上的表现主要为违反规定、疏忽大意和操作不当。

（1）违反规定，是指当事人由于思想意识方面的原因，在参与交通活动的过程中不遵守交通法规的相关规定致使正常的道路交通秩序被破坏诱发的交通事故。例如，酒后或吸毒后开车、无证驾驶、超速行驶、争道抢行、违章超车、违章超载、非机动车走快车道、行人不按规定走人行道、任意横穿道路等原因造成的交通事故。

（2）疏忽大意，是指当事人由于心理或生理方面的原因，没有正确地观察和判断外界事物而造成的失误。例如，心情烦躁、身体疲劳都可能造成精力分散、反应迟钝，表现出瞭望不周，采取措施不当或不及时；也有的当事人凭自我主观想象判断事物，或过高地估计自己的技术，过分自信，引起行为不当而造成了事故。

（3）操作不当，是指驾驶车辆的人员技术生疏、经验不足，对车辆、道路情况不熟悉，遇到突然情况惊慌失措，引起操作错误。例如，有的驾驶人本来是想对汽车实施制动而误踩油门踏板导致汽车突然加速行驶，有的骑自行车人遇到紧急情况不知及时停车等而造成的交通事故。

实际中，因主观原因造成的交通事故占绝对主体。

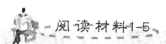

公安部门对主观上有故意违法的行为从严处罚

实际中，对于酒后驾车、吸毒后驾车、无证驾驶、明知安全装置不全或安全机构失灵而驾驶、明知是无牌证车辆或已报废车辆而驾驶、严重超载、肇事后逃逸的等7种违法行为不是认定为一般的疏忽大意，而是认定为有主观上的故意违法，故对这7种违法行为从严处罚。

从2010年4月1日起，公安部对部分驾驶人主观过错大、严重影响道路交通安全、扰乱道路交通秩序的交通违法行为提高记分分值，加大了处罚力度。对于饮酒后驾驶机动车，在高速公路上倒车、逆行、掉头，使用伪造、变造机动车牌证等3种违法行为，由过去的一次记6分调整为记12分。对于违反禁令标志、禁止标线指示、闯红灯等违法行为的记分分值由2分提高至3分。新增了遇前方机动车停车排队或者缓慢行驶时，借道超车或者占用对面车道、穿插等候车辆，以隐瞒、欺骗手段补领机动车驾驶证和机动车在高速公路或城市快速路上遇交通拥堵，占用应急车道行驶等3类违法行为的记分处罚。这些管理措施旨在进一步规范驾驶人的行为，遏制扰乱正常道路交通秩序的严重交通违法行为。

2）客观原因造成的事故

客观原因是指在道路交通系统中因车辆、道路条件及交通环境等客观要件引发道路交通事故的不利因素。在我国，因客观原因造成的交通事故在统计资料中所占比率一直比较低。由于目前对道路及环境方面的客观因素还没有很好的调查和测试手段，所以在事故原因分析中往往会忽视这些因素，这是导致客观原因造成的道路交通事故所占比率偏低的重要原因之一。

3. 按事故责任分类

按在道路交通事故中承担主要责任对象——车辆种类和人员的不同，道路交通事故可分为以下 4 类。

1）机动车事故

机动车事故是指事故的当事方中汽车、摩托车、拖拉机等机动车负主要以上责任的事故及在机动车与非机动车或行人发生的事故中，机动车负同等责任的，也视为机动车事故。

对于机动车负同等责任也视为机动车事故，是因为交通对象——机动车与非机动车或行人相比为交通强者的原因。实际中，对于负同等责任的事故，通常将其归为交通强者一方。

2）非机动车事故

非机动车事故是指自行车、人力车、三轮车、畜力车、残疾人专用车及按非机动车管理的车辆（如电动自行车）负主要以上责任的事故。在非机动车与行人发生的事故中，非机动车一方负同等责任的应视为非机动车事故。

3）行人事故

行人事故是指在事故当事人中行人负主要责任以上的事故。例如，在机动车、非机动车均遵守交通法规各行其道的情况下，行人在道路上行走的过程中不按要求走人行道、随便横穿马路、通过交叉路口时无视交通信号等违反交通法规的行为诱发的交通事故。

4）其他事故

其他事故是指其他在道路上进行与交通事故有关的人员负主要以上责任的事故，如因违章占道作业造成的事故。

4. 按事故第一当事者或主要责任者的内在原因分类

道路交通事故按事故第一当事者或主要责任者在信息处理过程中的不同阶段表现出的错误特点分为 3 类。

1）观察错误

观察错误也称感知错误，是指当事人由于心理或生理方面的原因，导致对道路环境客观环境的观察出现失误、迟缓或遗漏。具体表现如下：①观察错误，即当事人观察到的道路环境客观境况与真实的环境客观情况不一致；②观察速度迟缓，即当事人在观察过程中对道路环境信息的反应速度明显慢于正常观察者的反应速度；③观察遗漏，即当事人对道路环境中的一些重要情况未能观察到。统计结果表明：因观察错误引发的交通事故约占总数的 55%。

2）判断错误

判断错误是指当事人在对从道路环境客观境况中观察、感知的信息进行分析判断时出现的错误。具体表现如下：①判断迟缓，即当事人对感知到的信息进行分析判断花费的时间大大超出正常情况下所需要的时间；②判断失误，即当事人对感知到的信息不知如何处理,犹豫不决或判断错误,如对对方车辆的速度及与自驾车辆的距离的判断不对;③凭主观想象,即当事人存在侥幸心理,用自己的主观想象去猜测他人(如对方来车、周围行人)的行为。实际中因判断错误引发的交通事故约占总数的35%。

3) 操作错误

操作错误是指当事人在完成观察判断两步骤后在对驾驶车辆实施操作过程中出现的错误。这类错误多发生在初学驾驶人身上,主要原因是驾驶技术不熟练,如在紧急情况下驾驶人误将"油门"当"制动"。此外,由于车辆本身机械故障(如制动失灵),也易导致操作错误。实际中因操作错误引发的交通事故占总数的5%~10%。

5. 按事故的对象分类

1) 车辆间的交通事故

车辆间的交通事故是指运动的车辆间或运动与静止的车辆间发生碰撞、刮擦而引起的事故。碰撞进一步又分为正面碰撞、追尾碰撞、侧面碰撞、转弯碰撞等;刮擦进一步又分为超车刮擦、会车刮擦等。碰撞、刮擦这类交通事故在交通发达国家发生较多,约占70%,目前在我国约占50%。今后随着道路交通条件的改善,行车速度的提高,在我国这类交通事故所占的比例也会相应提高。

2) 车辆与行人间的交通事故

车辆与行人间的交通事故是指由运动的机动车对行人的碰撞、碾压和刮擦等引起的事故。如机动车在行驶过程中突然冲上人行道压伤、压死行人,行人在人行横道内横过马路时被机动车压伤、压死等。其中,碰撞和碾压常导致行人重伤、致残或伤亡。目前我国这类道路事故比例较高。

3) 机动车对非机动车的交通事故

机动车对非机动车的交通事故主要表现为机动车碾压骑自行车人的事故。这类道路事故最容易发生于在一条道路上机动车、非机动车、行人混合通行的混合交通状况下。目前我国这类事故比例比较高。2012年,我国因电动自行车事故死亡5314人、受伤26966人,分别占当年总数的8.86%和12.02%。

4) 机动车自身事故

机动车自身事故是指因机动车自身原因造成的事故。如行驶中的车辆在下坡时由于行驶速度太快,或车辆转弯或掉头时所发生的翻车事故;车辆行驶中发生自燃造成的损坏;或因大雾天气,或因机械装置失灵而产生的机动车翻车、坠落江河的事故等。这类事故一旦发生,多为恶性事故。

5) 车辆撞固定物的事故

车辆撞固定物的事故主要是指机动车与道路两侧固定物相撞的事故。道路两侧固定物包括道路上的作业结构物、建筑物、护栏、路肩上的水泥杆(柱)、绿化树木等。

6. 按事故发生地点分类

道路交通事故发生地点一般是指在公路分类中的具体某种类型公路。在我国,道路类别按分类方法的不同而不同。公路按交通量、任务及性质的不同分为高速公路、一级公路、二级公路、三级公路、四级公路5个级别;城市道路按功能的不同分为快速路、主干路、次干路、支路4种类型;公路按所在城乡地区的不同分为城市道路、郊区道路、乡村道路;道路按其在路网中所处位置的不同可进一步分为路段、交叉口。在上述这些具体类型公路上发生的事故称为相应道路性质的事故。

在对道路交通事故的实际统计中，根据统计目的的不同还有多种其他分类方法：按肇事者的年龄、驾龄、工作职业性质进行分类；按伤亡人员的年龄、性别、职业类型、受教育程度进行分类；按事故发生的气候条件进行分类；按事故发生的路面类型、道路类型、线路、路面状况进行分类等。不同的交通事故研究目的对应于相应的交通事故分类方法。

1.2.4 道路交通事故的形式与特点

1. 道路交通事故的形式

道路交通事故的形式也称交通事故现象，是指在由交通参与者、车辆、道路三要素构成的道路交通系统中因要素失控或不同要素间发生冲突所表现出来的具体形态。道路交通事故在总体上可分为碰撞、碾压、刮擦、翻车、坠车、爆炸、失火 7 种形式。

1) 碰撞

碰撞的物理意义是指原本呈分离状态的两个或多个运动物体在极短的时间内其中至少有一方以较高的速度撞向对方使相互间发生接触的现象。对于道路交通系统，碰撞主要指以较高的速度发生在机动车之间、机动车与非机动车之间、机动车与行人之间、非机动车之间、非机动车与行人之间以及车辆与其他物体之间相关部位的直接接触。根据机动车碰撞时接触部位的不同，机动车之间的碰撞分为正面碰撞、侧面碰撞、追尾碰撞等。

两车碰撞时车辆的变形及其能量吸收是按照"碰撞—变形—吸能"的过程进行的，因而，两个物体碰撞时变形大的物体会吸收较多的能量，对于两辆质量不等的车辆即一辆质量较小的车辆与一辆质量较大的车辆相碰撞而言，形变较大且受损严重的则始终是质量较小的车辆，也就是质量较小的车辆始终"吃亏"。

2) 刮擦

刮擦是指相对而言的交通强者的侧面部分与他方接触，造成自身或他方损坏的现象。按刮擦组对象的不同，可分为车刮车、车刮人、车刮物。对汽车乘员而言，发生刮擦事故时的最大危险来自于车门被刮开导致车内乘员摔出车外的现象。当车内乘员摔出车外时，事故后果通常会比较严重。而车门玻璃因刮擦而破碎时容易对车内乘员的面部造成伤害。

机动车之间的刮擦，根据刮擦时车辆之间运动状态的不同分为会车刮擦和超车刮擦。

3) 碾压

碾压是指作为交通强者的机动车对交通弱者(如骑车人或行人等)的推碾或滚压的现象。虽然对许多交通事故而言，尽管在碾压之前已有碰撞现象发生，但习惯上一般都称为碾压。通常情况下碾压造成的事故后果比较严重。

4) 翻车

翻车通常是指车辆在行驶中因受侧向力的作用，使部分或全部车轮悬空导致车身着地的现象。就车轮悬空和车身落地的差别而言，有侧翻和滚翻之别。车辆的一侧车轮离开地面称为侧翻；车辆的全部车轮离开地面称为滚翻。实际中，汽车转弯过急时容易发生侧翻事故，汽车滚翻多发生于道路与道路外侧存在明显坡度且具有一定高度差的道路条件区域。

为了准确描述翻车过程和最后的静止状态，通常采用 90°翻车、180°翻车、360°翻车、720°翻车的概念。

5）坠车

坠车即车辆的坠落，是指当事车辆发生离开地面的落体过程，整体跌落到与道路路面有一定高度差的道路以外区域的现象。如车辆坠落桥下、坠入山涧、从高架桥下坠落等，坠车事故一旦发生，造成的后果通常比较严重。这是因为在实际中，当车辆坠落桥下时，如果落入水中，给车内乘员逃生造成困难；当车辆从高架桥下坠落时，由于坠落表面通常为坚硬的水泥地面，落体的巨大惯性力直接给车内乘员造成严重伤害。

翻车与坠车的主要区别在于车辆是否有离开过地面的落体过程发生，如果车辆始终与地面接触，无落体过程发生，无论翻得多深或情况多么严重均属翻车；如果车辆有离开地面的落体过程发生，则为坠车。

6）爆炸

爆炸主要指由于有爆炸物品带入车内，在行驶过程中由于振动等原因引起爆炸物品突爆造成的事故。若无违法行为，则不算交通事故。

7）失火

失火是指车辆在行驶过程中未发生违法行为，而是由于某种人为的或技术上的原因引起的火灾，即车辆发生燃烧的现象。常见的原因有乘员使用明火，违章直流供油，发动机回火，电路系统短路、漏电等。

足够的温度和充分的空气（氧气）是易燃物品进行燃烧的必备条件，而目前汽车使用的各种燃料以及部分防冻液，都是易燃的液体物质，存在发生失火的条件。

据调查，实际中一些发生自燃的车辆其放置发动机的空间多为紧凑型，导致电路、油路接触紧密，随着使用时间的增加，电路老化现象不可避免，一旦电路老化出现漏电，就很容易引发车辆自燃。因此，对于空间紧凑、电路和油路接触紧密的布置结构，定期更换电线、及时清理放置发动机空间内的油污对预防车辆自燃现象具有直接效果。

实际中发生的交通事故形式，其现象有的是单一的，有的是两种及两种以上现象并存的。对于有两种及两种以上并存事故形式的现象，一般按事故现象发生的先后顺序进行确定，如碰撞后失火可认定为碰撞形式；有时也可按主体现象进行确定，如碰撞后碾压可认定为碾压形式。

2. 道路交通事故的特点

道路交通事故具有突发性、随机性、频发性、社会性、不可复制性、连锁性等特点。

1）突发性

由于道路交通事故的发生通常并没有任何先兆，事故发生过程中驾驶人的信息感知器官从感知到危险境况至交通事故后果形成经历的时间极为短暂，往往短于驾驶人的反应时间与采取相应措施所需时间之和，因而，这使得实际中交通事故的发生表现出突发性的鲜明特点，给人的感觉就是"一瞬间"，事先难以预料，实际中一起交通事故从险情发生到损失形成往往表现为驾驶人或其他交通参与者以及周围人群尚未"反应过来"时，事故已经发生了。

因交通事故突发性的特点，要求处于危险中的人能在瞬间做出反应，这种瞬时反应的结果往往体现出人的心理承受能力和应变能力的差异。实际中许多交通事故的发生，往往就是人们瞬时反应错误造成的。

2）随机性

在目前科技条件下，交通参与者的行为、车辆的性能及其运动状况、道路系统的设计与建设都可能存在着失误，其中某个失误可能引起系统内一系列的其他失误，从而引发危及整个系统安全运行的事故，而这些失误绝大多数都是随机的，是单纯的随机事件。

到目前为止，现代科学技术尚无法准确预测一起交通事故会在何时、何地由何人引起、受害人是哪些人？这是因为交通事故的发生受多种因素的影响，具有不确定性，因而，交通事故的发生具有很强的随机性。

3）频发性

随着车辆保有量及交通量的快速增加，当人们的交通安全意识尚未与快速发展的道路交通运输相适应时，加之交通管理滞后等原因，道路交通事故频发、伤亡人数不断增加则会成为必然。目前，全世界每年因道路交通事故死亡的人数达100万人以上，道路交通事故已成为世界性的一大公害。道路交通事故已被称为"永无休止的战争"。

4）社会性

社会发展使人际交往增多，道路活动更趋频繁。汽车运输快速、方便、灵活、直达（即"门对门"）的运输特点使其成为人际交往的重要交通工具，已与人们的工作、生活紧密联系在一起。在现代社会，在机动车特别是汽车已成为人们工作、生活中重要交通工具的同时，机动车运输过程的副产品——道路交通事故给人们带来的伤害危险也时刻伴随着每一位社会成员，且不论其年龄、性别、种族、肤色的差别及贵贱与否。因而，道路交通事故已成为一个重要的社会问题，具有广泛的社会性。

5）不可逆性

道路交通事故的不可逆性是指其不可重复性。由于道路交通事故随机性、突发性的特点，使得道路交通事故具有不可重复性，也就是说实际中不可能存在任意两起交通事故具有完全相同性。这是因为对于在行车辆而言，任何一起道路交通事故发生的时间具有唯一性，加之道路上的交通环境时刻在改变，导致影响道路交通事故发生的变量因素多且难以控制从而不可能使得任意两起道路交通事故具有完全相同性。实际中，即使因为科学研究或其他原因需要对某一起道路交通事故进行模拟也只能进行部分复制，不可能完全重复。

6）连锁性

实际中，道路交通事故的连锁性主要表现为：一是一辆车发生了交通事故，后面的车辆也很容易跟着发生事故；二是交通事故发生后，常常容易引发爆炸、火灾等灾害。这种状况的出现多数情况下或是由于在行车辆间跟随距离过小，当前面车辆发生事故时，跟随车辆反应不及所致；或是事故发生后因交通管理措施未及时跟上导致。

1.2.5 道路交通事故的危害

道路交通事故的后果通常表现为受害人伤残、死亡以及财产损失等危害形式。道路交通事故的危害就某一起具体事故和总量事故而言，其危害的表现是存在差异的。

就某一起具体的道路交通事故而言，事故危害的严重程度与事故造成的损失大小密切相关。事故造成的损失越大，其形成的危害程度则越严重。在此条件下，道路交通事故的危害主要涉及人（家庭）、物、社会三个方面。

1. 道路交通事故对人（家庭）的危害

道路交通事故对人（家庭）的危害包括受害人致伤；随着危害程度的加重，受害人变残，直至丧失工作能力和生活能力；严重者导致死亡；交通事故在给受害人个体带来痛苦的同时也给其家庭带来麻烦与痛苦，使家庭医疗支出额外增加、家庭日常开支增大，使受害人的家庭失去劳动力、失去经济收入来源；使受害人的家庭变得残缺不全等。

2. 道路交通事故对物的危害

这里物的意义是指事故现场受到损害或损坏的各类实体物质，如道路护栏、交通标志立柱、事故车辆等。实体物质受到损害后，轻者部分丧失原有的作用与功能；重者完全报废，失去原有的全部作用与功能。

3. 道路交通事故对社会的危害

无论是引起人的伤亡还是物的损坏，都将会对社会资源造成浪费。对于在事故中受伤及死亡的人员和受到损坏的财产而言，如果不发生交通事故，就不会引起人的伤亡和财产损失，这些在事故中受伤及死亡的人员和受到损坏的财产就可以继续为社会发挥效益；与此同时，交通警察赶赴事故现场处理事故需要增加社会成本，事故现场导致交通受阻或中断无疑会对民众的工作、生活产生影响等。

就一个国家或地区而言，道路交通事故的危害程度则与该国家或地区一定时期内道路交通事故的发生数量、道路交通事故死亡人数的多少密切相关。一定时期内一个国家或地区的道路交通事故发生数量、死亡人数越多，在国家或地区层面上反映出道路交通事故的危害程度越严重。一定时期内一个国家或地区的道路交通事故危害程度严重，表明社会公民出行过程中的生命安全受到的威胁也越严重，这对经济发展、吸引外资、发展旅游都是不利的。

1.2.6 易受伤的道路使用者和最易受到交通伤害的群体

就交通出行风险而言，行人及骑自行车、摩托车、电动自行车者等群体在出行过程中受到的保护最少。按出行的里程计算，他们承受的交通事故风险均大于乘用车和其他机动车上的驾驶人和乘客。因此，道路安全专家称行人、骑自行车、摩托车、电动自行车者等出行者为"易受伤的道路使用者"。与乘用车驾驶人相比，在一定出行距离内，骑自行车的人受到伤害的可能性高出 8 倍，步行的人高出 9 倍，骑摩托车的人高出 12 倍。

我国道路交通事故给交通参与者造成的伤害是比较严重的。有关调查显示，就伤害群体的分布状况而言，一是男性多于女性，其性别比例约为 3∶1，二是半数以上死亡者处于 16~45 岁年龄段，65 岁以上的死亡人数呈上升趋势。在受伤害致死的人群中，以行人、乘客、驾驶摩托车和骑自行车者居多，约 60% 以上的道路伤害死亡人员是行人、乘客和骑自行车者。就伤害形成的原因而言，主要为机动车驾驶人驾车过程中的不良驾驶行为以及机动车驾驶人、行人违反交通规则的行为所引起。道路交通伤害就地区而言，东部地区最高，中部地区最低。

实际中，男性、老人、儿童(特别是贫困家庭的儿童)是最容易受到交通伤害的人群。成年男性容易受到交通伤害是因为除了喜欢拥有和驾驶自己的机动车外，还有酒后驾车、高速驾车及在一些情况下不计后果的行为；老年人容易受到交通伤害是因为反应较迟钝，不如其他年龄的人群机警和灵活，老年人一旦受伤更容易导致死亡或残疾；儿童容易受到交通伤害是因为缺少正确判断路况安全的能力，喜欢在车来车往的道路上玩耍、跑步或骑自行车，因儿童的目标较成人小，容易被机动车撞上。

对造成道路交通伤害中的主要因素——人员因素的分析发现:

(1) 酒后驾车是造成事故和严重创伤的第一单项因素。酒后驾车会大大增加交通事故伤亡的危险性,在低/中收入国家中,33%和69%致死驾驶人和8%与29%的非致死伤驾驶人事故前都曾饮过酒。

(2) 超速驾车是造成事故和严重创伤的另一个单项因素。相关研究表明,车速平均值增加5%,受伤性撞击增加10%,致死性撞击风险增加20%。

(3) 在15~19岁人群中,交通伤害是导致青少年意外死亡的首位因素。

就减轻交通伤害而言,出行中在自觉遵守交通规则的前提下加强个人防护很重要,对于摩托车驾驶人和乘坐者,佩戴头盔可减少40%的死亡和70%以上的头部重伤;对于汽车驾驶人和乘坐者,佩戴安全带能使伤亡率可降低50%左右;对于行人和骑自行车骑车人,自觉走人行道和自行车道可有效避免交通伤害。

1.3 国内外道路交通安全概况与发展趋势

1.3.1 国内道路交通安全的现状与发展趋势

1. 中国道路交通安全现状

改革开放以来,随着我国社会经济快速发展和人民生活水平不断提高,我国机动化进程不断加快,机动车保有量快速增加,截至2014年年底,全国共有机动车保有量为2.64亿辆、驾驶人超3亿,千人机动车拥有量达193.01辆,较1990年的12.91辆增长13.95倍。中国以汽车为主要交通工具的现代道路交通系统的快速发展开始于20世纪80年代中期。20年多来,中国道路交通获得了持续高速发展,截至2014年年底公路通车总里程达446.84万km,其中高速公路通车里程从1988年的0起步,到2014年年底达11.19万km,超过美国居世界首位。与此同时,多年来由于经济快速发展,全社会对道路交通运输的需求旺盛,使得城乡交通活动量剧增,也使道路交通事故发生数量、伤亡人数增多,给人民生命财产造成重大损失。表1-2是1990—2014年中国人口数量变化、机动车数量变化及道路交通事故相关数据。

表1-2 1990—2014年中国人口数量变化、机动车数量变化及道路交通事故数据

年份	人口数量/百万人	机动车保有量/万辆	机动车拥有量/(辆/千人)	事故次数	死亡人数	受伤人数	直接经济损失/亿元	万车死亡率/(人/万车)	10万人口死亡率/(人/10万人)	死亡人数与受伤人数之比
1990	1143.33	1476.06	12.91	250297	49271	155072	3.64	33.38	4.31	1∶3.15
1991	1158.23	1657.61	14.31	264817	53292	162019	4.28	32.15	4.60	1∶3.04
1992	1171.71	1945.31	16.60	228278	58729	144264	6.45	30.19	5.01	1∶2.46
1993	1185.17	2331.42	19.67	242343	63508	142251	9.99	27.24	5.36	1∶2.24

(续)

年份	人口数量/百万人	机动车保有量/万辆	机动车拥有量/(辆/千人)	事故次数	死亡人数	受伤人数	直接经济损失/亿元	万车死亡率/(人/万车)	10万人口死亡率/(人/10万人)	死亡人数与受伤人数之比
1994	1198.50	2737.45	22.84	253537	66362	148817	13.3	24.24	5.54	1∶2.24
1995	1211.21	3180.34	26.26	271843	71494	159308	15.2	22.48	5.90	1∶2.25
1996	1223.89	3608.77	29.49	287685	73655	174447	17.2	20.41	6.02	1∶2.37
1997	1236.26	4220.63	34.14	304217	73861	190128	18.5	17.50	5.97	1∶2.57
1998	1247.61	4512.54	36.17	346129	78067	222721	19.3	17.30	6.26	1∶2.85
1999	1257.86	5406.41	42.98	412860	83529	286080	21.2	15.45	6.64	1∶3.43
2000	1267.43	6066.77	47.87	616974	93853	418721	26.7	15.47	7.41	1∶4.46
2001	1276.27	6851.88	53.69	754919	105930	546499	30.9	15.46	8.30	1∶5.16
2002	1284.53	7978.19	62.11	773137	109381	562074	33.2	13.71	8.52	1∶5.14
2003	1292.27	9649.96	74.67	667507	104372	494174	33.3	10.81	8.08	1∶4.74
2004	1299.88	10779.01	82.92	517889	107077	480864	27.7	9.93	8.24	1∶4.49
2005	1307.56	13031.82	99.67	450254	98738	469911	18.8	7.58	7.55	1∶4.76
2006	1314.48	14428.23	109.76	378781	89455	431139	14.9	6.20	6.81	1∶4.82
2007	1321.29	15977.76	120.93	327209	81649	380442	12.0	5.11	6.18	1∶4.66
2008	1328.02	16988.77	127.93	265204	73484	304919	10.1	4.33	5.53	1∶4.15
2009	1334.74	18658.07	139.79	238351	67759	275125	9.1	3.63	5.08	1∶4.06
2010	1341.00	20706.13	154.41	219521	65225	254075	9.3	3.21	4.86	1∶3.90
2011	1347.35	22478.86	166.84	210812	62387	237421	10.8	2.78	4.63	1∶3.81
2012	1354.04	24000.00	177.25	204276	59997	224327	11.7	2.50	4.43	1∶3.74
2013	1360.72	25200.00	185.20	198394	58539	217324	10.4	2.32	4.30	1∶3.65
2014	1367.82	26400.00	193.01	196812	58523	211882	10.8	2.22	4.28	1∶3.62

中国机动车数量的快速增长带动了中国道路交通的快速发展，1990—2014年也是中国道路交通的快速发展时期。在此期间，中国人口数量虽然仍呈继续增长势头，但增长幅度已大幅度降低，平均增幅仅为9.45‰，从而使得千人机动车拥有量获得了快速增长，1990—2014年中国千人机动车拥有量变化曲线如图1.2所示。

由表1-2可以看到，1990—2014年中国的各项道路事故指标呈现出先快速上升然后稳步下降的特点，特别是20世纪90年代后期以来道路交通事故发生次数、交通事故受伤人数、死亡人数增长速度明显加快，至2002年分别达到773137次和109381人的历史最高值，2002年后各项道路事故指标呈现稳步下降态势，1990—2014年中国道路交通事故受伤人数和死亡人数变化曲线如图1.3和图1.4所示。

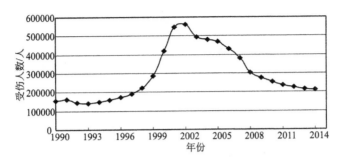

图 1.3　1990—2014 年中国道路事故受伤人数变化曲线

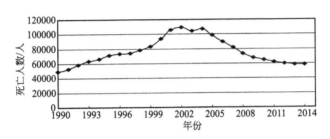

图 1.4　1990—2014 年中国道路事故死亡人数变化曲线

特别需要指出的是：2004 年我国的道路交通事故死亡人数较 2003 年有小幅回升是因为在 2004 年 5 月 1 日施行的《道路交通安全法》对"交通事故"和"道路"进行了重新定义，在道路交通事故相关统计数据中增加了原来未被纳入统计范围的三类事故，使得 2004 年交通事故死亡人数统计口径变宽所致。

2．中国道路交通安全的演变趋势

由表 1-2 也不难看出：中国的万车死亡率由 1990 年的 33.38 人降至 2014 年的 2.22 人，呈现快速下降态势，总降幅达 93.35%，平均年降低幅度达 10.45%。1990—2014 年中国万车死亡率变化曲线如图 1.5 所示。

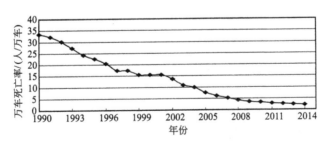

图 1.5　1990—2014 年中国万车死亡率变化曲线

与此同时，2002 年前中国的 10 万人口死亡率则一直处于持续上升状态，由 1990 年的 4.31 人升至 2002 年的 8.52 人，升幅达 97.7%。此后，10 万人口死亡率呈现下降趋势，在 2005 年以后下降趋势非常明显。1990—2014 年中国 10 万人口死亡率变化曲线如图 1.6 所示。

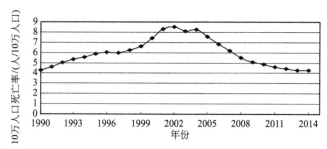

图 1.6　1990—2014 年中国 10 万人口死亡率变化曲线

图 1.5 和图 1.6 所示曲线表明，随着我国道路交通安全状况的不断改善，我国万车死亡率、10 万人口死亡率均将保持持续下降趋势。

死伤比（即交通事故死亡人数与受伤人数之比）是指在一定时期和一定区域范围内交通事故死伤人数比例。交通事故死伤比是衡量一个国家或地区道路交通安全管理水平的重要指标之一，也是道路交通安全设施建设、道路交通事故应急处理和救治水平高低的综合反映。虽然就受伤人数而言，美国、日本等国家因道路交通事故受伤的人数要比中国高得多，如 2009 年美国高达 221.7 万人、日本为 91 万人，而中国 2011 年为 23.7 万人，但是我国的交通事故死亡人数却要远远高于美国、日本等国家。交通事故死亡人数与受伤人数比，目前国外交通发达国家均大大低于我国。其中，美国是 1∶65.58，日本是 1∶157.68，而中国是 1∶4.06。1∶4.06 表明在中国不到 5 个人受伤就对应一个人死亡，而 1∶101 表明在日本 101 人受伤才对应一个人死亡。1990—2014 年中国交通事故死伤比变化曲线如图 1.7 所示。

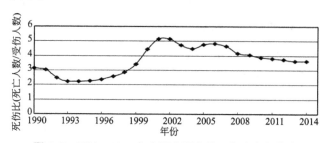

图 1.7　1990—2014 年中国交通事故死伤比变化曲线

1.3.2　国外道路交通安全的现状与发展趋势

1. 交通发达国家道路交通安全的现状与发展趋势

纵观美国的道路交通安全状况，也经历了由差向好的转变过程。其中，1952—1972 年是美国经济高速发展期，与之相伴的是交通事故死亡人数亦从 1952 年的 37794 人上升到 1972 年的 56278 人，年均增长 2.1%，达到美国历史上交通事故死亡人数的最高峰，道路交通安全状况的恶化引起政府对道路交通安全的高度重视，通过调整交通安全政策、完善道路交通安全法规、强化交通安全管理职能，交通安全状况逐步趋好，交通事故死亡人数逐年降低。

随着汽车保有量和道路交通量的不断增长，安全交通已成为全社会共同关注的一项重要议题。道路交通事故给人类生命财产造成的巨大损失引起了世界各国的重视，美国、日本、德国、法国、英国等交通发达国家对此给予了高度关注，多年来投入了大量的人力、财力对道路交通事故的产生机理、防治对策从多角度、多层次进行了深入、系统的研究，在此基础上采取了一系列积极可行的预防对策，取得了明显成效。表1-3是部分主要经济发达国家2009年道路交通事故数据及与其1999年相应数据的对比。

表1-3 部分主要经济发达国家道路交通事故数据

国家名称	2009年人口数量/万人	2009年机动车保有量/万辆	2009年千人机动车拥有量/(辆/千人)	事故次数(2009年/1999年)/万次	受伤人数(2009年/1999年)/万人	死亡人数(2009年/1999年)/人	2009年万车死亡率/10万人口死亡率	事故次数变化率	受伤人数变化率	死亡人数变化率
美国	30700.7	24628.3	820.2	154.8/205.4	221.7/323.60	33808/41611	1.1/11.01	−24.63%	−31.49%	−18.75%
日本	12755.8	7517.6	593.9	73.7/85.04	91.0/105.04	5772/9006	0.77/4.52	−13.34%	−13.36%	−35.91%
德国	8190.2	5125.8	625.8	31.08/39.57	39.77/52.11	4152/7772	0.81/5.07	−21.46%	−23.68%	−46.58%
法国	6454.3	3743.5	580.0	7.23/12.45	9.09/16.76	4273/8029	1.14/6.62	−41.93%	−45.74%	−46.78%
英国	6180.2	3236.1	523.6	16.4/23.5	22.0/31.7	2222/3423	0.69/3.60	−30.21%	−30.60%	−35.09%
加拿大	3374.0	2048.9	607.3	12.52/15.11	17.29/22.23	2209/2969	1.08/6.55	−17.14%	−22.22%	−25.60%

由表1-3不难看出，在1999—2009年的10年间，交通发达国家在千人机动车拥有量保持高位的同时，道路交通安全指标不断趋好，道路交通安全水平不断提高。第一，从总体上讲，在机动车总量保持相对稳定的条件下，道路事故总量即事故次数、事故受伤人数、死亡人数均呈明显下降趋势；第二，万车死亡率保持在很低数值状态，最高指标值低于1.15人，其中以英国最低仅为0.69人；第三，10万人口死亡率呈下降趋势，最高指标值为11人，其中以英国最低为3.6人；第四，就这几个国家在交通事故次数、受伤人数、死亡人数的降低效果而言，法国的效果最突出，交通事故次数下降41.93%，受伤人数降低45.74%，死亡人数降低46.78%。这一系列指标数值既充分反映出这些国家道路交通安全现状在当今世界范围内的领先地位，也表明这些国家多年来对道路交通事故发生规律的深入认识及所采取预防对策的有效性。

综观美国、日本、德国、英国、法国等交通发达国家的道路交通安全问题，其认识也经过了一个不断深化的过程。在道路交通机动化的初期，和现在许多发展中国家一样，这些发达国家也将交通事故更多地理解为不可避免的后果，是提高流动性和发展经济的必然代价。但是，在20世纪60年代至70年代初，这些国家在经历了道路交通事故高速增长后，改变了被动和无所作为的态度，调整了交通安全管理模式，以综合治理交通事故降低事故死亡人数为主线，通过制定交通安全专项规划和国家战略，从人、车、路入手，实现事前管理、事中管理和事后管理的紧密结合，对道路交通事故进行了综合治理；通过颁布道路交通安全法规、完善交通安全法律体系、调整交通安全政策、强化政府的交通安全管理职能和全面提高道路交通参与者遵章守法的自觉性及车辆、道路的安全性等综合性应对措施，使道路交通事故率和死亡率逐步下降，交通安全状况持续地向好的方向发展。表1-3中所列出的美国、日本、德国、英国、法国、加拿大等国2009年与1999年的对比数据已充分反映出这种变化趋势。

除美国、日本、德国、英国、法国等交通发达国家外，瑞典是当今国际上公认的道路交通安全做得很好的国家之一，瑞典治理和改善道路交通安全状况的成功经验值得关注。

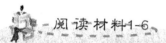阅读材料1-6

瑞典道路交通安全状况变化过程及其治理的成功经验

瑞典的道路交通安全状况无论是在欧盟内还是在国际范围内都是做得很好的国家之一，2008年万车死亡人数为0.7人。瑞典国土面积45万km^2，人口918.3万人（截至2007年年底）。瑞典全国乘用车数量在1959年时仅为108.8万辆，1969年时激增至219.4万辆，翻了一番。但在随后的30年里，增长速度放缓，平均每10年增加60万辆。2004年，汽车保有量为420万辆，每千人客车拥有量为450辆。瑞典的国家公路网早在20世纪60年代就已基本形成，随后开始建设高速公路网，公路通车总里程达42万km，其中高速公路里程达1510km。瑞典位于欧洲北部，冬季漫长，驾驶条件恶劣，1971年道路交通事故死亡人数达到峰值，达1300多人，其后在车辆保有量持续上升的同时，交通事故死亡人数逐年稳步下降，2000年为591人，2003年为529人，2009年为358人。多年来，瑞典道路交通事故治理及预防的基本经验如下：

1. 对交通事故治理及预防基本规律的认识深刻

瑞典政府认为：道路交通事故多少仅是道路交通安全状况的外部表象，而真正决定道路交通安全状况及其变化的是人、车、路三者间的相互关系。如果一个国家人、车、路三者间相互关系是多对抗、多冲突的，道路交通事故就多，交通安全状况就差；反之，如果一个国家人、车、路三者间相互关系是多融洽、多协调的，道路交通事故就少，交通安全状况就变好。和许多国家相比，瑞典政府的上述认识既深刻，又独到。基于此认识，瑞典现有的一切有关道路交通安全的法规、技术措施、理论研究、文化宣传都是以此为基础的。

2. 政府主导，在国家范围内持续不断地推进人、车、路三者间的协调发展

交通事故治理及预防的实践逐渐使瑞典政府认识到，人、车、路三者间相互关系的好坏首要的不是取决于技术发达程度，而是取决于交通安全管理部门职能发挥的有效程度，因而，瑞典在交通事故治理及预防的过程中特别强调政府的主导作用，即由政府主导，对影响道路交通系统安全状况变化的人、车、路三大主体因素进行全方位的综合治理，在国家范围内持续不断地推进人、车、路三者间的协调发展。具体做法如下：

（1）高投入治理道路交通事故，瑞典政府对道路交通事故治理投入巨资用于道路改造和管理人员培训及公民道路交通安全教育。

（2）对国家有关责任机关和负责人制定明确的目标责任制，瑞典国家交通安全委员曾在20世纪80年代初提出了一个国家级安全目标：从1985年到2000年道路交通事故死亡减少25%，到2010年减少40%。

3. 重视"人"的人性化管理

瑞典政府以"交通文化"建设为主线，在注重管好"车""路"的同时，更特别注重对"人"的人性化管理，充分做足"人"的人性化管理这篇大文章。在道路交通方面，政府的一切活动均以交通安全为最高目标，现已形成了"交通文化"的丰富内涵，且推动了一个新的交通理念——"零死亡"观念的形成。所谓"零死亡"目标，就是在公路上不发生一起死亡和重伤交通事故。零死亡概念是一个长期目标，是道路交通安全的努力方向。

➡ （资料来源：郑安文等. 道路交通安全与管理 [M]. 北京：机械工业出版社，2008.）

2. 发展中国家道路交通安全的现状与演变趋势

印度是除中国之外的最大发展中国家。印度既是一个人口大国，也是一个经济处于快速发展的发展中大国。多年来印度人口持续快速增长，2000年人口总数突破了10亿人，2009年人口总数达115534.8万人，已经成为继中国之后第二个总人口超过10亿人的国家；2004年机动车保有量达7300万辆，千人机动车拥有量与中国比较接近，但远远低于美国、日本等交通发达国家。近些年来，印度经济持续快速发展，使机动车数量快速增加，现已进入机动化快速发展时期；与此同时，印度的道路交通安全状况也不断恶化，道路交通事故死亡人数不断增加，2009年道路交通事故死亡125660人、受伤515458人，仍呈快速增长趋势。造成这一现状的原因主要有：在机动化发展初期，道路基础设施差，城乡主要以普通公路为主，道路窄，车辆多，许多道路年久失修；国民交通安全意识普遍比较淡薄，机动车驾驶人员素质不高，交通违章现象比较严重。

据统计，当今全世界每年道路交通事故大约造成125万人死亡、5000万人受伤，其中发展中国家道路交通事故死亡人数、受伤人数均占80%以上，且半数以上的死者年龄在15～44岁，其中三分之二与行人有关。道路交通事故已成为发展中国家非正常死亡的重要原因之一。道路交通事故给发展中国家每年造成的经济损失占国内生产总值的1.0%～2.0%。世界银行的道路安全专家曾指出，发展中国家对道路交通安全问题的认识水平可分为三级：

第一级认识水平：在这类国家，对道路交通安全问题缺乏认识，事故资料几乎没有，缺少事故数据系统。对道路安全问题和道路用户风险的发展趋势所知甚少，没有专门的机构负责道路安全事宜，政府也不太关心道路安全问题。

第二级认识水平：在这类国家，政府意识到了道路安全问题，但却未给予足够的重视，道路事故资料不全。媒体开始注意，一些大学和研究机构开始研究道路安全问题。

第三级认识水平：政府认识到了道路安全问题并给予重视，建立了道路交通事故资料管理系统，成立了专门机构并培训职员，可进行道路事故黑点的分析。开始重视道路安全教育，研究机构尽管缺少数据资源，但开始进行道路安全方面的系统研究。

在当今世界,许多发展中国家都面临着在经济发展的同时其道路交通安全水平不断恶化的问题。这是由于经济发展刺激了机动车保有量的快速增长,但与此同时,社会公众的交通安全意识、交通安全立法、交通安全设施建设、交通管理手段并没有随着机动车保有量的快速增长和道路交通系统的快速发展而获得相适应的快速改善,从而导致道路交通安全水平恶化、道路交通事故死亡人数居高不下。因此,就发展中国家的道路交通安全而言,在经济发展及机动车保有量增加的过程中,政府必须高度重视道路交通安全问题,必须以政府为主导,加大道路交通安全经费投入和交通事故治理力度,只要这样,道路交通安全状况才可能逐步好转,否则,道路交通安全状况将会继续恶化。

1.3.3 发展中国家道路交通安全发展趋势与经济发达国家发展趋势的比较

上述讨论充分表明,发展中国家的道路交通安全发展趋势与经济发达国家的发展趋势存在明显差别,其主要特点如下:

(1) 就万车死亡率的变化趋势而言,无论是发达国家还是发展中国家均呈现为下降趋势,但其差别主要表现在万车死亡率数值的高低上。很明显,发展中国家的万车死亡率数值均明显高于经济发达国家的对应数值。这一结果表明,现阶段经济发达国家的道路交通安全状况明显要优于发展中国家。

(2) 就10万人口死亡率而言,发展中国家的10万人口死亡率指标数值虽然较低(一些发展中国家的10万人口死亡率较低主要是因为人口基数大所致),但绝大多数都正处于上升过程阶段;而经济发达国家的10万人口死亡率虽然较发展中国家要高一些,但都处于下降过程阶段。发展中国家10万人口死亡率呈上升过程的趋势表明:在一个计量的单位时间(通常为1年)内,交通事故人口死亡人数增长率大于以10万人为计量单位的年人口增长率。事实上,经济发达国家的10万人口死亡率也同样经历过上升过程阶段,只是通过持续不断的交通事故治理才使10万人口死亡率相应达到峰值后转入下降阶段,呈现出持续的下降态势,因此,经济发达国家的10万人口死亡率呈现持续下降的局面是来之不易的。

1.4 现代道路交通系统交通安全状况的变化过程

1.4.1 现代道路交通系统交通事故死亡人数变化的三个典型不同时期[①]

目前,美国、日本、法国、德国、英国等交通发达国家良好的道路交通安全形势也是经过艰苦探索和持续努力才取得的。自20世纪50年代起,这些国家在经济高速发展的过程中,均经历过道路交通安全状况严重恶化时期,在政府的主导下,通过不断完善交通安全法律体系、强化政府的交通安全管理职能和全面提高道路交通参与者的遵章守法自觉性及车辆、道路的安全性,才得以使交通安全状况逐步改观,并持续地向好的方向发展。进入21世纪,一些发达国家提出了以预防交通事故、降低事故严重性为核心的交通安全政

---

① 现代道路交通系统是指以汽车为主要交通工具的现代道路运输系统,这一提法主要便于与在汽车广泛使用之前在一些大城市曾出现过的以马车、人力车为主要交通工具的道路运输系统相区别。

策和预防道路交通事故的交通安全管理机制,促进了道路安全水平的进一步提高。这些国家在过去几十年中在发展以汽车为主要交通工具的现代道路交通系统(简称"道路交通系统")的历程中道路交通死亡人数随时间的变化可分为快速增长、稳步回落、相对稳定三个不同典型时期,若用曲线描述则为波峰线形图,如图1.8所示。

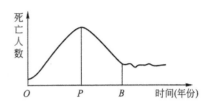

图1.8 道路交通事故死亡人数波峰线形图

图1.8中各线段及其特征点的意义分别如下:

P 点的意义是死亡人数峰值对应年份;O 点的意义是以汽车为主要交通工具的现代道路交通系统快速发展的开始时间。

OP 段曲线的意义为道路交通事故死亡人数在此时期内快速增长,即道路交通事故死亡人数快速增长时期。其特征是,此时期内以汽车为主要交通工具的现代道路交通系统快速发展,机动车保有量快速增长,公众交通安全意识差,对现代道路交通系统很不适应,表现为道路交通事故频发,道路交通事故死亡人数随时间变化逐年攀升直至峰值。

PB 段曲线的意义为道路交通事故死亡人数在此时期内稳步回落,即道路交通事故死亡人数稳步回落时期。其特征是,此时期内政府通过加大交通安全立法和交通安全教育,强化交通安全管理,虽然此时期内机动车保有量仍随时间逐年快速增长,但道路交通事故发生率显著降低,道路交通事故死亡人数随时间变化逐年下降至相应稳定值。

B 点及以后段曲线的意义为道路交通事故死亡人数相对稳定,即道路交通事故死亡人数相对稳定时期。其特征是,此时期内社会民众已具备了比较强的交通安全意识,与此同时,政府继续增大道路建设投资力度治理和改善道路交通环境,进一步提高人、车、路之间的协调程度,使得公民对现代道路交通系统具有比较好的适应性,表现为道路交通事故发生率比较低,道路交通事故死亡人数随时间变化保持相对稳定。

道路交通事故死亡人数随现代道路交通系统的发展进程之所以如此变化是因为:在现代道路交通系统的发展初期,由于政府、公众、社会各方面对道路交通快速发展的准备均不足,道路交通安全状况随着机动车保有量增加不断恶化,致使事故死亡人数持续快速增长;随着政府加大交通安全立法和交通安全教育,强化交通安全管理,使得社会公众对现代道路交通系统的适应能力相应提高,交通安全状况逐步好转,道路交通事故死亡人数相应逐年稳步回落;再其后,随着道路交通安全管理法规的逐步完备、道路交通安全设施的不断完善,交通参与者交通安全意识的明显加强,人、车、路之间的协调程度提高,使得道路交通事故发生数量被控制在较低的水平,道路交通事故死亡人数随时间变化保持相对稳定,即道路交通安全状况保持相对稳定。

1.4.2 导致现代道路交通系统安全状况变化的关键性因素

日本现代道路交通系统发展过程中交通安全状况的历程呈现出鲜明的波峰状特点,具有典型性,现结合日本现代道路交通系统发展过程中交通安全状况的实例进行讨论分析。

1. 1958—2000年日本道路交通事故死亡人数变化曲线呈现出鲜明的波峰状特点

日本以汽车为主要交通工具的现代道路交通系统的快速发展开始于20世纪50年代中期,经过几十年的建设与发展,现已建立起了比较完善的道路运输网络(道路网密度达

$303km/100km^2$)和良好的道路交通保障条件,其道路交通安全状况现位居世界先进水平前列,1998年交通事故万车死亡率为1.07人。1958—2000年日本道路交通事故死亡人数变化关系如图1.9所示。

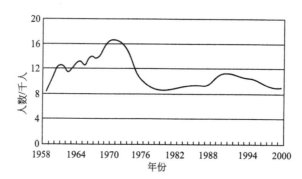

图 1.9 1958—2000年日本道路交通事故死亡人数变化关系

对比图1.8和图1.9不难看出,图1.9中曲线呈现出鲜明的波峰状特点,即日本在1958—2000年其道路交通事故死亡人数经历了快速增长、稳步回落、相对稳定等不同时期。根据图1.9所示波峰状线形曲线的变化特征,结合1958—2000年日本汽车保有量、道路建设发展历程的发展特点,日本道路交通系统的安全状况可划分为1955—1970年、1971—1979年、1980—2010年3个不同时期。这3个时期道路交通安全状况的主要特征分别如下:

1955—1970年:事故死亡人数快速增长期。1970年道路交通事故死亡人数较1958年高出一倍,此期间道路交通事故频发,人员伤亡数量快速增长。据统计资料,1970年日本交通事故死、伤人数均升至最高峰,分别达16765人和981096人,其伤亡人数约为全国总人口的1/100。

1971—1979年:事故死亡人数稳步回落期。由于全社会对道路交通安全的高度关注,道路交通法规的相应完善,道路交通安全设施不断完备及社会公众交通安全意识提高,使道路交通事故发生数量得以有效控制,事故伤亡人数逐年下降。据统计资料,1979年日本交通事故死亡人数降至8466人,较1970年相比下降49.5%,增长率为-1.6%。

1980—2010年:事故死亡人数相对稳定期。此期间可分为两个阶段:第一阶段为1980—1995年,尽管日本政府在此阶段继续增大道路建设投资力度,致力于整治交通环境,并进一步强化交通管理和宣传教育力度,但道路交通事故死亡人数并未进一步明显下降,多年间徘徊于每年9000~10000人;第二阶段为1996—2010年,因处于道路交通智能化的建设时期,智能交通系统对改善道路交通安全状况的作用未能得以有效发挥,致使事故死亡人数并未进一步明显下降,仍处于相对稳定状态;2010年以后,智能交通系统充分发挥作用,交通事故死亡人数进一步降低。

2. 现代道路交通系统安全状况变化的关键性因素分析

分析表明:机动车保有量的多少虽是影响道路交通安全状况的重要因素,但绝不是唯一关键性因素,导致一个国家或地区在现代道路交通系统发展过程中交通安全状况变化的关键性因素是政府管理部门及社会公众对现代道路交通系统快速发展的适应程度。如果政府管理部门及其社会公众对现代道路交通系统快速发展能够很好适应,则交通安全状况变好,交通事故死亡人数就少;反之,如果政府管理部门及其社会公众对现代道路交通系统快速发展不能很好适应,则交通安全状况就差,交通事故死亡人数增长快。

图 1.9 中,1958—1970 年日本道路交通事故死亡人数快速增长,从本质上说是管理部门及社会公众对现代道路交通系统的快速发展不相适应的直接反映。具体表现为:在交通参与者层面上,社会公众的交通观念、交通行为方式尚未适应以汽车为主要交通工具的现代道路交通系统的新变化,并且对汽车保有量快速增长带来的道路交通环境不断恶化的现状缺乏应有的心理准备;在管理层面上,政府主管部门准备不足,主要表现为道路交通法规建设和安全教育滞后导致对社会公众原有交通行为习惯的调节、规范力度弱化,致使交通违章行为严重;在车辆数量层面上,汽车保有量快速增长,其增长速度超过道路的建设速度,导致道路交通环境恶化;在道路层面上,道路车辆供需矛盾突出、安全设施不完备,致使道路交通事故频发,人员伤亡严重。此时段,在社会整体层面上表现为人、车、路之间的协调程度低,其突出特点是事故实际死亡人数不断攀升。

图 1.9 中,1971—1979 年日本道路交通事故死亡人数稳步回落,本质上是管理部门及社会公众对现代道路交通系统快速发展基本适应的具体表现。此阶段,在交通参与者层面上,人们通过学习现代道路交通安全知识,更新交通观念,逐步建立起与以汽车为主要交通工具的现代道路交通系统相适应的交通行为方式;在管理层面上,由于全社会对道路交通安全状况高度关注、加大了道路交通法规的建设力度和宣传力度,使社会公民交通安全意识稳步提高,与此同时,道路交通安全设施逐步完备,即人、车、路之间的协调程度提高,使得道路交通事故发生数量被有效控制,交通事故伤亡人数均逐年下降。

图 1.9 中,1980—2000 年日本道路交通事故死亡人数相对稳定,本质上是管理部门及社会公众对现代道路交通系统较好适应的体现。此阶段,在交通参与者层面上,人们已具备了比较强的交通安全意识和与以汽车为主要交通工具的现代道路交通系统完全相适应的交通行为方式;在管理层面上,道路交通安全法规比较完备,人、车、路之间的协调程度比较高,使得道路交通事故发生数量被控制在一个较低的水平,交通事故死亡人数随时间变化保持相对稳定。

特别需要指出的是:尽管在 1980—1995 年日本政府不断继续增大道路建设投资力度努力改善道路交通环境,力图进一步提高人、车、路之间的协调程度,但事故死亡人数却并未明显下降,仍然徘徊于每年 0.9 万~1.0 万人。这一现象说明以通过汽车技术进步提高汽车安全性、通过工程技术完善道路交通设施、通过完善管理法规强化道路交通管理为基本手段的提高道路交通安全水平的传统方法已接近极限。因而,要进一步改善道路交通安全状况,必须寻找新的出路,故从 20 世纪 90 年代中期日本政府提出了"发展智能交通系统的整体构想"并正在付诸实施。日本政府建设智能交通系统的目的旨在进一步提高道路交通安全化水平,降低道路交通事故死亡人数,提高道路通行能力和交通运输效率。

1.4.3 中国目前道路交通安全状况处于事故死亡人数回落期

1. 2003 年是中国道路交通安全状况进入一个新时期的转折点

英国学者 R. J. 斯密德(R. J. Seemd)在 1949 年提出了根据汽车拥有量、人口总数预测道路交通事故死亡人数的公式,即

$$D = 0.0003(NP^2)^{1/3} \tag{1-1}$$

式中：D 为某国当年交通事故死亡人数，人；P 为该国当年人口总数，人；N 为该国当年汽车拥有量（不含三轮汽车和低速货车），辆。

国外多个国家道路交通事故死亡人数的统计结果表明：斯密德公式较好地反映了以汽车为主要交通工具的现代道路交通系统在机动化发展初期交通事故死亡人数与汽车拥有量、人口总数之间的内在关系。对中国在 1990—2006 年道路交通事故死亡人数与汽车拥有量、人口总数之间关系的统计结果对比分析表明，中国在此期间的道路交通事故死亡人数也与斯密德公式较好吻合。1990—2006 年中国道路交通事故实际死亡人数和由斯密德公式预测出的死亡人数对比曲线如图 1.10 所示。由图 1.10 可以看出：

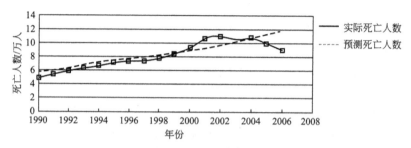

图 1.10　1990—2006 年中国道路交通事故实际死亡人数与预测死亡人数的比较

（1）1990—2004 年中国道路交通事故实际死亡人数与由斯密德公式计算死亡人数相当接近，这表明中国的道路交通安全状况整体上处于现代道路交通系统机动化的发展初期。

（2）实际死亡人数曲线与预测死亡人数曲线相比，先低后高，最后两条曲线在 2003年、2004 年重合的走势，表明中国在过去的几年内道路交通安全形势在总体比较严峻的条件下随时间变化在波动中逐渐趋好；自 2005 年开始，实际死亡人数曲线较预测死亡人数曲线相比明显变低，表明中国的道路交通安全状况整体上已由道路交通事故死亡人数的快速增长期转入回落期。

实际中，可以用斯密德公式计算出的数值大小作为对现代道路交通系统机动化发展初期交通事故死亡人数国际平均水平的一种度量与评判。

自 2003 年开始，在机动车保有量快速增长的情况下，中国道路交通系统安全状况出现了明显趋好的势头，相关指标的变化趋势是：事故死亡总人数、万车死亡率等相关指标在 2002 年达到峰值后连续下降，特别是万车死亡率由 2002 年的 13.71 人/万车降为 2007 年为 6.20 人/万车，降幅达 62.7%，10 万人口死亡率指标也出现了明显的下降趋势。

2003 年中国道路交通事故万车死亡率为 10.81 人，该数值较日本 1970 年道路交通事故峰值时万车死亡率 9.0 人要高一些。2004 年《道路交通安全法》的正式实施为强化道路交通安全管理提供了法律保障。根据图 1-7 曲线的变化趋势，结合近年来中国道路安全设施建设正逐步得以加强的变化特点及道路交通管理水平正逐步提高的现实，并考虑到自 2003 年开始中国道路交通系统安全状况出现明显趋好的势头，2003 年是中国道路交通安全状况进入一个新时期的转折点，即由交通事故死亡人数的快速增长期转入回落期。

2003—2014 年，中国道路交通安全状况持续改善，交通事故统计数据的实际结果表明：2003 年确实是我国道路交通安全状况进入一个新时期的转折点。目前，中国道路交通安全状况处于事故死亡人数回落期。

2. 回落期内的交通安全管理对策应强化事故前的主动预防

鉴于中国道路交通安全状况已处于事故死亡人数回落期内的现实，中国道路交通安全管理对策与快速增长期相比必须进行相应调整。调整的思路，一是应逐步由事故后被动式应急处理转向事故前主动预防；二是通过广泛采用现代新技术，加快中国交通事故死亡人数回落的速度并缩短相对稳定期。

（1）中国今后一定时期（即回落期）内道路交通安全管理的重点、策略应与事故死亡人数快速增长期有所不同。快速增长期内的道路交通安全管理通常多为事故后的被动式应急处理，而回落期内的道路交通安全管理应为以事故前的主动式预防为主，因此，今后道路交通安全管理应迅速转向事故前主动预防方面来，其着眼点应该是通过加强道路安全教育逐步规范社会公众的交通行为，通过汽车技术进步提高汽车安全性，通过采用工程技术完善道路交通设施，通过完善管理法规强化道路交通管理；其关键点应是针对不同地区道路状况、车辆构成、管理水平、交通安全状况方面的差异，提高交通管理对策的针对性和实效性。

（2）应注意努力采用现代新技术强化管理手段提高管理水平，加快中国道路交通事故死亡人数回落的速度并缩短相对稳定期。中国道路交通事故多发的重要原因之一是由于缺少对在行车辆运行状况特别是易发事故车辆的实时监控，因而，今后一定时期内应以现代信息技术为基础，通过强化交通安全信息网络化建设，逐步实现对交通过程中的人、车、路三要素的实时监控，以使重要地区、重要路段交通过程中的一切交通行为均处于管理部门的严格监管之下；与此同时，应从现在开始增大智能交通系统的研究与开发力度，以尽早使智能交通系统为提高中国道路交通安全化水平、改善道路交通安全状况发挥积极主导作用。

我国中长期的道路安全总体目标应是：坚持以人为本，关爱生命、安全发展，把道路交通安全放在建设和谐社会的重要地位，将预防和减少道路交通事故作为执政为民的重要路线，实现道路交通事故和死亡人数明显减少的目标，促进人、车、路协调发展。

3. 中国未来20年道路交通安全状况的发展趋势

随着中国经济的持续、快速、稳定发展，尽管在未来20年内中国的机动车保有量、道路交通量仍然有会较大幅度的增加，交通参与者人数亦会不断增加，但道路交通安全状况的发展趋势总体上将会不断趋好，这是毋庸置疑的。但在未来20年内中国道路交通安全状况以何种速度持续趋好、中国道路交通安全状况不断趋好需要何种条件等相关问题是需要政府和社会公众深入思考的。简明地讲，在未来20年内，中国道路交通安全状况不断趋好需要全社会成员的共同努力，其中政府的主导作用尤为重要。对于政府、社会公众及运输企业在道路交通安全状况改善过程中的作用若以导演和演员的角色相比拟，显然，政府在此过程中担当的角色是总策划和总导演，而社会公众及运输企业担当的角色只是演员，因此，在未来20年内中国道路交通安全状况改善程度如何，很大程度上取决于政府的交通安全管理对策。

1.5 现代道路交通系统简介

1.5.1 包括管理要素在内的现代道路交通系统基本要素及其相互关系

人员、车辆、道路及其环境是构成现代道路交通系统的三大基本要素，这三大要素之间是相互依赖、相互制约、相互补偿的关系。要使人员、车辆、道路及其环境三要素之间协调有序，管理要素也不可少。包括人员、车辆、道路（环境）、管理四个要素构成的现代道路交通系统及其各要素之间的相互关系如图 1.11 所示。

在图 1.11 所示的系统中，人员与车辆、人员与道路、车辆与道路之间、管理与人员、车辆、道路各要素之间均存在紧密联系。管理作为一种手段，就是根据交通需求，通过对人员、车辆、道路三要素的合理管控，在保证安全的前提下，尽可能满足交通参与者出行的需要。就人员、车辆、道路、管理等要素各自的作用而言，人员是主体，车辆是关键，道路是基础，管理是手段。现代道路交通系统高效运行的前提是四要素间统一、协调，一旦出现不协调、不匹配，就必然导致系统整体功能下降，出现交通安全隐患，产生交通事故、交通拥堵等严重后果。

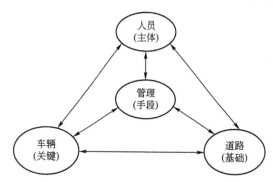

图 1.11 现代道路交通系统及其主要要素之间的关系

人员是主体具有多重含义：①所有的交通活动都与人相关，没有人的参与，交通活动则无法形成，对于道路交通安全而言，95%以上的交通事故都是因人的因素而产生，在驾驶人、行人、骑车人、乘客等不同群体中，驾驶人较其他群体相比更为重要，对道路交通安全的影响更大；②交通参与者不同的交通行为对道路交通安全的影响是不相同的，遵章守法自觉性强的交通参与者的交通行为安全性高，遵章守法自觉性差的交通参与者的交通行为安全性低；③人也是车辆、道路的主导者，所有车辆、道路都是由人支配使用的，因此，人的交通行为无疑会对车辆、道路的安全性产生影响。

车辆是关键的意义主要指车辆的结构、性能及由此形成的安全性。车辆的结构、性能的差异使其在行驶过程中对道路交通安全的影响是不相同的，在其他要素一定的条件下，安全性高的车辆发生交通事故的可能性降低，反之相反。

道路是基础的意义主要指道路的基础设施地位，没有道路，车辆无法行驶，交通运输无法进行。首先，道路在为驾驶人提供外界信息的同时也对车辆的运动提供行驶条件，与此同时，道路条件的好坏也会直接或间接影响驾驶人对驾驶过程的判断和车辆的运动状态。在人员、车辆、管理要素一定的条件下，道路安全性的高低直接影响道路交通安全的产生。

管理是手段的意义主要指管理的重要性，在人员、车辆、道路（环境）相同的条件下，不同的管理方式及采取不同的手段，现代道路交通系统的安全性是不相同的。

1.5.2　现代道路交通系统要素关系图

图 1.12 为现代道路交通系统要素关系图。在此系统中，驾驶人首先从外部获取信息，这些信息综合到驾驶人大脑中，经判断形成动作指令，指令通过驾驶人的操作行为传递给汽车，使汽车在道路上产生相应的运动；同时，行驶中汽车的瞬时运动状态和道路环境的变化又作为新的信息反馈给驾驶人，使驾驶人能够及时断调整汽车的运动轨迹，保证汽车安全行驶，如此循环往复，完成整个驾驶过程。

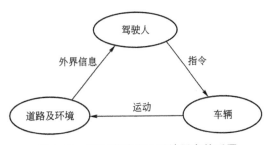

图 1.12　现代道路交通系统要素关系图

当驾驶人、车辆、道路及环境三要素组成图 1.12 所示的道路交通系统时，它们之间就构成了一种相互依赖、相互作用的紧密联系。系统中的每一个要素都对道路交通安全产生影响，同时这种影响又与其他要素紧密相关，从此意义上讲，驾驶人在道路上驾驶车辆的行驶过程是一个涉及驾驶人的行为、车辆运动状态和道路环境的复合动态系统。

在图 1.12 所示的系统中，驾驶人在驾驶过程中需要不断获得车辆运动、道路环境的实时信息，并及时对车辆实施操作。由于驾驶人是道路环境的理解者和指令的发出和操作者，因此，驾驶人既是该系统的核心，也是实现安全驾驶的关键。

从道路交通事故的成因分析看，驾驶人、车辆、道路三要素之间的可靠性程度和相互作用关系决定了系统的交通安全水平。这三要素中潜在的危险性，主要体现在驾驶人、行人、骑车人、乘客等交通参与者的不安全行为和车辆、道路及交通环境的不安全状态两方面。只有驾驶人、车辆、道路三要素之间相互配合、相互协调，才能使整个系统处于最优状态。

由上述分析不难看出，就人、车、路三要素之间的关系和作用而言，因人具有能动性，作为交通行为的直接发出者和协调者，在道路交通系统中起着主导作用；就驾驶人驾驶车辆组成的特定道路交通系统而言，因驾驶人是道路环境的理解者和指令的发出和操作者，无疑在系统中起着核心作用；就驾驶人、骑车人、行人、乘客等不同群体对交通安全的影响而言，因驾驶人直接操控着车辆的运动，与骑车人、行人、乘客相比，对交通安全起着更关键的作用。因此，要提高道路交通系统的安全性，首要的任务是解决好人的问题，而解决好人的问题的关键是要提高交通参与者的交通安全意识。

1.6　道路交通安全研究的基本内容

由于道路交通安全是涉及交通参与者心理学、生理学、行为学，车辆工程、道路工程、气象学、统计学、管理学、计算机科学的综合性学科，按其内在关系，可分为交通事故学研究、交通安全技术研究、交通安全设施研究、交通安全组织管理研究等方面。

1.6.1 道路交通事故学研究

1. 道路交通事故的形成机理研究

道路交通事故的形成与交通参与者的生理特性、心理特征，道路、车辆与环境的交通安全特性等因素密切有关。运用逻辑抽象和数学分析的方法，深入分析这些因素与道路交通事故之间的内在关系，以从本质上阐明事故重要因素之间的因果关系和事故的发生、发展过程及事故后果之间的内在逻辑关系，从而揭示出引起事故的本质要素。

道路交通事故形成机理研究的主要内容包括：①车辆驾驶人、骑车人、行人、乘车人的心理特征、生理状况、年龄、性别、职业特征、受教育程度等因素对其交通行为的影响；②车辆结构、性能及其使用情况与交通事故之间的关系；③道路类型、线路、结构、路面质量、交通组织与控制方式等对交通安全的影响；④风、雨、雪、雾等恶劣天气和道路环境等其他因素在交通事故中所起的作用，管理因素对交通安全的影响等。

2. 道路交通事故调查处理的相关法律、技术研究

对已经发生的道路交通事故进行调查和处理，是道路交通安全管理部门的重要日常工作，其工作内容主要包括：①现场处置，事故现场勘查与证据收集；②事故相关因素调查，分析、认定道路交通事故发生的原因、过程及其当事人的事故责任；③交通肇事者的追责；④道路交通事故善后处理工作等。

依法规范道路交通事故调查处理过程不仅关系到事故当事人的切身利益，而且影响着社会公平与正义。因而，对道路交通事故调查处理过程中的相关法律、技术、手段、程序等展开研究，有利于确保所发生的每一起道路交通事故都能够得到及时、客观、公正、合法的处理，促进道路交通事故调查处理的制度化、规范化建设。

3. 道路交通事故统计分析技术研究

统计分析是人们深入认识事物内在关系的一种有效方法。对于道路交通事故而言，可从时域分布、地域分布或其他特征入手，对道路交通事故的发生时间、空间、形态、损害后果、当事人的生理状况、心理状况、交通行为与方式、车辆结构与性能、道路条件、交通与自然环境等情况进行宏观性的分类统计和分析研究，以探寻发生道路交通事故的原因、特征和规律，为道路交通事故的分析处理、道路交通安全管理、规划、道路交通安全评价和道路交通事故防范提供科学依据。

4. 道路交通事故再现技术研究

道路交通事故再现技术是指根据对道路交通事故调查取证所获得的有关事故信息、资料和数据，综合运用力学、运动学、材料学、人体损伤学等科学原理和方法，综合分析确定发生道路交通事故的原因和道路交通事故的全部过程。对道路交通事故的发生原因和发生过程进行客观、科学的分析和再现，不仅是人们认识道路交通事故事实的方法和途径，而且也是正确认定当事人的交通事故责任，依法公正处理道路交通事故的基础。早期的道路交通事故再现主要依赖于人工的估算和分析推断，随着计算机技术的普及，利用计算机技术对事故原因及事故过程进行自动分析运算和动态三维模拟的高级阶段已是道路交通事故再现技术必然要求。

5. 道路交通事故分析预测技术研究

道路交通事故分析预测是指根据道路交通事故的相关历史资料，运用现代数学分析方法，选取合适的事故预测模型，对未来一定时期内一定范围内的道路交通安全状况、道路交通事故发展趋向进行预测分析的方法。准确的道路交通事故预测结果有助于道路交通安全管理部门进行科学决策，是开展道路交通事故防治工作的依据和基础。道路交通事故分析预测与交通事故统计分析之间具有紧密的联系，要使道路交通事故分析预测的结果准确可靠，除了要有科学地分析预测方法和预测模型之外，预测人员占有大量客观、准确、完备的道路交通事故调查统计资料也是必不可少的。

6. 道路交通安全评价技术研究

道路交通安全评价是指对现有或者将要建设的道路交通和交通安全管理项目进行审查，以发现其存在的安全隐患并提出切实可行的改进意见。道路交通安全评价以道路交通安全统计分析（包括交通事故统计分析）为基础，分为宏观评价和微观评价两个层次。其中，宏观评价用于较大范围的交通安全水平的评价比较，往往以国家或省、市为对象；微观评价主要是研究局部的具体问题，如一条或一段道路、一个交叉口等。对拟建的道路交通及交通安全管理项目进行道路交通安全评价，其目的主要在于对项目的建设方案进行道路交通安全可行性研究；对现有的道路交通及交通安全管理项目进行道路交通安全评价，其目的则在于寻找项目的安全隐患，以指导有关部门及时采取应对措施。

1.6.2 道路交通安全技术研究

由于现代道路交通系统涉及人、车、路三大要素，因而道路交通安全技术研究则是从与之三要素相关的诸多方面，运用系统论的观点和方法并从技术的角度通过对已有道路交通事故数据和实例的深入分析，探寻预防和减少道路交通事故的途径。

1. 人的研究

现代交通本质上是全民交通。虽然在道路交通系统中人的意义是指交通参与者，即驾驶人、行人、骑车人、乘客等不同群体，但随着我国机动化过程的强力推进特别是乘用车的普及，非职业性驾驶人日益增多及每个社会公众参与交通活动的机会越来越多，从而使得在社会公众、交通参与者、驾驶人三者之间存在着随时可能发生不同角色的临时转换，因此，应将道路交通系统中人的范围扩展至全体社会公众，而非仅仅局限于交通参与者群体。

对人的研究内容包括：人对信息的处理特性，与人的生理心理相关的视觉特性、心理特征、反应特性等多项特性及其影响因素，交通行为特性，行为干预及其效果，交通安全意识培养及提高途径，以及在参与交通活动过程中的安全避险技术等多个方面。人在参与交通活动中的行为比较复杂，对人进行研究的最终目的是消除和控制人的不安全因素。

研究方法主要有个体观察实验调查与实例分析、事故成因和事故特征分析、模拟及再现技术等，其目的是探寻针对性的预防道路交通事故的措施。

2. 车的研究

现代道路交通系统中车的含义包括机动车和非机动车两类。对车的研究主要集中于机动车且特别是以汽车为代表的机动车的安全性能的改善与提高以及车辆行驶过程中各类交通事故的防范技术与措施方面，包括仿真、模拟驾驶、碰撞、检测、故障诊断等。其着眼点是在充分考虑交通事故成因分析数据的基础上，通过改善车辆自身结构、不断完备汽车的主动安全技术和被动安全技术，从而达到提高汽车行驶安全性和减轻事故伤害程度的目的。

研究路径主要通过不断开发新的主动安全装置和被动安全装置，扩充、强化、完善车辆检测标准、研究开发新的检测设备、创新检测方法提高新车和在用车辆的安全性。

3. 路的研究

这里路的含义是指可供机动车行驶的各种等级和类型的道路以及由道路上的车辆、行人及其构造物等构成的相应环境，主要包括道路和交通环境两个方面。研究重点主要集中于与行车安全密切相关的道路特性、交通及其环境特性，包括道路几何条件、视距、道路结构、交通组成、气候条件、安全防护、道路等级与功能划分、路面条件、附属工程技术条件等。由于城市道路和公路在道路特性和交通环境特性的诸多方面存在明显差异，因此宜分别展开系统研究。通过对各种道路交通安全运行状态进行系统研究，对事故多发点的原因进行深入研究，总结规律性认识。

其目标是通过创新设计方法，改进道路结构及优化道路网络和交通环境，在畅通、高效的前提下不断提高道路的安全保障水平。

4. 道路交通事故分析和事故防范对策研究

道路交通事故分析包括事故成因分析、事故特征分析、事故分析技术等。其中，事故分析技术包括事故数据挖掘技术、事故重构技术等。道路交通事故防范对策包括道路交通系统安全评价、事故查勘技术、事故处理方法、安全预警、事故预防对策研究等。

1.6.3 道路交通安全设施研究

道路交通安全设施与道路交通安全防护密切相关。道路交通安全防护是指在对道路交通事故现象、发生和发展机理进行调查研究的基础之上，探索运用管理科学、工程技术和法律手段，抑制和消除道路交通系统中容易诱发道路交通事故和加重道路交通事故损害后果的各种有害和不利因素，以有效预防、减少道路交通事故的发生和减轻、降低道路交通事故的损害后果。

道路交通安全防护包括道路交通事故预防和道路交通事故中的安全保护两个方面，其前者重在通过各种方法和措施使道路交通事故不发生或者少发生，是一种主动的道路交通事故预防；后者则重在通过一定的技术和手段，使道路交通事故所造成的人员伤亡和财产损失后果最轻、最小化，是一种被动的道路交通安全保护。

研究内容包括道路安全设施、车辆安全设施、驾驶人行人及残障人交通安全设施、驾驶人驾驶技术训练设施、道路交通安全救援设施和救护技术等。

1. 道路安全设施研究

道路安全设施按设置时间的长短分为永久性设施和临时性设施两类。对永久性道路安全设施的研究包括维护道路正常使用功能的各类指示、指路、诱导、禁行标志标线及防碰撞、防超速、防驶出(路外)、防驶入(路内)、防超高、防崩塌、防落石的各类防护设施的开发、设计、改进研究等。对临时性道路安全设施的研究主要包括针对如道路改造和养护施工、针对临时需要的施工便线、在行车辆临时故障停车过程中安全防护设施的开发、设计、改进研究等。

2. 车辆安全设施研究

车辆安全设施研究主要针对在行车辆行驶过程中的突发事件及在特殊地区、特殊场合条件下为保证人车安全而开发设计的相关设施。例如，在行车辆突发故障条件下的警示牌或警示器，车辆在冰雪路面条件下行驶的防滑链及恶劣道路条件下的专用轮胎等。

3. 驾驶人、乘客、行人、残疾人交通安全设施研究

驾驶人、乘客、行人、残疾人交通安全设施研究主要针对驾驶人、乘客、行人、骑车人、儿童、高龄者、残障人等不同群体的交通参与者在其参与交通过程中为其提供安全保障的相关设施。例如，供广大驾驶人、乘客用的安全带，供摩托车驾乘者用的头盔，供行人或道路使用工作者穿着的便于其他交通参与者视认的黄色、橙色等艳丽颜色的衣服等。不同群体的交通参与者根据自身的临时角色对不同安全设施的使用具有选择性。

4. 驾驶人驾驶技术训练设施研究

驾驶人驾驶技术训练设施研究主要为有效提高新训驾驶人的安全驾驶技能而开发、设计的相关驾驶技术训练设施和技术缺陷校正训练设施，如模拟驾驶器、电子监控训练设施等。

5. 交通安全救援设施和救护技术研究

其研究内容包括交通安全救援组织体系、紧急救援专业队伍建设、救援人员业务能力培训、救护技术及装备开发、事故发生地点的准确定位、救护知识普及以及急救车优先现场急速救援系统建设等多个方面。交通事故求援设施与救护技术的研究对提高事故现场的紧急救护水平、挽救更多伤者生命、减少财产损失、保障道路交通安全均具有重要的意义。

1.6.4 道路交通安全组织管理研究

1. 对政府在道路交通安全管理中作用的认识

发达国家道路交通安全状况的变化过程的实践表明：政府在道路交通安全管理中主导作用的强弱在很大程度上直接决定着一个国家道路交通安全状况的改善效果。因此，一个国家各级政府的主要领导都应当对政府在道路交通安全管理中的主导作用有清醒的认识。

2. 道路交通安全管理机制研究

研究内容包括政府主导作用的发挥机制、不同条块的组织间的分工及协作配合机制、交通警察警力配备、技术装备、机动能力、队伍素质训练及机构配置等。

3. 道路交通安全管理政策研究

道路交通安全管理政策对提高全社会交通安全水平起着举足轻重的作用。此方面的研究主要包括道路交通安全法规的立法与执法，道路交通安全管理目标的确立、执行、考核、评价体系，交通安全技术管理政策、交通管理法规建设目标、车辆和道路技术规范与

标准、交通执法管理等多个方面。

4. 道路交通安全管理技术研究

研究内容包括安全管理模式、安全管理的中长期目标和近期目标的科学制定、监督执行、考核评估、奖惩机制等相关方面。

5. 道路交通安全管理勤务研究

研究内容包括交通安全管理勤务模式、岗务规范、警务人员行为规范、警务装备标准等。

1. "道路交通事故已成为一个严重的社会问题",你同意这一看法吗?试阐述理由。
2. 构成道路交通事故的6个要素为什么要求缺一不可?
3. 道路交通事故有多种不同分类方法,这些不同分类方法有何意义?
4. 道路交通事故有哪些形态和特点?
5. 道路交通安全为什么对每个交通参与者都非常重要?
6. 国内外道路交通安全的现状与发展趋势如何?经济发展水平对道路交通安全状况有何影响?
7. 现代道路交通系统交通安全状况的变化过程有何特点?是否存在内在规律?
8. 你同意"道路交通安全状况好坏主要决定于车辆数量多少"的看法吗?试说明理由。
9. 道路交通系统包括哪些基本要素?相互间有何关系?
10. 道路交通安全科学主要研究哪些内容?

第 2 章
交通参与者与道路交通安全

 本章教学要点

知识要点	掌握程度	相关知识
驾驶人交通特性	掌握驾驶人视觉特性、心理特征、信息处理特性、反应特性、期望车速、个性特征的相关内容,充分认识酒后驾车、疲劳驾驶的严重危害性	驾驶人视觉特性、心理特征、信息处理特性、反应特性、期望车速、个性特征与交通安全之间的关系
其他交通参与者与交通安全	掌握行人与骑车人、乘客的交通行为特点及相关内容	不同交通参与者群体交通行为的差别及与交通安全之间的内在关系
交通行为与交通安全意识之间的关系	掌握交通参与者交通安全意识、交通行为及二者之间的相互关系	交通安全意识如何影响交通行为

导入案例

"中国式过马路"现象及其产生原因

"中国式过马路",如图2.1所示,是网友对部分中国人过马路集体闯红灯现象的一种调侃,即"凑够一群人就可以走了,和红绿灯无关"。这一现象经媒体报道后在全国范围内引起了广泛关注和热议。"中国式过马路"是一种典型的不文明交通现象,解决此交通乱象需要全社会共同努力。

"中国式过马路"主要表现:①只要路面上的车流暂时中断,哪怕是面对红灯,行人也是"勇往直前"。为了快速通过路口,人不让车,车不让人,导致车辆剐蹭行人的事故时有发生。②在滚滚的车流当中,红绿灯形同虚设,一些路段专门给行人设计的人行天桥、地下通道等立体过街安全设施很多人不愿意走,宁可冒险横穿马路。

图2.1 中国式过马路现象

出现这种现象主要是法不责众的"从众"心理表现明显。目前,在我国,一些交通参与者在参与交通过程中从众的交通行为十分突出,如在一群准备过马路的行人、非机动车中,若其中出现一个人带头闯红灯,后面会有很多人跟随;有部分交通参与者也知道过马路该走人行天桥、地下通道,但由于赶时间而不走人行天桥、地下通道选择横穿马路;一些人觉得走人行天桥、地下通道麻烦,看着别人横穿马路,自己也就跟着穿了过来。

"中国式过马路"表象的背后,存在行人、非机动车与机动车路权分配的深层次矛盾,本质上是行人、非机动车与机动车的"路权"之争。行人、非机动车、机动车在参与交通活动过程中都有相应的路权,任何一方都不应侵犯他方的路权、挤占他方的交通空间,中国式过马路现象既存在机动车侵犯行人、非机动车路权的情况,也有行人、非机动车侵犯机动车路权之嫌。

路权是每个交通参与者应享有的一种权利。要想根治"中国式过马路"的乱象,相关部门一定要统筹协调好行人、非机动车、机动车各自路权的关系。交通参与者各方只有和谐相处,实现道路资源有序共享,才能达到交通共赢的目的;行人、非机动车、机动车只有各行其道、遵章守法,才能改善交通秩序,减少事故隐患,实现道路安全畅通。

在道路交通系统所涉及的人、车、路三大要素中,交通参与者是道路交通系统中最积极、最活跃的因素,这是因为交通参与者具有主观能动性,而车辆、道路及环境都是仅供交通参与者使用的工具和设施。就交通参与者个体而言,同样的车辆、同样的道路及环境在供不同的交通参与者使用过程中,其交通安全状况会呈现出明显的差异:有的驾驶人在道路交通活动的过程中能够做到安全驾驶车辆、安全使用道路及环境,有的行人、骑车人在道路交通活动的过程中能够自觉遵守交通法规,按道路信号指示灯所示信号通行;而有的驾驶人不能做到安全驾驶车辆、安全使用道路及环境,有的行人、骑车人无视交通规则,制造道路交通事故,造成自身及他人伤亡和财产损失。

实际中是哪些因素导致一些交通参与者在道路交通活动中不能安全驾驶车辆、不能安全使用道路及环境而制造道路交通事故呢?相关研究表明,驾驶人、骑车人、行人和乘客等不同交通参与者参与交通活动的安全性除了受到自身的交通安全意识与法制观念影响外,也与自身在交通活动中的相关特性密不可分。

2.1 驾驶人交通特性

在交通参与者群体中,相对于骑车人、行人、乘客子群体而言,驾驶人子群体在交通活动中属于强势群体,即交通强者。驾驶人是道路交通系统中最活跃的因素之一,也是影响交通安全与效率的关键要素,主要通过视觉特性、心理特征、信息处理特性、反应特性、个性特性反映。

2.1.1 驾驶人的视觉特性

视觉是指外界光线经过人的刺激视觉器官在人的大脑中所引起的生理反应。人的视觉器官是利用光的作用感知外界事物的感受器官。光作用于视觉器官,使其感受细胞兴奋,其信息经视觉神经系统加工后便产生视觉。通过视觉,人便可感知外界物体的大小、明暗、颜色、动静,获得对机体生存具有重要意义的各种信息,视觉是人最重要的感觉。

视觉对机动车驾驶人非常重要,一是因为在车辆行驶过程中有80%以上的信息是通过视觉获得的;二是视觉能使驾驶人快速准确地区分道路环境中处于运动或静止状态的各类物体的形状、颜色、明暗程度等构成特性以及不同物体间的大小、远近等空间属性。由于驾驶人的眼睛是保证安全行车的重要视觉器官,深入了解研究驾驶人的视觉特性对于保障行车安全尤为重要。

驾驶人的视觉特性主要包括视力、视野、适应、炫目等。

1. 视力

视力,也叫视敏度,是指在一定距离内人眼睛能分辨物体的形态、大小及细微结构的能力。人眼睛识别远方物体或目标的能力称为远视力,识别近处细小对象或目标的能力称为近视力。通常的健康检查项目主要是检查远视力。在一定条件下,眼睛能分辨的物体越小,视觉的敏锐度则越大,即视力越好。视力可进一步分为静视力、动视力、夜视力。

1) 静视力

静视力也称静止视力,是指在光线充分条件下人和视标(观察对象)都处于静止状态下检测的视力,也就是被试者距视力表5m远,在标准照明条件($200lx \pm 100lx$)下依次能够辨认标准视力图表等级时的视力。我国公民报考机动车驾驶人时需要进行视力检查。

我国通用E字形视力表检查驾驶人的两眼视力,显然,驾驶人能分辨的E字形指示标志越小,表明静视力越好。我国对驾驶人的视力要求是:两眼裸视力或矫正视力达到对数视力表4.9(即E字表0.8)以上,无红、绿色盲。

2) 动视力

动视力是指在光照条件下人和视标都处于运动(或至少其中有一方运动)状态下检测的视力。驾驶人在驾车过程中观察道路环境及其物体时的视力是动视力。车辆行驶中,驾驶人随同车辆以一定速度运动,使驾驶人与道路环境中的物体发生相对运动,驾驶人的动视力随行车速度的增大而降低,如图2.2所示。

由图2.2可知,首先,动视力随着车速的增大快速降低。一般情况下,动视力比静视力要低10%～20%,特殊情况下低30%～40%。驾驶人驾车过程中的动视力下降使其视认距离缩短,如当车速由60km/h提高到80km/h时,驾驶人辨认道路交通标志的视认距离则由240m降至160m。其次,总体上,动视力随着年龄的增加而降低。年龄增大,动视力减弱。在同样车速条件下,随着年龄的增加,动视力下降率增大。

值得注意的是,虽然静视力好是动视力好的前提,但静视力好的人其动视力并不一定就完全好。一项统计分析表明,静视力为1.0的277人中,动视力等于和小于0.5的有170人,占总人数的61%。研究表明,就静视力、动视力相比,驾驶人的动视力与交通事故的关系更密切,因此,对于报考驾驶人的人进行视力检查时,不仅要检查静视力,还应重视对动视力的检查,且要定期检查。

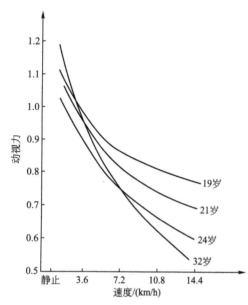

图2.2 动视力随车速的变化关系

3) 夜视力

夜视力是指人在光线微弱条件下即黑暗环境中分辨方向、识别物体大小、形状及运动状态的能力。图2.3为驾驶人夜间行车环境。显然,驾驶人的夜视力与光线亮度、背景亮度有关,增大光线亮度可以增强夜视力。在0.1lx～1000lx范围,视力与照度呈线性关系,并随照度的减弱而下降。有关研究发现,夜间的交通事故往往与夜间光线不足、视力下降有直接关系。夜间行车,从生理方面讲,会使驾驶人的视力减弱,视野变窄,盲区增大,视力容易疲劳,使得对路面和路况的判断难度加大;从心理方面讲,驾驶人受环境的驱使又很容易开快车。

图2.3 驾驶人夜间行车环境

夜间行车,驾驶视觉条件全靠人工照明,即使外界事物出现在视野中,人的感觉也与白天不同。夜间由于光照度低,车辆行驶和会车时都对辨认行人不利。在仅依靠汽车前照灯照明的情况下,对驾驶人进行行人辨认实验的结果如表2-1所示。

表2-1 夜间不同条件下驾驶人辨认物体(人)的辨认距离　　　　单位：m

物体(衣物)的颜色	白	乳白	红	绿	灰	黑
夜间能发现某种颜色的距离	82.5	76.6	67.8	67.6	66.3	42.8
夜间能确认是某种物体的距离	42.9	32.1	47.2	36.4	36.6	18.8
夜间能断定其移动方向的距离	19.0	13.2	24.0	17.8	17.0	9.6

由表2-1可知，辨认道路及路肩上是否有物体存在，物体外部的颜色对辨认距离有明显影响：物体外部为白色时辨认距离最远，为82.5m；物体外部为黑色时辨认距离最近，为42.8m；确认为某种物体(人)及其动作和方向时，外部为红色时辨认距离最远，黑色时辨认距离最近。以此结果为基础，许多国家明确规定：夜间道路上的作业人员必须穿红、黄色反光性强的衣服，以提高作业的安全性。

夜间会车时，驾驶人由于受到对面来车前照灯的影响，使得对行人的辨认能力降低。降低的程度与对方来车前照灯的亮度和光轴方向、对方车辆和本车及行人的相对位置等因素相关。就夜间行车安全而言，道路及其环境的照度值过低就容易引发交通事故。因此，提高夜间环境下道路的照度值，即加强道路夜间的照明效果，有利于减少交通事故。

2. 视野

1) 视野与视野盲区

视野是指人的双眼眼球注视某一目标时能够看得见的最大范围，一般以角度表示。视野也有静视野、动视野之分。静视野是指在静止状态下，人的头部不动两眼眼球注视前方(不转动)时能够看得见的范围；动视野是指头部不动但眼球可以转动时能够看得见的范围。人眼的水平面和垂直面视野如图2.4所示。视野通常用视野计测量。

人的左、右眼最大视野范围及其重叠区域如图2.5所示。由图2.5可知，正常人左、右眼的独立视野范围为150°～160°，上、下独立视野范围为135°～140°，两眼视野有120°的重叠区；驾驶人行车中的动视野比静视野大，其数值是：左右约宽15°，上方约宽10°，下方无明显变化。

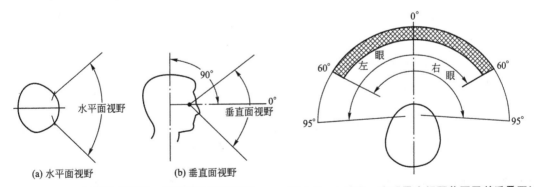

图2.4 人眼的水平面、垂直面视野示意图　　图2.5 人的左、右眼最大视野范围及其重叠区域

视野盲区，又称为视野死角，是指在视力的范围内因物体障碍而看不到的地方。一辆汽车无论是处于静止还是处于运动状态，在前、后方和左、右两侧均不同程度地存在视野盲区，如图2.6所示，这是驾驶人在停车、起步及行车过程中需要高度注意的。

图 2.6 车辆的左右、前后视野盲区示意图

2）视野范围与色彩对感知效果的影响

由于人在静止时的视野范围最大，设置道路交通标志牌通常以静态视野为依据。在人机工程中，一般是以静视野为依据设计视觉显示器等有关部件，以减少人眼的疲劳。

驾驶人行车时的视野范围、注视点与行车速度高低密切相关，其变化特点是：车辆行驶速度越高，驾驶人视野范围越窄，且其注视点前移，如图 2.7 所示。驾驶人注视点前移的过程中视野变窄，其注意力随之被引向景象的中心而置两侧于不顾，使得两侧景物变得模糊，形成所谓的隧道视。隧道视易使驾驶人疲劳，导致驾驶人打瞌睡而诱发交通事故。

不同颜色（色彩）对人的视野范围的影响如图 2.8 所示。其图 2.8(a)所示水平方向视野范围随颜色的变化关系是绿、红色视野最小，蓝色变大，黄色更大，白色视野最大；图 2.8(b)所示垂直方向视野范围随颜色的变化关系是：绿色视野最小，红、蓝色次之，黄色较大，白色视野最大。

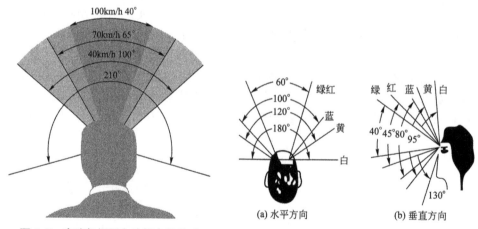

图 2.7 车速与视野和注视点的关系　　图 2.8 人眼对不同颜色的视野

不同颜色作用于人体后产生的感知效果是不相同的：红色刺激性强，注目性高，能使人产生兴奋、警觉，其含义是禁行、禁止，此色用于禁止标志指示牌，如图 2.9(a)所示；黄色有最高的明亮度，反射光强度最大，易唤起人们的注意，其含义是注意、警告，此色用于警告标志指示牌，如图 2.9(b)所示；蓝色代表冷静、遵循，旨在让驾驶人保持冷静，与几何图形相配合其含义是指令及须遵守的规定，此色用于指示标志指示牌，如图 2.9(c)所示；绿色比较温柔、平静，给人以安全感，其含义是指示、通行，此色用于指路标志指示牌，如图 2.9(d)所示。

图 2.9 红、黄、蓝、绿四种颜色分别用于不同交通标志图示

3. 适应

实际中，驾驶人行车中遇到的环境光照度是不断变化的，当光照度的强度发生变化时，驾驶人的眼睛需要一系列生理过程进行适应。适应是指人眼对外界光线明暗程度突然变化的感知能力。实际中人眼对外界光线明暗程度突然变化时通常表现出在一定时间内的不适应性，根据外界光线明暗变化的顺序不同，适应进一步分为暗适应和明(亮)适应。

暗适应是指人眼对光线突然由明亮变暗时的适应过程，实际中需要 3～6min 才基本适应，30～40min 才完全适应。明(亮)适应是指人眼对光线突然由暗变明亮时的适应过程，实际中 1min 内可完全适应。

图 2.10 为人眼的暗适应变化曲线。由图可知，人眼的暗适应过程分为 A、B 两个阶段，第一阶段即 A 段持续 5～10min，曲线下降比较平缓；第二阶段即 B 段，其初期曲线下降比较陡，经过 15min 以后开始缓慢下降。暗适应曲线表明：人眼在暗适应过程中，对光感的照度随时间的增加逐渐降低。

驾驶人白天驾车进入隧道的过程就是暗适应过程，而驾车驶出隧道的过程则是明适应过程，图 2.11 所示是改善驾驶人适应性的隧道光环境。就明、暗两种适应对行车安全性的影响而言，由于人对暗适应的适应时间较明(亮)适应的适应时间要长许多倍，其影响要大于对明适应的影响，驾驶人在驾车过程中对暗适应更需要引起特别重视，以防因视觉不能立即适应引发视觉障碍而诱发交通事故。

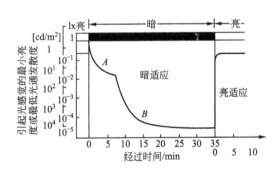

图 2.10 人的暗适应和明适应曲线

图 2.11 改善驾驶人适应性的隧道光环境

4. 炫目

炫目是指视野内有强光照射、颜色不均匀等刺激现象使人的眼睛产生不舒适感且引起视力暂时下降导致看不清物体的现象。通俗地讲，炫目就是因强烈的耀眼光线而导致眼花引起视力的暂时下降。炫目对于道路交通活动而言主要发生于夜间相向而行的两车相会

时，如图2.12所示；当路面为潮湿状态时，阳光（白天）或道路照明器光线（夜间）照射到潮湿路面的反射作用对此条件下的交通参与者也产生炫目作用，如图2.13所示。

图2.12 夜间相向而行的两车相会时形成的炫目现象

图2.13 雨后光线照射到潮湿路面形成的炫目现象

炫目可分为生理性炫目和心理性炫目。生理性炫目是指受到强光照射后引起暂时闭目或视线暂时移开的现象，可进一步分为连续性炫目与间歇性炫目。连续性炫目是指强光连续照射引起的炫目现象；间歇性炫目是指强光不连续照射引起的炫目现象。驾驶人夜间行车发生的炫目多为间歇性炫目，主要表现为因受到相对方向前车灯的强光照射时暂时闭眼或暂时移开当前视线方向的现象。心理性炫目是由于在视野内经常出现高亮度光源照射引起的视觉不舒适和疲劳感，多为夜间行车时路灯产生的周期性明暗交替现象引起。

炫目使人的视力下降，其下降程度取决于光源的强度、光源的大小、光源与视线的相当位置、光源周围的亮度、人眼睛的照度和眼睛的暗适应性、驾驶人的年龄等因素。

炫目对夜间行车的驾驶人及时准确地观察道路环境极其有害。为避免两车相会时发生炫目现象，《中华人民共和国道路交通管理条例》规定：夜间在没有路灯或照明不良的道路上，须距对面来车150m以外互闭远光灯，改用近光灯；在窄路、窄桥与非机动车辆会车时，不准持续使用远光灯；同向行驶的后车不许使用远光灯。图2.14为目前高速公路上采用的三种主要防炫措施。

(a) 绿化防炫　　　　　　(b) 防炫网防炫　　　　　　(c) 防炫板防炫

图2.14 高速公路防炫措施

实际中，人的年龄超过45岁后，其视力随年龄增大会出现明显的衰退，这一现象对进入中年后的驾驶人的驾车安全十分不利。驾驶人的身体状况对视力、适应过程也产生影响，通常是身体状况越好，对视力、适应过程的影响越小。光线照度对驾驶人在黄昏时分、夜间行车时视力的影响明显，通常是光照条件越弱，驾驶人夜间行车分辨方向、识别物体大小、形状及运动状态的能力就越弱,因而,驾驶人在黄昏时分、夜间行车时高速行驶是很不安全的,极容易引发交通事故。

2.1.2 驾驶人的心理特征(交通心理特性)

驾驶人的心理特征(交通心理特性)包括感觉与知觉、注意、情绪与情感、性格与意志等多个方面。不同的人具有不同的心理特征。

1. 驾驶人空间感知特性

1) 感觉和知觉

感知是客观事物直接作用于人的感觉器官,在其头脑中产生的对事物属性的反映。人的感觉器官受到外界客观事物刺激后便产生感觉。感觉是指外界客观事物作用于人的感觉器官时在其头脑中引起的个别属性的反映。根据引起感觉的适宜刺激物的性质和刺激物所作用的感受器的不同,人体的感觉可分成视觉、听觉、肤觉、嗅觉、味觉、运动觉、平衡觉、机体觉8种不同形式。其中,视觉、听觉、肤觉、嗅觉、味觉等来自于外部感觉,运动觉、平衡觉、机体觉等来自于内部感觉。感觉是最简单的心理过程,是形成各种复杂心理过程的基础。

感觉的产生需要具备两方面条件:一是外界客观事物的刺激;二是感觉器官的感知能力。对于外界客观事物而言应有足够的刺激强度,能被人的感觉器官所接受;对于人的感觉器官而言应保持高度的灵敏性,能及时地接受外界刺激信息。

阅读材料2-1

驾驶人80%的信息来自于眼睛

与驾驶人安全驾驶关系最密切的感觉器官是视觉与听觉。其中,视觉器官从交通环境中获取的信息约占总信息量的80%,听觉器官从交通环境中获取的信息约占总信息量的14%,触觉、嗅觉等感觉器官从交通环境中获取的信息各为2%。

人的运动觉、平衡觉虽不能直接从交通环境中获得信息,但能及时使人体感知运动速度、位置等状态变化,也是驾驶人安全驾驶不可或缺的。由此分析可知,驾驶人只有在驾驶过程中保持视觉、听觉、触觉、嗅觉等感觉器官高度的灵敏性,才可能及时地从交通环境中感知各种信息,因而,驾驶人在驾驶过程中保持良好的感觉功能对于安全驾驶是最基本的要求。

人的知觉与感觉密不可分。知觉是比感觉更为复杂的认知形式,是在感觉的基础上对事物各种属性的整体性、综合性反映,它是同时参与知觉的不同感觉器官以某种优势的器官为基础,并综合了两个或若干个感觉器官的感知结果。在实际生活中,人们都是以知觉的形式来直接反映客观事物。与驾驶活动有关的最重要的知觉有空间知觉、时间知觉和运动知觉。

研究表明:驾驶人的知觉能力是随着其对不同物体整体结构特征认知的不断深化而逐渐丰富与发展起来的。驾驶人的驾驶经验对知觉能力产生积极影响,即驾驶经验越丰富,知觉也越丰富,在驾车过程中观察物体时观察到的信息亦越多。良好的知觉能力是驾驶人在驾车过程中准确感知各种信息的必要条件。对于安全驾驶而言,驾驶人必须具备良好的知觉能力。

人对于客观事物能够迅速获得清晰的感知，与知觉的基本特性密不可分。知觉的基本特性包括整体性、选择性、理解性、恒常性等。

2) 驾驶人感知能力

驾驶人的感知能力是指驾驶人根据安全原则通过其感知器官对所在道路交通系统的安全状态做出评判的能力。根据机动车驾驶活动的特点及道路交通系统的特征，与安全行车密切相关的机动车驾驶人的感知能力可分为以下 4 种。

（1）车体及其周围空间关系的感知能力。驾驶人在起步、会车、超车、通过桥梁隧道、停车等驾车过程中，只有正确地感知本车的几何特征，以及本车与周围环境的空间关系，才能使驾驶动作准确无误。

（2）操控车辆的感知能力。驾驶人操控车辆的感知能力是指驾驶人在操纵车辆的过程中，对施加于车辆操纵控制机构上的作用、车辆操纵控制机构对人的肢体的反作用以及车辆控制器状态信息的感知能力。驾驶人操控车辆感知能力直接影响其操控动作的准确性。

（3）车距感知能力。驾驶人对车距的感知能力根据方位不同可分为纵向车距感知能力和横向车距感知能力。纵向车距又进一步可分为同向跟随车距和相向会车车距。对同向跟随车距的确认主要依赖对同向车头间隔的判断能力。实际中，驾驶人对车头间隔的判断通常比实际车头间隔小。特别是驾驶经验欠缺的新手，在对车距的判断过程中，由于其认知能力、知识水平和经验等的不足，很容易发生误判。

（4）车速感知能力。大多数驾驶人对行车速度的感知主要通过观察车速表感知。具有驾驶经验的驾驶人也可以通过观察道路两旁景物移动的速度进行判断。实际中，后者这种判断车速的方法因人的主观性往往存在误差，特别是在持续高速行车时，随着时间的推移，对车速值的估计的误差会较大。

2. 注意

注意是指心理活动对一定事件对象的指向和集中，也就是对外界事物和现象进行的选择性感知，即对既定目标产生的方向性意识。注意是人的心理过程进行时的一种状态，既与人的心理活动密切相关，也是各种心理活动不可缺少的一种特性。有关事故统计报告表明，有 16%～34% 的交通事故与注意相关，机动车驾驶人只有在千变万化的信息中把注意集中到驾驶活动上，不受外界无用信息的干扰，才能保证交通安全。

注意具有两个重要特征：一是对象的指向性，二是意识的集中性。对象的指向性是指人的认知活动指向所关注的对象而同时离开其他对象；意识的集中性是指人将所有精力集中在所选择的对象上，同时对其他对象加以抑制。对象的指向性和意识的集中性的有机结合使得驾驶人在驾车过程中能及时地对新出现的情况做出快速反应。

驾驶人在驾车活动中虽然会受到来自交通环境的各种信息的刺激，但通常只对影响行驶安全的相关信息引起注意，如驾驶人在驾车时通常情况下其眼睛只重点关注道路前方来往的车辆、行人和交通信号及其他值得注意的信息等。实际中，如果驾驶人在驾车时出现精力分散、注意力不集中，势必导致反应时间延长、对感知信息判断失误、操作动作不准确，甚至出现误操作；但驾驶人在驾车时如果长时间注意力高度集中，则容易引起疲劳，刚获得驾照不久的驾驶人驾车上路时容易出现此类的问题。

注意具有选择、保持和调节等功能，可分为有意注意和无意注意两类。有意注意是一种自觉的、有预定目的的、必要时还需要做出一定主观努力的注意，如驾驶人在行车过程中留心观察周围车辆动态、道路环境、驾驶室内仪表指示等都是有意注意的具体表现；又如有时候，人即使感到疲劳，也要强迫自己去注意，这就需要有意注意。无意注意是自然发生的、不需要做出主观努力的注意，主要是由事物的外部特点和人感兴趣的事物引起的。驾驶人在行车中，与人聊天、被道路旁广告吸引等无意注意行为，因分散注意力很容易引发交通事故。实际中，有意注意和无意注意的合理转化能使驾驶人在驾车过程中持续保持注意力，延缓疲劳的发生。

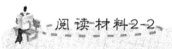

阅读材料2-2

注意的品质

注意的品质包括注意的广度、注意的稳定性、注意的分配、注意的转移。

注意的广度，又称注意范围，是指同一时间内意识所能清楚地把握对象的数量。简单任务下的注意广度是 7 ± 2 个，即 $5\sim9$ 个；互不相连的外文字母的注意广度是 $4\sim6$ 个。

注意的稳定性是指对选择对象注意能稳定的保持多长时间的特性。在稳定注意的条件下，感受性也会发生周期性的增强和减弱的变化现象，这种现象为注意的起伏或注意的动摇。注意的起伏是由于生理过程的周期性变化引起的，为一种普遍现象。

注意的分配是指在同一时间内，把注意指向于不同的对象，同时从事几种不同活动的现象。从事的活动必须有一些活动是非常熟练的，且从事的集中活动之间应该有内在的联系，如果是同一感觉通道，用同一种心理操作来完成的话，这两种活动的注意就很难分配。

注意的转移是指由于任务的变化，注意由一种对象转移到另一种对象上去的现象。注意的转移与注意分散不同，注意分散是指注意离开了心理活动所要指向的对象，而被无关的对象吸引去的现象。

注意的重要功能在于对外界大量信息进行过滤、筛选，即选择并跟踪符合需要的信息，抑制和避开无关的信息，使符合需要的信息在大脑中得到精细的加工，但这并不意味着注意总是指向和集中在同一对象上，而是根据当前活动的不同需要，有意识地将注意从一个对象转移到另一个对象。注意在一定条件下还可以在同一时间内分配给两种或两种以上的活动，如汽车驾驶人在驾车过程中既要注意路面和周围行人与车辆的动态，又要操纵转向盘和观察仪表，这就要求驾驶人必须具有优良的注意品质、好的注意分配能力，只有这样，才可能防止出现差错，从而避免交通事故发生。优秀驾驶人的特点之一是具有优良的注意的品质，能够合理分配注意力。

3. 情绪与情感

情绪和情感是人对客观事物是否符合自己的需要而产生的态度的体验，如人的喜、怒、哀、乐。情绪和情感也是人对客观事物与人的需要之间关系的反映，是以需要为中介的反映形式。客观事物并不全部都能引发人的情绪与情感，只有与人的需要有关的事物，才能引发人的情绪和情感。如舒适的驾驶环境和行车安全都是驾驶人的需要，这些需要满足了，驾驶人才会产生愉快、满意等肯定的情绪、情感体验；而不能按期到达目的地、行车中机件突然失灵等易引起驾驶人烦躁等否定的情绪体验。

实际中，道路畅通状况对于驾驶人驾车过程中的情绪及其变化会产生直接影响。一般而言，道路畅通有利于驾驶人保持良好和稳定的情绪，而道路拥挤和堵塞则易使驾驶人情绪变得急躁和不稳定，且随着拥挤和堵塞时间的增加其情绪急躁的程度相应加重。

1) 驾驶人的情绪类型与交通安全

人的情绪根据其发生的速度、强度和延续时间的长短，分为心境、激情和应激3种类型。

(1) 心境与交通安全。心境是一种比较微弱而持久的情绪状态，通常也叫心情，可进一步分为良好心境和不良心境两种。驾驶人在良好的心境下，判断敏捷、操纵准确，能轻松愉快地处理好行驶中遇到的各种复杂情况；在厌烦、消沉、压抑的心境下，会表现出烦躁、易怒，容易出现不安全驾驶行为，如在行车过程中开赌气车、超速行驶等，这对安全驾驶是非常有害的。因而，驾驶人在行车过程中应努力培养积极的心境，克服消极心理，努力保持良好的驾车心境。

(2) 激情与交通安全。激情是一种猛烈而短暂、具有爆发性的情绪状态。激情主要影响人的理智和控制力，如人在愤怒、绝望的情绪状态下有时容易做出冲动鲁莽甚至不计后果的行为或事情；驾驶人在激情状态下，其认识活动的范围就会缩小，易被引起激情体验的认识对象所局限，理智分析能力受抑制，自我控制能力减弱，极易做出错误的判断，产生不正确的反应，导致事故发生。因而，驾驶人在驾车过程中应努力管控好自己的情绪，掌握一些避免或延缓激情爆发的方法，如自我暗示、转移注意等。

(3) 应激与交通安全。应激是在出乎意料的紧急情况下引起的急速而高度紧张的情绪状态。应激主要影响人在面对紧急情况时的决断能力，如面对紧急情况是从容自若、急中生智、采取大胆而勇敢的行动以及时摆脱困境，还是惊慌失措、手忙脚乱、不知所措。驾驶人在驾车过程中，不可避免会遇到各种突发情况，如在快速行车时突然遇到有人横穿马路、汽车突然失控等，这都需要驾驶人迅速判断情况，利用已有的经验，集中意志力和精神，在极短瞬间做出决定，否则，惊慌失措、反应迟钝都会造成严重的交通事故。作为驾驶人，平时应注意培养思维的敏捷性和意志的果断性，加强应对危机状态的技能训练，提高在意外情况下快速正确判断和果断决策的能力。

情绪是人心理活动的重要表现。它产生于人的内心需要是否得到满足。当人的内心需要得到满足，便产生积极的情绪，如满意、愉快、高兴；反之，则产生消极情绪，如厌恶、愤怒、恐惧、紧张。积极的情绪可以提高人体的机能，提高工作、学习的效率；而消极的情绪则会抑制人的行动能力，降低人的自控能力，遇事易冲动，失去理智和自制力。对于驾驶人而言，驾车过程中一旦带有"情绪"，极易引发交通事故。

驾驶人应具有合理调控情绪的能力。驾驶人在行车过程中有时难免会产生不良（消极）情绪苗头，在此条件下要尽早地意识到这样的情绪苗头会滋生对行车安全不利的因素，及时调整自己的心态，使情绪维持在积极状态。总之，积极的情绪状态有利于驾驶人驾车过程中做到观察准确、判断迅速、行为果断、操作及时，有利于行车安全；反之，不良的情绪状态易使驾驶人精力分散、反应迟钝、操作迟缓，对安全行车是一种严重威胁。

易发生交通事故驾驶人的心理状况及主要表现

调查分析表明：易发生事故的驾驶人往往具有潜在的、特定的心理特征，使其比一般驾驶人更易发生事故。易导致交通事故的心理状态有侥幸心理，盲目自信，争强好胜，放任等。主要表现为图省事，怕麻烦；骄傲自大，过高地估计自己的水平，对出现的异常情况满不在乎，对危险失察；紧急情况决策匆忙，忙中出错；遇事或惊慌失措或束手无策；对工作有厌倦感，注意力不集中，反应迟钝，活动能力低下；消极情绪凸显，情绪波动反常，易走极端，控制能力减弱。

2）情感与交通安全

情感是同人的社会性需要相联系的态度体验，与人的社会观念及评价系统不可分。人的社会性情感组成了人类所特有的高级情感，它反映着个体与社会的一定关系，体现出人的精神和面貌。驾驶人的情感推动和调节着人的认识和行为，亦与安全行车密切相关。按情感的内容、性质和表现方面的不同，人的情感可分为道德感、理智感和美感3类。

4. 性格与意志

1）性格与交通安全

性格是个人在个体生活中所形成的对现实的稳定态度和与之相适应的习惯化了的行为方式，它是人的心理面貌与本质属性的独特结合，是人与人相互区别的主要方面。作为个性心理特征的核心以及人的精神面貌的主要方面的性格，其特点表现着人对现实的稳定态度和行为方式，是一种与社会相关最密切的人格特征。

人的性格形成后，既保持相对稳定，但同时也是可以改变的。驾驶人应在了解自己的性格特征的基础上，努力保持和发扬好的方面，改进不良的方面，使自己不断进步，成为一个有崇高理想、高尚道德情操和优良性格的驾驶人。就驾驶人管理而言，充分了解一个人的性格后，可以在一定程度上预测其行为，首先是不要惹人生厌，触人发怒，同时，根据其性格特点给予必要的关心与帮助。

人的性格有多种划分方式，按个体心理活动的倾向性差异可划分为外倾型和内倾型两种性格。外倾型性格的驾驶人表现为自信心强，感知觉灵敏，活泼开朗且善于交际，但在行车过程中自我控制能力较差，其驾驶行为以快速为特征；内倾型性格的驾驶人表现为冷静沉着，重视安全行车，但临危状态缺乏自信和果断，其驾驶行为以慢速为特征。

性格按理智、意志和情绪三个方面在性格结构中占优势的不同可划分为理智型、意志型和情绪型三种不同类型。理智型性格的驾驶人能正确对待自己和交通环境状况，行车中礼貌互让，遵守交通规则和操作规程；意志型性格的驾驶人有良好的自制力，遇事沉着冷静处理情况不优柔寡断；情绪型性格的驾驶人易受情绪左右，驾驶车辆时状态不够稳定，常有赌气、报复他人的倾向。对于交通安全而言，一般来说，容易发生事故的驾驶人在性格方面的表现是协调性较差，情绪不稳定，很容易冲动。

阅读材料2-4

优良性格特征驾驶人与不适宜当驾驶人性格之比较

具有优良性格特征的驾驶人，其驾驶行为表现为工作仔细，耐心认真，观察事物全面，思考问题周到，不易失去理智。一名优良的驾驶人应具备的性格特征是：①有高度的责任感和安全驾驶意识；②遵纪守法，法制观念强；③情绪稳定，忍耐性强；④虚心好学，对技术精益求精；⑤富于爱心，乐于助人；⑥厉行节约，爱护国家财产。

就性格与交通安全的关系而言，具有下列性格特征的人不适宜当驾驶人：①反应迟钝，遇事优柔寡断者；②性格暴躁，感情容易冲动，稍不如意就火冒三丈，自我控制能力较差；③有神经质，遇事想不开，爱钻牛角尖；④对事件的观察不仔细，思考问题肤浅、草率、简单；⑤情绪变化大，喜怒无常；⑥个性强，太任性；⑦不关心别人，工作得过且过，不负责任。

就驾驶人而言，由于性格不同，其对安全行车的态度和行为方式会不同。为了保证行车安全，驾驶人首先应充分了解自己的性格类型和特点，在此基础上可根据自身实际，通过加强学习努力弥补自身性格上的弱点，以养成良好的驾驶习惯。对于存在重要性格缺陷的驾驶人，最安全的途径是放弃驾驶人职业。

2）意志与交通安全

意志是人们为了一定的目的，自觉地调节自己的行动，克服困难的心理过程。意志是通过行动表现出来的，受意志支配的行动叫意志行动。意志是人的非智力因素的重要组成部分。对于驾驶人来讲，避免交通违章行为其实不难，关键是看自身是否有意志力。应通过持续不断地努力，将重视交通安全、自觉遵守交通法规变成为一种自觉的意志行动。

积极的意志品质具有自觉性、果断性、坚持性、自制性等特点。自觉性是指一个人在行动中有明确的目的性并充分认识行动的社会意义，使自己的行动服从于社会的要求。驾驶人驾车遵守交通法规就需要这种意志上的自觉性；果断性是指一个人善于明辨是非，当机立断，毫不犹豫地采取决定的能力。驾驶人在遇到突发情况下的驾驶操作就需要这种意志上的果断性；坚持性是指一个人能够长时间地保持充沛的精力和毅力于自己的行为上，并为实现符合既定的目的而表现出来的意志品质。驾驶人重视交通安全、自觉遵守交通法规就需要这种意志上的坚持性；自制性是指善于控制和支配自己行为的能力。当驾驶人在行车过程面对各种冲突时，具有良好的自制性能够有效地避免交通事故的发生。

2.1.3 驾驶人驾车时的信息处理特性

驾驶人驾驶车辆在道路上行驶时的一般驾驶过程如图 2.15 所示。驾驶人首先从道路环境获取信息，并依据获取的信息做出相应的决定且通过操纵动作传递给汽车，使汽车产生相应的运动，同时，驾驶人根据道路条件及汽车的瞬时运动状态，依据反馈原理不断调整汽车的运动轨迹，以使汽车安全、正常行驶，即驾驶人的驾车活动就是不断从道路环境获取信息并对获取的信息不断进行处理的过程。

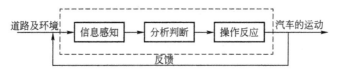

图 2.15　驾驶人驾驶过程三个阶段的关系简图

这里的处理有两方面含义：一是驾驶人对从道路环境获取的信息进行分析判断；二是驾驶人以分析判断的结果为基础直接对所驾驶的车辆实施操作。驾驶人从道路环境获取信息到对驾驶车辆做出操作反应这样一个完整的驾驶过程按其信息处理的特征可划分为信息感知、分析判断、操作反应 3 个阶段，如图 2.15 中虚线围成的方框所示。

1. 驾驶人驾驶过程中信息处理的三个阶段及其要求

1) 信息感知阶段

信息感知就是驾驶人利用其感知器官（主要是眼睛、耳朵、肌体等视觉、听觉、触觉器官）从道路环境获取刺激物信息的过程。对这一阶段的基本要求是感知速度要快、准确，不发生信息遗漏。由于信息感知是由人的感知器官感知后经神经传递到大脑皮层形成相应的映像，通常这一过程的速度相当快，其时间为 100～200ms。

2) 分析判断阶段

分析判断就是驾驶人以安全驾驶为首要目标把从道路环境感知到的信息与自己已有的知识、经验进行对照、分析及决定采取相应措施的阶段。对这一阶段的基本要求是分析判断正确、及时，不发生凭主观想象的现象。

3) 操作反应阶段

操作反应就是驾驶人依据上一阶段分析判断的结果，对所驾驶的车辆做出实际操作行为的阶段。驾驶人的具体实际操作行为就是通过其手、脚对所驾驶车辆的运动状态实施加速、减速、制动、转向等操作控制。对这一阶段的基本要求是操作正确、及时、熟练。

信息感知、分析判断、操作反应构成了驾驶人驾车活动的信息处理过程。对这三个阶段的基本要求就是驾驶人及时获取信息并对信息进行快速、正确处理。实际中驾驶人的驾车活动就是不断重复由这三个阶段组成的过程。

2. 驾驶人驾驶过程三阶段产生失误的内在原因分析

实际中因驾驶人原因引发的交通事故绝大多数是在此三个阶段中的某一或多个环节发生了失误所致。大量的交通事故统计资料表明，由信息感知错误引起的交通事故最多，占总数的 50%～55%；由分析判断错误引起的交通事故占总数的 35%～40%；由操作反应错误引起的交通事故占总数的 5%～10%；极少数为介于三者之间不易分清的错误。驾驶人在驾车过程的三个阶段其驾驶行为可能产生失误的内在原因主要如下：

1) 信息感知阶段的失误形式及其内在原因

感知是人的感知器官从外界获取刺激物信息并在大脑皮层形成相应映像的过程，这是人的正常的心理过程的一部分。然而实际中，作为驾驶人在信息感知阶段存在着出现失误的可能，其失误形式主要有感知错误、感知迟缓和感知遗漏三种。

所谓感知错误，是指驾驶人在驾车过程中从道路环境感知到的刺激物信息在其大脑中产生的映像出现错误，如图 2.16 所示。由图 2.16 可知，图中装载集装箱的货车的最大实际高度超过了桥梁的净空高度，导致车辆通过桥梁时因超高而致集装箱损坏，显然，这是驾驶人感知错误惹的祸。所谓感知迟缓，是指驾驶人在驾车过程中因某种原因使其从道路环境感知信息的速度较正常情况下的平均速度明显要低。所谓感知遗漏，是指驾驶人在驾车过程中因某种原因其感知器官未能从外部道路环境感知到事实上客观存在的相应信息，如图 2.17 所示。图 2.17 表明，因绿化带中树木的遮挡，直行车辆驾驶室内的驾驶人未看到左转弯方向的行人正沿人行道直行，其结果则是直行车辆与直行的行人发生碰撞，这是驾驶人感知遗漏惹的祸。

图 2.16　因感知失误引起的交通事故

图 2.17　因绿化带树木挡住驾驶人视线导致未察觉到行人引起的交通事故

驾驶人在信息感知阶段发生感知错误、感知迟缓、感知遗漏三种失误形式的原因，就外部条件——作为信息发生源的刺激物而言，可能存在着信息过于突然、过于隐蔽、刺激强度过弱等原因；就驾驶人自身而言，导致失误形式产生的原因主要有心理和生理两个方面。心理方面的原因表现为注意力不集中，注意的范围过小，注意转移和分配能力差等。生理方面的原因表现为感觉器官和大脑机能不正常，如视觉障碍（色盲、近视）、酒精中毒、疲劳、患病等。心理和生理原因的共同特点是使得感知器官和大脑反应变得迟钝，造成感知缓慢、遗漏乃至错误。实际中，因驾驶人心理和生理方面的原因引起的感知错误、感知迟缓、感知遗漏等失误形式诱发的交通事故占主体。

2）分析判断阶段的失误形式及其内在原因

外部刺激物的信息被感知后，驾驶人将以安全驾驶为首要目标把感知到的信息与自己已有的知识经验进行对照、分析，并结合实时的道路条件、所驾车辆的技术状况及驾驶目的经综合思考后决定采取相应的措施。这一过程就是分析判断。驾驶人在此阶段的失误形式主要有判断迟缓、判断失误、凭主观想象三种。

所谓判断迟缓，是指驾驶人对感知到的信息进行分析判断花费的时间大大超出正常情况下所需要的时间；所谓判断失误，是指驾驶人对感知到的信息出现判断错误或不知如何处理，犹豫不决，如图 2.18 所示；所谓凭主观想象，是指驾驶人存在侥幸心理，用自己的主观想象去猜测他人（对方来车、周围行人）的行为，如图 2.19 所示。

驾驶人在分析判断阶段发生判断迟缓、判断失误、凭主观想象等失误形式产生的原因仍然为心理和生理两方面，主要由驾驶人对外部刺激物的信息感知不全面、不准确，自身与安全驾驶相关的知识、经验不丰富，存在侥幸心理，用自己的主观推测、想象去猜测对方来车、周围行人的行为引起。这一阶段失误形式的主要特点是"分析"过程存在明显缺陷导致判断不正确或不能及时做出判断。

图2.18 因"判断失误"引起的险情

图2.19 骑车人、驾驶人凭主观想象的情景

3) 操作反应阶段的失误形式及其内在原因

以从外部刺激物感知的信息进行分析的结果为基础,驾驶人通过手脚对驾驶车辆做出相应的操作行为,即手脚按大脑决策的指令对所驾驶汽车的运动状态实施加速、减速、制动、转向等具体操作控制。驾驶人在操作反应阶段的失误形式主要有操作失误、操作延缓两种。当车辆本身不存在机械故障时,操作失误是指驾驶人的手脚之间的动作出现配合不当、配合不协调乃至在配合上出现错误等;操作延缓是指驾驶人对驾驶车辆的操作动作缓慢、不及时等。

引起驾驶人在操作反应阶段发生操作失误、操作延缓失误形式的原因有车辆本身原因和驾驶人自身的原因两类。车辆本身原因多由突发的机械故障引起,如制动系统、转向系统失灵导致相应操作失效,制动系统制动力不足导致制动过程延缓。驾驶人自身的原因仍然为心理和生理两方面,实际中这类失误形式多发生在初学驾驶人身上,主要原因是初学驾驶人驾驶技术不熟练、动作协调性差,遇到紧急情况时手忙脚乱。最典型的例子就是有少数的初拿"驾照"者在初始上路的过程中遇到紧急情况时误将"油门"当"制动",从而引发交通事故。

在实际的驾车活动中,驾驶人的信息感知、分析判断、操作反应三阶段之间是有机结合的,它们的相互关系是:信息感知是分析判断的前提,为分析判断提供材料,是分析判断的源泉;分析判断为操作反应提供指令,也是操作的依据;操作反应是信息感知、分析判断的结果,是输出;与此同时,操作的结果又反馈到感觉器官,对操作进行修正、调整。

驾驶人在驾车过程的三个阶段因失误引发的交通事故除了生理、心理方面的原因外,也与驾驶人的驾驶技术特别是对外界信息的感知水平及准确和及时地对感知信息进行分析判断的能力密切相关。要使驾驶人在驾车活动中做到"安全驾驶",就必须保证其在上述三个阶段不产生任何失误,要减少这一类交通事故的发生,应从驾驶技术方面着力改善与提高驾驶人的信息感知能力、分析判断能力及驾驶技能。

3. 驾驶人驾车过程信息处理三阶段的普遍意义

上述的信息处理三阶段虽然是以驾驶人的驾车过程为对象进行分析的,实际中,上述信息处理过程的原则及要求除了适用于驾驶人外,它对骑车人、行人等不同交通参与者群体在参与交通活动时也是适用的,因为骑车人、行人在参与交通活动时面对新的环境、新的情况都存在信息感知、分析判断、做出反应的过程。

2.1.4 驾驶人的反应特性

反应是由外界因素的刺激而产生的知觉—行为过程。它包括从视觉产生认识后，将信息传到大脑知觉中枢，经判断，再由运动中枢给手脚发出命令，开始动作。

反应时间是指人由眼睛等感觉器官获得情报、传入大脑，经大脑处理后发出命令而产生动作所经历的时间。对于驾驶人而言，其反应时间是指从刺激出现到做出明显反应之间的时间间隔，驾驶人的反应时间也称反应特性。讨论驾驶人反应特性的一个重要前提是设定驾驶人的感觉器官已从外部感知到了信息，如果没有这个前提，讨论驾驶人的反应特性是没有意义的。

驾驶人的反应能力主要表现在反应时间的快慢和反应动作的准确程度两方面。驾驶人的反应速度不仅与操作熟练程度和生理机能有关，还与驾驶经验有关，但总体体现在反应时间上。实际中，驾驶人反应能力的快慢对行车安全有明显影响。一般来讲，反应过于迟缓或反应动作不准确，驾车过程中就容易引发事故。

人的反应特性是人体本身所固有的基本特性之一，在目前科技条件下尚不能通过某种技术手段进行改变。由于人的反应特性与道路交通安全密切相关，因而，对于广大驾驶人而言只能是通过对反应特性的深入认识，尽量充分利用反应特性对驾车活动的积极作用。

1. 反应及其分类

前已所述，反应对人体而言是指受到某种刺激后所产生的相应动作，即人体从接受（感知）信息到对外部客体做出某种动作的过程。通常包括感知、判断、操作三个阶段。反应按刺激数目的不同有简单反应时间与复杂反应时间之分。

简单反应是指给予单一的某种刺激，要求做出反应，且只需要一种动作就可完成。如在被试者面前放置一个灯泡，要求被试者看到灯泡点亮时立即按下开关。简单反应的特点是除刺激信号外，被刺激者的注意力不为其他的目标所占据。人体生理上的条件反射通常是简单反应。完成简单反应要求的动作所需的时间称为简单反应时间。

相关研究表明，人的简单反应时间随手、脚反应运动系统种类的不同而存在差异，实际中普遍情况是人的手比脚反应快，右边比左边反应快，如表 2-2 所示。

表 2-2 人的手、脚反应运动系统种类与反应时间的关系

反应运动系统	反应时间/ms	反应运动系统	反应时间/ms
右手	144	右脚	174
左手	147	左脚	179

复杂反应也称选择反应，是指对于两种以上的刺激，需要被刺激者根据不同情况经判断后做出相应的反应。驾驶人在超车过程中面临的选择就是一个多次复杂反应，如在超车过程中驾驶人面临超车风险评估及选择、超车时机选择、超车行驶路径选择等多次选择机会。驾驶人在决定实施超车行为前，首先要准确了解所驾车辆的行车速度，与此同时还需充分估计前方被超车辆的行车速度和超车并行路面处的情况，在超车的具体操作上则是选择时机，伺机而动，一旦路面条件许可，便加速完成超车行为。

复杂反应时间是指对不同的刺激信号做出不同的反应动作的反应时间，即完成复杂反

应要求的动作所需的时间。与简单反应时间相比,由于在复杂反应中增加了识别、判断等过程,所以复杂反应时间相应增加,比简单反应时间要长。驾驶人在行车过程中所面临的反应类型一般均为复杂反应,这是因为驾驶人在行车过程中所遇到的情况通常比较复杂,往往需要经历识别、判断、反应等一个或多个类似过程。实际中供选择的信息越多,反应时间就越长。

2. 影响驾驶人反应时间的因素

1) 感知器官、刺激物种类与反应时间

人体的感知器官主要有触觉、听觉、视觉、嗅觉。与触觉、听觉、视觉、嗅觉相对应的刺激物种类分别是冷、热、压等易感知性状态,声音,光线,挥发性的飞散性物质。刺激物的种类不同,人体的反应时间亦不同,具体的反应时间如表2-3所示。

表2-3 刺激物种类与人体反应时间的关系

感知器官类型	触觉	听觉	视觉	嗅觉
刺激物种类	冷、热、压等易感知性状态	声音	光线	挥发性的飞散性物质
反应时间/s	0.11~0.16	0.12~0.16	0.15~0.20	0.20~0.80

由表2-3可知,人体对此4种刺激物反应时间由短变长的顺序依次是触觉→听觉→视觉→嗅觉。显然,触觉的反应时间最短,而嗅觉的反应时间最长。仅就反应时间而言,利用人体的触觉对保障道路交通安全最有利,但实际中由于触觉刺激物在目前科技条件下在道路交通信息传递设备的利用上尚不能够方便地为人体所感知,故使用很少。在当前科技条件下最方便、最持续稳定地能够被人体所感知的刺激物是视觉(光线)刺激,这就使得视觉刺激在道路交通系统中获得了广泛的发展,如在道路上设置的各种交通信号设备、交通标志及道路上的交通标线等。声音虽然也是容易为人体所感知的刺激物,但在道路交通系统中作为刺激物直接使用存在困难且易产生噪声干扰等缺点使用较少。

在正常范围内,视觉刺激的强度越大,驾驶人的反应时间越短,因此,对于交通标志应努力提高亮度,以缩短驾驶人视认过程的反应时间。

2) 情绪与反应时间

一个人心境的好坏,直接影响其反应速度和工作效率。对于驾驶人而言,良好的心境,如喜悦愉快、积极乐观、生气蓬勃的心境,可提高其大脑反应的灵敏度,增加反应速度,提高判断准确率,有利于减少操作失误;反之,不良的心境,如忧愁悲伤、绝望消极、萎靡不振的心境,会降大脑的灵敏度,造成反应迟缓,判断、操作错误增多。

3) 年龄和性别与反应时间

人的年龄和性别对反应时间的长短存在明显影响,如图2.20所示。就年龄而言,25岁以前是反应时间随年龄增加而缩短,25岁以后则是反应时间随年龄增加而延长;就性别而言,同龄男性驾驶人的反应时间通常短于同龄女性驾驶人。

实际中的驾驶状况按驾驶过程中是否存在着紧急情况可分为一般情况和紧急情况。在一般情况下,交通事故发生率的高低与驾驶人的遵纪守法意识、驾驶技术、驾驶习惯等因素密切相关,在此情况下只要驾驶人在驾车过程中集中注意力、文明礼让,事故发生率通

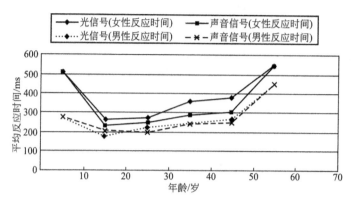

图 2.20 人的年龄和性别与反应时间的关系

常比较低。在紧急情况下,交通事故发生率的高低则与驾驶人的反应时间、应急反应能力等因素密切相关,相关测试结果表明,年龄在 22～25 岁的年轻驾驶人在紧急情况下因反应时间短使得事故发生率比较低。随着年龄的增加,在紧急情况下的反应时间相应增加。

不同性别的驾驶人面对紧急情况或险情时呈现出明显差异:大多数男性驾驶人遇到紧急情况时能够比较冷静,努力设法规避事故风险;大多数女性驾驶人遇到紧急情况时呈现惊慌状态,多表现为手忙脚乱。如在遇到正面冲撞前的一刹那,绝大多数男性驾驶人是努力设法避免险情,而女性驾驶人则多表现为恐慌、手足无措。

4) 车速、道路状况与反应时间

车辆行车速度对驾驶人的反应时间产生影响。通常情况下,车速越高,驾驶人的反应时间会越长;反之,相反。这是因为车速越快,驾驶人的视野越窄,使得人的中枢神经系统及情绪都处于相对紧张状态导致反应时间变长所致。实际中,车速快使得车辆的制动距离延长,反应不及是造成事故的重要原因之一。此外,车速快使得驾驶人对感知到的信息来不及进行思维加工和进行正确的判断和推理也容易引发事故,这多表现在对同向车及对向车的速度、距离和行人的动态判断错误等方面。

道路状况对驾驶人的反应时间亦产生影响。道路状况复杂,将使驾驶人处于相对紧张状态,亦使反应时间变长。长时间持续驾驶,易使驾驶人产生疲劳,亦使反应时间变长。

3. 驾驶人对汽车制动过程的反应时间

前面所述的反应时间是从一般意义上讨论驾驶人的反应时间。具体对于驾车过程而言,驾驶人对汽车制动过程的反应时间(也称为驾驶人反应时间)是指驾驶人从接收(感知)到紧急情况的信息到把右脚移动到制动踏板上所经历的时间。对汽车制动过程的分析表明,在其他条件不变情况下,驾驶人反应时间的长短对汽车制动距离的长短有重要影响。

分析表明:影响驾驶人反应时间的因素,主要为驾驶人本身的生理状况和交通环境外部信息构成的复杂程度及刺激强度两个方面,与车辆的性能状况无关。

就驾驶人自身的生理状况而言,驾驶人的反应时间主要与驾驶人自身反应速度快慢、驾驶技术状况、对所驾驶车辆的了解及熟悉程度、身体状况(是否饮酒、是否处于疲劳状态)等因素相关。据统计资料,在道路交通环境相似条件下,驾驶技术熟练、反应敏捷的驾驶人的反应时间为 0.3s,反应速度一般的驾驶人的反应时间为 0.6～0.8s,而反应速度较慢的驾驶人的反应时间达 1.0～1.5s,酒后对思维活动有影响的或处于严重疲劳状态的驾驶人的反应时间达 2.0s 或更长。由汽车理论知,驾驶人的反应时间越长,汽车在相同车速下的制动距离则越长,如在车速 $V_a=72$km/h 条件下,在其他条件不变情况下驾驶人反应时间每增加 0.1s,汽车的制动距离就增加 2.0m,若反应时间增加 1s,则制动距离增加 20m。

2.1.5 酒后驾车与疲劳驾驶

1. 酒后驾车

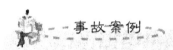

一个人的婚礼,十六个人的葬礼

事故经过:2010 年 11 月某日,山东省聊城市莘县驾驶人朱某酒后驾驶号牌为鲁 P9V538 的三轮汽车,违法搭载参加婚宴返回的村民 21 人,由莘县莘亭驶往东鲁,行至 333 省道 271km+100m 处,因醉酒驾驶,越过道路中心线与对向行驶的鲁 J62755 重型自卸货车(运载 53.05 吨石子,核载 7.99t)正面相撞,造成 16 人死亡、6 人受伤。

事故分析:据事后检测,肇事驾驶人朱某血液酒精含量 168mg/100mL,超过醉酒驾驶标准一倍以上,朱某在醉酒情况下驾驶三轮汽车逆行,最终导致事故发生。此次事故系典型的酒后驾车(醉酒)造成,伤亡严重。

教训与启示:饮酒后人的触觉下降、判断和操作能力降低,饮酒后驾驶机动车,由于酒精的麻醉作用,人的手、脚的触觉较平时降低,对光、声刺激反应时间延长,眼、手、脚之间的配合功能降低甚至发生障碍,往往无法正常控制油门、制动和转向盘。饮酒还可使视像不稳,辨色能力下降,视野大大减少,不能发现和正确领会交通信号、标志和标线,对处于视野边缘的危险隐患难以发现。

(资料来源:http://www.chinasafety.gov.cn/newpage/Contents/Channel_20816/2012/1203/188330/content_188330.htm。)

2008 年世界卫生组织的事故调查显示,50%~60%的交通事故与酒后驾驶有关,酒后驾驶已经被列为交通事故致死的主要原因。我国每年由于酒后驾车引发的交通事故达数万起,而 50%以上的致人死亡的事故与酒后驾车有关,酒后驾车的危害触目惊心,已经成为交通事故的罪魁祸首。

1) 饮酒驾车和醉酒驾车的界定

中华人民共和国国家标准《车辆驾驶人员血液、呼气酒精含量阈值与检验》(GB 19522—2010)明确规定:酒后驾车是指车辆驾驶人员血液中的酒精含量达 20~79mg/100mL 的驾驶行为;醉酒驾车是指车辆驾驶人员血液中的酒精含量≥80mg/100mL 的驾驶行为。

2) 酒精对人体机能的影响

驾驶人饮用含有酒精成分的白酒、黄酒、啤酒、果酒等饮料后,由于酒精的作用会出现头重脚轻、手足无力、视力减弱、睡意渐浓等现象。酒精对人体的麻醉作用随着酒精浓度的积累越来越强烈,当酒精在驾驶人脑神经系统内达到一定浓度时,对中枢神经系统产生抑制作用,使其对道路环境中显露的信息的反应速度明显下降,反应时间延长,容易导致判断失误、操作不当,从而危及行车安全。酒精进入驾驶人人体后对人体机能的影响主要有:

(1) 使其思考能力、判断能力降低，表现为反应迟钝、判断失误。

(2) 使视觉器官的色彩感知能力降低，从而影响视觉对道路环境中物体颜色的感知能力，导致信息感知失误增加。

(3) 使其注意力水平、记忆力水平降低，表现为精力不集中、对道路环境的观察不全面，或对观察过的信息易遗忘。

(4) 严重时使其口齿不清，视线模糊，情绪激动，对自己的语言和行动都难以控制。

3) 我国对酒后驾车的处罚

2011年2月25日，十一届全国人大常委会第十九次会议表决通过了《刑法修正案（八）》，对《刑法》相关条款进行了修改与增加，将醉酒驾车这种严重危害群众利益的行为规定为犯罪，并于同年5月1日正式实施。具体规定为"在道路上驾驶机动车追逐竞驶，情节恶劣的，或者在道路上醉酒驾驶机动车的，处拘役；并处罚金"。

凡是在道路上醉酒驾驶机动车的，一旦被查获，将面临最高半年拘役的处罚。其性质也由过去的行政违法行为变为刑事犯罪行为。公务员等醉酒驾车将面临开除公职的处分。我国《行政机关公务员处分条例》第十七条第二款规定，行政机关公务员依法被判处刑罚的，给予开除处分。

修正后的《道路交通安全法》第九十一条规定：

(1) 饮酒后驾驶机动车的，处暂扣6个月机动车驾驶证，并处1000元以上2000元以下罚款。因饮酒后驾驶机动车被处罚，再次饮酒后驾驶机动车的，处10日以下拘留，并处1000元以上2000元以下罚款，吊销机动车驾驶证。

(2) 醉酒驾驶机动车的，由公安机关交通管理部门约束至酒醒，吊销机动车驾驶证，依法追究刑事责任；5年内不得重新取得机动车驾驶证。

(3) 饮酒后驾驶营运机动车的，处15日拘留，并处5000元罚款，吊销机动车驾驶证，5年内不得重新取得机动车驾驶证。

(4) 醉酒后驾驶营运机动车的，吊销机动车驾驶证，10年内不得重新取得机动车驾驶证，重新取得机动车驾驶证后，不得驾驶营运机动车。

(5) 饮酒后或者醉酒驾驶机动车发生重大交通事故，构成犯罪的，依法追究刑事责任，并由公安机关交通管理部门吊销机动车驾驶证，终生不得重新取得机动车驾驶证。

我国《刑法》规定：醉酒的人犯罪，应当负刑事责任。行为人明知酒后驾车违法、醉酒驾车会危害公共安全，却无视法律醉酒驾车，特别是在肇事后继续驾车冲撞，造成人员伤亡，说明行为人主观上对持续发生的危害结果持放任态度，具有危害公共安全的故意。对此类醉酒驾车造成重大伤亡的，依法"以危险方法危害公共安全罪"定罪。

2. 疲劳驾驶

1) 疲劳驾驶的概念

疲劳是指人们经过连续的体力劳动或脑力劳动后工作能力暂时下降的一种状态。疲劳驾驶是指驾驶人在行车中，由于驾驶作业使生理上或心理上发生某种变化，而在客观上出现驾驶机能低落的现象。一般指机动车辆驾驶人员一天驾车超过8h，连续驾驶机动车超过4h未休息或停车休息少于20min(从事公路运输的驾驶人一次连续驾车超过3h)的，或因睡眠不足、体力消耗过大等导致行车中困倦瞌睡、四肢无力，不能及时发现并准确处理路面交通情况的行为。

理解"疲劳驾驶"概念须把握三个要素：①疲劳驾驶的对象是指驾驶机动车的人员；

②驾驶人处于驾车过程中(即车辆处于行驶状态);③驾驶人一天驾车超过 8h,连续驾驶机动车超过 4h 未休息或停车休息少于 20min,或因睡眠不足、体力消耗过大等导致行车中困倦瞌睡、四肢无力,不能及时发现并准确处理路面交通情况。

疲劳按性质的不同可分为生理疲劳和心理疲劳。驾驶人生理疲劳是指连续长时间进行驾驶操作,引起全身倦怠、麻木、感觉迟钝、腰酸背痛、动作灵敏程度下降的现象;驾驶人心理疲劳是指行车过程中长时间的高度紧张状态引起注意力不集中、思维迟缓、反应速度降低、情绪躁动的现象。显然,驾驶人生理疲劳和心理疲劳两者存在明显差别。

2) 疲劳驾驶的危害

对于驾驶人而言,不管是生理原因产生的疲劳还是心理原因产生的疲劳或者两者结合产生的疲劳,都会使注意力降低、思维迟缓、反应速度降低,最终可能因不能及时发现危险情况,或延误采取避让措施的有利时机而引发交通事故。一旦驾驶人出现困倦瞌睡,车辆将失去控制,宛如"无人驾驶",发生车撞人、车撞车以及坠崖、坠河事故。疲劳驾驶已成为安全行车的大敌。据统计,疲劳驾驶引发的交通事故占事故总数的 20% 左右,占特大交通事故的 40% 以上。

3) 疲劳驾驶产生的主要原因

实际中引起驾驶人疲劳的因素很多,归纳起来主要为:①睡眠不足引起的疲劳;②长时间驾驶引起的疲劳。

4) 疲劳驾驶的预防

预防疲劳驾驶的措施为:①保证充足睡眠;②连续驾车时间不能太长;③养成良好的饮食习惯,定时定量饮食;④注意休息,加强锻炼。

对疲劳驾驶的预防归根结底还在于驾驶人本身,驾驶人应以安全为重,学会自我提醒、自我警示、自我调节,将预防疲劳驾驶措施落实到具体驾驶过程中,自觉抵制疲劳驾车行为。

3. 其他

除了酒后驾车和疲劳驾驶对道路交通安全构成严重威胁外,驾驶人在病态下驾车和服药后驾车也对行车安全产生不利影响。驾驶人在病态(包括慢性病)下驾车,会使注意力和反应能力明显下降,动作协调性变差,准确性降低;驾驶人开车前或行车中服药,均会直接对行车安全产生不良影响,这是因为几乎所有的药物对驾驶汽车活动都存在着负面作用。凡是有使驾驶人反应迟钝、注意能力下降的药物,在驾驶人服用后其药效发挥作用期间应不准驾驶。

交通安全专家对驾驶人驾车过程中容易发生交通事故的时段的研究结果表明,在一天 24h 内的 3 个"危险时段"事故发生率比较高,值得驾驶人特别警惕。

第一个危险时段:17:00—19:00 的黄昏时段。此时段的特点,一是大自然光线由明变暗,视线变弱;二是下班回家的行人多,由于行人回家心切,行走速度快,观察不细致,此时驾驶人自身因自然光线变暗容易出现视觉障碍,易导致判断失误,加上经过一天的旅途劳顿,易出现口干、喉燥、头晕目眩、耳鸣、打呵欠等一系列疲倦症状,在此症状下如果继续强行驾车,很容易造成交通事故。据不完全统计,黄昏时段发生的交通事故约占全部事故的 1/4。

第二个危险时段:11:00—13:00 的午间时段。在此时段,驾驶人经过一上午的驾驶，体内能量大量被消耗，大脑神经已趋疲劳，反应灵敏度减弱。有的长途车驾驶人为急于赶路，把中午吃饭的时间一拖再拖，或干脆省掉而只吃早晚两顿饭，造成腹中空空，手脚疲软，能量供应严重不足，使得驾车过程中极易出现意外。此外，午餐后人体内大量血液作用于胃肠等消化器官，使脑部供血相对减少，会出现短暂的困倦感和注意力分散。

第三个危险时段：午夜1:00至凌晨3:00的午夜时段。在此时段，一方面道路空旷，行驶车辆少，容易使驾驶人置安全于不顾超速驾驶；另一方面因这段时间人的生理特点使人睡意较浓，大脑反应变得迟钝，加之视线不佳，实际中常有长途驾驶人当所驾车辆撞到路边的树上、建筑物上还浑然不觉。午夜时段是交通事故隐患的重要潜伏期，驾驶人最好以睡觉休息为佳，若确实需要驾车赶路，千万不要开快车。

2.1.6 期望车速

研究表明，期望车速客观存在于驾驶人心目中。对于设计车速一定的路段，在道路条件相同、车辆性能相同、交通环境相似的条件下，不同驾驶人的实际行车速度会比该路段的设计车速要高或低，其原因就是不同的驾驶人个体心目中确立有不同的期望车速。许多交通事故的发生，也是因为驾驶人的期望车速与在行汽车的运行速度及道路设计车速的非合理匹配所致。

1. 相关概念及相互间关系

与道路交通安全相关的车速主要有设计车速、运行车速、期望车速。

(1) 设计车速 V，即计算行车速度，是指在行汽车在行车条件良好、公路设计要素均起控制作用的情况下安全行驶于给定路段时的允许速度。该车速主要用于公路设计，是公路线形设计中起决定性作用的最重要参数之一。

(2) 运行速度 $V_{运行}$，是指在行汽车实际行车速度。行车速度是一个随机变量。不同的驾驶人在行驶过程中随所驾车辆及行车路段的不同，其行车速度是不相同的。实际中通常用自由交通流状态下各类小汽车在车速累计频率分布曲线（见图2.21）上第85位百分点的车辆行驶速度 V_{85} 作为确定限制在行汽车最大运行速度的依据，即 $V_{运行} \leqslant V_{85}$。

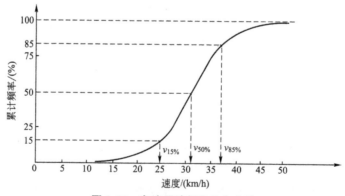

图 2.21 车速累计频率分布曲线

(3) 期望车速 $V_{期望}$，是指在行车辆在不受或基本不受其他车辆约束的条件下，驾驶人心目中希望达到的最高"安全"行驶车速。一般而言，期望车速与道路等级及交通状况、在行车辆的性能状况、驾驶人的性格、气候条件、承运任务的急缓相关。当在行车辆驾

人感觉行驶过程中的运行速度低于期望车速一定数值时,便有改变其车速的意图。若用表达式描述,则为

$$V_{运行} < kV_{期望} \tag{2-1}$$

式中,k 为折减系数,建议取值范围:跟车状态,取 $k \leq 0.7 \sim 0.8$;非跟车状态取 $k \leq 0.9$。

期望车速是驾驶人驾车过程中依据道路条件、车流状况、所驾车辆性能经综合考虑后存在于其心目中的一种目标车速。该车速在道路等级一定后,其大小随驾驶人性别、年龄、性格的差异及驾车风格的不同而在一定范围内变化,并呈现出一定的模糊性。一般而言,期望车速与运行速度并不一致。实际中当运行速度与期望车速之差满足式(2-1)时,驾驶人便会改变行车速度直至达到期望车速。虽然期望车速存在于驾驶人的心目中,但该车速直接影响着在行车辆的实际运行速度值的大小。在道路及交通环境许可的条件下,期望车速越高,驾驶人驾车过程中的实际行车速度亦越高,在行汽车实际行车速度的高低,随期望车速的高低有正相关关系变化。

2. 期望车速的形成过程与驾驶人个体差异性分析

1) 期望车速的形成过程

驾驶人心目中的期望车速,从心理学角度讲,其形成过程可分为初定、调整、确定、保持等阶段,如图 2.22 所示。

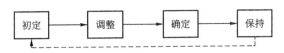

图 2.22　驾驶人心目中期望车速的形成过程

初定阶段是驾驶人确定心中期望车速的初始阶段。此阶段的特点是驾驶人在驾车过程中当行车状态基本稳定后,根据行驶道路的等级状况并结合自我感觉等要素后,初步确定出一期望车速。调整阶段是驾驶人对已初步确认的期望车速进行调整的阶段。此阶段的特点是驾驶人通过对在行道路上交通流及交通环境等相关要素做进一步观察与分析后,并根据所驾驶车辆性能的状况,决定是否对已确定的初始期望车速进行调整及调整幅度的大小。确定与保持阶段是驾驶人对已调整过的期望车速实施记忆保持的阶段。在此阶段,驾驶人对经调整后确认的期望车速进行记忆保持,并以此期望车速为目标对所驾驶车辆的实际车速实施调控。

驾驶人在实际驾车中,当感觉行车条件或交通环境发生变化需要调整心目中的期望车速时,则按图 2.22 中虚线指向,首先初定一新的期望车速数值,然后按图 2.22 中实线所示流程再次确定出心目中新的期望车速。如此循环,驾驶人视行车条件或交通环境需要改变其心目中的期望车速。

2) 驾驶人个体期望车速的差异性

汽车驾驶人个体的性格特征按驾驶人在驾车过程中对行车间距的把握尺度不同,可分为适应型、保守型、冒险型三种类型。其中,适应型是指驾驶人驾车过程中,在跟车状态下其行车间距始终近似等于要求安全间距的驾驶人;保守型是指驾驶人驾车过程中,在跟车状态下其行车间距在绝大多数情况下均大于要求安全间距的驾驶人;冒险型是指驾驶人驾车过程中,在跟车状态下其行车间距在绝大多数情况下均小于要求安全间距的驾驶人。实际中,就同样的道路条件、交通环境而言,冒险型驾驶人在驾车过程中,习惯于将期望

车速数值确定得相对较高，而保守型驾驶人倾向于将期望车速数值确定得相对较低，适应型驾驶人确定的期望车速数值居于冒险型与保守型之间。对高等级公路在行车辆的实际调查结果表明，在相同的道路条件、交通环境下，仅就驾驶人个体的性格特征单项而言，冒险型驾驶人确定的期望车速数值与保守型驾驶人确定的期望车速数值之差，最高达30%左右。

驾驶人气质类型不同，期望车速也有差异。据调查，胆汁质型驾驶人因性格外向、喜欢冒险尝试的特点，容易将心目中的期望车速定位较高；多血质型驾驶人因情绪变化波动较频繁的特点，心目中的期望车速数值容易随情绪的变化而波动；忧郁质型驾驶人因性格内向、按章行事的特点，容易将心目中的期望车速定位在一个相对合适的位置；黏液质型驾驶人因性格内向、操作稳健的特点，容易将心目中的期望车速定位在一个相对较低的位置。

驾驶人驾驶技术的熟练程度影响期望车速的高低。半年以下驾龄驾驶人的汽车驾驶技术处于提高阶段，驾车过程中确定的期望车速数值一般都较低；0.5~3.0年驾龄驾驶人由于其基本驾车技术已经相对熟练，心理上存在进一步提高高速和紧急情况下驾车处理能力的愿望，此阶段在实际驾车过程中确定的期望车速数值一般会比较高；3.0年以上驾龄驾驶人由于驾车过程中各方面的技能已经比较熟练，实际驾车过程中确定的期望车速数值位于正常状态，其具体期望车速的大小主要决定于驾驶人的性格特征、年龄、性别等因素。就性别差异来讲，同样条件下男性驾驶人驾车过程中确定的期望车速数值比女性驾驶人总体上要高10%左右；就年龄差异来讲，青年驾驶人驾车过程中确定的期望车速数值是所有驾驶人中确定的期望车速数值最高的一类群体，特别是年龄在25岁以下的驾驶人更是突出。中年、老年驾驶人驾车过程中确定的期望车速数值较青年驾驶人相比，则依次降低。

此外，对于部分驾驶人个体而言，驾车过程中期望车速的高低也受其情感的影响。一般而言，驾驶人处于喜悦、惬意、愤怒等心情下，其心目中的期望车速数值容易确定得高一些，而处于悲伤等心情下，其心目中的期望车速数值，则确定得低一些。

3. 影响驾驶人期望车速的主要因素

1) 道路等级及交通状况

道路等级和交通状况是影响期望车速的最重要因素之一。道路等级和交通状况之所以能对驾驶人期望车速产生重要影响，一方面是因为道路等级和交通状况的好坏是决定在行车辆实际行车速度的最基本硬件要素；另一方面是因为道路等级和交通状况的好坏直接影响着驾驶人个体在驾车过程中对心目中期望车速数值高低的定位。从心理学的角度上讲，对于绝大多数驾驶人个体而言，道路的等级越高，交通状况越好，驾驶人确定的期望车速数值会越高；反之，则相反。

从有利于交通安全的角度出发，当驾驶人驾车行驶的道路等级确定后，可通过交通标志提示及其他措施，使驾驶人个体均产生与道路等级相适应的期望车速和运行速度。

2) 在行车辆的性能状况

在行车辆的性能状况对驾驶人期望车速的影响过程如下：在道路等级一定的条件下，如果在行车过程中所驾驶车辆的性能状况始终保持在优良状态，则驾驶人一方面会使其心目中的期望车速数值定位提高，另一方面也会使其所驾驶车辆的实际运行速度保持在比较高的位置。反之,如果驾驶人在行车过程中所驾驶车辆的性能状况较差,驾驶人会主动将其心目中的期望车速数值调至比较低的位置,同时使所驾驶车辆的实际运行速度降至在一个比较低的位置。

3) 气候条件

就气象条件对期望车速的影响而言,晴天可使驾驶人心情放松,容易使驾驶人心目中期望车速数值定位提高,雾天、雨天、雪天和沙尘暴等异常天气则均使驾驶人心目中期望车速数值定位降低,特别是雾天和沙尘暴天气,由于能见度大大降低,所以更是如此。气温条件对期望车速的影响如下:虽然气温条件对驾驶人心目中期望车速的影响很小,但特别气温条件对驾驶人心目中期望车速的影响明显,如高温天气,驾驶人为防止行车过程中爆胎,一般将心目中期望车速数值和实际运行速度均控制在一个相对较低的位置。

4) 运输任务的缓急

一般而言,如果承担的运输任务紧急,在驾驶人心理上形成的压力就越大,驾驶人行车过程中期望车速数值就会越高。驾驶人在运输过程中虽然承担的任务并非紧急运输任务,但驾驶人出于自身经济利益或其他原因的考虑,给自身心理上施加压力,也会使驾驶人行车过程中心目中的期望车速数值升高。这也是许多驾驶人实际行车中保持较高行车速度的重要原因所在。

4. 保障交通安全的车速合理匹配措施

实际中各种速度值之间经常并不匹配,原因有二:一是随道路指标变化,驾驶人因驾驶惯性对运行速度的调整滞后,许多驾驶人因驾驶惯性等原因而不能及时意识到车速过高,或当感觉车速过高时已来不及减速或减速不够,交通事故便在瞬间发生;二是道路的设计和管理对人性化考虑不足,没有充分了解驾驶人在使用道路过程中的特点、驾驶习惯、期望及要求。为保证交通安全,必须使驾驶人的期望车速、在行汽车运行速度与设计车速相匹配,并使驾驶人清楚知晓此路段的设计车速。

1) 道路设计时根据运行速度检验

为了使在行汽车的实际行驶速度与公路设计几何指标相适应,在高等级公路线形设计过程中可根据设计车速对 V_{85} 进行检验。检验的依据是道路的设计车速 V 与 V_{85} 之差的最大值应小于 20km/h。如果检验的结果满足标准,说明确定的设计车速是适宜的。连续的道路线形能大大地提高在行汽车的行车安全性。而对于道路几何要素变化较大的路段,应使 V_{85} 与 V 之差的变化小于 10km/h,以保证道路线形的连续性。对于设超高的平曲线半径、不设超高的平曲线半径、竖曲线半径、停车视距及车道宽度等,均可采用 V_{85} 进行检验。

2) 通过交通安全设施补偿设计缺陷

实际中,当已设计的道路线形无条件修正或当修正道路线形很不经济时,道路交通管理者可通过增设必要的交通安全设施,如交通标志及修建防撞墙等,以弥补道路线形设计上的不足,提高道路交通安全性。

3) 设置合理期望车速并准确把握运行速度

驾驶人在驾车过程中依据路段交通状况设置合理的期望车速并准确把握好在行汽车的运行速度,对保证行车安全非常重要。当在行汽车由设计指标较高的路段突然转向设计指标较低的曲线路段时,驾驶人应迅速调整期望车速并同时及时降低车辆运行速度。驾驶人在行车过程中切忌"高速"行驶;同时要保持较高的注意力,仔细观察道路状况并使车辆处于可控状态。

2.1.7 驾驶人个性特征与交通安全

1) 年龄差异对交通安全的影响

我国交通法规规定,小型汽车、小型自动挡汽车、轻便摩托车等机动车型驾驶人的许可驾驶年龄范围是18~70周岁。在如此大的年龄变化范围内,不同年龄状况对驾驶行为及交通安全的影响是不相同的。

(1) 年龄与交通安全。对驾驶人进行一般情况和紧急情况的驾驶考试表明:在一般情况下驾驶,中年驾驶人(不超过45周岁)得分高,事故少,这是因为中年驾驶人驾车谨慎度高,驾车中注意保持合适的行车速度;在紧急情况下驾驶,年龄在20~25周岁者得分高,年龄大者成绩差,这主要是因为年龄轻者反应速度快,使反应时间较短。

(2) 不同年龄驾驶人视力在夜间环境下对炫光的反应。驾驶人年龄越轻,视力在夜间环境下对炫光反应的恢复时间越短,一般20~30周岁的年轻驾驶人视力的恢复时间为2~3s,超过55周岁后恢复时间达10s左右。

对大部分人来说,视力随年龄增大而下降;反应时间随年龄的增大而延长。因此,对于年龄较大的驾驶人,驾车行驶过程中切忌高速行驶。

(3) 就交通违法行为而言,总体上年轻驾驶人比中老年驾驶人多;放任型驾驶人比谨慎型驾驶人多。

2) 态度特征对交通安全的影响

态度通常是指个人对某一客体所持的评价与心理倾向,也就是个人对环境中的某一对象、事件的看法,如是喜欢还是厌恶,是接近还是疏远,以及由此所激发的一种特殊的反应倾向。态度作为一种心理现象,既指人们的内在体验,又包括人们的行为倾向。

随着我国驾驶人队伍的快速增加及构成成分的多元化,不同的驾驶人对驾车过程所表现出的态度是不相同的,既有自觉遵守交通法规、谨慎驾车的,也有目无交通法规、自我放任。根据驾驶人对驾车过程及交通安全认识看法的不同,可将驾驶人对驾车过程所持的态度分为谨慎、自律、骄傲、放任等不同态度类型。各种态度的主要特点如下:

(1) 谨慎型:驾车过程中小心、细致,交通违法行为少,但行为较保守,害怕失误。

(2) 自律型:驾驶技术比较好,驾车过程中能够严格要求自己,自觉遵守交通法规,即使出现交通违规行为也是一般性过失违规。

(3) 骄傲型:驾驶技术熟练,能够充分发挥自己的潜能,但爱出风头和冒险。

(4) 放任型:对自我的要求低,有得过且过的心态,交通安全意识淡薄,自觉遵守交通法规意识差,驾车过程中交通违规行为多,且多为故意性违规。

一般来说,优秀的驾驶人通常具有谨慎、自律等态度特征,而交通违规行为较多的驾驶人往往具有骄傲、放任的态度特征。

3) 性别差异对驾驶行为的影响

就整体而言,男性驾驶人多为外向型性格,其表现主要为心理活动表现外在、开朗、活跃、交际愿望强烈、富有正义感和意志决定力;而女性驾驶人多为内倾型性格,其表现为深沉、文静、反应相对迟缓、顺应困难、情绪相对不稳定。在实际驾车活动中,面对同样的道路及交通环境,男性驾驶人与女性驾驶人在驾驶行为的诸多方面表现出明显差异:

(1) 在反应时间上，男性驾驶人短于女性驾驶人；而在灵活性和对色彩的理解力上，女性驾驶人强于男性驾驶人。

(2) 在车速控制上，男性驾驶人驾车容易超速行驶，女性驾驶人驾车一般车速偏低，对超速行驶很慎重，但在发生危险情况时女性驾驶人多希望他人给予协助的愿望较强烈。

(3) 在驾车过程中，男性驾驶人开快车、闯红灯等违反交通法规的行为比女性驾驶人多，特别是20岁左右的男性青年驾驶人更多，女性驾驶人出现酒后驾驶与超速驾驶的情况较少。

(4) 在面对紧急情况或险情时，男性驾驶人的反应较女性驾驶人明显迅速和冷静，女性驾驶人容易陷入惊慌失措之中。

(5) 在行车持续力方面，男性驾驶人的忍耐性较强，女性驾驶人的忍耐性相对较弱，且长时间行驶容易疲劳。

4) 驾龄差异对驾驶行为的影响

驾驶人新手(指刚拿驾驶执照不久的驾驶人)与驾驶人老手(指持续多年驾车、驾驶技术熟练的驾驶人)在驾车过程中的驾驶行为存在明显差异，其部分表现如下：

(1) 新手在驾车过程中对紧急情况缺乏应有的心理准备，当紧急情况突现时表现为手忙脚乱；技术熟练的老手则心中有数，沉重应对。

(2) 新手眼随手动，如在换挡或进行其他操作时喜欢用眼睛查看而忽视对道路前方交通环境的观察，而技术熟练的老手在对驾驶车辆进行操作时眼手分离。

(3) 新手遇到情况踩制动时通常一脚踩到底而不留预制动；技术熟练的老手确认需要制动时视情况而定，通常踩制动的过程比较柔和(紧急情况除外)。

(4) 新手在车辆通过弯道时多不在弯道前减速，而在弯道内车辆作曲线行驶时才减速；技术熟练的老手则在车辆通过弯道前提前减速。

(5) 新手驾车时有时驾驶坐姿不规范，如仰着、趴着、歪着等，转动转向盘时容易两手交替滑动，无相对定向，回正方向时有时双手脱离转向盘；技术熟练的老手驾驶坐姿、转动转向盘一般比较规范。

(6) 新手在停车后容易忽视拉紧手刹，而技术熟练的老手在停车后拉紧手刹已成为习惯。

2.1.8 机动车驾驶人肇事状况调查实例

以某省会城市城区一交警大队2004年度道路交通事故资料(共记录道路交通事故5221起)为基础，从机动车驾驶人的年龄、驾龄、性别、城乡户籍等几个方面对肇事者的分布状况进行了统计分析(下面统计表中"不详者"为原始交通事故资料中记录不准确者或缺项者等)。主要分析结果如下：

1. 肇事者年龄分布状况

在5221起道路交通事故中，将肇事机动车驾驶人按18岁以下、18~25岁、26~40岁、41~60岁、60岁以上等年龄段进行划分，其分布状况如表2-4所示。

表2-4 肇事者不同年龄段的分布状况统计表

肇事者年龄	18岁以下	18~25岁	26~40岁	41~60岁	60岁以上	不详者
人数	9	788	2855	1488	8	73
所占百分比	0.2%	15.1%	54.7%	28.5%	0.2%	1.4%

从表 2-4 可以看出，在所划分的不同年龄段中，以 26~40 岁年龄段的机动车驾驶人最多，其次是 41~60 岁和 18~25 岁年龄段。就其产生原因而言，26~40 岁年龄段的机动车驾驶人成为道路交通事故的主体，此年龄段的驾驶人无论从社会层面还是从家庭层面讲都是主体，工作压力与生活压力均比较大。

2. 肇事者驾龄分布状况

在 5221 起道路交通事故中，肇事机动车驾驶人按 1 年以下、2~3 年、4~5 年、6~10 年、11~15 年、16~20 年、20 年以上等驾龄段进行划分，其分布状况如表 2-5 所示。

表 2-5　肇事者按驾龄的分布状况统计表

肇事者驾龄	1 年以下	2~3 年	4~5 年	6~10 年	11~15 年	16~20 年	20 年以上	不详者
人数	119	1741	729	1617	320	200	189	306
所占百分比	2.3%	33.3%	14.0%	31.0%	6.1%	3.8%	3.6%	5.9%

根据表 2-5 得到的肇事机动车驾驶人按驾龄的分布状况图如图 2.23 所示。

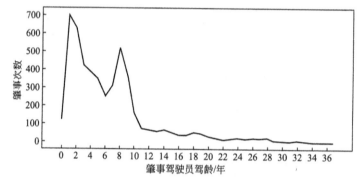

图 2.23　肇事者按驾龄的分布状况图

由图 2.23 容易看出，2~3 年驾龄和 4~10 年驾龄的驾驶人的肇事人数大大高于其他驾龄的驾驶人。形成这种现象的原因是：驾龄在 1 年以下的驾驶人因为驾车时间短，驾车过程处于谨慎状态，使得发生交通事故的数量处于较低水平；而驾龄在 2~3 年的驾驶人，因有了一定的驾驶经验，导致驾车时的谨慎性降低，使得交通事故数明显增加；4~10 年驾龄的驾驶人的肇事人数比较高，主要是因为驾驶技术熟练后思想上容易产生容易麻痹或骄傲自满，导致安全警惕性降低所致。

3. 肇事者性别分布状况

在 5221 起道路交通事故中，肇事机动车驾驶人按性别的分布状况如表 2-6 所示。

表 2-6　肇事者按性别的分布状况统计表

肇事者性别	男性驾驶人	女性驾驶人	不详者
人数	4744	417	60
所占百分比	90.9%	8.0%	1.1%

就表 2-6 的数据看，男性驾驶人与女性驾驶人的肇事比例约为 11∶1，这与男性驾驶

人在绝对数量上大大高于女性驾驶人相关。据交管部门统计，截至 2008 年 9 月底，全国男性驾驶人数量为 147996233 人，占驾驶人总数的 84.27%；女性驾驶人 24634475 人，占驾驶人总数的 15.73%。考虑到男性驾驶人数量大大高于女性驾驶人数量的实际，中国男性驾驶人与女性驾驶人的肇事比例约为 3.0~3.5∶1。

2.2 其他交通参与者与交通安全

2.2.1 行人与骑车人

行人、骑车人通常被称为车外交通参与者，也是无防护的交通参与者。行人、骑车人在交通活动中相对于机动车辆及其驾驶人而言属于弱势群体，即交通弱者，一旦与机动车发生交通事故，很容易受到伤害。据统计，全球道路交通事故每年夺去 125 万人的生命，其中，行人、骑自行车和摩托车的人占到了死亡人数的近一半。我国每年因行人违法造成的交通事故占总数的 1/4。对于行人、骑车人而言，道路交通伤害正成为不可忽视的公共安全问题。行人、骑车人在道路交通活动中容易受到伤害与其交通特性、交通行为、交通过程中的心理特点密切相关。

1. 行人交通特性与交通安全

1) 行人的交通特性

行人交通特性主要与行人的生理状况、交通心理、道路及交通状况相关。

(1) 行人步行速度幅度特性。行人的步行速度分布范围较宽，为 0.5~2.16m/s。成年人的步行速度一般是 1.0~1.3m/s，水平路段的步行速度一般为 0.5~1.5m/s。中国现行规范为 1.0~1.2m/s。一般情况下，13~19 岁行人的平均步行速度为 2.7m/s，20~49 岁行人的平均步行速度为 1.8m/s，50 岁以上行人的平均步行速度为 1.5m/s。从整体看，男性的步行速度高于女性，男性平均为 1.57m/s，女性平均为 1.53m/s。步行速度随行人流密度增大而下降。行人过街的步行速度较人行道上的步行速度高，原因是想尽快穿过其危险区。

行人步幅的分布区间因性别、年龄而稍有差别，95% 的人的步幅为 0.5~0.8m，步幅受人行道路面铺装平整程度的影响，与步速快慢几乎无关。

(2) 行人过街通行方式。行人过街有单人穿越和结群而过之分。单人过街为三种情况：第一种是行人待机而过，即行人等待汽车停、驻或车流中出现足以过街的空隙，再行过街；第二种情况是行人抢行过街，即车流中并没有可供过街的间隙，行人抢行快步穿越；第三种情况是行人适时过街，即行人走到人行横道端点，待车流中出现可过街的间隙时，随即穿越通过。行人过街的三种情况可划分为 4 种类型。

第一种类型是均匀步速前进，正常横穿通过道路。行人在人行横道端点等候，当车辆停止或车流中出现合适间隙时，再稳步前进、穿过道路。在交通量不大的道路上，这类情形白天很常见。

第二种类型是横穿途中停驻伺机通过。行人在横穿道路途中，当车辆较多基本处于停滞状态时，有的通行者等待机动车停止或车流中出现足以通过的间隙时，再横穿道路；有的通行者则犹豫不决，进退不定，使驾驶人难以判断其行动，这无疑增大了交通事故风险。

第三种类型是中途加快。这种情况多半是行人走到道路中线后，突然感到有车辆急速驶来，便加快速度或跑步抢时间通过道路。

第四种类型是横穿过程先急后缓，多半是过中线后放慢步速。这种情况多是行人感到有车要通过便先急忙快步、奔跑抢行横穿道路，待到达道路中线后并未发现车辆马上要通过，故放慢速度，正常通过。

实际中，有的行人在通行过程中，心不在焉或注意力分散或思想高度集中在其他事件上，甚至边走边低头沉思问题，使得对过往车辆的行驶声、喇叭声及复杂的交通环境听而不闻、视而不见，这些行为极易造成行人类交通事故。

(3) 行人过街的危险性。行人过街的危险程度与过街人数数量多少密切相关。人行横道上人多，容易引起驾驶人的注意，使得安全程度提高；反之，人少驾驶人容易疏忽大意，危险程度加大。

特别是城市道路的行人过街，一般是车辆一停，行人开始过街。图 2.24(a) 所示的情景很容易引发交通事故，先行车停在道路右车道，当后继车从停驻车的左侧通过，因先行车停在那里挡住了视线，可能导致行人与后继车发生冲突。

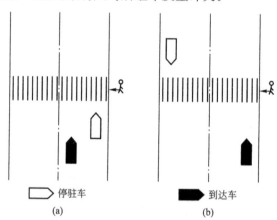

图 2.24 行人过街可能与在行车辆发生冲突的两种情景

一般情况下，行人过街时是根据左侧来车情况决定是否过街，同时也会注意道路中线另一侧右前方的车辆动向，并考虑跨过中线后的处境，如图 2.24(b) 所示。实际中，这种情况下的风险为：行人可能被右侧来车致伤；或因对双向来往车辆注意不够使自身处于两车流相会的夹缝中而导致交通事故。

行人过街地点的选择与危险程度也有一定关系，表 2-7 为英国学者调查的行人过街地点相对危险程度。

表 2-7 行人过街地点相对危险程度

过街地点	相对危险程度
有人行横道标线，交通信号控制、安全岛	0.36
有人行横道标线，交通信号控制	0.53
有人行横道标线，无管理规则	0.89
无人行横道标线和交通信号	1.00
距人行横道 50m 内	1.75

(4) 行人使用人行天桥、过街横道和过街地道的一般心理。走捷径是人的基本心理特性之一，故实际中行人过街时总有为数不少人不走人行天桥、过街横道，随意过街。究其原因，不外乎图省事、省力、急于到达目的地、以为车辆少没关系或认为车辆可能停驻等。日本的一项关于行人随便乱穿道路时心理活动的一项调查如表2-8所示。表2-8表明，行人过街随便乱穿道路时嫌麻烦、想走近路的心理十分突出。

表2-8 行人不走人行横道穿越道路时的心理活动

心理活动	所占比例	心理活动	所占比例
嫌麻烦	48.0%	路上汽车不多，没关系	1.8%
平时的习惯	22.0%	到对面有急事	0.9%
想走近路	16.5%	不知道附近有人行横道	0.9%
汽车不敢撞人	8.4%	其他	1.5%

(5) 行人过马路的等待时间。行人利用车流间隙过街时愿意等待时间的长短，取决于机动车交通量、道路宽度和行人条件。实际中，交通量越大，可穿越的间隙变少，行人等待过马路的时间会越长；道路越宽，则行人过街的等待时间会越长；年龄较大者较年轻者愿意过马路等待时间要长，女性较男性愿意过街等待时间长；同一天的不同时刻人们过马路愿意等待的时间也有差异，如上下班时间行人愿意过街等待时间短，非上下班时间行人愿意等待时间就长一些。随着等候时间的延长，行人的焦虑状态也越来越严重，冒险穿越的欲望和可能性也逐渐增大。当行人等待车辆间安全空隙的时间超过了行人所能承受的忍耐极限时，行人往往会不顾危险强行从车辆之间的非安全空隙中穿越。

实际中，行人过街强行穿越现象普遍存在的重要原因之一是由于行人需等待的时间超出了其可接受的程度。对于行人过街能够承受的最长等待时间，英国的调查数据为45～60s，日本的调查数据为30s，我国对此的研究较少，有学者认为该值范围为35～40s。无信号控制路段行人可承受的延误时间比有信号控制条件下短。

研究表明：行人过街强行穿越所占的比例，随着平均行人过马路延误时间的增加而增加，且无信号控制路口行人所能承受的延误值普遍小于有信号控制路口。表2-9为无信号和有信号灯控制下行人过街延误与强行穿越行人所占比例。

表2-9 平均行人过街延误与强行穿越行人所占比例关系

无信号控制下		有信号控制下	
平均行人延误时间/s	强行穿越行人所占比例	平均行人延误时间/s	强行穿越行人所占比例
<5	低	<10	低
5～30	中	10～40	中
31～45	高	41～60	高
>45	很高	>60	很高

2) 不同行人群体的交通行为特征

行人是一个广义群体，按年龄的不同可进一步分为儿童行人、青壮年行人、老年行人，按性别不同可分为男性行人和女性行人。

(1) 中青年行人的交通行为特征。中青年人尤其是青年人感知敏锐，反应快，应变能力强，但由于工作压力和生活压力较大，出行时间多，客观上增大了发生交通事故的概率；部分青年人交通安全意识薄弱者在汽车临近时依然冒险强行横穿。据统计，青壮年在车祸中的死亡率，约占交通事故总死亡人数的30%以上。

（2）老年行人的交通行为特征。生理及行为上，老年行人反应迟钝、视力较差、行动迟缓，步行速度慢，常常不能正确估计车速和自己横穿马路的速度，准备横穿时又犹豫不决；着装上，老年人喜欢穿深颜色的衣服，尤其是夜间或傍晚时不易被驾驶人发现；心理上，老年人比较谨慎，等待过街时比较有耐心，随意横穿马路少。

（3）儿童行人的交通行为特征。因儿童行人对安全的认识比较模糊，缺少对路况安全的正确判断能力，穿越道路时不懂得观察和确认是否安全，自我保护能力差，表现为对复杂的交通环境观察不全面、不仔细，在行动上易出现异常行为，如跑步穿越道路，突然出现在行车道上，或靠汽车前后穿越。据英国的研究分析，10岁以下儿童发生行人事故的可能性比成人发生行人事故的可能性高8倍。

（4）女性行人的交通行为特征。女性行人一般比较小心，规范行为意识较男性行人强，但反应比男性行人慢，行动较迟缓，情绪也不如男性稳定，应变能力较差，易受道路两侧新鲜事物的吸引分散注意力，遇到情况又易惊慌失措。喜欢结伴在马路上走，嬉笑言谈会妨碍对来往车辆的感知。女性行人喜欢穿比较艳丽的服饰，因容易被驾驶人发现，有利于避免行人交通事故的发生。

（5）进城务工人员的交通行为特征。进城务工人员的道路交通安全意识、交通法规常识相对比较淡薄，进入城市后，由于对城市道路交通经验少和交通法规不熟悉，常会感到无所适从。他们在横穿道路时容易慌张、徘徊犹豫，因好奇而东张西望，对行驶的车辆缺乏应有的警惕。

3）行人任意横穿马路时的心理特点

（1）不恰当的信赖心理，或无畏心理。在"以我为中心"的心理支配下，一些行人一方面过高地信赖机动车驾驶人会遵章行驶，另一方面认为机动车驾驶人不敢撞人，也不会撞人，在此意识支配下，即使看到车辆驶近或者听到车辆喇叭声，也不主动避让，照样我行我素。虽然机动车驾驶人不敢撞人，但在机动车突发故障失去控制或机动车驾驶人操作失误的情况下，机动车就会撞人而导致交通事故。

（2）群体从众心理与就近心理。群体从众心理的表现是：当一个人横穿道路时会感到人单势薄，一般会小心翼翼；而当多人成群横穿道路时，就会感到人多势众，即使车辆行驶到眼前，仍照样横穿，特别是处于人群的中间者，似乎感到周围有一道屏障，有种盲目的安全感，更是不考虑躲避往来的车辆。调查表明，三人以上结伴步行比个人或二人同行的事故危险性大，由成人带领儿童或由同一单位的熟人构成的步行组合比其他步行组合危险性大。

就近心理的表现是：或为了节省时间、迅速到达目的地，或因为疲劳，或嫌麻烦等多种不同原因（见表2-8），多数行人过街时喜欢走直路、抄近道而不走人行横道，且在机动车流中任意斜穿，随意抢行，即使是在交通标志、标线，甚至交通信号下也是如此，毫无顾忌与约束。

（3）盲从心理。部分行人、骑车人在交通活动中当看到别人实施抢道、抄近路穿行等违法行为获得了方便而又无人制止时，感到自己好似吃了亏，于是盲目跟从，且认为只要自己的行为与多数人的行为一致，就不会有问题。

（4）好奇心理。部分行人把横穿道路当作与逛大街一样随意穿行，当看到道路上发生某些事件时,易出于好奇会不自觉地驻足观望,甚至为了看热闹疾速向前或者调转回头观望。

(5) 惊慌失措心理。有些行人交通经验少,对道路交通情况缺乏预测及准确判断能力,且应急能力差,一旦出现危险情况,容易惊慌失措。

行人在道路上哪一侧行走更有利于通行安全呢?

行人在道路一侧行走的方向根据与行驶车辆前行方向的不同可分为与行驶车辆同向而行和与行驶车辆相对而行两种情况。从最有利于保证行人在行走过程中的通行安全而言,行人选择与行驶车辆相对而行的道路一侧更有利于安全。这是因为行人选择与行驶车辆相对而行的道路一侧使得行人与行驶车辆均能最大限度地相互暴露在对方的视野内,从而更便于行驶车辆发现行人,提高了通行安全性。

2. 骑车人交通行为与交通安全

在各种交通方式中,以自行车为代表的非机动车以其灵活方便、操纵简单、绿色环保、适合不同年龄层次人群使用受到广泛欢迎。和行人一样,自行车骑车人在道路交通事故中也处于弱势地位,一旦与机动车发生交通事故,很容易受到伤害。

1) 自行车交通的特点

(1) 时距特点。因自行车出行受到出行者体力和出行距离、出行时间等方面的限制,其出行时距大多数不超过 50min。实际中,当出行时距小于 10min 时,人们多采用步行方式出行;当出行时距在 11~30min 时,人们多选用自行车方式出行(约占该时距段内总出行的 50%);出行时距超过 30min 时,人们多选用公交车出行方式。

(2) 稳定性差。自行车是一种主要依靠人体控制平衡的不稳定型交通工具。其表现为:一是自身重心高,人骑上自行车后,人车系统的重心会更高;二是自行车轮胎与地面接触面积小(约为人车总面积的 1/400);三是在停住和减速时,因侧向稳定性差,很容易倾倒或左右摇摆。

(3) 蛇形轨迹特征。自行车在道路上的运行轨迹与机动车明显不同,呈蛇形状。其原因是自行车运行时是依靠自行车车把和骑车人本身的重心左右移动调节并控制方向,加上自行车在正常运行时骑车人的重心不断变化,导致自行车往往左右摇摆而形成蛇形轨迹。

(4) 自行车是一种无安全防护的交通工具。和汽车明显不同,无论是电动自行车,还是普通自行车,由于骑车人暴露于外界,是一种典型的无外罩安全防护的个人交通工具。骑行过程中极易受到外界环境的影响和干扰,且被动安全性差,骑车人一旦摔倒容易受伤,当自行车受到动能较大的机动车撞击时,更易受到重伤,甚至当场死亡。此外,自行车也容易受到雨、雪、风、沙、雾、严寒、酷暑等气候因素的影响。相对于机动车,电动自行车是"弱者",而相对于普通自行车,电动自行车又是"强者"。在非机动车道内,电动自行车的行驶会在一定程度上加大普通自行车骑行者的心理压力。

2) 自行车骑车人的行为特点

自行车由于独立性、灵活性的优点,使得骑车人在骑行过程中表现出以下特点:

(1) 绕坑躲物、逢阻必绕。由于自行车灵活，骑车人发现道路上有坑、包、井盖、石子、砖头等杂物时，一般都会绕行，且很少顾及其他车辆；当路面有积水、污物或汽车临近时，因怕泥水溅身或吃尘土会突然躲避；当前方道路受阻时，骑车人通常会借道绕行，但容易忽视安全行驶。

(2) 插空穿行。在人、车混合交通状态时，骑车人为求快、求方便，容易选择在汽车间隙中插空穿行，寻找捷径，且哪里车少就往哪里骑，往往挤占机动车道。

(3) 交叉路口抢行。通过交叉路口时，由于自行车灵活，起步快，往往在信号灯刚一变换时骑车人已驶入路口，并按最短路径向前行驶；或驶到路口附近时，为走捷径不顾交通信号而强行横穿车道。

(4) 截头猛拐。不管在路口还是路段，很多骑车人在不看身后的情况下就截头猛拐。

(5) 逢碰必倒。因自行车平衡性差，与其他车辆发生刮碰时，极易歪倒；在雨雪天、泥沙路，急刹车时也易摔倒。

(6) 熟者易并行。同事或同学一起骑车时，为说话方便易并排行驶，如图 2.25 所示；更有甚者，扶肩搭背，嬉戏打闹，占据路面，阻碍其他车辆正常行驶。

图 2.25　（熟悉的）骑车人并行的情景

3）骑车人交通心理特点

(1) 省时求快超越心理。有的骑车人为了抢时间，骑行过程中争先恐后超越心理表现非常突出，明知机动车已到身旁，也要冒险超越，甚至逼迫机动车急刹车避让。

(2) 畏惧心理。骑车人惧怕机动车，尤其是大型机动车，这使得骑车人在参与交通时，心理上受到来自机动车的压力。在这种压力的作用下，骑车人会产生紧张感，一旦遇到紧急情况容易惊慌失措。此外，由于自行车处于弱势，畏惧心理会刺激骑车人的合群倾向，容易造成交通秩序混乱，引起机动车辆阻塞。

(3) 空间占有心理。一方面，自行车骑车人在出行过程中不愿和别人一起扎堆行驶，为保持必要的纵向、横向距离，会选择一个相对于安全、自由、方便的出行空间，以免他人影响自己骑行或他人摔倒殃及自己；另一方面，由于自行车骑车人群体中骑行速度不相同，也使自行车群体呈离散状态。由于离散，导致骑车人各自独行，互不相让，甚至占据整个车道，影响机动车、行人的通行。

(4) 情绪化心理。有的骑车人在行驶途中常常因一些偶然性的小事而易引起情绪冲动。有的骑车人对刺激的容忍度较低，一旦所承受的心理压力和刺激超过自己的承受能力和容忍度，就会出现思绪紊乱，导致骑行时注意力不集中。

(5) 逞能好胜心理。多表现在年轻的男性骑车人身上，为图一时争强逞能获得的快感,而忽视给他人甚至自己带来精神或肉体上的痛苦;有的骑车人遵守交通法规意识淡薄,骑行中随心所欲、我行我素,往往明知故犯地违章骑行。

3. 保障行人、骑车人道路交通安全的措施

(1) 提高行人、骑车人交通安全意识和遵章守法自觉性。对行人、骑车人交通秩序的管理一方面要加强交通安全宣传教育,提高行人、骑车人的交通安全意识和遵章守法的自觉性;另一方面应以交通法律法规为准绳,用法律法规约束行人、骑车人的交通行为。

(2) 优化行人、骑车人交通环境。基本措施是以实现行人、骑车人与在行车辆在时间和空间上有效分离为基本目标,全面评估现有道路安全设施对行人、骑车人的保护效果,加大投入,切实改善和提高人行(横)道、天桥或地道等交通设施配置的科学性,提高行人、骑车人出行时的交通安全性。

(3) 不断强化对路面行人、骑车人交通秩序的管理。为最大限度地保障行人、骑车人交通的安全性,应强化行人、骑车人交通秩序的管理力度,以逐步扭转行人、骑车人的交通违法习惯,提高行人、骑车人依法通行的自觉性。

2.2.2 乘客

乘客在乘车过程中自觉遵守道路交通安全法规,当自我利益与交通安全法规相冲突时以全车乘客生命、财产安全为重对于保障全车乘客生命和财产安全非常重要。乘客在乘车过程中保障道路交通安全的基本义务是:自觉遵守道路交通安全法规,即除了不携带危险品上车、不违章拦车爬车外,不得要求取代驾驶人自己驾驶车辆,不得要求驾驶人超速、越道、逆向行驶,不得要求驾驶人闯红灯,不得无端和恶意指责驾驶人驾驶技术,更不可抢夺在行车辆驾驶人手中的转向盘以干扰在行车辆的正常行驶,如果因此给承运人造成损害,必须承担赔偿责任,给自己造成损害的,承运人不需承担责任。

实际中,个别乘客在乘车过程中因个人原因突然抢夺在行车辆驾驶人手中的转向盘诱发重大道路交通事故,造成在行车辆上乘客及司务人员伤亡严重后果的事件给道路交通运输安全带来严重威胁。对此现象,应通过加强对乘客在乘车过程期间的安全教育与强化法制及执法管理,对有害司乘人员生命和财产安全的恶劣行为必须坚决予以制止。

事故案例

乘客因想上厕所抢夺转向盘造成翻车致多人伤亡

事故经过:某日中午,一辆大客车从 A 城出发开往 B 城。大客车在某高速公路行驶途中,一名乘客因要下车"方便",竟然抢夺正在高速行驶客车驾驶人手中的转向盘要求停车,争夺中长途客车冲过高速公路路旁护栏,翻进路旁 10 多米深的沟内,导致 3 人乘客死亡、几十名乘客不同程度受伤、大客车严重损坏的重大恶性交通事故。

事故分析:这起恶性交通事故竟然起因于客车上一名乘客要下车"方便"。当时大客车以 110km/h 的速度行驶,车上一名男性乘客突然提出要上厕所"方便",因客车上没有厕所,驾驶人告诉该乘客只能到下一个收费站才能停车,男性乘客竟然上前抢住正在高速行驶客车驾驶人手中的转向盘就往右打,造成汽车失控撞过护栏,掉进深沟。

教训与启示：乘客在乘车时应该知道，在高速公路上行驶的车辆不能随便停车，因不能及时停车就置一车人的生命安全于不顾去抢夺正在高速行驶客车的转向盘，显然有悖于交通安全，是很严重的违法行为。

高速公路上驾驶人随意方便乘客下车导致多人伤亡

事故经过：2011年7月4日3：40，武汉海龙旅游客运有限公司鄂AE3892的一大型客车，乘载54人(含2名幼儿，核载55人)，由广东广州驶往湖北天门，当行至随岳高速公路229km+400m处，骑压慢速车道和紧急停车带分道线违法停车下客，被后方驶来的一重型半挂牵引车追尾撞击，导致两车冲出高速公路护栏翻入边沟并起火燃烧，造成26人死亡、29人受伤。

事故分析：这起恶性交通事故起因于客车上一名乘客要求就近下车回家，驾驶人违法停车酿成重大恶性交通事故。高速公路违停、随意变道违法行为是造成交通事故的主要原因之一，很多驾驶人将在普通道路上行车时随意停车的恶习沿用于高速公路上，这是非常危险的。

教训与启示：高速公路是专供汽车分道高速行驶并全部控制出入的公路，具有全封闭、全立交、行驶速度高等特点，其中，车速高是高速公路与其他道路的根本区别。在高速公路上停车，容易让后方车辆避让不及，极易引发重特大道路交通事故。

高速公路上随意停车上下乘客非常危险，乘客上下客车一定要到指定的停车站点或是高速服务区、高速公路出口以外的安全区域。

（资料来源：http://www.chinasafety.gov.cn/newpage/Contents/Channel_20816/2012/1203/188330/content_188330.htm.）

2.3 交通行为与交通安全意识之关系

2.3.1 交通参与者的交通安全意识

1. 安全意识的意义与特点

安全意识是指人们在生产工作活动中各种各样有可能对自己或他人造成伤害的外在环境条件的一种戒备和警觉的心理状态，也就是在人们头脑中建立起来的生产、工作、生活必须安全的观念。总的来说，安全意识是人对与安全有关的人、事、物、现象等有目的、能动性的反应。人类的安全实践活动是安全意识产生的真正源泉，而将形成的安全意识真正落实到人的行为上促进社会安全状况的改善是研究安全意识的目的所在。

由于安全意识是人对安全问题的心理反应，因而，人的安全意识可以通过安全宣传与教育得到提高和加强。概括起来，安全意识具有以下特点：

（1）能动性。人的安全意识来源于实践活动，同时又对实践活动产生能动作用。这种能动作用主要表现在两个方面：一是除了能够以感性的形式反映客观世界的现象和外部联系外，还能以理性思维的形式反映客观世界的本质和事物之间的联系和规律，形成安全观念系统和理论体系；二是能够根据对事物本质和规律的反映，依据需要在人的头脑中产生概念、思想、计划，调节和支配人的安全行为，并且组织和协调人们的各种安全实践活动，从而达到安全的目的。

(2) 可塑性。人的安全意识不是先天生成的，是通过后天的安全教育及环境影响逐步形成的，其水平也不是一成不变的，而是在不断的学习和生产实践活动中逐步丰富和提高的。因而，通过开展形式多样的安全宣传、教育、培训等活动强化人的安全意识，提高人的安全意识水平，有利于安全目标的实现。

(3) 传递性。主要表现在两个方面，一是人与人之间的安全意识通过语言、行为会相互影响、相互作用。现实中，父母对子女、老师对学生、管理者对下属的影响、传递作用明显；二是就社会层面而言，正面、积极作用对他人的影响通常表现为一个潜移默化的过程，而负面、消极作用的作用对他人的影响往往会比较直接，且负面、消极作用的影响有时比积极影响的作用更直接、更明显。因此，倡导讲安全的风气，批评和谴责不讲安全的行为，对提高全社会的安全意识具有重要的积极作用。

(4) 波动性。现实中，通常情况下，一个单位或部门连续发生事故的可能性并不大，这是因为除了事故的发生具有偶然性外，还有就是前次事故的危害警示着人们要重视安全。但随着时间的推移，人们对前次事故的危害会逐渐淡忘，安全教育会逐渐放松，安全意识随之淡薄，安全隐患逐渐增多，经过一定时间的积累就可能会出现新的安全事故。所以，强化安全意识、安全教育制度化是一件需要持之以恒、常抓不懈的工作。

(5) 制约性。人的安全意识产生的条件会受到个体自身生理和心理条件的影响。对于同一对象和同一客观过程，不同的安全主体会有不同的反应，表现为反应速度快慢、反应数量多少、反应程度强弱等方面的差别；与此同时，人的安全意识还受所处的社会历史条件及周围社会环境的影响与制约，不同的社会历史时期有不同的安全意识状况和水平，接触不同的环境场面会形成不同的安全意识。

人的安全意识的高低取决于两方面的因素：对危险的认识能力和对安全的需要。一般而言，正常情况下人在做某一件事之前会有两方面的心理活动：一是对外在客观环境的人与物进行认知、评价和结果决断；二是在认知、评价和结果决断基础上，决定个人行为，并进行适当心理调节，以保障人身安全。

实际中，一方面，人的安全意识的提高是一个日积月累的过程；另一方面，人的安全意识也会随着环境、条件改变不断变化，并非一成不变。因此，提高人的安全意识是一项系统工程，需要多方协同持续努力。

2. 交通安全意识

交通参与者的交通安全意识是指其在参与交通活动过程中自觉遵守道路交通安全法律、法规，避免交通事故，确保道路交通安全的心理状态及意愿。主要包括遵纪守法意识、社会责任意识和自我保护意识等。

(1) 遵纪守法意识，是指交通参与者遵守交通法规的自觉性程度。从管理学的角度讲，自觉性本身就是一种约束，不过这种约束不是依靠行政命令或别人的监督，而是依靠交通参与者本人的自我控制力。当这种约束或自我控制力逐渐变为一种习惯时，也就成为

了一种自觉行为。该意识在交通安全意识中是第一位的，它是维护交通秩序、保证交通安全的基础。为了保证道路交通安全，交通参与者应该通过自我约束和控制方式，督促自己自觉遵守道路交通安全法规，安全出行。

（2）社会责任意识，是指交通参与者自觉地把自身的行为和社会、和大众融为一体的认识，即交通参与者不可把自己的交通行为单纯地认为是一种个人行为，而要看作为对社会产生影响的大众行为。社会责任意识是社会公德在人的头脑中的体现，要求交通参与者珍视他人生命，把他人的生命、财产安全时刻放在心上。

（3）自我保护意识，是指交通参与者对生命保护重要性的认识程度。交通参与者对生命保护重要性的认识程度首先表现在他（她）对自身生命的保护上，一个人只有首先懂得珍惜自己的生命，才可能会去珍惜他人的生命，才可能会在交通活动中去有效地规范自己的行为以使他人生命不受威胁及伤害，如果一个人对自己的生命都不够珍惜，他怎能会去充分珍惜他人的生命呢？因此，交通参与者应首先懂得爱护自己，珍惜自己的生命和权利，并以此为基础关爱他人的生命。

2.3.2 交通参与者的交通行为

1. 安全行为的意义与特点

人类为了求得自身的生存与发展，与其他动物一样都存在着一种自我保护——寻求安全的机制。由于人的个体素质的差异与环境的差别，人们在生产、生活过程中所实施的行为并非都是完全安全的，即有的行为符合劳动生产规律是合理、安全的行为，而有些行为则可能违背劳动生产规律，是不合理、不安全的行为。合理、安全的行为有利于安全生产目标的实现，不合理、不安全的行为则影响安全生产目标的实现。

安全行为是指人们在生产劳动过程中遵守作业规程并在出现危险和事故时能够保护自身、他人和保护设备、工具的一切行为。安全行为与其他行为一样具有客观规律与共同特征。实际中，人的安全行为是复杂和动态变化的，意识、知识、态度、认知决定人的安全行为水平。人的安全行为概括起来具有以下特点：

（1）主动性。在由人、物、环境构成的相互关系中，唯有人具有主动性、能动性，而物和环境是受人支配的。当人受到危险因素的影响时，通常会积极主动的采取措施，改变不安全状况，变危险因素为安全因素，以提高生产、生活的安全性。

（2）目的性。现代社会，人的一切行为均具有目的性，为此，人们能根据自己的目的、期望，按照一定的意图改造自然环境和社会环境，为自己创造有利于安全生产和生活的条件。

（3）差异性。人的安全行为既受安全意识水平的调节，受思维、情感、意志等心理活动的支配，同时也受道德观、人生观和世界观的影响。由于这些因素的影响，即使是相同的工作生产环境，不同的人表现出的安全态度、安全行为也会不同。

（4）可塑性。一方面，由于对安全性认识、态度及自身素质的差别，不同的人其安全行为的可靠性存在差异；另一方面，对于同一个人而言，在不同的环境和时间条件下，对同一个事件也会表现出安全行为的差异。正是因为这种可塑性的存在，可通过学习和训练的方式改变人的不安全行为。

2. 交通参与者的交通行为

交通参与者的交通行为是指交通参与者个体在参与交通活动中所实施的各种行为。按交通参与者个体在参与交通活动中所实施的各种行为引发交通事故可能性的不同，交通参与者的交通行为可分安全交通行为和不安全交通行为。

其中，安全交通行为的意义是指交通参与者在参与交通活动中所实施的行为不对自身及其他交通参与者的生命及财产安全构成危险或威胁；不安全交通行为的意义则是指交通参与者在参与交通活动中实施的行为对自身或其他交通参与者的生命及财产安全至少构成了威胁或危险，严重时可能造成了生命伤害甚至死亡。显然，对于道路交通安全管理而言，安全的交通行为是要大力提倡并希望每位交通参与者在参与交通活动的过程中努力做到的，而不安全的交通行为是应该尽力禁止并通过教育、处罚彻底消除的。

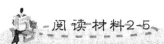

越来越多的街头"低头族"成交道路通安全新隐患

随着手机的普及，特别是一些年轻人一旦手中有空，不管条件、不分场合，随时随地玩手机的现象日益普遍，如图 2.26 所示。等红灯时看短信，过马路时刷微博，公交车上玩游戏，这些不分场合、随时随地低头玩手机的人群被称为"低头族"。随着"低头族"越来越多，由于低头而频繁引发的交通事故，需要引起高度关注，越来越多的街头"低头族"正成为当今道路交通安全的又一新生"隐患"。

(a) 过马路时看短信　　　　　　　　　　(b) 地铁列车上玩游戏

图 2.26　"低头族"忙碌的情景

街头行人类"低头族"玩手机、驾驶人驾车看手机的安全隐患：

(1) 街头行人类"低头族"玩手机全然忽视交通安全。很多机动车车主都遇到过，在行车过程中，特别是车辆通过路口时，车辆前方突然出现一个或多个边低头看手机边横穿马路的年轻人。有时，车辆驾驶人要连续按几次喇叭，低头看手机的年轻人才意识到身边有车，自己挡了路，于是匆忙抬头看了看，赶紧跑开，这是一种十分危险的状态。当在行车辆行车速度较高，"低头族"又未注意，车辆就很容易撞人。

(2) 驾驶人驾车看手机酿车祸。2013 年 6 月某日，杭金衢高速公路上发生连环车祸，出租车被挤扁、大客车侧翻、半挂车冲下路基。交警提供的行车记录仪显示：事发前驾驶人顺手拿起了放在旁边的手机，并看了一眼，随即车祸发生了。

　　所有安全隐患中，低头过马路危险最大。除了路人低头玩手机外，也有部分驾驶人开车时也玩手机，"这么做就像车里装着炸弹一样，随时随地都可能'爆炸'伤人！"

　　在一些交通发达国家，开车玩手机，将面临严重后果。英国将开车玩手机视为与酒后驾驶同样致命，如驾驶人开车时因发短信等行为分心造成致死事故的，肇事驾驶人将面临最高14年的监禁。美国宾夕法尼亚州则把开车玩手机定义为危害公共安全罪，每次罚款120美元。

　　鉴于街头"低头族"正成为当今道路交通安全的又一新生"隐患"的现实，应通过完善相关法律，有效规范行人过马路看手机的行为。

　　▶（资料来源：http：//www.rtsac.org/jtaq/yw/2013/0812/5888.html.）

2.3.3　交通参与者的交通行为与交通安全意识的关系

　　心理学认为：一个人具有什么样的意识就会产生什么样的行为。也就是说，一个人的行为是受其意识支配的，即意识决定行为，行为源于意识。

　　对于交通参与者的交通活动而言，其交通行为与其交通安全意识之间的关系也服从意识指导行为这一心理学基本关系，即一个交通参与者在参与交通活动过程中所表现出的交通行为是受其交通安全意识支配的。交通参与者个体的交通安全意识与交通行为之间的相关关系是：交通参与者个体的交通安全意识越强，在参与交通活动过程中表现出的交通行为的安全性则越高，其受到交通伤害的可能性就越低。

　　基于此认识，对于一个交通参与者而言，要做到安全地参与交通活动，首先要拥有正确、积极的交通安全意识，同时还要有相应的安全技能，只有当其拥有正确、积极的交通安全意识及相应的安全技能时，参与交通活动的行为才可能是安全的，否则，参与交通活动的行为就不可能完全安全。因此，要使一个交通参与者在交通活动中所实施的行为具有安全性，应使其拥有正确、积极的交通安全意识及相应的安全技能。

　　实践表明：人的交通安全意识与交通行为之间具有一致性，即交通安全意识与交通行为之间具有正相关，也就是交通安全意识对交通行为具有正向影响关系，即人的安全意识越积极、越强烈，在参与交通活动过程中所实施的行为就越安全。

　　大量事例反复证明，交通参与者只有具有了正确、积极的交通安全意识，才可能在参与交通得活动中产生安全的交通行为；否则，就将产生不安全的交通行为。如果一个交通参与者的交通安全意识消极、薄弱，不能自觉地遵守道路交通安全法规，他（她）在参与交通活动的过程中，就有可能频频发生交通违法行为。对于一个汽车驾驶人而言，若他不能自觉遵守道路交通安全法规，哪怕他只参与一次交通活动——驾驶几公里的路程，他都可能发生超速、闯红灯、越线行驶、违章掉头、不避让行人、不系安全带等交通违法行为。2010年，我国某城市被交警查处和教育纠正的机动车驾驶人交通违法行为高达110多万人次。实际中，大量的道路交通违法行为必然引发高比例的道路交通死亡事故，在该市2010年发生的508宗道路交通死亡事故中，因道路交通违法导致发生交通死亡事故的就达314宗，占交通死亡事故总数的61.81%。如果交通参与者能自觉遵守道路交通法规，不发生交通违法行为，该市2010年的道路交通死亡事故就可减少六成多，这表明交通参与者自觉遵守道路交通法规能为减少道路交通死亡事故创造了很大的空间。

对于任何一个交通参与者来说，其交通安全意识的形成和完善并非与生俱来，而是通过后天不断地学习和积累获得，且受参与者的年龄、性别、受教育程度、社会环境、成长经历、职业特征、婚姻状况等诸多因素的影响，其中年龄、受教育程度、社会环境、成长经历、职业特征等因素对交通参与者安全意识形成过程的作用相当重要。交通参与者安全意识的形成过程不但涉及交通参与者的个人情况，而且也与他（她）的社会经历密切相关。

2.3.4 交通参与者不安全交通行为产生的原因分析

1. 道路交通安全意识薄弱

面对快速发展的道路交通，面对工作与生活中频繁的道路交通活动，现实中有一些交通参与者的交通安全意识存在不恰当认识，其突出表现是认为行驶中的汽车不敢撞人，也不会撞人。基于这种认识，有相当多的交通参与者在参与交通活动的过程中当将要与行驶中的汽车发生直面相遇时，不是自身主动避让，而是希望行驶中的汽车避让，以使自己优先通过相遇的道路。依据行驶中的汽车不敢撞人也不会撞人的认识产生的交通行为必然具有很高的危险性，持有这样的认识是存在着很大安全风险的，这是因为他们未认识到快速行驶中的汽车从运动状态到完全停止是需要有一定长度的制动距离的，且该制动距离的长短与汽车的行驶速度、制动减速度、路面附着系数等多个因素相关。

当行进中的人与行驶中的汽车将要发生直面相遇时，一方面行进中的人宜以自身主动避让最为安全，大可不必为了争取几秒钟的时间而与行驶中的汽车抢道抢行；另一方面，按《道路交通安全法》第四十七条的规定，行驶中的汽车也应减速行驶或停车让行。有关统计结果表明，持有行驶中的汽车不敢撞人也不会撞人想法的行人因自身缺乏主动避让的意识，在参与交通活动过程中表现出的不安全的交通行为要比拥有良好交通安全意识的参与者高出1倍以上。

2. 一些交通参与者道路交通安全知识缺乏

在中国机动车快速发展的背景下，部分交通参与者对现代道路交通安全的重要性认识浅薄，表现为对现代道路交通安全知识了解甚少，尤其是缺乏在参与道路交通活动的过程中正确保护自我的安全知识与技能。这部分交通参与者的基本特点是在参与道路交通活动的过程中基本没有路权的概念，更没有通行权与先行权的意识，因而在参与交通活动的过程中以自我为中心，以自我先行优先，导致闯红灯、抢行，中国式过马路等违反道路交通法规的现象突出。

目前，就我国交通参与者而言，许多人在参与交通活动过程中心存侥幸心理，让行理念及充分为其他交通参与者考虑的意识十分薄弱，只要求别人为自己提供方便，而很少考虑为别人提供方便，这种现状对改善交通安全状况十分不利，需要予以有效纠正。

1. 驾驶人的视觉特性、心理特征、信息处理特性、反应特性及其变化是如何影响其驾驶行为的？
2. 驾驶人信息处理过程有哪些环节？
3. 驾驶人信息处理过程失误的原因体现在哪些方面？

4. 酒后驾车、疲劳驾驶、超速行驶对安全驾驶的危害众所周知，但实际中总有人违反，试深入分析其背后存在的复杂原因。

5. 期望车速对安全驾驶有何实际意义？不同驾驶经验、不同驾驶技术、不同年龄、不同驾龄的驾驶人，其期望车速是否存在差异？为什么？

6. 驾驶人个性特征差异对交通安全有何影响？

7. 简述行人、骑车人、乘客的交通特性及与交通安全的内在关系。

8. 横穿马路的行人、骑车人和乘客各有什么样的交通心理特点？

9. 你同意"意识决定行为，行为源于意识"的认识吗？试说明理由。

10. 你在参与交通活动中表现出的交通安全意识如何？一个人交通安全意识的形成和提高与哪些因素相关？

第3章
车辆与交通安全

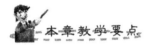本章教学要点

知识要点	掌握程度	相关知识
汽车制动性能与行车安全	深入理解制动力、滑动率、附着系数、制动距离、制动方向稳定性等概念，掌握汽车制动性能的评价指标、制动过程的构成、影响制动距离的因素、车轮侧滑和制动跑偏的原因	国家标准对汽车制动性的要求；车速与安全距离的关系；附着系数及其变化对附着力、制动力的影响
汽车操纵稳定性能与行车安全	掌握汽车操纵稳定性的评价项目及主要指标，影响汽车操纵稳定性的主要因素及其内在关系	汽车操纵稳定性变化对行车安全的影响，提高汽车操纵稳定性的相关措施
汽车驾驶环境与交通安全	掌握汽车驾驶视野、汽车灯光、驾驶信息显示、驾驶人工作环境的关键因数及其因数变化对行车安全的影响	汽车驾驶环境如何对驾驶人的驾驶行为产生影响
汽车安全技术与交通安全	掌握汽车主动安全技术、汽车被动安全技术对汽车安全性能的影响	汽车安全技术对汽车安全及其交通安全的重要性

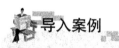 **导入案例**

一起汽车制动失灵事故引起的思考

2003年9月某日，一辆桑塔纳2000型乘用车行驶在G205线1338km+68m处时，与一辆停驶货车尾部相撞，导致副驾驶座上乘员当即死亡、驾驶人重伤、车辆报废的重大交通事故。据驾驶人反映，该车在发生事故前，发现车辆的制动时有时无，停车检查未发现原因，于是抱着侥幸心理，凑合继续行驶，打算到家后将车辆送到修理厂检修，未想到车未开到家事故就发生了。经拆检有关零部件发现：导致这次事故的主要原因是该车制动系中与真空增压泵相接的一根真空管上有一长约20mm、最宽处约1.5mm的裂缝。该真空管上覆盖了一层较厚的灰尘，抹去灰尘即可看见此裂缝。

不难看出，这起恶性交通事故的直接原因是制动系统失灵，但其背后的深层次原因则是驾驶人对车辆的日常维护工作未做好所致。特别是驾驶人在行车过程中已发现征兆时未能认真检查，及时送修，而是心存侥幸，继续上路行驶，因忽视行车安全从而引发重大交通事故。

这类事故的发生看似突发性的，实际上却是逐步积累形成的。试想，如果驾驶人能够认真做好车辆日常维护工作，这起事故就可以完全避免；如果驾驶人在发现征兆时不心存侥幸，这起事故也可以完全避免。良好的车辆技术性能是保证安全行驶的基础，对于在行车辆而言，除了要建立完善的安全检测制度和基于检测的车辆维修制度外，驾驶人做好车辆日常维护也非常重要，只有这样，才能及时发现问题，消除隐患，保证良好车况，杜绝车辆带病上路行驶，从而确保行车安全。

（资料来源：http://www.safehoo.com/Case/Case/Vehicle/201010/153774.shtml.）

汽车作为道路交通系统的重要元素之一，对道路交通安全亦起着重要作用。虽然在已有的道路交通事故原因的统计数据中，直接由车辆问题引发事故的比例并不很高，但这并不意味着车辆因素对于交通安全的影响就不大。事实上，道路交通系统中的"人员—车辆—道路及交通环境"三要素之间是既相互联系又相互影响、相互制约的动态关系。从诱发道路交通事故的原因而言，车辆、道路及交通环境对交通安全的影响多是通过人（交通参与者）因素反映出来的，从而使因人的因素引发的交通事故比例相应偏高，而因车辆、道路及交通环境引发的交通事故比例相应偏低。另一方面，长时间以来，我国在对道路交通事故责任认定过程中，由于多方面客观原因，在交通事故责任的认定上一直存在着偏重交通参与者特别是驾驶人的倾向。

汽车的使用性能是指汽车在一定条件下正常行驶所具有的工作能力，主要包括动力性、使用经济性、制动安全性、操纵稳定性、通过性、行驶平顺性等。汽车对于道路交通安全的影响主要为三个方面：一是与行车安全密切相关的车辆行驶安全性，如制动安全性、操纵稳定性等；二是与行车安全密切相关的车辆驾驶环境，包括驾驶视野、车辆灯光、运行信息显示系统、驾驶人工作环境等；三是与行车安全密切相关的汽车安全技术，包括主动安全技术和被动安全技术。

3.1 汽车制动性能与行车安全

3.1.1 汽车的制动性能

汽车的制动性是指汽车在行驶中能强制地降低行驶速度以至停车且维持行驶方向稳定性,或在下坡时保证一定行驶速度的能力。汽车制动性能的优劣对行车安全的影响极大,制动效能越好的机动车,高速行驶的安全性亦越高;而制动效能差的机动车,在行驶过程中其安全性是无法得到可靠保证的。汽车属于高速机动车辆,运动惯性大,一旦制动性能不良,很容易引发交通事故。有关统计结果表明:因汽车制动原因引起的交通事故占事故总数的30%以上,对我国而言,近些年每年此类事故在10万起以上。

1. 制动性能的评价指标

汽车制动性是影响行车安全的重要性能之一,直接关系到交通安全。评价汽车制动性的指标主要有以下3项。

(1) 制动效能,是指汽车在良好路面上以规定的初始车速和规定的踏板力制动到停车时的制动距离或制动时汽车的减速度。一般用制动距离和制动减速度表示,是制动性能最基本的评价指标。

(2) 制动效能的恒定性,是指制动过程中制动器的抗热衰退性能和抗水衰退性能等。其中,制动器的抗热衰退性能是指汽车在高速行驶条件下或下长坡过程中连续制动时,制动器温度升高后与未升高前即冷态时相比,其制动性能保持的程度;制动器的抗水衰退性能是指汽车在涉水时制动性能保持的程度。

汽车在一些特定的工作条件下如连续下长坡(图3.1为八达岭高速公路坡道状况实景图)工况下制动时,制动器因长时间承受高强度连续制动,大量的动能通过制动器摩擦副转变为热能使得制动器工作温度迅速上升(可高达600~700℃),制动器工作温度升高后的直接结果则是制动时摩擦系数下降,摩擦力矩减小,制动性能降低,这种现象通常称为制动器的热衰退现象。制动器的抗热衰退性能就是针对热衰退现象建立的专门评价项目,一般用一系列连续制动的制动效能保持程度进行

图3.1 八达岭高速公路坡道状况实景图

评价。其要求是汽车以规定车速连续制动15次,每次制动减速度为$3m/s^2$,最后的制动效能应在制动踏板力相同的条件下不低于规定的冷试验效能($5.8m/s^2$)的60%。

热衰退现象是山区行驶车辆不可避免的问题。一些国家规定货车必须装备各种类型的辅助制动器。在我国一些山区,部分运输车辆采用对制动鼓喷洒冷却水的措施来降低其工作温度,以保证汽车良好的制动性能从而确保行车安全。实际行车中,减小及降低制动器

热衰退的措施主要包括：①下长坡时应断续踩制动踏板，并尽量利用发动机制动，必要时对制动鼓采取额外降温冷却措施；②加装辅助制动器（缓速器），下长坡时主要利用辅助制动器，以减轻行车制动器的工作负荷；③避免行车速度过高。为有效改善乘用车的热衰退现象，目前乘用车制动器广泛采用钳盘式结构形式。

图3.2 汽车涉水情景

汽车涉水（图3.2）过程中，制动器摩擦片表面浸湿后因水的润滑作用使制动器摩擦副的摩擦系数降低，从而使制动器制动效能暂时下降，这一现象称为制动效能水衰退现象。制动器的抗水衰退性能就是针对水衰退现象建立的专门评价项目。汽车涉水后制动性能的恢复试验可在干燥平坦的路面上进行。为了保证行车安全，驾驶人在汽车涉水后应踩几次制动踏板，利用制动蹄对制动鼓产生的热量使制动器迅速干燥，以使制动器的制动效能恢复到正常状态。

（3）制动时的方向稳定性，即汽车在制动过程中按预定轨道（直线或预定弯道）行驶，不发生跑偏、侧滑，以及失去转向能力的性能。汽车在制动过程中一旦发生跑偏、侧滑或失去转向能力，行驶轨迹将偏离正常行驶路径，极易引发交通事故。汽车制动方向不稳定性现象主要表现为制动跑偏、制动侧滑和转向轮失去转向能力。图3.3和图3.4分别为汽车制动跑偏、汽车失去转向能力的情景。

图3.3 汽车制动跑偏的情景

图3.4 汽车失去转向能力的情景

制动性能是汽车的重要性能之一，各国都对各种车型制动性能的相关指标做出了具体规定，只有满足规定指标要求的车辆才能上路行驶。

2. 汽车的制动原理

汽车的制动过程，实际上就是人为地增加汽车的行驶阻力使行驶中的汽车的动能或势能转化为热能的过程。汽车制动系统的工作原理是利用与车身（或车架）相连的非旋转元件——制动蹄（或制动钳）和与车轮（或传动轴）相连的旋转元件——制动鼓（或制动盘）之间的相互摩擦阻止车轮的转动或转动的趋势，实现减速，目前技术条件下主要通过车轮制动器实现。利用车轮制动器对行驶中的汽车实现制动是通过两对摩擦副完成的。

第一对摩擦副是车轮制动器,当驾驶人踏下制动踏板时,通过制动传动机构使车轮制动器中非旋转的制动蹄与旋转的制动鼓(或非旋转的制动钳与旋转的制动盘)相互作用,对运动中的车轮产生摩擦力矩,图 3.5 所示为钳盘式制动器摩擦副的工作原理。

第二对摩擦副是车轮轮胎与地面,由于轮胎与路面间的附着作用,车轮产生的摩擦力矩通过车轮与路面的接触点给路面一个向前的切向力,而路面同时给车轮一个与行驶方向相反即向后的切向反作用力作用于轮胎,以阻止汽车前进,迫使汽车减速直至停止行驶。汽车制动时车轮的受力状况如图 3.6 所示。空气阻力虽然对行驶中的汽车也具有一定的制动效果,但因在常用车速下效果比较弱通常忽略不计。

图 3.6 中,V 为汽车的前进方向,M_μ 为制动器产生的摩擦力矩,F_p 为车轴对车轮的推力,G 为车轮上的垂直载荷,Z 为地面对车轮的法向反作用力,r 为车轮半径,X_b 为地面对车轮的切向反作用力即地面制动力。

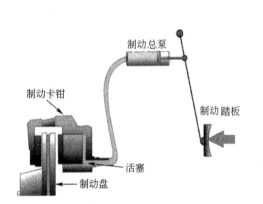

图 3.5 钳盘制动副的工作原理

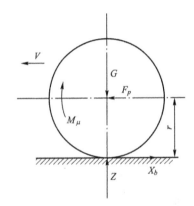

图 3.6 汽车制动时车轮的受力状况

地面制动力对汽车的制动性具有决定性影响。与地面制动力的产生相关的力矩、力的意义及其相互间的关系如下:

(1) 制动力矩 M_μ(也称摩擦力矩)。也就是制动蹄与制动鼓(或制动钳与制动盘)之间压紧时因摩擦作用形成的摩擦力矩。制动蹄与制动鼓或制动钳与制动盘之间接触越紧密,制动力矩 M_μ 越大。

(2) 制动器制动力 F_μ。它是制动力矩的转化力,即 $F_\mu = \dfrac{M_\mu}{r}$,在车轮半径 r 一定时,制动器制动力 F_μ 正比于制动力矩 M_μ。当汽车车型一定并且制动器各结构参数确定时,F_μ 的大小与踏板力成正比。

制动力矩转化力的意义是:为克服摩擦力矩 M_μ 需在轮胎边缘施加的切向力(这相当于把汽车架起脱离地面并踩下制动踏板,在轮胎边缘沿切线方向推动车轮直至它能转动所需施加的力)。

(3) 地面制动力 X_b。因制动力矩作用于车轮,在车轮与地面接触处形成的地面对车轮并且与行驶方向相反即向后的切向反作用力,该力是使汽车减速的力。

(4) 附着力 F_φ。附着力有纵向附着力和侧向附着力之分。通常"附着力"一词多指纵向

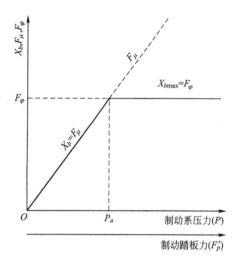

图 3.7 制动过程中地面制动力、制动器制动力、附着力之间的关系

附着力。附着力是指车轮在未承受侧向力的条件下,轮胎和道路在接触面上无相对位移时的切向地面反作用力的极限值。对于一个车轮而言,附着力 F_φ 的大小等于轮胎法向反作用力 G 和路面附着系数 φ 的乘积,即 $F_\varphi = G\varphi$;对于整车而言,附着力 F_φ 的大小等于车重和路面附着系数 φ 的乘积。

(5)地面制动力 X_b、制动器制动力 F_μ、附着力 F_φ 之间的关系。

① 对于制动器而言,F_μ 是主动力,X_b 是从动力。

② F_μ 随踏板力线性增加不受限制(图 3.7)。

③ X_b 的大小首先取决于制动器制动力 F_μ,但同时又受到地面附着力 F_φ 的限制(不能大于附着力)。

3. 汽车制动过程中车轮的两种运动状态及滑动率

汽车制动过程中,其车轮的运动存在减速滚动和抱死拖滑两种状态。当制动踏板力较小时,因制动器摩擦力矩也较小(未达到抱死状态),此时车轮边滚边滑,为减速滚动,此状态下地面制动力等于制动器制动力,且随踏板力的增长而增长(图 3.7)。由于地面制动力是滑动摩擦的约束反力,其数值大小不能超过附着力,即有

$$X_b \leqslant F_\varphi = G\varphi \tag{3-1}$$

当制动踏板力升至一定值(图 3.7 中为制动系液压力 P_a)时,地面制动力达到附着力,车轮抱死不转而出现拖滑现象。此后,随着制动踏板力增加,制动器制动力由于制动器摩擦力矩的增加而成正比的增加,而地面制动力不再随制动器制动力增加而增加。

由此可知,汽车的地面制动力首先取决于制动器制动力,但同时又受到地面附着条件的限制。只有在汽车具有足够的制动器制动力,同时地面又能提供高的附着力时,才能获得足够的地面制动力。

实际的汽车制动过程表明,随着制动强度的不断增加,车轮的运动逐渐由滚动向滑动变化,其轮胎胎面留在地面上的印痕从车轮滚动到抱死拖滑是一个渐变的过程。图 3.8 是汽车制动过程中随着踏板力逐渐加大轮胎留在地面上的印痕。

由图 3.8 可以看出,整个印迹变化过程可以分为 3 个阶段:第一阶段,即图 3.8(a),印痕的形状与轮胎胎面花纹基本一致,车轮基本接近纯滚动状态;第二阶段,即图 3.8(b),轮胎花纹的印痕可以辨认出来,但花纹逐渐模糊,这反映出车轮处于边滚边滑的状态;第三阶段,即图 3.8(c),为一条粗黑的印痕,花纹已无法看出,此时车轮已抱死,在路面上做完全的拖滑。汽车在制动过程中由滚动向滑动的变化情况通常采用滑动率 s 描述滑动与滚动所占百分比的状态,滑动率的定义为

$$s = \frac{v - r \cdot \omega}{v} \times 100\% \tag{3-2}$$

式中,v 为车轮平移的线速度,m/s;ω 为车轮滚动的角速度,rad/s;r 为车轮滚动半径,m。

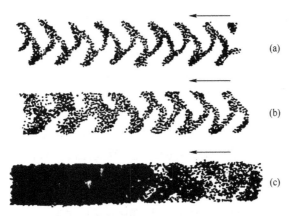

图3.8 制动时轮胎地面印痕变化过程

由式(3-2)可知,车轮的运动随滑动率的不同存在下述三种典型运动状态(图3.9):

当 $r \cdot \omega = v$ 时,$s=0$,此时车轮处于纯滚动即自由滚动状态;

当 $r \cdot \omega < v$ 时,即 $0 < s < 100\%$,此时车轮处于边滚动边滑动状态;

当 $\omega = 0$ 即车轮完全抱死时,$s=100\%$,此时车轮处于纯滑动状态。

滑动率的数值大小说明了在汽车制动过程中滑动成分所占的比例。滑动率数值越大,则表明汽车制动过程中滑移成分越多,而汽车制动过程中滑动成分越大,制动过程的可控性就越差。

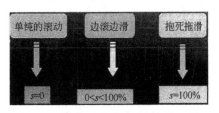

图3.9 滑动率的三种典型运动状态

3.1.2 路面附着系数

路面附着系数是描述汽车运动过程中轮胎抓地能力的重要参数,有纵向附着系数和侧向附着系数之分。纵向附着系数是地面纵向力与垂直反力的比值;侧向附着系数是侧向力与垂直反力的比值。事实上,路面附着系数越大,表明汽车运动过程中轮胎抓地的能力就越强,在其他条件一定时,则越有利于行车安全。

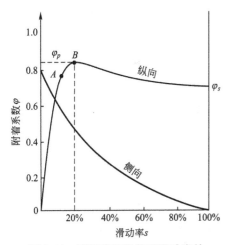

图3.10 路面附着系数随滑动率的变化关系曲线

对于汽车制动过程而言,其最大纵向附着系数值状态不是理论上的纯滚动状态,而是在滑动率 $s=15\% \sim 20\%$ 的部分滑动状态。附着系数 φ 随滑动率的变化关系曲线如图3.10所示。

图3.10中,纵向附着系数在 B 点达到最大值,称为峰值附着系数 φ_p,其对应的滑动率 s 为 $15\% \sim 20\%$,$s=100\%$ 对应的附着系数称为滑动附着系数 φ_s。道路路面不同的干湿状态对滑动附着系数 φ_s 有明显影响,在干燥路面上,φ_s 与 φ_p 的差值很小,而在潮湿路面上差值则明显。

侧向附着系数随 s 的变化关系是:随着滑动

率的增大，侧向附着系数不断降低，当 s＝100% 时，侧向附着系数趋于零。

对于汽车制动效果而言，s 在 15%～20% 时制动效果最佳，这是因为此滑动率能使汽车同时获得较大的纵向附着系数和侧向附着系数，即汽车纵向制动性能最好，侧向稳定性也同时比较好；而 s＝100% 即当制动使车轮完全抱死时，由于纵向附着系数较小，横向附着系数几乎为零，能承受的侧向力很小，车轮很容易侧滑，制动时方向稳定性很差，极易引发交通事故，因而，实际中要尽力防止汽车制动时车轮完全抱死。

由于具有一般制动系统的汽车很难在制动时使其 s 保持在 15%～20% 范围内，已成为汽车标准配置的制动防抱死装置（ABS）能够比较好地满足此要求，并且可以显著地改善汽车制动时的制动效能和方向稳定性。

路面附着系数数值的大小主要取决于道路的材料、路面状况与轮胎结构、胎面花纹、材料以及汽车的行驶速度等因素。不同路面上的附着系数如表 3-1 所示。

表 3-1　不同路面上的附着系数

路面类型	峰值附着系数	滑动附着系数	路面类型	峰值附着系数	滑动附着系数
沥青或混凝土(干)	0.8～0.9	0.75	土路(干)	0.68	0.65
沥青(湿)	0.5～0.7	0.45～0.6	土路(湿)	0.55	0.4～0.5
混凝土(湿)	0.8	0.7	雪(紧)	0.2	0.15
砾石	0.6	0.55	冰	0.1	0.07

由表 3-1 不难看出：

(1) 路面质量越高，则附着系数越大，如沥青或混凝土路面的附着系数就明显高于砾石路面、土路路面。

(2) 对于同样材料的路面而言，路面处于干燥状态时的附着系数就明显高于处于潮湿状态时的附着系数。路面状态包括干燥、潮湿、灰尘、油污等。

对于行车安全而言，在其他条件一定时，附着系数越大，越有利于行车安全；而附着系数越低即路面越湿滑或路面质量越差，就越不利于行车安全，这也就是在雨天、雪天及冰冻气候条件下交通事故多发的原因所在。

汽车行驶过程中，有两种情况因附着系数会很低，可能会诱发交通事故：一是刚下雨时，水和路面上的尘土、油膜形成高黏度的水液膜；二是高速滚动时的"滑水"现象，即在持续大雨或路面有积水条件下，当行驶的车辆其车速达到一定值时，其轮胎会浮在水面上，出现轮胎与地面因水而隔离的现象，导致车轮不着地，汽车失去附着力，方向无法控制。

3.1.3　汽车制动过程与制动距离

1. 汽车制动过程

汽车的制动过程如图 3.11 所示。

图 3.11 中，纵坐标上 F_p' 为制动踏板力，j 为汽车制动减速度；横坐标为制动时间 t。制动时间 t 进一步细分为以下 4 个时间段：

(1) 驾驶人反应时间（t_1）：驾驶人从接收（感知）到紧急情况的信息至开始出现反应动

作将右脚移动到制动踏板上所经历的时间。当驾驶人接收到进行紧急制动的信号时(图3.11中的O点)并没有立即行动,而要经过时间t_1'后(图3.11中的a点)才意识到应进行紧急制动,并移动右脚,再经过t_1''后(图3.11中的b点)才踩着制动踏板,从O点到b点所经历的时间为t_1'与t_1''之和,即$t_1=t_1'+t_1''$。其中,t_1'是驾驶人的感知、判断、决策时间;t_1''是驾驶人的脚移动时间。

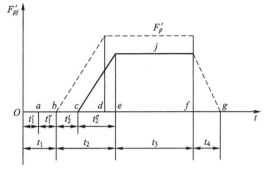

图3.11 汽车的制动过程

(2) 制动系协调时间(t_2):驾驶人从踩下制动踏板到汽车制动减速度达到最大值时所经历的时间,包括制动系传递迟滞时间t_2'与制动力增长时间t_2''两部分,即$t_2=t_2'+t_2''$。

(3) 持续制动时间(t_3):驾驶人在使汽车保持最大制动减速度j条件下即汽车以最大制动效能进行制动直至汽车完全停止所经历的时间。

(4) 制动解除时间(t_4):驾驶人放松制动踏板至制动力消失的时间,此时制动减速度为零,即$j=0$。

实际中,由于驾驶人个体差异及操作方法和汽车制动装置结构上的不同,上述各段时间的长短有所不同。驾驶人反应时间(t_1)一般为0.3~1.0s,该时间长短与驾驶人个体生理特性(年龄大小、反应时间长短)、熟练程度、驾驶经验等因素相关。制动系协调时间(t_2)的长短主要取决于驾驶人踩制动踏板速度的快慢、制动系统的结构类型和技术状况。在驾驶人以正常速度踏踩制动踏板的条件下,对于液压传动结构,$t_2=0.2\sim0.25$s;对于气压传动结构,$t_2=0.4\sim0.9$s。在持续制动时间t_3时间段,制动减速度j基本保持不变,汽车以最大制动效能进行制动,当车轮抱死拖滑时,t_3的长短只取决于制动时初始车速的大小和路面附着系数的高低。在制动解除时间t_4时间段,制动减速度为零($j=0$),t_4的长短虽然对制动距离没有影响,但对汽车的动力性和操纵稳定性存在影响,因此t_4的范围为0.2~1.0s。

就上述4个阶段而言,在驾驶人生理条件正常及驾驶技术熟练的前提条件下,反应时间相对稳定,因而对行车安全影响最大的是制动系协调时间t_2和持续制动时间t_3,而这两项时间均与汽车制动系统结构、制动系统性能密切相关。

2. 汽车制动距离及其影响因素分析

实际中,一般讨论汽车制动性能时所说的制动距离是指给定的初速条件下,驾驶人从踩到制动踏板到汽车停住为止所驶过的距离,即汽车在t_2+t_3时间段内所驶过的距离。汽车制动距离的长短与制动初速度高低、踏板力(或者制动系管路压力)大小、路面附着系数、制动系统类型及制动器热状况有关。各因素对汽车制动距离的影响如下:

(1) 制动初速度。在其他因素一定时,汽车制动初速度越大,制动距离越长。

(2) 作用在制动踏板上的力。作用在制动踏板上的力越大,制动的减速度就越大,则制动距离则越短;

(3) 路面附着系数。在其他因素一定的条件下,路面附着系数越大,制动减速度越大,制动距离越短。实际中,天气(下雨)状况及路面条件对路面附着系数影响较大。

(4) 制动系统类型。汽车制动系统类型有液压制动系统和气压制动系统之分，由于液压制动系统的反应时间明显短于气压制动系统，在相同工作条件下，液压制动系统的制动距离要短于气压制动系统。

(5) 制动器的热状况。在其他因素一定时，制动器的散热能力强，其抗热衰退性能好，制动减速度大，制动距离短。

3. 汽车的制动距离和制动非安全区

设汽车在 t_1、t_2、t_3 时间内驶过的距离分别为 S_{t1}、S_{t2}、S_{t3}，则有

$$S_{t1} = \frac{v_a t_1}{3.6} \tag{3-3}$$

$$S_{t2} = \left(t_2' + \frac{1}{2} t_2''\right) \times \frac{v_a}{3.6} \tag{3-4}$$

$$S_{t3} = \frac{v_a^2}{25.92 j} \tag{3-5}$$

上述式(3-3)成立的前提条件是视汽车在 t_1 时间内的运动为匀速运动；式(3-4)成立的前提条件是设制动减速度在 t_2'' 时间内是线性变化；对于 S_{t3}，当制动到所有车轮抱死时，$j=\varphi g$，取 $g=9.8 \text{m/s}^2$，则

$$S_{t3} = \frac{v_a^2}{254 \varphi} \tag{3-6}$$

汽车在 $t_2 + t_3$ 时间段内所驶过的距离即制动距离为

$$S_T = S_{t2} + S_{t3} = \frac{\left(t_2' + \frac{1}{2} t_2''\right) v_a}{3.6} + \frac{v_a^2}{254 \varphi} \tag{3-7}$$

式中，v_a 为汽车制动初速度，km/h；φ 为路面附着系数。

由式(3-7)可知，影响汽车制动距离的主要因素包括制动初速度、制动器起作用的时间、路面附着系数等。在制动初速度、路面附着系数一定的条件下，制动系协调时间(即制动系反应时间 t_2' 和制动力增长时间 t_2'')对制动距离有着重要影响。显然，制动系协调时间 t_2 越短，汽车的制动距离也越短。就液压制动系统和气压制动系统相比，由于液压制动系统的反应时间明显短于气压制动系统，因此，在车辆技术状况正常及相关条件相同的情况下，液压制动系统的制动距离会明显短于气压制动系统，这也正是实际中乘用车的制动系统普遍采用液压制动系统的重要原因之一。

由于汽车使用过程中的制动性能随着使用时间(或行驶距离)的增加而不断劣化，而制动性能的优劣又直接影响行车安全，为此，我国在用车制动性检测标准《机动车运行安全技术条件》(GB 7258—2012)中对在用车辆的制动性能要求给出了明确的规定。对于不同类型机动车，其制动距离和制动稳定性的检验标准如表 3-2 所示。

表 3-2 制动距离和制动稳定性的检验标准

机动车类型	制动初速度/(km/h)	空载检验制动距离要求/m	满载检验制动距离要求/m	试验通道宽度/m
三轮汽车	20	≤5.0		2.5
乘用车	50	≤19.0	≤20.0	2.5

（续）

机动车类型	制动初速度/(km/h)	空载检验制动距离要求/m	满载检验制动距离要求/m	试验通道宽度/m
总质量不大于3500kg的低速货车	30	≤8.0	≤9.0	2.5
其他总质量不大于3500kg的汽车	50	≤21.0	≤22.0	2.5
其他汽车	30	≤9.0	≤10.0	3.0

注：进行制动性能检验时的制动踏板力或制动气压应符合以下要求：
① 满载检验时：气压制动系：气压表的指示气压≤额定工作气压；液压制动系：踏板力，乘用车≤500N；其他机动车≤700N。
② 空载检验时：气压制动系：气压表的指示气压≤600kPa；液压制动系：踏板力，乘用车≤400N；其他机动车≤450N。

3.1.4 制动时汽车的方向稳定性

汽车在制动过程中有时会出现制动跑偏、后轴侧滑或前轮失去转向能力等现象使汽车失去控制而偏离原来的行驶方向，甚至发生撞入对向车辆的行驶车道内、滑向路边及沟塘、滑下山坡等危险境况。一般称汽车在制动过程中维持直线行驶或按预定弯道行驶的能力为制动时汽车的方向稳定性，即汽车制动过程中抗跑偏、抗侧滑和保持转向能力的性能，常用制动时汽车按预定弯道行驶的能力进行评价。汽车制动时方向稳定性的优劣是影响道路交通安全的重要因素。

1. 制动跑偏

制动跑偏是指汽车在制动过程中当转向盘居中且保持不动时车辆自动向左或向右偏驶的现象，图3.12(a)为汽车制动时跑偏轮胎在路面留下的痕迹。汽车制动跑偏常造成本车进入对向车道引起撞车、冲出车道发生掉沟、翻车等事故，需要予以足够的重视。

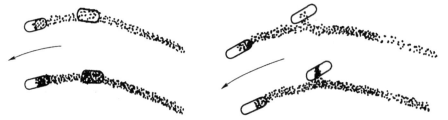

(a) 制动跑偏时轮胎在路面留下的痕迹　　(b) 制动跑偏引起后轴车轮轻微侧滑时轮胎在路面留下的痕迹

图3.12　汽车制动前后轮跑偏时轮胎在路面留下的痕迹

引起制动跑偏的原因如下：
(1) 因制造或调整误差造成汽车左、右车轮，特别是前轴左、右轮制动器制动力不相等。

(2) 前轮定位失准、车架偏斜、装载不合理或受路面的影响。

(3) 因结构原因使制动时悬架导向杆系与转向杆系在运动学上的不协调或干涉。

其中，前两条原因是因为制造、调整的误差或使用不当造成的。汽车制动时究竟向左或向右跑偏要根据具体情况而定，因而这两条原因是非系统性的。原因之三是由设计造成的，制动时汽车总是向左或向右一方跑偏，因此是系统性的。原因之二中包含的三条因素，不但会使制动跑偏，也会造成汽车行驶跑偏。对于因调整的误差或使用不当等原因造成的制动跑偏，可通过维修调整予以消除；对于因设计、制造等原因造成的制动跑偏，难以通过维修调整予以消除。

2. 制动侧滑

制动侧滑是指汽车制动时某一轴的车轮或两轴车轮同时发生横向滑移的现象。图 3.12(b)为汽车制动跑偏引起后轴车轮轻微侧滑时轮胎在路面留下的痕迹。最危险的情况是高速行驶中的汽车制动时后轴车轮发生侧滑，这时汽车常发生不规则的急剧回转运动而使汽车部分或完全失去操控。理论分析和实验结果均表明：制动时若后轴车轮比前轴车轮先抱死拖滑，就可能发生后轴车轮侧滑。后轴侧滑将引起汽车剧烈的回转运动，严重时可使汽车调头，十分危险。汽车制动时发生侧滑直接对汽车的行驶安全构成威胁。一些国家对交通事故资料的统计分析表明，在发生人身伤亡的交通事故中，潮湿路面上约有 1/3 的事故与侧滑有关；冰雪路面上有 70%～80% 的事故与侧滑有关，由制动引起的交通事故约占侧滑类交通事故的 50%。影响制动侧滑的因素主要有以下几个方面。

(1) 路面附着系数。汽车在低附着系数的路面上制动时很容易发生侧滑，这是因为低附着系数限制了最大地面制动力，与此同时，在低附着系数条件下制动特别是紧急制动时地面制动力又很容易达到附着力，一旦地面制动力达到附着力，即使微小的侧向力就将引起侧滑。

(2) 制动时车轮抱死的程度及前后轮抱死的顺序。车轮完全抱死后，承受侧向力的能力大大降低，在一定侧向外力的作用下，便会发生侧滑；车速超过一定值(v_a=64.5km/h)，后轮较前轮先抱死时且时间超过 0.5s，后轴容易发生严重侧滑。若前、后轴同时抱死，或者前轴先抱死而后轴抱死或不抱死，则能防止汽车后轴侧滑，但是汽车丧失转向能力。

(3) 制动初速度。当汽车以较高的初速度(v_a=72.3km/h)制动时，如果后轮较前轮先抱死，在侧向力作用下将产生严重侧滑。

(4) 荷载及荷载转移。汽车制动时由于重心前移将使前轴负荷增大，后轴负荷减小。装载量不同将使汽车制动时前后轴转移的负荷不同，而转移的负荷不同将导致制动时前后轮抱死的顺序不同，一旦在一定车速制动时出现后轮较前轮先抱死则容易发生侧滑。

(5) 侧向力源。在有侧向力源作用于汽车的条件下，当侧向力超过侧向附着力时，发生侧滑则不可避免。

(6) 制动跑偏。跑偏与侧滑是相互关联的。严重的跑偏常会引起后轴侧滑，易发生侧滑的汽车也有加剧其跑偏的倾向。前已所述，制动跑偏的原因有制造质量、调整误差以及转向桥左、右车轮制动器的制动力不一致等因素。

实际中，在一般良好道路上汽车行驶速度不高时，制动侧滑现象并不严重，但在潮湿和冰雪路面上、高速行驶状态下实施紧急制动时则很容易发生制动侧滑及侧翻。图 3.13 为路面湿滑引发不同类型车辆侧翻的现场。

(a) 路面湿滑引发微型车侧翻

(b) 路面湿滑引发大型牵引货车侧翻

图 3.13　路面湿滑引发不同类型车辆侧翻的现场

汽车高速行驶时失控也是诱发交通事故的一个重要因素。所谓失控，实际上就是汽车的轮胎失去了抓地能力，此条件下驾驶人对汽车做出转向或制动操作行为时汽车不能按照既定轨迹或路线运动，这种情况是非常危险的。造成高速行驶时失控的原因主要有两个：一个是车轮被抱死即车轮被刹死了，与路面产生滑动摩擦；另一个原因则是转向速度过快产生了较多的转向不足或转向过度。

3.2　汽车操纵稳定性与行车安全

汽车在行驶过程中，会碰到各种复杂的情况：有时沿直线行驶，有时沿曲线行驶；在出现意外情况时，驾驶人还要做出紧急的转向操作，以尽可能避免交通事故；此外，汽车还要经受来自路面不平、坡道、大风等各种外部因素的干扰。面对不同道路线形、不同道路结构及干湿状况、不同交通流量及行驶过程中的多种外部因素干扰，汽车能否准确地按照驾驶人通过转向操纵机构所给定的方向行驶，并具有抵抗力图改变其行驶方向的能力，这就是汽车操纵稳定性需要解决的重要内容。

3.2.1　汽车的操纵稳定性

1. 汽车操纵稳定性的意义

汽车的操纵稳定性是指在驾驶人不感到过分紧张与疲劳的条件下，汽车能按照驾驶人通过转向系及转向车轮给定的方向（直线或转弯）行驶，且当遭受到外界干扰时，汽车能抵抗干扰而保持稳定行驶的能力。这里，"外界干扰"通常包括不平路面、左右车轮附着差异、侧向风作用、弯道离心力、货物或乘客偏载等状况。汽车的操纵稳定性不仅影响到汽车驾驶过程的操纵方便程度，而且也是决定汽车高速行驶安全性的一项重要性能。

汽车的操纵稳定性具体包括操纵性和稳定性两个方面。其中，操纵性是指汽车在行驶过程中能够确切地响应驾驶人指令的能力；稳定性是指汽车在行驶过程中受到外力扰动后恢复原来运动状态的能力。实际中汽车的操纵性和稳定性两者相互联系、相互影响，密不可分，操纵性的丧失将导致汽车的侧滑和侧翻，稳定性的丧失往往使汽车失去操控性而处于危险状态，因此，汽车保持良好的操纵性和稳定性对于确保行车安全非常重要。

阅读材料3-1
操纵稳定性不好的汽车在行驶过程中的主要表现

（1）"发飘"。当汽车以较高速度行驶时，在驾驶人未发出任何改变当前运动状态指令的情况下，车辆自行的不断变换运动方向使驾驶人及乘员感到漂浮不定。

（2）"反应迟钝"。在驾驶人对汽车实施转向操作后，车辆或是没有及时的响应，或是转向动作迟缓。

（3）"丧失路感"。操纵稳定性良好的汽车，在转弯时驾驶人能通过转向盘以及车身的侧倾及时感知转弯状态，而操纵稳定性不好的汽车，在车速较高或急剧转向时会使驾驶人丧失这种感知性，从而会影响驾驶人对汽车转弯瞬时运动状态的准确判断。

（4）"失去控制"。操纵性差的汽车在车速超过某一临界值后，可能会出现驾驶人完全不能通过转向盘指令控制汽车行驶方向的情况。

汽车在行驶过程中受到外界的干扰是客观存在的，且是难以避免的，而外界的干扰将引起汽车运动参数的变化，如果当外界干扰消失后车辆的运动参数能恢复到原来的状态则为稳定运动状态；如果当外界干扰消失后车辆运动参数的偏差越来越大，直至无法控制，则为不稳定运动状态。处于不稳定运动状态的汽车其操纵稳定性必然不佳，行驶中极易引发交通事故。

对于任何一辆汽车，无论是汽车的设计者、制造商还是汽车的使用者都希望汽车在行驶过程中具有良好的操纵稳定性。这是因为良好的操纵稳定性可以保证车辆在各种行驶工况下能够按照驾驶人的意图调整方向，转弯和躲避障碍物，从而避免因出现失稳现象而发生交通事故。

2. 汽车操纵稳定性的评价项目

汽车操纵稳定性涉及的内容比较广泛，需要采用多个物理量从多个方面进行评价，主要包括稳态响应、瞬态响应、转向回正性和直线行驶性、转向轻便性及抗侧翻能力等。

1）稳态响应

对于在行汽车而言，等速直线行驶状态和等速圆周行驶状态都分别是一种稳态。等速圆周行驶状态通常是在汽车等速直线时，急剧转动转向盘至某一转角后停止转动转向盘并维持此转角不变，汽车经过短暂的过渡过程后形成的行驶状态。汽车在稳态下由于"干扰"（如转动转向盘、路面不平、横向风作用）因素而引起的响应称为汽车的稳态响应。

汽车等速圆周行驶的稳态响应也称为汽车的稳态转向特性。汽车的等速圆周行驶状态虽然在实际行驶过程中并不经常出现，但对分析汽车的操纵稳定性却有着十分重要的意义。汽车的稳态转向特性分为不足转向、中性转向、过度转向3种类型，如图3.14所示；以运动轨迹形式表示的3种稳态转向特性如图3.15所示。

在转向盘保持一固定转度δ_{sw0}下，缓慢加速或以不同车速等速行驶时，随着车速的增加，具有不足转向特性的汽车在转向过程中的转向半径R不断增大，且始终大于起始转向半径R_0，由于在转弯过程中随转向半径不断增大其离心力相对减小，对安全行驶有利；具有过度转向特性的汽车在转向过程中的转向半径R小于起始转向半径R_0，且随着车速的增加，转向半径的不断减小其离心力不断增大，对安全行驶不利，当其车速达到临界车

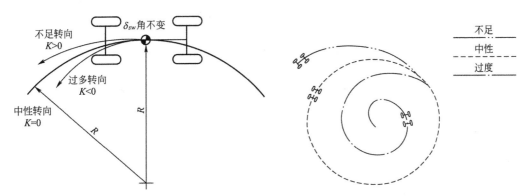

图 3.14 汽车的 3 种稳态转向特性　　图 3.15 以运动轨迹形式表示的 3 种稳态转向特性

速时将失去稳定性,此时只要有极其微小的前轮转角就会导致极大的横摆角速度,使汽车发生激转而诱发交通事故;具有中性转向特性的汽车虽然转向半径不随车速变化,但在使用条件变化时有可能变为过度转向特性而失去稳定,一般是在侧向加速度较小时表现出不足转向特性,而在侧向加速度较大时则表现为过度转向特性,行驶中易出现甩尾现象。

操纵稳定性良好的汽车应具有适度的不足转向特性。作为运输用途的汽车既不应具有过度转向特性,因为具有过度转向特性的汽车存在失去稳定性的危险;也不应具有中性转向特性,因为具有中性转向特性的汽车在使用条件变化过程中有可能变为过度转向特性。实际中仅有少数高速赛车具有接近中性转向或轻微过度转向特性。

2) 瞬态响应

瞬态响应常发生于两个稳态运动之间的过渡阶段。对于在行汽车而言,在等速直线行驶与等速圆周行驶两个稳态运动之间的过渡过程就是一种瞬态。相应的瞬态运动响应也称为汽车的瞬态响应。汽车行驶中快速变换车道行驶、避让障碍物行驶以及对意外情况的处理都需要驾驶人在急打转向盘后迅速回正,这些驾驶操作都涉及汽车的瞬态响应特性。

汽车的操纵稳定性同汽车行驶时的瞬态响应密切相关,常用转向盘转角阶跃输入下的瞬态响应来表征汽车的操纵稳定性。图 3.16 是一辆等速行驶的汽车在 $t=0$ 时,驾驶人急速转动转向盘至角度 δ_{sw0} 并维持此角度不变时的瞬态响应曲线。

由图 3.16 可以看出,给汽车以转向盘转角阶跃输入后,汽车横摆角速度经过一过渡过程后达到稳态横摆角速度 ω_{r0},此过渡过程即为汽车的瞬态响应。汽车的瞬态响应既与反应时间 τ(横摆角速度由 0 到第一次达到稳态横摆角速度 ω_{r0} 的时间)相关,也与进入稳态所经历的时间 σ(横摆角速度达到稳态值 95%~105% 的时间)相关。对于反应时间 τ 而言,τ 越短,给驾驶人的感觉是转向响应越迅速、及时,否则就会感觉迟钝;对于进入稳态所经历的时间 σ 而言,σ 越短,说明横摆角速度收敛性越好,汽车能很快达到新的稳定状态。

汽车的瞬态响应运动状态随时间变化应快速及时,否则当驾驶人已经转动了转向盘,而车辆却迟迟没有反应,会使驾驶人感到转向不灵敏,不能"得心应手"。当突遇紧急情况时会因转向不灵而难以有效积极应对从而引发交通事故。

3) 转向回正性和直线行驶性

转向回正性能是指汽车在一定的场地、环境及车速下从曲线行驶回复到直线行驶的一种过渡过程能力。实际中汽车在完成变道、避让、转弯等行为后必须能够自动回正,以使

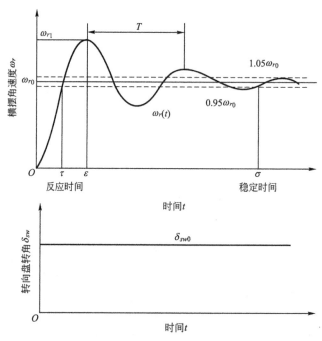

图 3.16 转向盘转角阶跃输入下的瞬态响应

汽车重新保持直线行驶状态。其要求是汽车的转向车轮能自动回正，即驾驶人松开转向盘时，转向盘应能迅速回正。回正能力差的汽车既使操纵变得困难，也增加了驾驶人的工作强度，同时也容易引发交通事故。根据《汽车操纵稳定性试验方法》（GB/T 6323.4—2014），采用撒手的方法来测定，记录其横摆角速度随时间的变化曲线，如图 3.17 所示。

图 3.17 转向回正性能试验的横摆角速度曲线

衡量和评价转向回正性能的主要指标包括撒手后汽车横摆角速度达到新的稳态值的稳定时间、残留横摆角速度、横摆角速度波动频率、横摆角速度超调量、相对阻尼系数、横摆角速度总方差等相关参数。

汽车直线行驶性是指车轮处于直行状态，当转向盘不转动时汽车保持直线行驶的能力。直线行驶性比较差的汽车的表现是：在驾驶人并未转动转向盘的条件下，当车速达到或超过某一数值后，甚至偶遇路面不平便会左右反复摆动即出现摆头现象。汽车摆头不仅加剧零部件的磨损，也增大驾驶人的工作强度，加速驾驶人疲劳速度，更严重的是使驾驶人感觉汽车的操纵性和行车安全感差，对安全行驶不利。

为使正常行驶状态下的汽车具有良好的操纵稳定性，除要求其具有良好的稳态转向特性外,还必须对转向盘角的输入响应灵敏,具有良好的回正性能和直行性。

4) 转向轻便性

转向轻便性也是评价汽车操纵稳定性的指标之一。《机动车运行安全技术条件》(GB 7258—2012)中明确要求转向时施加于转向盘外缘的最大切向力不得大于245N,当机动车转向桥轴载质量大于4000kg时,必须采用转向助力装置。

任何一辆汽车的转向力必须保持在规定的范围内,转向力过大或过小对安全行驶都不利。转向力过大直接引发转向沉重,在增加驾驶人的劳动强度的同时,在急转弯或紧急避让时会造成转向困难或不能有效完成转向动作,直接对安全行驶构成威胁;转向力过小会使转向发飘,降低驾驶人的路感,对安全行驶也不利。

转向轻便性主要依靠转向系统的结构与转向轮的定位来保证。由于转向时转向轮定位所引起的回正力矩是阻碍转向轮转向的,因此转向轻便性与转向回正性在此成为一对矛盾,所以确定转向轮定位参数时需要两者兼顾。

现代乘用车都装有转向助力系统,转向操纵是比较轻便的。从汽车行驶安全来讲,汽车高速行驶时,转向盘上应有足够的操纵力,即保持所谓的"路感",否则容易引发交通事故;而汽车低速行驶时,转向阻力较大,需要提供较大助力,以保证转向的轻便性。

5) 汽车抗侧翻能力

当汽车在有横向坡度的道路上直线行驶时,若道路的横向坡度满足公路工程技术标准,汽车行驶过程中不应发生侧翻现象,这就要求汽车自身应具有相应的抗侧翻能力。就汽车的抗侧翻能力而言,《机动车运行安全技术条件》(GB 7258—2012)中明确要求车辆在空载、静态状态下,向左侧和右侧倾斜最大侧倾稳定角不得小于28°(双层客车)、30°(总质量为车辆整备质量的1.2倍以下的车辆)、35°(其他车辆)。抗侧翻能力差的汽车在行驶过程中稳定性差,在高速、急转弯等行驶工况容易发生侧翻事故。

汽车在有横向坡度的道路上作转向行驶时的受力如图3.18所示。汽车在有横向坡度的道路上作转向行驶时不发生侧滑的极限稳定车速可用下述方法近似确定。

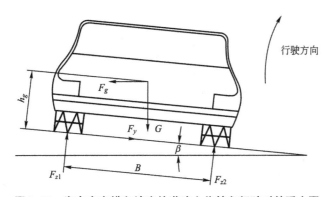

图3.18 汽车在有横向坡度的道路上作转向行驶时的受力图

设汽车转向时的极限稳定速度为 $v_{\varphi max}$,汽车在有横向坡度的道路上作转向行驶时的横向作用力 F_y 为离心力 F_g 和重力沿坡道的分力之和,即

$$F_y = F_g \pm Gi_0 = (mv_{\varphi max}^2/R) \pm Gi_0 \qquad (3-8)$$

设车轮与地面的附着力极限 F_φ 为

$$F_\varphi = mg\varphi \qquad (3-9)$$

式中，F_g 为离心力，N；$v_{\varphi max}$ 为汽车转向行驶不发生侧滑的极限稳定车速，m/s；m 为汽车质量，kg；R 为汽车转弯半径，m；G 为汽车重力（$=mg$），N；i_0 为路面横向坡度（$\tan\beta = i_0$）；g 为重力加速度，9.8 m/s²；"+"表示汽车重力和离心力在平行于路面方向上的分力方向相同；"—"表示汽车重力和离心力在平行于路面方向上的分力方向相反。

汽车转向时的极限稳定行驶状态是 $F_y = F_\varphi$，由此有

$$mv_{\varphi max}^2 / R = mg(\varphi \mp i_0) \tag{3-10}$$

由式（3-10）可得

$$v_{\varphi max} = \sqrt{R \cdot g \cdot (\varphi \mp i_0)} \tag{3-11}$$

汽车在有横向坡度的道路上作转向行驶时不发生侧向倾翻的极限稳定车速可用下述方法确定。图 3.18 中，汽车转向行驶时，$F_{z2} = 0$ 为汽车发生侧向倾翻的临界状态。此时，则有

$$\left(\frac{mv_{h max}^2}{R} \mp Gi_0\right) \cdot h_g = \left(G + \frac{i_0 mv_{h max}^2}{R}\right) \cdot B/2 \tag{3-12}$$

式中，$v_{h max}$ 为汽车转向行驶不发生侧向倾翻的极限稳定车速，m/s；h_g 为汽车重心高度，m；B 为轮距，m；其余符号意义同前。

由式（3-12）可求得汽车转向行驶不发生侧向倾翻的极限稳定车速为

$$v_{h max} = \sqrt{\frac{(B \pm 2h_g i_0)gR}{2h_g - Bi_0}} \tag{3-13}$$

将式（3-11）与式（3-13）进行比较可知，当 $\varphi > \frac{B \pm 2h_g i_0}{2h_g - Bi_0} \mp i_0$ 时，$v_{\varphi max} > v_{h max}$，先发生侧翻；$\varphi < \frac{B \pm 2h_g i_0}{2h_g - Bi_0} \mp i_0$，$v_{\varphi max} < v_{h max}$，先发生侧滑。

3.2.2 汽车的行驶稳定性

1. 纵向稳定性和横向稳定性

实际中，任何一辆汽车保持稳定行驶的能力都是有一定限度的，如果驾驶人对汽车的操作动作或道路条件使汽车的运动状态超出了其保持稳定行驶的限度，就会立刻失去稳定，发生侧滑或侧翻，引发交通事故。汽车的行驶稳定性包括纵向稳定性、横向稳定性等。

1）汽车纵向稳定性

汽车纵向稳定性是指汽车上（或下）坡时抵抗绕后（或前）轴翻车的能力。汽车在有纵向坡度的道路上行驶，例如等速上坡时，随着道路坡度的增大，汽车前轮的法向反作用力不断减小。当坡度大到使汽车前轮的法向反作用力变为零时，汽车将失去稳定性而绕后轴翻转。汽车上坡时，坡度阻力随坡度的增大而增加，在坡度大到一定程度时，为克服坡度阻力所需的驱动力超过附着力时，驱动轮将滑转，使汽车失去行驶能力。这两种情况均使汽车的纵向稳定性遭到破坏。

目前，就道路建设而言，按照相关规范，道路的实际纵向坡度均小于可能使汽车发生纵向翻转的临界坡度角，这就是说道路的实际纵向坡度不可能使汽车发生沿其纵向翻转。但实际中汽车的装载情况和行驶中的不当操作仍会导致汽车发生侧向翻车，如汽车装载密

度较小而体积较大的高重心货物,在下坡或转弯时实施紧急制动就很容易发生侧翻事故。越野汽车由于轴距较短,重心较高,轮胎又具有纵向防滑花纹使附着系数较大,丧失纵向稳定性的风险较其他车型明显增大。对于经常行驶于坎坷不平路面的越野汽车,为提高行驶安全性应尽可能降低汽车重心。

2) 汽车横向稳定性

汽车横向稳定性是指汽车抵抗侧翻和侧滑的能力。汽车在曲线道路上行驶时因产生的离心力使前后轴车轮均受到侧向力作用,当车轮上的侧向反作用力达到车轮与路面间的附着极限时,汽车将会因车轮滑移而失去控制;与此同时,离心力还将引起内外两侧车轮法向反作用力的改变,如果内侧车轮上的法向反作用力降至零值,汽车将发生横向侧翻。

汽车发生侧滑时根据前后轮上侧向反作用力达到附着极限的顺序不同可分为"跑偏"和"甩尾"两种不同情况。"跑偏"的情况发生于前轮上的侧向反作用力先达到附着极限,此时,因前轮发生侧滑使汽车的横摆角速度减小,转向半径增大,汽车将被沿转向的外侧方向甩出,严重时汽车可能被甩出路外而导致交通事故。当后轮上的侧向反作用力先达到附着极限时,后轮将先于前轮向外侧方向发生侧滑,而使汽车的横摆角速度增大,转向半径减小,发生"甩尾"现象。由于此条件下转向半径减小,将使离心力进一步增大,离心力的进一步增大将加剧甩尾,严重时使汽车打转甚至倾翻,此情况下通常会导致比较严重的交通事故。

实际中,汽车在有横向坡度即侧坡的不平道路上行驶的现象十分普遍,就提高横向稳定性而言,汽车在结构设计时,应满足抗侧翻能力的相关要求,以提高抗侧翻能力;在使用方面,在转向操作时,驾驶人一是尽量要保证比较大的转弯半径,二是要控制好车速。

2. 影响汽车操纵稳定性的主要因素

影响汽车操纵稳定性的因素很多,归纳起来主要表现为以下几个方面。

(1) 轮胎侧偏。汽车车轮的前进方向并非永远沿着车轮本身的旋转平面,实际行驶中经常因转向产生的离心力而使轮胎与车轮旋转平面形成一侧偏角。轮胎侧偏角的出现会改变汽车的既定行驶路线,产生一个不由驾驶人控制的附加转向输入,从而恶化汽车的操纵性和稳定性。

(2) 转向悬架系统的弹性。汽车转弯时因离心力的存在使得路面产生侧向反力,在此力作用下,因悬架系统的弹性,使车轮会产生附加变形。这种变形往往构成相应车轮附加转向角,影响有效转向输入。

(3) 侧倾转向效应。汽车转弯时将使车身产生侧倾,由于悬架系统与转向系统之间的导向运动特性关系,车身的侧倾可能造成车轮和整个车轴在水平内转动,成为可能改变有效转向输入的附加输入。

(4) 车轮侧倾效应。对于独立悬架汽车,车身侧倾会引起车轮的侧倾,而车轮侧倾会造成轮胎侧偏角的变化。

(5) 空气动力影响。这种影响在高速行驶状态下表现明显。汽车在高速行驶状态下空气对汽车的影响通过三个方向的力和三个方向的力矩表现出来,一方面是直接影响前后车轮的侧向力,从而影响相应的侧偏角;另一方面是空气对汽车的升力作用影响前后车轮的垂直载荷,进而影响轮胎侧偏刚度而间接影响侧偏角。

3. 提高汽车操纵稳定性的主要途径

1) 增加轮胎的侧偏刚度

由前面的分析已知，合适的不足转向有利于提高汽车的操纵稳定性，而增加轮胎的侧偏刚度特别是增大汽车后轮的侧偏刚度对形成不足转向是有利的，为此，应尽力创造有利于形成汽车不足转向的条件。在汽车使用方面，一是可通过提高汽车后轮轮胎的充气压力达到增加轮胎侧偏刚度的目的；二是可以通过选择不同类型的轮胎（如子午线轮胎）达到增加轮胎侧偏的目的。此外，在汽车装载过程中，通过适当增加前轮载荷，使汽车重心适当前移，能使前轮侧偏角增大，后轮侧偏角减小，也有利于形成不足转向，从而达到改善汽车操纵稳定性的目的。

2) 加装转向助力装置

转向助力装置是利用其他能源辅助驾驶人进行转向的转向系统。由于转向助力装置既能够有效降低驾驶人在转向操作时的工作强度——满足转向轻便性的要求，又能满足转向灵敏性的要求，对于改善汽车的操作稳定性，提高行车安全性是有益的，这使得越来越多的汽车都加装了转向助力装置，目前已成为绝大多数车辆上的一项标准配置。对于乘用车而言，电动式电子控制动力转向系统（EPS）获得了广泛应用。

3) 保持转向轮定位参数在合理的范围内

转向轮定位是指转向轮、转向主销和前轴三者之间具有一定的相对安装位置。其主要作用是使汽车保持直线行驶的稳定性、转向轻便和自动回正、减少轮胎和转向机件的磨损、提高汽车行驶的安全性。转向轮定位参数包括主销后倾角、主销内倾角、前轮外倾角和前束4个要素。

转向轮定位中的主销后倾和主销内倾均具有使车轮转向后自动回正、保持直线行驶的功能，但两个角度的不同之处是主销内倾的回正作用与车速无关，而主销后倾的回正作用与车速相关，其相关关系是高速时后倾的回正作用大，低速时后倾的回正作用减小。实际中，一辆汽车的主销后倾角和主销内倾角数值，其制造厂均规定了较严格的范围，不宜过小或过大。主销后倾角过小则起不到自动回正的作用，而主销后倾角过大会引起转向沉重。主销内倾角过大，汽车转向时会增大轮胎与地面间的摩擦与磨损。

前轮外倾的主要作用是使转向轻便，使车轮紧靠轮毂内轴承，以减少外轴承及轮毂螺母的负荷，有利于安全行驶。前轮前束的作用是保证汽车的行驶性能，减少轮胎的磨损。

对于转向轮定位而言，保持汽车直线行驶的稳定性，转向轻便和自动回正等作用的实现是以合适的转向轮定位参数为条件的。实际中，一辆汽车随着行驶里程的增加，与转向轮定位相关的零部件之间会因变形、磨损而使定位参数会发生改变，当转向轮定位参数超出规定的范围后，其作用就难以实现从而影响汽车的操纵稳定性和行车安全。现代乘用车普遍采用前后独立悬挂结构，为了保持良好的行驶状态，前、后车轮的定位参数在行驶一定数量的里程后，必须进行相应调整，以使其保持在规定的范围内。

3.3 汽车驾驶环境与交通安全

汽车驾驶环境是指影响驾驶人驾车过程中的信息感知、分析判断、驾驶操作等环节安全驾驶行为的内外部因素，主要包括汽车驾驶视野、汽车灯光、驾驶信息显示、驾驶人工作环境等。从保障交通安全的目标出发，对汽车驾驶环境的基本要求是：按照人体工程学的要求，努力在设计及布置上适应驾驶人能力的要求和心理、生理特点及其变化，方便驾驶人的操作，使驾驶人驾驶过程中工作效率、安全性、舒适性等方面达到最佳状态，以减少交通事故的发生。

3.3.1 驾驶视野

汽车行驶过程中，80%以上的外部环境信息驾驶人通过观察获得的。视认特性包括视野性能、被视认性、防炫目性等。其中，视野性能是指驾驶人在不同驾驶条件下直接或间接观察到的前、后、两侧的视认范围，具体包括前方视野（直接视野）、后方视野（间接视野）以及特殊环境（包括寒冷、雨天及夜晚行车条件）下的视野；被视认性是指该车在行驶过程中或停止状态被其他交通参与者视认的特性，可通过车辆示宽、紧急闪烁、报警、反射等信号装置加以实现；防炫目性是指防止外部光源直接照射于驾驶人的面部产生炫目的特性，如在驾驶室驾驶人前上方安装的遮阳板等。

驾驶视野是指驾驶人驾车时其眼睛能够看清的驾驶室外部范围，包括前方视野、侧方视野、后方视野等。

1. 驾驶视野的分类及作用

1) 按位于驾驶人所在位置前后的不同可分为前方驾驶视野和后方驾驶视野

前方驾驶视野是指驾驶人处于正常驾驶坐姿时透过前风窗玻璃和侧面门窗玻璃所能看到的过眼睛所在平面的前方范围。驾驶人通过前方驾驶视野能够观察到车辆前方由道路及其两侧附属物、车辆、行人等构成的各种静态、动态交通景况，如图3.19所示。只要车辆处于运动状态，驾驶人就需要随时观察前方视野。

前方驾驶视野对于驾驶人快速、准确感知外部信息非常重要。由图3.19可以看出，前风窗玻璃面积越大，前方驾驶视野会越好。但是，由于前风窗玻璃受汽车车身结构的限制不可能无限大，因而，在条件许可时，汽车设计人员应尽可能增大前风窗玻璃。

后方驾驶视野是指驾驶人通过车外后视镜和车内后视镜看到的所在车辆后方道路景况的清晰图像所包括的范围。通过车外后视镜看到的清晰图像所包括的范围为侧方视野，如图3.20所示，通过车内后视镜看到的清晰图像所包括的范围为透过后车窗玻璃映出的车外后方驾驶视野。驾驶人驾车过程中进行倒车、转弯、超车、起步等操作时都需要观察侧方、后方驾驶视野。

图3.19 汽车前方视野(直接视野)效果　　图3.20 汽车后方视野(间接视野)效果

2) 按是否利用后视镜分为直接驾驶视野和间接驾驶视野

直接驾驶视野是指驾驶人通过车窗能够直接看到的外界范围。根据视野范围所在位置的不同，直接驾驶视野又进一步可分为前方视区和两侧视区，其中前方视区对驾驶人最为重要。

间接驾驶视野是指驾驶人借助车外、车内后视镜观察到的侧面、后方视区范围。

现代汽车的驾驶室结构除了安装玻璃的A柱、B柱、C柱外，还因封闭性需要采用了片（块）状的金属板件，这些片（块）状的金属板件和安装玻璃的A、B、C支柱会部分遮挡驾驶人的视野，这部分被遮挡的视野范围就是驾驶人的视野盲区。实际中，视野盲区越大，驾驶人的驾驶视野范围就会越小，对行车安全就越不利。现代汽车在保证驾驶室内空间满足驾驶人驾车需要及驾驶室结构安全性的前提下，总是尽力增大驾驶视野范围。

要特别指出的是，驾驶人因观察失误与因视野盲区引发的交通事故是两回事，两者不可混为一谈。观察失误是指驾驶人在驾车过程中因自身原因对已出现于驾驶视野内的信息未能感知到或未能及时感知到而出现的失察现象；视野盲区的意义是指驾驶人在驾车过程中因汽车结构或设计方面的原因形成的障碍物遮挡，使其视线不能直接到达的区域。显然，一起交通事故若是因驾驶人的观察失误而引起，则属于驾驶人自身的责任；若是因视野盲区而引起，则主要是汽车生产厂商设计不周的责任，需从设计方面进行改进。

实际中，车型不同，视野盲区也不同，如普通乘用车与车身较高的RV车的盲区范围就不同，对于驾驶人而言，除了认识存在车辆视野盲区外，还需深入了解不同车型之间盲区的差异。

2. 影响前方视野的主要因素

整个驾驶视野中前方视野对驾驶人安全驾驶最为重要。在前方视野中，风窗玻璃垂直方向上的视野性受驾驶室风窗玻璃上横梁和风窗玻璃下横梁或发动机罩的限制。相关国家标准规定：驾驶人以正常驾驶姿势能看见汽车前方12m处的高5m的标竿（交通信号灯高度），如图3.21所示，其标准如表3-3所示。

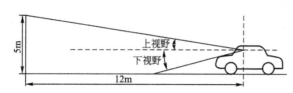

图3.21 前视野垂直方向上相关国家标准示意图

表3-3 前方视野垂直校核标准

校核指标	很好	良好	尚可	不好
上视野对5m标竿的视距/m	<10	10~12	12~13	>13
下视野可视距离/m	<4	4~6	6~10	>10

汽车的前方驾驶视野主要取决于驾驶室风窗玻璃的尺寸大小、形状、支柱的结构、发动机罩的形状、前挡泥板形状、驾驶室座椅的高度与靠背的倾角等。其中，驾驶室风窗玻璃的上、下部窗框位置对汽车前方驾驶视野的影响最重要。

1) 驾驶室风窗玻璃上部窗框位置

驾驶室风窗玻璃上部窗框位置决定着汽车前方视区上限。对前方视区上限的基本要求是：应能保证驾驶人在交叉路口前准确观察到前方交通信号灯光，并确保在停车线之前把车停下。扩展前方视区上限虽有利于驾驶人对交通信号灯的观察，但同时会因太阳光线直射驾驶人面部造成驾驶人炫目而影响其对前方道路状况的观察，为此，需要把前上方视区界限控制在适当的范围内。在信号灯高度一定时，看清信号灯所需的前上方最小视角主要取决于汽车制动后车头距信号灯的距离，如图 3.22 所示。

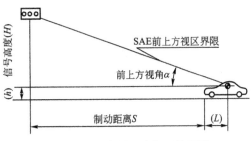

图 3.22 汽车前上方视区的界限

根据图 3.22，前上方最小视角 α 与制动距离 S 之间的关系由下式确定：

$$\alpha = \tan^{-1}[(H-h)/(S+L)] \quad (3-14)$$

式中，α 为前上方最小视角；H 为信号灯的安装高度，m；h 为驾驶人眼睛距路面的高度，m；S 为可能的制动距离（该值可用人的反应时间为 0.65s，制动减速度 0.3g，并根据车速求出），m；L 为驾驶人眼睛与车头之间的距离，m。

驾驶人为看清交通信号灯所需的前上方视角与车速之间的关系如表 3-4 所示。

表 3-4 驾驶人看清交通信号灯所需的前上方最小视角与车速之间的关系

行车速度/(km/h)	20	40	60	80
前上方最小视角	18°30′	6°10′	3°22′	2°

由表 3-4 可知，汽车行车速度越高，驾驶人在驾车过程中观察前方交通信号灯所需的前上方最小视角越小，而观察前方交通信号灯所需的前上方最小视角越小，则越有利于驾驶人看到前方交通信号灯。

2）驾驶室风窗玻璃的下部窗框位置

在车辆头部形状一定时，驾驶室风窗玻璃的下部窗框位置决定汽车前方视区下限。降低风窗玻璃下部窗框位置可以扩大前方视区，有利于驾驶人观察前方情况，但如果过分向下方扩大视区限界，则会对驾驶人的心理活动产生精神紧张等不良影响反而不利于安全行车。实验研究表明，风窗玻璃下部窗框位置过低，会使驾驶人感到精神紧张，甚至产生恐惧感，加快驾驶人的疲劳过程。

驾驶室风窗玻璃对驾驶人观察道路前方景况很重要。对风窗玻璃的要求是：其上部应具备防炫目效果，其下部要有足够的前方视野，同时应能遮断多余的视觉信息，以缓解驾驶人驾车过程中的精神负担。风窗玻璃下部窗框位置过高会使驾驶人的视野变小，前方盲区扩大，不利于驾驶人观察道路前方障碍物，同时会使驾驶人的速度感变差而容易不自觉地增大行车速度。

3.3.2 汽车灯光

汽车灯光是指车灯开启后发出的亮光。为了保证行车安全，在现代汽车上安装有多种灯具（灯光装置）。汽车灯光的作用主要表现在两个方面，一是在夜间或在光线较弱环境下为汽车正常行驶提供照明及标示车辆宽度、照明驾驶室内及车厢内部仪表；二是在转向、制动、倒车等行驶工况向周围其他交通参与者传递运动信号。

汽车灯具按功能不同分为照明灯具和信号灯具（含反射器）两大类。照明灯具分为车外照明和车内照明，车外照明主要包括前照灯、前雾灯、倒车灯和侧照灯等；信号灯具主要包括位置灯、示廓灯、转向信号灯、制动灯、驻车灯、牌照灯、反射器(包括回复反射器、车身回复反光标识、反光标志牌、三角警告牌)等。

据统计,60%的交通事故与视线不佳及灯光使用不当相关。要保证行车安全,必须使汽车灯光配置规范、完整,保证灯光系统工作正常,并按交通法规的要求正确使用汽车灯光。

1. 前照灯

前照灯是汽车上最重要的车灯之一,是为方便驾驶人在夜间或光线较弱环境下看清前方物体而设置的车灯,和行车安全有着尤为密切的联系。由于前照灯安装在汽车头部,也称头灯或前大灯。前照灯开启后以其灯光照亮前方道路,为汽车的安全行驶创造条件,与此同时也向其他车辆或行人显示该车的运行位置。

前照灯开启后根据光束强度和照射距离的不同分为近光灯和远光灯两种状态,由切换开关控制。近光灯的照明距离一般为车辆前方40m内的道路,远光灯的照明距离则为车辆前方100～150m内的道路。按照前照灯的配光特性要求,在车辆交会时或尾随其他车辆时使用近光灯状态,在前方无来车或不尾随其他车辆时使用远光灯状态。近光灯和远光灯因光束强度不同导致会车时对对方车辆上驾驶人的视力影响不同,对驾驶人正确使用远光灯和近光灯的要求分别为:远光灯照明在车辆前方无其他道路使用者时使用;近光灯照明在车辆前方有其他道路使用者时使用。

由于远光灯光束强烈而耀眼,两车相会时很容易导致对方车辆上驾驶人炫目而诱发交通事故,为保证夜间两车相会时的行车安全,两车相会时双方驾驶人都应主动和自觉切换成近光灯状态。此外,车辆通过交叉路口和进行超车时应以变换远近灯光作出相应提示。

特别要强调的是,远光灯的发光强度并非越强越好,远光灯的发光强度过强会给驾驶人在夜间会车时在将灯光由远光切换为近光的过程中因光线突然变暗会造成前方视线范围内的局部区域昏暗,从而可能引发交通事故。在夜间会车时,当驾驶人将车灯由远光切换为近光时,由于照明距离突然从车辆前方100～150m缩减为40m内范围,而40m以外的路面一下子变暗,若驾驶人的视力不能有效适应这种快速变化,就会造成驾驶人短暂的视觉失控而难以辨认障碍物,即产生所谓的"黑洞效应"而引发交通事故,这一现象尤其希望引起中老年驾驶人的特别注意。

前照灯根据发光光源不同分为灯丝光源前照灯、气体放电光源前照灯和发光二极管(LED)前照灯。灯丝光源前照灯是一种传统的前照灯,有卤素前照灯和白炽前照灯两种,由于白炽前照灯在使用过程中容易发黑而影响照明效果,现已基本被卤素前照灯所取代。

气体放电光源前照灯又称HID(High Intensity Discharge)氙气灯,是指内部充满包括氙气在内的惰性气体混合体的高压气体放电灯,它利用配套电子镇流器,将汽车电源提供的12V直流电通过振荡电路转变为较高频率的交流电,将氙气大灯中的氙气电离,在两电极间形成一束超强电弧光持续发光,为汽车提供稳定的灯光。

HID氙气灯发射的光通量为卤素灯的2倍以上,同时电能转化为光能的效率也提高了70%以上,所以HID氙气灯具有比较高的能量密度和光照强度,且电流消耗仅为卤素灯的一半,节电效果明显。HID氙气灯采用与日光近乎相同的光色,色温性好,为驾驶人创造出更佳的视觉条件。它含较多的绿色与蓝色成分,因此呈现蓝白色光。这种蓝白色光大幅提高了道路标志和指示牌的亮度。图3.23为夜间氙气灯与普通灯效果对比。

图 3.23　夜间氙气灯效果与普通灯效果对比

HID 氙气灯的光照范围广，光照强度大，可明显提高驾驶安全性和舒适性。由于 HID 氙气灯亮度高、稳定性及连续性好，且无灯丝，不会产生因灯丝损坏引起的报废问题，使用寿命比卤素灯长得多。特别是 HID 氙气灯发生故障时不会瞬间熄灭，而是通过逐渐变暗的方式熄灭，为驾驶人在黑夜行车中紧急靠边停车赢得宝贵时间。HID 氙气灯在安装正确的情况下不会产生多余的炫光，不会对对方来车的驾驶人造成干扰。

LED 前照灯将白色 LED 作为光源，具有质量轻、安装深度小、耗能低、寿命长、环境污染小等优点，非常适合作为下一代汽车前照灯系统的光源。LED 前照灯响应快，亮灯无须热启动时间，色温超过 5000K，更接近于日光，使行车更为安全。自丰田公司 2007 年 5 月 17 日发布的高级混合动力车"雷克萨斯 LS600h"上全球首次配备了 LED 前照灯以来，LED 前照灯的研究与应用迅速发展，我国专门制定了国家标准《汽车用 LED 前照灯》(GB 25991—2010)。

常规的汽车前照灯的光束方向大多与汽车纵向平面平行，不能随转向轮的偏转而偏转。这样的结果是，当汽车在夜间转弯时，因光束不能随转向轮一起偏转，导致驾驶人观察前方行驶路面的视野下降，为夜间安全行驶埋下了隐患。近年来，新出现的自适应前照灯系统(Adaptive Front-lighting System，AFS)，能够根据转向角和车速的变化自动调整前照灯光束照射方向，增加了汽车行驶前方的照射区域，从而提高了汽车夜间行驶的安全性，图 3.24 为 AFS 前照灯和普通前照灯夜间弯道照明效果比较示意图。

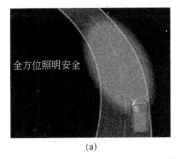 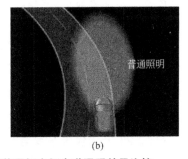

(a)　　　　　　　　　　　　(b)

图 3.24　AFS 前照灯和普通前照灯夜间弯道照明效果比较

与普通近光前照灯相比，AFS 可以使驾驶人更容易看清道路及道路上的使用者。由于 AFS 具有适应不同汽车行驶环境方面的显著优点，已得到了迅速推广和普及。

2. 信号灯

汽车上除前照灯等照明灯外，其信号灯包括转向指示灯、制动灯、倒车灯、示廓灯、驻车灯、位置灯等。这些车灯与前照灯的明显不同之处是为了使在行汽车能被别人发现或看清楚而设计的,因而,这些车灯在使用中都应符合技术要求,且不允许缺少。

驾驶人驾车过程中正确使用前照灯、转向灯、制动灯、雾灯、夜行示宽灯对提高行车安全性十分重要。而实际中,汽车灯光使用不当的现象广泛存在,尤以前照灯和转向灯的使用更为突出。前照灯使用中的突出问题主要是部分驾驶人在两车相会时对远近灯光不及时切换或不切换及在车辆通过交叉路口和进行超车时不用远近灯光变换进行提示;转向灯使用中的突出问题是车辆转向时转向灯开启过早或过晚,在车辆转向时转向灯合适的开启时刻应在距转弯路口 50～100m 处,转向灯开启过早会给后车造成"忘关转向灯"的错觉,开启过晚会使后面车辆、行人缺少避让的准备时间从而诱发交通事故。对于汽车灯具在使用中出现的损坏现象,驾驶人应及时修复或更换,以保证所有车灯使用时都处于正常工作状态。

3.3.3　车辆的仪表及信息显示系统

现代汽车驾驶室仪表板上安装有各种指示仪表和报警装置。车辆驾驶室仪表板上的仪表及信息显示系统(图 3.25)是驾驶人获取在行汽车行驶状态及主要部件工作状态的重要途径,也是汽车人机系统的重要组成部分。

图 3.25　汽车驾驶室仪表板及信息显示系统

对车辆的仪表及信息显示系统的基本要求:一是其设计与布置应满足人机工程学的要求,方便驾驶人认读;二是信息显示必须醒目,以满足判断准确、迅速、方便的要求;三是灵敏有效,及时反映车辆运动信息。

为使仪表具有较高的准确性,仪表板必须能够吸收冲击能量,具有较高的安全性与坚固性。

1. 车辆仪表

车辆仪表的作用是向驾驶人显示在行汽车的行驶状态及主要部件的工作状态,目前多为数字显示形式。现代汽车上的仪表主要有车速-里程表、发动机转速表、水温表、电流表、机油压力表、制动压力表(对于气压制动汽车)、油耗(平均油耗与瞬时油耗)、室内温度指示、轮胎气压、车门关闭状态提示、车辆行驶状态提示等。这些仪表的工作原理均是通过相应传感器,首先感应所测量对象的某一物理量,然后经过转换、传递、指示等环节,最后将需要测量的数值或状态显示出来。通过这些仪表显示出来的数值或状态,驾驶人便可以及时、准确、方便地了解在行车辆的工作过程及行驶状况,及时发现某些故障。

由若干仪表、指示器(灯)、信号装置等组成在一起所构成的总体为仪表板总成。现代汽车随着显示和控制元件的不断增多,仪表板总成逐渐演变成仪表板显示终端。目前,汽车上的仪表除有数字显示形式外,还有声音提示。

2. 信号显示

汽车上信号显示的作用主要是向驾驶人及其周围环境告知本车的运动状态或即将进行的运行状态,以达到提示或警告的目的。醒目、及时、易识别的信号显示对保证汽车安全行驶具有积极作用。这里,醒目、及时的意义是指能被其他交通参与者快速发现,易识别的意义是指不致使他人产生混淆。目前,汽车上的信号显示多为视觉信息,如汽车的制动信号灯、转向指示灯、尾灯、位置灯等;也有少数声响和语音信息,主要为喇叭、倒车语音提示(主要为载货车)和一些声响报警信号。

对信号灯的基本要求是既要醒目,又不致引起炫目。目前汽车上利用光进行信号显示的灯光有制动信号灯、转向指示灯、尾灯、位置灯等及燃料不足报警灯、车门未关严报警、未系安全带提示灯等。灯光的颜色有红色、黄色或橙色等。红色表示危险,如制动信号灯及尾灯,用以告知后随车辆注意安全,避免发生追尾碰撞。黄色或橙色用于提示和警告,如转向指示灯信号,用以告知后随车辆和周围行人本车即将或正在转弯,请注意安全。为了能更加引起周围环境的注意,转向指示灯往往以一定的频率闪烁,有的还同时配以音响提示。利用声音进行提示和警告的设备有扬声器、发声器及报警器等。

当所驾驶车辆处于跟车状态时,驾驶人除要特别注意观察前面车辆行驶状态的变化外,还要控制好跟车间距,以防前车突然紧急制动时本车措手不及而导致追尾事故。实际中,前面车辆行驶状态的变化主要是通过制动信号灯、尾灯发出亮光传递信息,从交通安全的角度讲,制动信号灯、尾灯的色彩必须鲜明,且易于识别,即既能被后随车辆快速发现,又不致使他人将制动灯与尾灯相混淆。

汽车驾驶室内安装的各种报警装置的作用是向驾驶人报告该车运行中的不安全状态,这对保证汽车安全行驶具有积极作用。我国国家标准《机动车运行安全技术条件》(GB 7258—2012)规定,机动车辆必须设置危险报警闪光灯,且要安装在驾驶人易于观察、不必转动头部和身体就能看到的地方。目前,车内的报警装置主要有燃料不足报警灯、制动液面不足报警灯、水温报警灯、气压不足报警灯(对于气压制动系统而言)、超速报警灯、车门未关严报警、未系安全带提示灯、未松驻车制动装置提示灯等。

3.3.4 驾驶人工作环境

图 3.26 为某乘用车驾驶室内部实景图。驾驶室是驾驶人驾车时的工作场所,构成驾驶人工作环境的一部分。为有效降低驾驶人驾车时的工作强度,使驾驶人保持良好的工作情绪和状态,驾驶室的设计和布置必须为驾驶人提供进行驾驶操作所需的必要活动空间并努力创造一个舒适的工作环境。影响驾驶人驾车过程工作环境的主要因素包括驾驶室内的活动空间、驾驶室内空气调节、汽车行驶过程中的噪声等。

1. 驾驶室内的活动空间

驾驶人驾车过程中其手和脚需要不断地完成各种动作,这就要求驾驶室必须有

图 3.26　某乘用车驾驶室内部实景

一定的空间。驾驶室内空间过分狭小会使驾驶人感到压抑,进而影响驾驶人的情绪。由于驾驶人驾车时的姿势为坐姿,因此,驾驶室内座椅、各种脚操纵踏板、手柄的布置及其空间尺寸都应以方便驾驶人在坐姿时的操作活动为中心,以尽量减轻驾驶人驾车时的工作强度。

作为商品出售的汽车,其驾驶室内活动空间已由汽车生产商完全确定了,车辆使用者一般情况下不可改变,而车辆使用者能够做到的是在车辆购置过程中尽可能选择内活动空间相对较大、各种脚操纵踏板、手柄的布置有利于使用者操作的驾驶室。对于目前许多准备购买乘用车的家庭而言,购买时应充分从使用者自身身高、体态的客观条件出发,根据计划的购置目标,合理选择车辆类型及其驾驶室内活动空间。

2. 驾驶室内空气调节

驾驶室内空气调节是给车内驾乘人员提供舒适工作和乘车环境的重要保证。驾驶室内空气调节包括室内温度调节和空气流通调节。对于驾驶室而言,影响人体舒适的因素有振动、噪声、平稳性、室内温度、湿度、风速、排放物(包括二氧化碳、一氧化碳、碳氢化合物、氮氧化物、颗粒物等)浓度等。其中,室内温度、湿度和风速为影响人体舒适感觉的三个要素。汽车空气调节系统的作用就是要使驾驶室内的温度、湿度和空气流速保持在人体感觉比较舒适的范围内。

人体对温度环境感知舒适的下限是16℃,低于此数值人体就没有舒适感。人在从事一般性体力劳动时比较舒适的温度范围为18~22℃,相对湿度为50%,从节能的角度出发,世界上一些国家规定驾驶室的允许温度界限为10~26℃,即冬季保持驾驶室内的温度在10℃以上,夏季为20~26℃,驾驶室内外温差达5℃以上。驾驶人驾车过程中要注意保持车内通风,以防因通风不良使乘员出现头痛、恶心的现象。

3. 噪声

人类通过听觉器官接受外部信息是人类生存和沟通的重要手段,但噪声是对人类有害的声音刺激。汽车行驶过程中的噪声对于驾驶人和乘员的身心健康都是有害的。特别是对于驾驶人而言,若长时间在高频噪声条件下从事驾驶操作,除听力受到损害外,还会引起中枢神经系统功能失调及注意力下降。

噪声从物理学的角度是指频率和振幅杂乱、断续、无规则的声震荡,是与和谐音相对立的;从心理学的角度是指一切干扰人的工作、学习和休息的令人烦躁的声音。汽车运行过程中的噪声产生于汽车自身的运动过程,其来源主要有发动机噪声、风噪、车身共振、悬架噪声、轮胎噪声5个方面。汽车行驶过程中,发动机工作时的噪声、悬架系统的噪声、轮胎转动过程中产生的噪声均可通过底盘传入车内;风噪在汽车低速行驶时并不明显,但在高速行驶时(汽车速度≥80km/h以后)随着车速增加变得越来越突出;汽车在不平路面行驶因颠簸产生的车身共振成为噪声。发动机工作时的噪声、悬架系统的噪声对于具体结构的汽车而言,一般汽车使用者无力改变;轮胎转动过程中产生的噪声与轮胎品牌、花纹、气压、汽车行驶速度等多因素相关;风噪的大小与汽车外形结构、行驶速度密切相关;车身共振的噪声与道路状况、汽车行驶速度相关。对于上述5种噪声,与汽车结构及设计相关的噪声只能通过改进系统设计降低;与使用因素相关的噪声,驾驶人可在行驶过程中从车速、路况、交通量选择方面进行一定程度上的控制。

3.3.5 倒车雷达

由于倒车时的视野效果较车辆前行明显要差，为提高倒车操作过程的安全性，目前，倒车雷达、全景倒车影像系统等辅助后视系统在汽车上获得了广泛应用。

倒车雷达全称为倒车防撞雷达，也叫泊车辅助装置，是汽车泊车或倒车时的安全辅助装置，由超声波传感器（俗称"探头"）、控制器和显示器（或蜂鸣器）等部分组成，能以声音或者更为直观的显示，告知驾驶人周围障碍物的情况，解除了驾驶人泊车、倒车和起动车辆时前后左右探视所引起的困扰，并帮助驾驶人扫除了视野死角和视线模糊的缺陷，提高倒车的安全性。

倒车雷达的工作原理是根据蝙蝠在黑夜里高速飞行而不会与任何障碍物相撞的原理设计开发的。探头装在后保险杠上，其数量有2、3、4、6、8个不等。探头可在最大水平120°和垂直70°范围发射超声波（图3.27），上下左右搜寻目标，能够准确探索到那些低于后保险杠高度而驾驶人从后窗难以看见的障碍物，如花坛、路肩及蹲在车后玩耍的小孩等，并及时报警。倒车雷达的显示器多装在仪表台或后视镜上。倒车过程中，显示器会不停地提醒驾驶人所驾车辆距后面物体还有多少距离，到距离危险时，蜂鸣器就开始鸣叫，以鸣叫的间断/连续急促程度，提醒驾驶人不要继续靠近障碍物，应及时停车。显示器的显示方式目前使用较多的是数码显示器、荧屏显示，并有防炫目的功能。

魔幻镜倒车雷达把后视镜、倒车雷达、免提电话、温度显示和车内空气污染显示等多项功能整合在一起，并设计了语音功能，是目前市场上先进的倒车雷达系统之一。可视倒车雷达与普通倒车雷达相比添加了倒车可视功能，其性能更先进。可视倒车雷达在倒车时可以更直观地显示倒车时车后的情况，摄像头采集到的是车后的实物图像（图3.28），通过主机处理传输到安装在驾驶室内的液晶显示器上，让车后的影像如实地展现在驾驶人眼前，大大减少了因为倒车发生事故的可能性，极大地提高了倒车时的安全级别，同时可视倒车雷达也有普通倒车雷达的功能——声音提示和车后障碍物距离显示。

图3.27 倒车雷达探头工作原理

图3.28 可视倒车雷达显示器

全景倒车影像系统，是一套通过车载显示屏幕观看汽车四周360°全景融合、超宽视角、无缝拼接的适时图像信息（鸟瞰图像），了解车辆周边视线盲区，帮助驾驶人更为直观、更为安全地停泊车辆的泊车辅助系统，也称全景泊车影像系统，全景停车影像系统。

3.4 汽车安全技术与交通安全

提高车辆安全性的技术措施按其事前预防与事中减轻两种效果上的差异分为汽车主动安全技术和汽车被动安全技术。汽车主动安全技术是指为使汽车安全行驶，尽可能避免道路交通事故发生而采取的技术措施，典型装置包括防抱死制动系统、驱动防滑系统、电子稳定程序、电子制动力分配系统、轮胎气压智能监测系统、电控动力转向系统、自适应巡航控制系统等。汽车主动安全技术旨在提高汽车的安全性能，以确保行车安全。其理想目标是使汽车具有"智能化"，即汽车在行驶过程中能够主动采取措施，避免交通事故的发生。汽车被动安全技术是指汽车在行驶过程中当交通事故不可避免要发生时，为尽可能减轻事故伤害和货物受损而采取的技术措施，如安全车身、安全带、安全气囊、吸能防伤转向机构、儿童安全座椅、行人碰撞保护等。随着人们对汽车安全性能的要求越来越高及汽车保有量的日益增加，未来会有越来越多的先进技术（装置）被应用到汽车上。

3.4.1 汽车主动安全技术（装置）

1. 车轮防抱死制动系统

防抱死制动系统（Anti-lock Braking System，ABS）是最先应用于汽车上的主动安全控制装置，现已成为汽车特别是乘用车上的基本配置。现代汽车无论是气压制动系统还是液压制动系统，其防抱死制动系统主要由轮速传感器、电子控制单元（ABS-ECU）、制动压力调节器三部分组成，如图 3.29 所示。

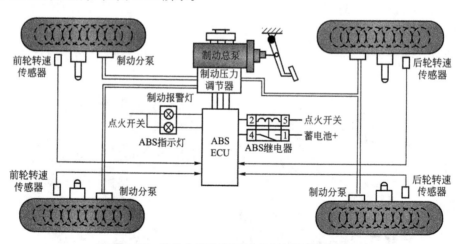

图 3.29 汽车车轮防抱死制动系统的结构简图

防抱死制动系统的工作原理是：通过安装在各车轮或传动轴上的转速传感器不断检测各车轮的转速，即实时感知制动轮每一瞬时的运动状态，并由计算机实时计算出车轮滑动率（通过车轮滑动率的大小可判断制动状态下车轮抱死的程度），在与最佳制动效果的滑动率（$s=15\%\sim20\%$）相比较后做出增大或减小制动器制动压力的决定并命令执行机构及时调整制动压力，以保持车轮处于最佳的制动状态，使车轮始终处于临界抱死状态。也就是说，通过电控单元控制电磁阀的瞬时开断，通过控制制动压力调节制动时轮胎的滑移，以使车轮与地面间的附着系数处于最佳状态。

当遇到紧急情况时，驾驶人一般会用力踩下制动踏板进行紧急制动，对于未装防抱死制动系统的汽车而言，这样的操作很容易使车轮抱死，产生滑移。特别是在潮湿路面、积雪或结冰路面上实施紧急制动时，汽车容易产生侧滑，严重时会掉头、甩尾，甚至产生剧烈旋转现象，导致汽车失去运动控制能力，极易造成严重交通事故。装有防抱死制动系统的汽车，通过控制制动管路内的制动压力保持车轮处于有微弱滑移的滚动状态而不会抱死不转，从而大大提高汽车制动时的方向稳定性及在较差路面条件下的制动性能，可有效克服汽车紧急制动时的跑偏、侧滑、甩尾等不安全状况，可明显改善汽车制动时的安全性。

防抱死制动系统之所以能够防止汽车紧急制动时车轮抱死，就是当汽车紧急制动时，一旦出现某个车轮抱死，电控单元立即指令压力调节器对该轮的制动分泵减压，使车轮恢复转动。防抱死制动系统的工作过程实际上是"抱死—松开—再抱死—再松开"的循环工作过程，从而使车轮始终处于临界抱死的间歇滚动状态。由于防抱死制动系统发挥作用时，车轮与路面的摩擦属于滚动摩擦，这将充分利用车轮与路面之间的最大附着力进行制动，从而提高制动减速度，缩短制动距离，并保证汽车的方向稳定性。

装有防抱死制动系统的汽车，能有效控制车轮保持在有微弱滑移的滚动状态而不会抱死不转，可大大提高汽车制动时的方向稳定性及在较差路面（如较滑的湿路面）条件下的制动性能，并可有效克服汽车紧急制动时的跑偏、侧滑、甩尾等不安全状况，从而明显改善汽车制动时的安全性。防抱死制动系统的效果是：充分利用轮胎和路面之间的峰值附着性能，提高抗侧滑性能并缩短制动距离，以充分发挥其制动性能，提高制动过程的可控性，从而达到提高制动效能的目的。概括起来讲，防抱死制动系统的优势主要包括：

（1）提高汽车制动时的方向控制性和稳定性，防止车辆侧滑和甩尾。
（2）提高制动效率，缩短制动距离。
（3）减少轮胎磨损，降低爆胎发生率。
（4）减轻驾驶人紧张程度（疲劳强度）。
（5）使用方便，工作可靠。

2. 驱动防滑控制系统

汽车在光滑路面制动时，因路面附着系数低车轮会打滑，甚至使方向失控；同样，汽车在起步或急加速时，驱动轮也有可能打滑，在冰雪等光滑路面上还会使方向失控而发生危险。驱动防滑控制系统（Automatic Slip Regulation，ASR）就是针对此问题而设计的。驱动防滑控制系统也称牵引力控制系统（Traction Control System，TCS）。驱动防滑控制系统与防抱死制动系统的控制原理类似，防抱死制动系统的作用是防止轮胎抱死，提高汽车制动时的行驶稳定性；而驱动防滑控制系统的目的在于对驱动过程中轮胎滑转进行控制（使轮胎的滑动量处于合理的范围之内），使汽车在驱动过程中获得较好的路面附着率，从而保持汽车行驶的稳定性。

驱动防滑控制系统是在防抱死制动系统的基础上发展起来的，其组成与防抱死制动系统相似，也是由传感器、电子控制单元（ASR-ECU）、执行结构三部分组成，如图3.30

所示。与防抱死制动系统的结构相比，驱动防滑控制系统的结构及组成要复杂些。驱动防滑控制系统除了与防抱死制动系统共用轮速传感器、制动压力调节器外，也将ECU的功能进行了扩展，并增加了节气门执行器、制动执行器、电动机继电器等执行机构，汽车上的驱动防滑控制系统通常和防抱死制动系统合为一体，平时处于待命状态，不干预常规行驶，只有当驱动车轮出现滑转后才开始工作。

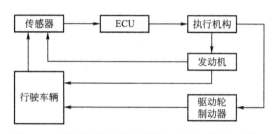

图 3.30　驱动防滑控制系统的组成及工作流程简图

驱动防滑控制系统的工作原理是：利用电子装置检测各个车轮的角速度，当其检测到驱动轮的转速高于从动轮的转速（这是加速时车轮打滑的特征）时就会发出一个信号，通过及时调节点火时间及间歇关闭喷油器减少供油以降低发动机转速和输出扭矩，从而使车轮不再打滑；在降低发动机动力输出的同时，驱动防滑控制系统还可以对打滑的车轮进行制动，以使汽车平稳起步。当某个车轮打滑的时候，驱动防滑控制系统能通过防抱死制动系统将这个车轮制动，防止车轮在冰雪的路面出现打滑的现象。

驱动防滑控制系统的主要功能是防止汽车在起步、急加速时驱动轮滑转（打滑），防止驱动轮出现空转，保证汽车在加速过程中的稳定性并改善在不良路面上的驱动附着条件，防止在车速较高并通过滑溜路面又转弯时汽车后部的侧滑现象。驱动防滑控制系统防止汽车转弯时溜滑是利用左右车轮速度传感器检测左右车轮速度差，从而判断汽车的转向程度是否和驾驶人的转向意图一致。若检测出汽车的转向程度和驾驶人的转向意图不一致，如出现转向不足（或过度转向），系统立即发出指令降低驱动力，从而达到实现驾驶人转向意图的目的。归纳起来，驱动防滑控制系统主要通过以下3种方式控制驱动轮滑转。

（1）发动机输出扭矩控制方式。该方式是在汽车起步、加速过程中，当其轮速检测装置检测到驱动轮发生滑转时，通过减少或中断燃油供应、延迟点火时刻或停止点火、控制进气量等方式控制发动机的扭矩输出，以抑制驱动轮滑转。

（2）驱动轮制动控制方式。当一侧驱动轮打滑时，直接对发生滑转的驱动轮施加制动；当两侧驱动轮均出现滑转但滑动率不同时，通过对两边驱动轮施加不同的制动力，分别抑制两侧驱动轮的滑转，从而提高汽车在湿滑及溜滑路面上的起步、加速能力和行驶的方向稳定性。

（3）综合控制方式。该控制方式是指将发动机输出扭矩控制和驱动轮制动控制组合起来使用的一种控制方式。

驱动防滑控制系统的重要特点之一是改善汽车在不良路面上的驱动附着性能，其作用主要为3个方面：一是提高驱动车轮的行驶稳定性和操纵性；二是提高加速性；三是适当地发挥驱动力，提高汽车的爬坡性能。由于驱动防滑控制系统能有效防止车轮的滑转，便可最大限度地利用发动机的驱动力矩，保证汽车有足够的纵向力、侧向力和操纵力，使汽车在起动、转向和加速过程中，在滑溜和泥泞路面上、在山区上下坡过程中都能稳定地行驶，既保证了行车安全，减小轮胎磨损和燃油消耗，又改善了汽车的驱动性能。

3. 电子制动力分配

汽车在制动过程中有时 4 个车轮附着的地面条件并不一样,如左侧车轮附着在干燥的水泥地面上,而右侧车轮却附着在湿滑路面上(或泥水中),这种情况下会导致汽车制动时因 4 个轮子与地面的摩擦力不一样而容易发生车轮打滑、车辆倾斜及车辆侧翻事故。电子制动力分配装置(Electronic Braking Distribute,EBD)的功能就是在汽车制动的瞬间,由计算机高速计算出 4 个车轮由于附着力不同而导致的摩擦力数值差异,然后实时调整制动力大小,也就是使其按照设定的程序在运动中进行高速调整,达到制动力与摩擦力(牵引力)的合理匹配,从而保证车辆行驶过程的平稳与安全。

电子制动力分配装置能够根据汽车制动时产生的轴荷转移(汽车后轴的载荷向前轴转移)的不同,自动调节前、后轴的制动力分配比例,提高制动效能,并配合防抱死制动系统提高制动稳定性。在汽车紧急制动出现车轮抱死的情况下,由于电子制动力分配装置在防抱死制动系统动作之前就已经有效地平衡了每个轮胎的附着力,从而可以防止出现甩尾和侧滑,并缩短汽车制动距离,明显提高汽车的制动效能;同时,电子制动力分配装置具有使在弯道上行驶的汽车进行制动操作时维持车辆稳定的功能,如图 3.31 所示。

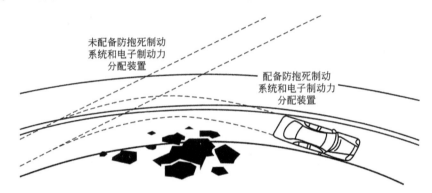

图 3.31 安装与未安装电子制动力分配装置的车辆在弯道上制动时的效果对比

电子制动力分配装置的作用主要包括以下几个方面。
(1) 紧急制动时,防止因后轮先被抱死造成汽车滑动及甩尾。
(2) 取代比例阀功能,比机械式分配能阀更好地提高后轮制动力,缩短制动距离。
(3) 可分别控制 4 个车轮的制动。
(4) 确保防抱死制动系统工作时的制动安全性。
(5) 实现后轮制动压力左右独立控制,确保转向制动时的安全性。
(6) 提高后轮的制动效果,减少车轮制动时摩擦片的磨损量及温度的上升。

结构上,电子制动力分配装置依托防抱死制动系统的零部件——轮速传感器、电子控制单元、制动压力调节器总成等,其机械系统与防抱死制动系统完全一致。功能上,通过改进、增强 ABS-ECU 软件控制逻辑,使反应更敏捷、运算功能更强大,是防抱死制动系统功能的进一步扩展与有效补充。制动时能够根据车辆各个车轮的运动状态,智能地分配各车轮制动力大小,以维系车辆制动状态下的平衡、平稳与方向。当发生紧急制动时,电子制动力分配装置在防抱死制动系统作用之前,依据车身的重量和路面条件,自动以前轮为基准去比较后轮轮胎的滑动率,当发觉此差异程度超过允许范围必须被调整时,制动系统会实时调整传至后轮的制动油压，以得到更平衡且更接近理想化的制动力分布。

4. 电子稳定程序

电子稳定程序（Electronic Stability Program，ESP），又称汽车稳定性控制（Vehicle Stability Control，VSC），也称电子稳定装置，是一种可在各种行驶条件下提高车辆行驶稳定性的主动安全装置。该装置通过车载在线传感系统实时监测驾驶人的转向意图和车辆的行驶状态，通过电子控制单元识别、判断车辆的转向特性以及丧失操纵稳定性的趋势，通过综合调控发动机力矩和车轮制动等，防止汽车发生超出驾驶人操控范围的过度转向和过多不足转向等危险情况，在实现按理想轨迹行驶的同时，改善汽车的方向稳定性和操控性能。

电子稳定程序是在防抱死制动系统、驱动防滑控制系统的基础上发展起来的。防抱死制动系统用于确保紧急制动时的稳定性，驱动防滑控制系统是控制车辆急加速时的循迹性，而电子稳定程序则是控制车辆转弯过程的循迹稳定性。和防抱死制动系统、驱动防滑控制系统相比，电子稳定程序增加了转向盘转角传感器、纵向加速度传感器、横向加速度传感器、横摆角速度传感器等，是对防抱死制动系统和驱动防滑控制系统功能的继承与进一步扩展。电子稳定程序的特点是综合了防抱死制动系统、驱动防滑控制系统的功用，并且增加横摆力偶矩控制——防侧滑的功能，使其功能更强大。在紧急操控，如快速转向、反向转向、紧急变道、紧急避让等危急情况下，电子稳定程序能够帮助驾驶人保持对车辆的控制，降低车辆失控或侧滑的险情。

电子稳定程序由转向传感器、车轮传感器、侧滑传感器、横向加速度传感器等组成。它通过对这些传感器传来的车辆行驶状态信息进行分析，然后向防抱死制动系统、驱动防滑控制系统发出纠偏指令，以帮助车辆维持动态平衡；它可以使车辆在各种状况下保持最佳的稳定性，尤其在转向过度或转向不足的情形下效果更加明显。电子稳定程序具有三大功能特点：

（1）实时监控。电子稳定程序能够实时监控驾驶人的操控动作、汽车运动状态，并不断向发动机和制动系统发出指令。电子稳定程序通过监测微处理器实时比较驾驶人的意图是否与车辆行驶的方向一致，如果车辆运动的方向不一致，出现转向不足或者转向过度时，电子稳定程序迅速做出反应——利用车辆制动系统来操控车辆回到正确的轨道。这种选择性的制动干涉，车辆就可以按驾驶人的意图行驶。

（2）主动干预。电子稳定程序通过对汽车行驶状态的实时监控，当汽车在行驶过程中出现过度转向或不足转向时，及时地调控发动机的转速并同时调整各个车轮的驱动力和制动力，以修正汽车的过度转向或不足转向，使汽车回复到正常的车道上行驶。为了获得最优的行驶稳定性，电子稳定程序不但能够对制动过程进行干涉，而且能够直接作用于发动机以加速车轮。电子稳定程序既明显降低了操控过程的复杂性，还降低了对驾驶人的需求。

（3）事先提醒。当驾驶人操作不当或路面异常时，电子稳定程序采用警告灯警示驾驶人。

电子稳定程序在弯道上的作用效果如图3.32所示。

图3.32(a)为汽车发生转向不足时的情景，表现为汽车车身向道路外侧运动，即汽车实际轨迹曲线较理论轨迹曲线相比产生向外侧偏离的倾向，此时电子稳定程序通过对

位于转向内侧后轮施加经过精确计算的脉冲瞬时制动力(图中剖面线箭头所指),以产生预定的滑动率,使该车轮受到的侧向力迅速减少而纵向制动力迅速增大,即产生了一个与横摆方向相同(图中所示为逆时针方向)的横摆力矩遏制车辆因向道路外侧运动而陷入险境。

 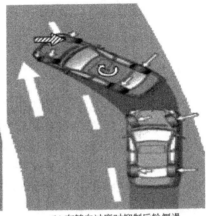

(a) 在转向不足时抑制前轮侧滑　　　　(b) 在转向过度时抑制后轮侧滑

图 3.32　电子稳定程序抑制转向不足和转向过度

图 3.32(b)为汽车发生转向过度时的情景,表现为汽车车身向道路内侧运动,即汽车实际轨迹曲线较理论轨迹曲线相比产生向内侧偏离的倾向,此时电子稳定程序立即向正在转弯的外前轮施加制动力(图中剖面线箭头所指),即产生了一个与横摆方向相反(图中所示为顺时针方向)的横摆力矩阻止车辆向道路内侧转向以纠正危险的行驶状态。

与驱动防滑控制系统相比,电子稳定程序不但可控制驱动轮,还可控制从动轮,通过有选择性地分缸制动及发动机管理系统干预,防止车辆滑移。电子稳定程序最重要的特点是其调控的主动性。

5. 轮胎气压智能监测技术

轮胎气压合适与否对汽车行驶及安全性能具有重要影响。在轮胎结构中,胎侧是轮胎的薄弱部位,在气压过低时会因不断受到挤压和拉伸,容易造成疲劳失效,发生爆胎。在行车辆爆胎常使车辆失控而引发恶性交通事故,尤其是高速公路上一旦发生爆胎,通常引发严重交通事故。因此,对轮胎气压进行实时监控对保证在行车辆行车安全具有重要意义,而对轮胎气压进行实时监控则是保证轮胎行驶安全的重要手段。

据统计,在我国高速公路上发生的交通事故中,一半以上事故与爆胎相关,防止爆胎已成为在行车辆安全驾驶的一个重要课题。分析表明:保持标准的车胎气压行驶和及时发现车胎漏气则是防止爆胎的关键。轮胎气压智能监测系统(Tire Pressure Monitoring System,TPMS)正是基于此出发点而开发的一项提高在行汽车行车安全性的新技术,如图 3.33 所示,主要用于在汽车行驶时实时地对轮胎气压进行自动监测。该系统是通过对汽车轮胎的气压、温度等参数进行动态实时监测,如图 3.34 所示。在出现危险状况即轮胎漏气和低气压状态时进行报警,因而可最大限度地避免由爆胎引发的交通事故,以保障行车安全。

图 3.33 轮胎气压智能监测系统

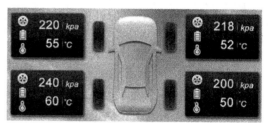

图 3.34 中控液晶屏显示的胎压状况（正常）

轮胎气压智能监测系统主要由两个部分组成，即安装在汽车轮胎上的远程轮胎压力监测模块和安装在汽车驾驶室内的接收及显示模块。直接安装在每个轮胎里实时测量轮胎压力和温度的监测模块将测量得到的信号调制后通过高频无线电波（RF）发射出去；接收及显示模块接收监测模块发射的信号，并将各个轮胎的压力和温度数据显示在屏幕上，供驾驶人参考。当任何一个轮胎的气压、温度出现异常状况征兆时，轮胎气压智能监测系统即刻以声、光形式向驾驶人报警，提醒驾驶人采取必要的措施，从而保障行车安全。

轮胎气压智能监测系统的工作原理是：通过在每一个轮胎上安装高灵敏度的传感器，在行车或静止的状态下，实时监视轮胎的压力、温度等数据，并通过无线方式发射到接收器，安装在驾驶室内的接收监测模块通过显示器显示各种数据变化或以蜂鸣等形式提醒驾驶人，并在轮胎漏气和压力变化超过安全门限时进行报警，以保障行车安全。

轮胎气压智能监测系统按照工作原理差异可分为直接式（利用传感器直接测量胎压/胎温）和间接式（基于车轮转速差判断胎压差别，即利用防抱死制动系统的轮速传感器来比较车轮之间的差别达到监视胎压的目的）。间接式轮胎气压监测系统由于存在容易发生误报警、故障定点困难、报警反应慢等难以克服的缺点，其应用受到很大限制，而直接式轮胎气压智能监测系统目前已成为主流发展方向。

轮胎气压智能监测系统的作用是：在汽车行驶过程中对轮胎气压进行实时自动监测，并对轮胎漏气和低气压进行报警，以确保行车安全。在驾驶过程中，轮胎气压智能监测系统自动对汽车轮胎气压进行监测，使驾驶人能够实时了解汽车轮胎气压的变化状况。该装置具有保障乘员生命安全、延长轮胎寿命以及降低油耗等功用。轮胎气压智能监测系统的主要功能和特点如下：

（1）事前主动型安保。轮胎气压智能监测系统在轮胎出现危险征兆时就能及时报警，可使驾驶人及时采取措施而将事故消灭在萌芽状态，明显属于"事前主动"型安保。

（2）延长轮胎使用寿命。统计表明：当轮胎气压超出许可范围时均会使轮胎使用寿命缩短，如果车轮气压比正常值低10%，轮胎寿命将减少15%；而轮胎气压智能监测系统的使用由于能够实时监测每个轮胎的动态瞬时气压，当轮胎气压出现异常时能及时自动报警，从而减少车胎的磨损，延长轮胎使用寿命。

（3）减少燃油消耗，有利于环保。实验显示：轮胎气压低于标准气压值30%，车辆油耗将上升10%。车辆油耗上升不仅增加运行费用，还增大废气排放，加大环境污染。车辆安装了轮胎气压智能监测系统后，就能及时发现车胎气压异常，有效避免轮胎气压异常现象的发生，这不仅有利于降低油耗，而且可以减轻对环境的污染。

（4）可避免车辆部件不正常的磨损。若汽车长时期在轮胎气压过高的状态下行驶，将会对底盘及悬挂系统造成损害；如果轮胎气压不均匀，会造成制动跑偏，从而增加悬挂系统的磨损。汽车上安装了轮胎气压智能监测系统后能有效避免上述现象的发生。

6. 电控动力转向系统

在当今车辆高速化、驾驶人非职业化、车流密集化的背景下，针对更多不同类型的驾驶人群，通过优化转向系统结构及设计，改善汽车的转向特性，降低驾驶人的劳动强度，进而提高汽车的操纵轻便性、稳定性及安全行全性已成为重要的技术问题。

纵观汽车发展历程，汽车转向系统机构类型经历了 4 个发展阶段：①机械式转向系统（Manual Steering，MS）；②液压助力转向系统（Hydraulic Power Steering，HPS）；③电控液压助力转向系统（Electro Hydraulic Power Steering，EHPS）；④电动助力转向系统（Electric Power Steering，EPS）。其中，电子控制动力转向系统具有放大倍率可变、转向助力特性好、节能环保等突出优点，代表着汽车转向系统的发展方向。

电动助力转向系统由机械式转向装置、助力电机、电磁离合器、减速机构、转向盘传感器（包括转矩传感器和转速传感器）、电控单元（助力转向 ECU）等组成，如图 3.35 所示。电动助力转向系统是在传统的机械式转向系统的基础上，利用直流电动机作为动力源，电子控制单元根据转向参数和车速等信号，控制电动机转矩的大小和方向。电动机的转矩由电磁离合器通过减速增矩后加在转向机构上，形成一个与工况相适应的转向力。

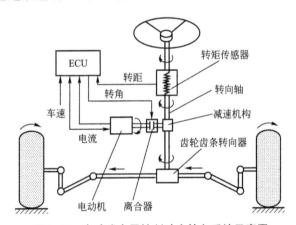

图 3.35　电动式电子控制动力转向系统示意图

电动助力转向系统的工作原理：驾驶人在操纵转向盘进行转向时，转矩传感器检测到转向盘的转角（方向）以及转矩的大小，将电压信号输送到电子控制单元，电子控制单元根据转矩传感器检测到的转矩电压信号、转动方向和车速信号等，向电动机控制器发出指令，使电动机输出相应大小和方向的转向助力转矩，从而产生辅助动力。汽车不转向时，电子控制单元不向电动机控制器发出指令，电动机不工作。

电动助力转向系统的最大特点就是能实现"精确转向"，它能够在汽车转向过程中根据不同车速和转向盘转动的快慢，精确提供各种行驶路况下的最佳转向助力，减小由路面不平引起的对转向系统的扰动。不但可以减轻低速行驶时的转向操纵力，而且可以大大提高高速行驶时的操纵稳定性，并能精确实现人们预先设置的在不同车速、不同转弯角度所需要的转向助力。

根据电动机布置位置的不同，电动助力转向系统的结构可分为转向轴助力式、齿轮助力式和齿条助力式3种类型。与传统液压动力转向系统相比，电动助力转向系统的主要优点如下：

（1）只在转向时电动机才提供助力，有利于降低车辆的燃油消耗。
（2）可同时兼顾低速时的转向轻便性和高速时的操纵稳定性，转向助力特性好。
（3）结构紧凑，质量轻，易于维护保养。
（4）容易与不同车型匹配。

7. 自适应巡航控制系统

自适应巡航控制系统（Adaptive Cruise Control，ACC）将汽车自动巡航控制系统（Cruise Control System，CCS）和车辆前向撞击报警系统（Forward Collision Warning System，FCWS）有机地结合起来，既有自动巡航的功能，又有防止汽车前向撞击功能，是一种智能化的自动控制系统。

自适应巡航控制系统是在巡航控制技术的基础上发展而来的。较传统定速巡航系统相比，自适应巡航控制系统增加了"定距"的功能，扩大了巡航功能的适用范围，既可用于高速公路，也可用于城市道路。自适应巡航控制系统根据驾驶人设定的车间时距，通过控制本车发动机的节气门开度及车轮制动器对车速、加速度进行控制，以实现设计的目标车头距，从而进行自适应巡航控制。自适应巡航控制系统工作原理如图3.36所示。

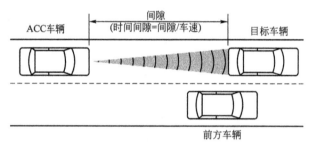

图3.36 自适应巡航控制系统工作原理

自适应巡航控制系统由传感器、数字信号处理器以及控制模块三大部分组成，各部分之间的作用及其相互关系如图3.37所示。

图3.37 自适应巡航控制系统三部分的作用及其相互关系

其中，传感器部分包括雷达（测距传感器）、轮速传感器、方向角传感器等，控制模块包括控制单元、制动控制器、发动机节气门控制器等。雷达安装在散热器的护栅内，用以探测本车前方200m内的目标车辆，并向ACC-ECU提供本车与目标车辆间的相对距离、相对速度、相对方位角度等信息；轮速传感器安装在前后轮毂上，用以测量车辆的行驶速度；方向角传感器用以判断车辆行驶的方向；发动机节气门控制器和扭矩控制器用以探测和调整发动机的输出扭矩，并根据需要适时调整车辆的运行速度。各种控制器和传感器均由车内 ACC-ECU 控制。

自适应巡航控制系统的工作原理：车辆行驶过程中，安装在车辆前部的车距传感器（雷达）持续扫描车辆前方道路，同时轮速传感器采集车速信号，当本车与前车之间的距离低于安全距离时，控制单元可通过防抱死制动系统、发动机控制系统协调动作，使车轮适当制动，并使发动机的输出功率下降，以使本车与前方目标车辆之间始终保持安全距离。

当本车通过雷达探测到前方没有汽车等其他障碍物时，本车将执行传统巡航控制，按驾驶人设定的速度行驶；当雷达探测到前方有汽车切入或减速行驶时，启动自适应巡航控制系统，按照驾驶人设定的车间时距，通过调节节气门作动器和制动控制器控制本车的速度和加速度，以保证计算的车头净距。

自适应巡航控制系统的主要作用如下：

（1）减轻驾驶人的疲劳，提高驾驶的安全性。

（2）可使汽车低速行驶状态下也能与前车保持设定的距离。

（3）使车辆编队行驶更加轻松。

3.4.2 汽车被动安全技术（装置）

当汽车使用过程中因碰撞引发的交通事故不可避免地要发生时，汽车被动安全技术（装置）将成为避免乘员受伤或死亡的重要保障措施。目前，典型汽车被动安全技术（装置）主要包括以下几种。

1. 安全车身

国外对大量汽车碰撞事故的统计研究表明，在正面碰撞、侧面碰撞、尾部碰撞、翻车等主要碰撞事故中，车辆发生前部碰撞的比率超过 50%，并且乘员也大多是在这一类碰撞事故中受伤或死亡，且在导致严重损伤和死亡的事故中，前部碰撞分别占了 70% 和 50%。相关试验也表明，在正面碰撞时，车身前部及侧面结构对碰撞能量的吸收状况与乘员舱的变形存在明显的相关关系。因此，对汽车特别是乘用车车身前部和侧面结构进行优化对提高碰撞条件下的乘员安全性具有重要现实意义。

汽车（乘用车）安全车身主要包括前后部碰撞变形区和中部高强度乘员舱。对前后部碰撞变形区的基本要求是应拥有柔软的吸能区，以便当碰撞发生时能吸收较多能量。在正面碰撞中，车身前后部碰撞变形吸能区的变形越大，吸收的碰撞能量就越多，传到乘员舱的撞击力也就越小，二次碰撞的能量就越小。同时，车身采用高强度乘员舱，可有效增强碰撞后乘员舱的变形强度，减轻或避免乘员因乘员舱空间变形受到挤压，从而降低乘员受伤的危险。特别是在遭受侧面碰撞时，由于乘用车侧面与外界只有一扇车门之隔（乘员与车门内板之间仅存在 20～30mm 的空间），车门的抗冲击能力和乘员舱的整体框架强度就成为保护乘员安全的重要条件。

此外，车身材料的选用及其配置状况对其安全性同样起着非常重要的作用。安全车身结构可通过使用普通、高强度、超高、特高等不同强度的钢梁将车身的骨架分成前部、中部、后部等多个不同变形吸能区域。对于乘员舱，通过使用超高强度钢，保证其强度，并在侧面增加特高强度的加强筋，将侧面碰撞力有效地转移到车身中具有保护作用的梁、柱、地板、车顶及其他部件上，使撞击力被这些部件分散并吸收，从而最大限度地把可能造成的损害降低到最低程度。

1) 对车身安全结构的基本要求

目前，提高车身碰撞安全性措施主要集中于汽车车身结构的缓冲与吸能。而保证汽车车身结构具有良好的缓冲与能量吸收特性的基本措施主要为两个方面：一是优化车身结构变形区域设计，使车身前、后部结构要尽可能多地吸收碰撞能量；二是控制受挤压构件的变形形式，防止车轮、发动机、变速箱等刚性构件侵入驾驶室(乘员舱)。

尽管二次碰撞是造成乘员人体损伤的直接原因，但从其产生的原因看，二次碰撞是因为一次碰撞而形成，且一次碰撞时的能量在很大程度上决定着二次碰撞的剧烈程度，因此，控制住一次碰撞时的能量和强度可以减少人体损伤程度。通过汽车车身结构的缓冲与吸能作用，可以有效降低一次碰撞时的能量和强度，使碰撞过程中作用于乘员的力和加速度降低到规定的范围内。就汽车车身结构而言，其缓冲与吸能作用主要是通过乘员安全区(A区)和缓冲吸能区(B区)科学设计与合理设置实现的，汽车乘员安全区和缓冲区如图3.38所示。

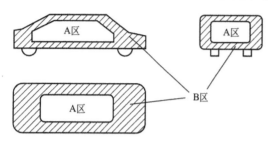

图3.38 汽车乘员安全区和缓冲区示意

汽车乘员安全区与缓冲区即A区与B区之间的相互关系既存在着统一的一面也存在矛盾的一面。如果仅从车内乘员不被汽车碰撞变形后产生挤压受伤的角度看，A区(乘员安全区)在碰撞中的变形应越小越好。要使A区变形小，就要求B区(缓冲吸能区)有较大的总体刚度，但B区的刚度过大又会影响汽车车身的缓冲吸能性能。另一方面，从缓冲吸能角度看，B区的刚性应足够小，变形应足够大，这就导致了A区变形小与B区变形大的矛盾。为解决这一矛盾，B区必须设计成"外柔内刚"式的结构，即B区与A区交界处设计成具有较大刚性的结构，而在B区外围设计成具有较小刚性和较好缓冲吸能的结构。

2) 碰撞安全的车身设计原则

碰撞安全的车身设计原则是：利用车身前、后部、侧围构件的变形有效地吸收碰撞能量，车身乘员舱坚固可靠，以确保乘员的有效生存空间。就提高安全车身乘员舱碰撞安全性而言，乘员舱的设计需要重点关注两个方面的问题：一是碰撞事故发生时对碰撞能量的吸收；二是碰撞事故发生时保持乘员舱的完整性，以尽可能避免乘员受到挤压和冲击。

为了减轻汽车碰撞时乘员的伤亡，车身设计在着重加固乘员舱部分强度的同时，还需适当弱化汽车头部和尾部的强度(图中阴影线部分)，即中间"硬"，前后"软"，如图3.39所示，而乘用车车身结构主要是由薄壁梁型结构和接头构成的框架结构，如图3.40所示。

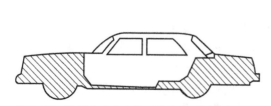

图3.39 乘用车车身中间"硬"前后"软"示意

图3.40 由薄壁梁型结构和接头构成的车身框架结构简图

车身结构的防撞性主要决定于该框架结构的刚度及其整体变形特性,对车身结构的基本要求是:由薄壁梁型结构和接头组成的框架在碰撞过程中吸收大部分碰撞能量,并为乘员舱提供满足法规规定要求的刚度。在此框架结构中,乘员舱前部的纵梁既是吸收能量的主要元件,也是碰撞过程中向后传递碰撞作用力最大的元件。此外,亦可针对车身上不同区域及不同受力状况,采用不同强度的钢材料。

3) 提高车身正面碰撞安全性的结构措施

正面碰撞时碰撞作用力沿车体结构的传递路径如图 3.41 所示。

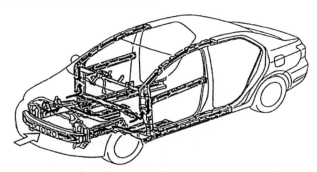

图 3.41 正面碰撞时碰撞作用力沿车体结构的传递路径

由图 3.41 可以看出,正面碰撞时,作用于保险杆/前横梁上的碰撞力是经乘员舱前部的左右前侧纵梁后分别各自沿上边梁、下边梁向后传递的。显然,碰撞时车身前部结构的变形区域越大,吸收的碰撞能量则会越多,向后传递的碰撞力则会越小。目前,车身前部采取的安全措施主要如下:

(1) 有效利用车身前部轴向压溃变形模式吸收能量,缓解碰撞加速度。对于车身前部构件而言,一是利用其弯曲变形和压溃变形两种吸能方式吸收碰撞能量(实际中碰撞发生时这两种吸能方式会同时存在);二是利用前纵梁的不同变形形式,有效增加对碰撞能量的吸收能力。

(2) 变形次序、强度由前至后逐渐增强。为提高乘员舱框架的承载能力,防止乘员舱前壁局部压溃,车身前部前纵梁构件与乘员舱连接处多采用叉形或三叉形布置结构形式。

(3) 防止车辆前部构件侵入乘员舱内。车辆前部构件主要有车轮、发动机、变速箱等,其措施主要是使其在车辆碰撞时能够适当向下移动。发动机采用较低位置的安装方式,当汽车遭受正面碰撞时,发动机直接滑向汽车中央通道的下方,以避免发动机直接向驾驶席方向冲去,而伤害前排乘员。

4) 提高车身侧面碰撞安全性的结构措施

侧向撞击力沿车身传递路径如图 3.42 所示。由图 3.42 可以看出,侧面碰撞时,作用于车身侧面的碰撞力即侧向碰撞力经侧门框、上边梁(包括 A 柱、B 柱、C 柱在内)、下边梁分别沿多根横梁向未受到碰撞一侧传递。较正面碰撞相比,其碰撞力的作用方向与车内乘员呈垂直状态。为保证乘员舱在侧面碰撞下的完整性,增强车内乘员保护效果,除将车门、门槛和立柱设计成刚性结构外,且越来越多地采用防侧碰安全气囊,以减轻乘员因二次碰撞造成的伤害。提高车身侧面抗撞能力的具体措施如下:

(1) 增加车门强度。包括增加车门门板的厚度或增加防撞横梁等。

(2) 增加侧围物件的强度。包括增大前柱(A 柱)、中柱(B 柱)、后柱(C 柱)的截面形状及板厚等。

（3）增加门槛梁强度。增强措施包括增大承载面积，在车身中柱高度上安装横梁系统，在地板下面以及后风窗下面安装加强横梁。

（4）合理设计门锁及门铰链。这有利于将车门所受的撞击力有效地传给立柱。

对于侧面碰撞而言，缓冲吸能结构的设计较正面碰撞相对要困难很多，其主要原因是能够用于缓冲和吸能的区间十分有限。现在常用的改进抗侧撞性能的方法主要包括两个方面，即增加 B 区两侧的厚度和加大 B 区两侧的内部刚度。

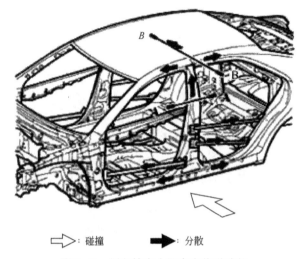

图 3.42　侧向撞击力沿车身传递路径

5）提高车身后部结构碰撞安全性的结构措施

追尾碰撞时，车身后面碰撞作用力传递路径如图 3.43 所示。由图 3.43 可以看出，追尾碰撞时，作用于车身尾部的碰撞作用力向车身前部传递的路径主要是由后保险杠及横梁经后纵梁传递给左右两边门槛梁向前方传递，对于追尾碰撞而言，后纵梁是其主要吸能元件。此外，作用于车身尾部的碰撞作用力也可由轮胎后部结构经轮胎传递给门槛梁向车身前部传递。

图 3.43　车身后面碰撞作用力传递示意

车身后部碰撞安全性的结构设计思想与正面碰撞基本相同。由于追尾碰撞时乘员的加速度较小，较前部碰撞相比其伤害程度减弱，且乘用车尾部一般为行李厢，碰撞吸能区间较大，因而车辆尾部的吸能设计远不如前部重要，追尾碰撞对车内乘员的伤害主要是颈部冲击损伤，所以，车辆尾部区段应尽量软化，提供 300～500mm 的变形行程，同时座椅头枕要起到很好的保护作用。

2. 安全带

汽车安全带是用于防止驾乘人员在车辆遭遇碰撞时因惯性力作用而与车内结构物相撞导致伤害的防护装置，如图 3.44 所示。

1) 碰撞事故与安全带的防二次冲撞效果

汽车高速行驶过程中，一旦发生严重的撞车（一次碰撞）事故时会产生很大的减速度，往往会在极短的时间（几十毫秒至几百毫秒）内由高速运动状态变为停止运动状态，在此过程中，由于车内乘员的减速度小于汽车的减速度，使乘员停止运动的时间比汽车停止运动的时间要长，即汽车停止运动后，乘员身体还要向前运动，巨大的惯性力使得车内驾乘人员无法自控而向前运动碰到转向盘、仪表盘或前排座椅的背面（二次碰撞），这种二次冲撞可能导致驾乘人员身体受到致命撞击，严重时甚至还会撞碎风窗玻璃飞出车外，与前方障碍物再次相撞。实际中，减轻这种二次冲撞及其伤害后果的有效途径之一就是车内驾乘人员使用安全带。

图 3.44 汽车安全带示意

安全带是通过对车内乘员的约束作用，使乘员在撞车过程中获得一个比较安全的减速度值，并限制其向前移动的距离，从而防止乘员受到二次碰撞；此外，在车辆发生翻滚时，安全带还可以保护乘员不致被甩出车外。安全带在汽车上使用始于 20 世纪 50 年代，开始是作为选装件在汽车上使用。从 60 年代后期开始成为标准配置，并通过立法使得安全带在汽车上的使用制度化。

2) 安全带的工作原理及保护作用

汽车安全带工作原理：当碰撞事故发生时，安全带在乘员人体惯性力的作用下产生向前移动，当乘员人体作用于安全带上的力使安全带的运动速度超过一定阈值后，安全带系统中的锁止结构开始工作，安全带被锁紧，不能从卷收器中继续拉出，从而将乘员约束在座椅上，使乘员的头部、胸部不至于向前撞到转向盘、仪表盘及风窗玻璃上，降低乘员发生二次碰撞的风险；同时避免乘员在车辆发生翻滚等情况下不被甩出车外。

汽车安全带系统的最大特点是：缓拉时无阻力，急拉时则锁紧。当车辆出现紧急制动、正面碰撞或发生翻滚时，因乘员的惯性运动会使安全带受到快速而猛烈的拉伸时，安全带系统中卷收器的自锁功能可在瞬间卡住安全带而不让继续被拉出，使乘员紧贴座椅，避免遭受猛烈碰撞或被甩出车外而受伤。

汽车安全带主要由织带、锁扣、卷收器、长度调整机构、预紧器、安装固定件等部件组成，具有结构简单、成本低、减轻乘员事故伤害效果明显等特点，在现代汽车上获得了广泛应用。预紧式安全带是目前广为使用的安全带之一，也称预缩式安全带。预紧式安全带的特点是在汽车发生碰撞事故的一瞬间，在乘员身体尚未向前移动时它会首先拉紧织带，立即将乘员紧紧地"绑"在座椅上，然后锁止织带防止乘员身体前倾，避免与车内坚硬部件发生碰撞或从座位上甩向车外而造成伤害，有效保护乘员的安全。

3）安全带的类型与性能提高

乘用车上使用的安全带，按固定方式可分为两点式安全带、三点式安全带、四点式安全带三种。三点式安全带是目前汽车正面碰撞事故、翻车事故中最有效的保护装置，改进安全带性能的新技术仍在不断发展，主要有卷收器在保留原有敏感方式（带感和车感）的同时，开发了织带夹紧装置、织带预紧装置、吸能织带、可充气式的安全带等。

大量的道路交通实例表明：安全带能有效地降低交通事故致死率和重度创伤发生率，特别是对减少最常见的导致乘员头部严重创伤的正面碰撞效果尤为明显。从保护乘员自身安全的角度来讲，不论是驾驶人驾车还是乘客乘车，只要车辆处于运行过程中，就应该系好安全带，特别是在高速公路行驶的所有客车驾驶人及其乘员更应该如此。

3. 安全气囊

安全气囊防护系统（Supplemental Restraint System，SRS）是现代乘用车上引人注目的高技术装置，已成为乘用车的基本配置。Supplemental Restraint System 直译为辅助约束（防护）系统，一般译为安全气囊。通常与座椅安全带配合使用，可为乘员提供有效的防撞保护。安全气囊的作用是，当汽车遭受碰撞导致车速发生急剧变化时，安全气囊迅速膨胀，承受并缓冲乘员头部与身体上部的惯性力，避免乘员的胸部、颈部和头部强烈撞击在转向盘、仪表盘或风窗玻璃上而遭受伤害。

1）碰撞事故与安全气囊的"气垫"效果

虽然安全气囊和安全带一样，也是一种车内乘员保护装置，但其具有明显的高技术特点。驾驶人侧安全气囊平时呈折叠态安置在乘用车的转向盘中央内，一旦汽车前端发生了强烈的碰撞，安全气囊就会瞬间从转向盘内"蹦"出来，垫在转向盘与驾驶人之间，起着"气垫"的作用，以防止驾驶人的头部和胸部撞击到转向盘或仪表板等硬物上。显然，安全带、安全气囊在对车内乘员的保护方式上存在明显差别：安全带主要是在碰撞等事故发生时通过约束车内乘员，即尽可能使车内乘员保持在原有的位置而不移动和转动对其进行保护；安全气囊则是在汽车碰撞事故发生过程中通过对气囊充气使气囊迅速膨胀并垫在车内乘员与车内坚硬物之间而达到保护乘员的目的。

安全气囊的作用是汽车在一定车速条件下发生正面碰撞事故时避免乘员的胸部、颈部和头部强烈撞击在转向盘、仪表盘或风窗玻璃上。安全气囊自面世以来，已经挽救了许多人的性命，现已成为当今乘用车上的标准配备。

2）安全气囊的结构、工作原理与安全保护

安全气囊系统主要由控制装置（传感器、电子控制系统、触发装置）、气体发生器、气袋等部件组成，如图3.45所示；图3.46为安全气囊充气过程效果示意图。

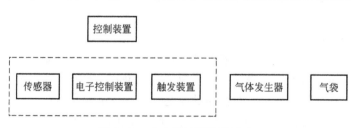

图3.45　安全气囊系统的组成

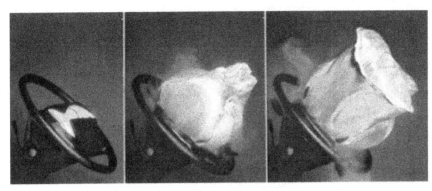

图 3.46 安全气囊充气过程效果

汽车行驶过程中,安全气囊系统中的传感器不断向控制装置发送车速变化(或加速度)信息,由控制装置对这些信息加以分析判断,如果检测到汽车的速度、加速度变化量或其他指标超过预定值(即真正发生了碰撞),则控制装置向气体发体发生器发出点火命令或传感器直接控制点火,点火后发生爆炸反应,产生氮气或将储气罐中压缩氮气释放,在乘员的前部形成充满气体的气囊。该气囊一方面将乘员的头部和胸部与前面的车内结构物隔开;另一方面,当乘员的身体与气囊接触时,利用气囊本身的阻尼或气囊背面的排气节流作用吸收乘员惯性力产生的动能,缓和车内碰撞,从而达到保护乘员的效果。

安全气囊的工作原理是:当汽车发生较严重的碰撞时,碰撞传感器将汽车碰撞信息(汽车减速度)转换成相应的电信号输入到电子控制器,与此同时,安全传感器内部的触点也在汽车减速惯性力的作用下闭合,接通点火器电源;电子控制器对碰撞传感器输入的信号进行分析处理后,迅速向点火器输出点火信号,点火器通电引燃点火剂并产生高温,使气体发生器产生大量气体,并经过滤与冷却后,冲入气囊使气囊快速膨胀展开,在车内乘员还没触及前方坚硬结构物之前,抢先在二者之间形成弹性气垫,并及时由小孔排气收缩,吸收强大惯性冲击能量,以保护乘员头部、胸部,避免或减轻受伤害程度。

装置在汽车上的安全气囊只能使用一次,不可重复使用。实际中,在追尾碰撞、翻车或大多数侧面碰撞的情况下,安全气囊一般不会被引爆。从汽车碰撞开始时刻算起,一般气囊充气膨胀涨开的时间小于 100ms(实际充气膨胀涨开时间约为 30ms),气囊涨开 1s 后会瘪掉,以防驾乘人员被气囊窒息。随着科学技术的发展,目前已出现智能化安全气囊,这种气囊能识别出乘员舱内前排乘席有无乘员、有无逆向儿童座椅、乘员身材大小、重量、坐姿、是否佩戴安全带等,并根据上述信息调整动作,以求最大限度地保护乘员并减少失误。

3) 安全气囊的使用状况与碰撞安全系统的发展

装备安全气囊的乘用车已从过去的中高级乘用车快速向中低级乘用车发展。与此同时,一些乘用车除在驾驶人位置装备安全气囊外,还在前排的乘客一侧安装了乘客用安全气囊(即双安全气囊),乘客用安全气囊与驾驶人用安全气囊相似,平时也呈折叠态安置于仪表盘下部,只是气囊的体积稍大些,所需的气体多一些而已。除了正面碰撞安全气囊外,汽车侧面碰撞试验法规的推行促进了侧面碰撞安全气囊系统的开发。与正面碰撞相比,侧面碰撞安全气囊具有反应速度快、乘员缓冲空间小、保护区域面积大的特点。

驾乘人员对安全气囊的使用效果需保持正确的认识:①安全气囊必须与安全带配合使

用才能更有效；②安全气囊只能减少或降低对乘客的伤害程度，不可能消除事故发生；③安全气囊不是万能的，在低速碰撞中，安全气囊的展开有时反而会增大意外伤害。

4. 吸能防伤转向机构

随着车速的提高，仅靠座椅安全带和安全气囊两种约束装置来确保驾驶人的安全已变得越来越困难。其原因是因为在严重的正面撞车事故中，当车身有较大的压扁变形时，刚性的转向机构必然会被迫后移，挤压驾驶人的生存空间。如果刚性转向机构的后移量过大，即使配有座椅安全带、安全气囊等约束装置，也会给驾驶人造成伤害。

在车辆发生前部碰撞时，驾驶人的受伤程度很大程度上取决于二次碰撞的剧烈程度。在碰撞事故发生时，如果乘员舱变形很大，一方面因乘员舱受到挤压而可能危及乘员的生存空间使其受到伤害，另一方面因驾驶人在惯性力作用下向前运动，这使得作为驾驶人约束装置的安全带和安全气囊以及刚性的转向机构并不能够确保驾驶人有足够的生存空间，因此，保护驾驶人不受伤害，不仅要减少驾驶人的前冲位移，更要减轻车身内部的刚性凸出物与驾驶人发生的二次碰撞，对于转向系统而言就是当正面碰撞作用力达到一定限值时能使转向系的相关零部件产生变形而吸收碰撞能量。

现代汽车的吸能防伤转向机构所采取的措施是：在汽车碰撞时，使转向系统的有关零部件产生塑性变形、弹性变形、某些零部件相互分开而不传递运动和力或利用零部件之间的摩擦实现对冲击能量的吸收，以消除和减轻对驾驶人的伤害程度。图 3.47 为转向轴受到冲击时可变形部位指示图。

1）汽车正面碰撞时转向管柱与驾驶人运动趋向分析

汽车发生正面碰撞事故时，碰撞能量使汽车的前部发生塑性变形。一方面，碰撞能量使位于汽车前部的转向盘、转向柱及转向轴在碰撞力的作用下产生向后即向驾驶人胸部方向的移动，使转向盘与驾驶座椅之间的空间缩小；另一方面，驾驶人在惯性力作用下又向前冲，使得驾驶人的胸部和头部会碰撞到转向盘而受伤。图 3.48 为汽车正面碰撞时转向管柱与驾驶人的碰撞关系示意图。图中左下角指向向右的箭头代表正面碰撞作用在转向柱下端的碰撞力，图中右上角指向向左的箭头代表正面碰撞驾驶人在惯性力作用下冲向转向盘的作用力。

图 3.47 转向轴受到冲击后可变形部位示意

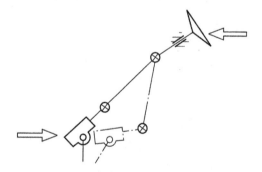

图 3.48 汽车发生正面碰撞时转向管柱与驾驶人的碰撞关系示意

由于刚性转向机构在正面碰撞事故中对驾驶人的伤害程度比较突出，为此，汽车发达国家对防止转向柱对驾驶人的伤害都制定了相关标准，如美国的安全标准 FMVSS203、204，欧盟的安全法规 ECE R12、EEC74/297，我国也制定了国家标准《防止汽车转向机构对驾驶员伤害的规定》(GB 11557—2011)。这些标准均规定了汽车发生正面碰撞时转向柱向后水平位移量和碰撞力的限值要求。

2) 吸能防伤转向机构工作原理与结构

吸能防伤转向机构是一种能够在正面碰撞事故中确保驾驶人有足够的生存空间,并能够吸收冲撞能量,防止或减轻驾驶人伤害的被动保护装置。该装置主要由转向盘、上转向轴、下转向轴、转向轴上套管、转向轴下套管、转向器、万向节以及当转向盘受到撞击时能够吸收冲击能量的吸能元件组成,如图3.49所示。常见的吸能零部件有可收缩吸能转向管柱和伸缩式转向中间轴、吸能转向盘。吸能转向机构于1967年首先用于美国的乘用车上,从1969年起美国的乘用车全部采用,日本也从1973年起规定其乘用车必须装设吸能转向机构。我国生产的乘用车现正逐步装设吸能转向机构。

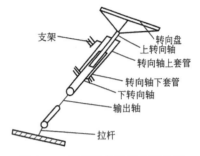

图3.49 吸能防伤转向机构示意

转向系防伤机构工作原理:通过在转向系中设计并安装防止或者减轻驾驶人受伤的机构,以有效吸收汽车正面碰撞时的碰撞能量。

根据汽车碰撞中防止转向柱对驾驶人伤害的相关法规,吸能转向柱(轴)结构得到广泛应用。由于吸能的机理和形式的不同、转向柱与车身受撞脱开方式及转向轴受撞压缩的形式不同,吸能式转向管柱(转向轴)的类型包括钢球滚压变形双层管式转向管柱(也称套筒式吸能转向柱)、波纹管式或网格状转向轴、可断开式转向中间轴、两段式转向中间轴、伸缩式转向中间轴等多种形式。

5. 儿童安全座椅

1) 我国儿童乘员保护现状

据统计,目前我国每年都有超过1.85万名0~14岁儿童死于道路交通安全事故,死亡率是欧洲的2.5倍,交通事故已经成为我国14岁以下儿童的第一死因。在我国私家车保有量快速增加的情况下,作为世界儿童最多和机动车保有量最多的国家之一,我国儿童乘员安全保护面临严峻的挑战,存在以下三大突出问题:①缺少专门针对儿童监护人、保护儿童乘车安全的法规;②缺少针对儿童安全座椅产品的强制性规范和行业认证标准,导致汽车儿童座椅产品良莠混存;③有相当数量的家长缺乏对儿童乘车安全的正确认知。

从20世纪70年代开始,欧美等发达国家就开始了对保护儿童乘车安全课题的各项研究。研究显示,汽车使用儿童专用的安全装置可有效地将儿童受伤害的概率降低70%左右,伤亡的比例从11.5%减少至3.5%。在美国、欧洲、日本等国家和地区,乘用车中都配备有儿童约束系统,同时对儿童约束系统以及在车辆中的安装固定制定了相应的标准法规,如美国的FMVSS 213标准、欧洲ECE R44号法规、日本TRIAS 51—1999法规等,都对儿童约束系统进行了详细规定。在我国,目前对儿童保护方面的研究处于初级阶段,正式的技术标准、法规较少。

2) 我国儿童乘员保护法规简介

我国国家标准《机动车儿童乘员用约束系统》(GB 27887—2011)已于2012年7月1日正式实施。这是我国第一部有关儿童乘车安全的强制性国家标准。该国家标准的实施,将对我国儿童安全座椅生产起到督促监督作用,对儿童安全乘车起到极大的保障作用。

国家标准《机动车儿童乘员用约束系统》规定了机动车儿童乘员用约束系统术语、定义,在车辆上的安装及固定要求,约束系统的结构,以及对约束系统总成及其组成部件的性能要求和试验方法。该标准适用于适合安装在三个车轮或三个车轮以上机动车上的儿童乘员用约束系统,但不适用于折叠座椅或侧向座椅。

儿童约束系统(Child Restraint System,CRS)是指带有保护锁扣的织带或相应柔软的部件、调节装置、连接装置以及辅助装置(如手提式婴儿床、婴儿携带装置、辅助坐椅和碰撞防护装置),且能将其稳固放置在机动车上的装置。其作用是在车辆碰撞事故或突然减速情况下,减轻对儿童乘员造成的伤害。

该标准针对儿童乘员约束系统的使用、安装及其他相关问题做出了以下强制性规定。

(1) 成人安全带锁扣和儿童约束系统的锁扣不能通用,儿童不应使用成人安全带。

(2) 儿童应该很容易地被安放到约束系统上或从系统上移走。

(3) 为了防止由碰撞或儿童自身动作引起儿童身体下滑或发生危险,所有向前的约束系统必须装备防前冲约束装置。

(4) 约束系统不应使儿童身体软弱部分(头部、颈部、胯部等)承受过大的压力,发生碰撞事故时,儿童头部、颈部也不应承受压力等。

(5) 每个儿童约束系统都必须有一份中文说明书。儿童约束系统的安装方法应以照片或特别清楚的图示表示,并应警告使用者,没有认证许可的产品和经过改装的产品是危险的,还应提示不要将无人照看的儿童放置在约束系统内等。

目前,世界上的车用儿童乘员约束系统技术法规分为两大体系,一个是美国的FMVSS213,另一个是欧洲的ECER44,我国的《机动车儿童乘员用约束系统》是参照欧盟ECE-R44/04标准制定的,其基本参数和该标准完全一致。

3) 儿童安全座椅的分类

(1) 按照儿童年龄和体重共分为5类。

① 适用于新生儿到15个月的儿童(或体重在2.2~13kg的婴儿),这类儿童安全座椅一般都装有可摇摆的底部,且还有把手,可作手提篮用。

② 适用于新生儿到4岁儿童(或体重在2.2~18kg的小孩),其设计同时提供两种功能:先用于新生儿到9个月的婴儿,然后改成用于9个月的婴儿到4岁的儿童。这种座椅在使用上特别要注意,新生儿到9个月的婴儿需要反向安装座椅,9个月到4岁的儿童需正向安装,但正向安装有两个必要条件:第一是儿童体重在9kg以上;第二是儿童可以自己坐起来,两者缺一不可。

③ 适用于1~4岁儿童(或体重在9~18kg的小孩),这款儿童用汽车安全座椅设计简单,没有前者座椅那么多的复杂的功能,适合大的幼儿使用。

④ 适用于1~12岁儿童(或体重在9~36kg的小孩),这款安全座椅是一种有趣的组合产品,既是一种专为蹒跚学步儿童(年龄从1~4岁)准备的座椅,又可拆除座椅本身的安全带而直接使用大人的安全带,可用至12岁。

⑤ 适用于3~12岁儿童(或体重在15~36kg的小孩)。

(2) 按照安装方向的不同可分为前向式和后向式。图3.50为前向式和后向式儿童安全座椅结构图。前向式儿童安全座椅,是儿童坐上后正面向前的一种座椅,通常所见的大多数为前向式,这种座椅适合3岁以上儿童的使用。3岁以上的儿童更喜欢前向式儿童安全座椅,主要是因为坐在前向式儿童安全座椅上视觉大为改善,便于欣赏来自大自然的美好景色。

 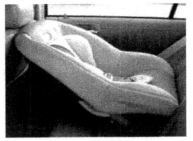

(a) 前向式儿童座椅　　　　　　　　(b) 后向式儿童座椅

图 3.50　前向式、后向式儿童安全座椅结构

后向式儿童安全座椅,是儿童坐上后正面向后的一种座椅,这种座椅主要用于3岁以下婴儿。3岁以下婴儿由于骨骼十分脆弱,其颈部最容易受到致命的伤害。儿童与成人相比,头部比例要大得多,这使得碰撞过程中颈部的受力也更大。因绝大多数的碰撞事故都有紧急制动过程,如果婴儿向前坐,脆弱的颈部极容易因受到过大的冲击力而造成严重伤害。后向式儿童安全座椅结构由于有椅背、靠垫、颈部安全枕等多重保护,最大限度地吸收了撞击冲力,使得儿童幼小脆弱的颈部得到很好的保护。

4) ISOFIX 标准和 LATCH 标准

研究表明:正确使用儿童约束系统能有效减少交通事故中儿童的伤亡,而儿童约束系统的误用会严重降低其功效。儿童约束系统的误用主要包括座椅方向是否正确,儿童约束系统与车辆的链接是否牢固以及安全带的引用是否正确,儿童安全带的锁扣是否锁止和绑带长度调节是否合适、滑动夹套定位及座椅倾角锁止是否正确等。为此,欧洲和美国分别制定了 ISOFIX 标准和 LATCH 标准,分别导入欧洲的 ECE - R44 和美国的 FMVSS 231 两大体系的儿童约束系统法规中,以推进儿童约束系统的正确使用。由于我国选定了欧洲 ECE R44 号法规作为主要参照,因此采用了 ISOFIX 标准。

2004 年 2 月, ISOFIX 系统导入欧洲法规 ECE R44。制定 ISOFIX 的目标是,让 ISO-FIX 儿童座椅能适合各种车型,只需简单地将儿童座椅插入其接口就可以使用。ISOFIX 装置一是使儿童约束系统的安装简单,降低因使用成人安全带固定儿童约束系统的错误使用率,以有效提高儿童乘车安全性,图 3.51 为高尔夫 6 型乘用车后排座椅的两个 ISOFIX 接口;二是能在儿童座椅和汽车之间建立刚性连接,以使其更加稳固,如图 3.52 所示。

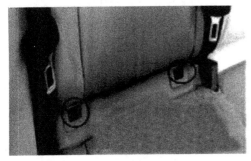 

图 3.51　高尔夫 6 型乘用车后排座椅的两个 ISOFIX 接口　　图 3.52　ISOFIX 接口使儿童座椅和汽车刚性连接

美国国家道路交通安全管理局规定，所有在2002年9月1日以后出厂的新车都必须安装LATCH系统，而且大多数的儿童座椅都被要求安装一个位置较低的附加装置，以便可以将座椅与挂钩扣在一起。大多数面向前方的儿童座椅也被要求在上部配备一条可与车内挂钩相连的皮带。LATCH系统可以独立于安全带而独立的工作，对于儿童座椅的安装也非常简便，而且可以减少错误使用儿童座椅的可能。

6. 行人碰撞保护

行人是道路交通事故中的弱势群体，最容易受到伤害。目前的绝大多数乘用车车头在与行人发生碰撞时，行人的下肢和头部是最频繁受到伤害的部位。一般来说，在车头与行人碰撞时，近45%的腿部伤害是由于保险杠与行人下肢碰撞造成的，有近35%的头部伤害是由于撞击后行人与风窗玻璃碰撞造成的，有近20%的头部伤害是由于与发动机罩碰撞造成的，由此可见，车头造型的设计和发动机盖以及风窗玻璃的设计是影响行人碰撞伤害的主要因素。另一方面，因下肢的伤害可能导致人残疾，头部的伤害则很可能致命，这使得头部伤害的危害程度远远大于下肢伤害。

1) 人车碰撞事故的特点

研究表明：在人车碰撞事故中，行人被撞击是一个综合、复杂的过程，包括人与车辆的一次碰撞，以及人被撞弹后与道路设施的二次碰撞等。人车碰撞事故通常具有以下特点：

（1）在大部分的人车碰撞事故中，人体是与车辆的前部发生碰撞，所以车辆的前部形状和刚度是与碰撞伤害程度非常相关的重要参数；而且在2/3的人车碰撞事故中，行人与车辆间的碰撞速度小于40km/h。在车辆与行人发生碰撞的瞬间，行人头部撞击发动机盖以及发动机舱内的坚硬部件，是造成行人头部伤害的重要原因。

（2）在行人死亡的总数中，25岁以上的人数占79%；在行人受伤的总数中，20岁以下的人占40%。但我国的行人事故中，儿童所占比例远高于国外。

（3）人体头部和下肢是最容易受伤的两个部位，其次是胸部、腹部、脊椎以及上肢，人体的这些部位容易受到伤害都与汽车的某些特定部位有直接关系。如人体头部受伤通常是与发动机盖和汽车前柱碰撞造成的；骨盆和大腿受伤是与发动机盖、翼子板碰撞造成的；大约3/4的小腿受伤和40%以上的膝盖受伤是与保险杠碰撞造成的。

下肢创伤是最常见的行人受伤类型，头部的创伤则是导致行人死亡的主要原因。

2) 行人保护技术

（1）碰撞缓冲防护系统。这是一种最基本的行人保护技术，主要涉及车身吸能材料的应用，如吸能保险杠、软性的发动机盖材料、大灯及附件无锐角等。采用吸能保险杠、在发动机舱盖断面上采用缓冲结构设计，则是目前汽车厂商较为常见的做法；此外，其前翼子板和保险杠也都预留出碰撞的余地空间，同样起到缓冲作用。目前，碰撞缓冲防护系统技术成熟、成本也相对较低，故应用广泛。

（2）发动机盖弹升主动防护系统。利用发动机盖弹升技术，在汽车发生碰撞的瞬间使发动机盖升起，即在发动机盖与发动机舱之间形成一个缓冲区，使得被撞行人不是直接与发动机盖及盖下面坚硬的发动机部件相撞，而是与弹升悬起的具有柔性和圆滑的发动机盖表面接触，如图3.53所示。该系统在检测到碰撞行人之后，会自动起动发动机盖弹升控制模块，车内配备的弹射装置可在瞬间将发动机盖升高，这一过程相当于被撞行人倒下时在其下面垫上了柔性物。

(a) 控制子系统检测到碰撞行人　　　　(b) 发动机盖弹升

图 3.53　发动机盖弹升主动防护系统

（3）智能安全保护系统。车辆智能安全保护系统能够对行人采取主动保护，即在事故发生前瞬间及时告知驾驶人，以避免碰撞事故发生或将碰撞伤害降至最小。该系统包括安全监控、危险预警、防撞等子系统，涉及传感器技术、通信技术、信息显示技术、驾驶状态监控技术等。该系统包括安装在车身各个部位的传感器、激光雷达、红外线、超声波传感器、盲点探测器等设备，具有碰撞事故监测的功能，能随时通过声音、图像等方式向驾驶人提供车辆周围及车辆本身的相关信息，并可自动或半自动地对车辆进行控制，从而有效地防止事故的发生。

（4）车外行人安全气囊系统。该系统以气囊为碰撞缓冲装置，为避免人体直接撞击汽车的风窗玻璃，在发动机盖以及风窗玻璃附近设置安全气囊，如图 3.54 所示，两者配合使用。发动机盖气囊在保险杠上方紧靠保险杠处开始展开。

图 3.54　发动机盖以及风窗玻璃附近设置安全气囊示意

车外行人安全气囊系统旨在避免人体撞击汽车的前风窗玻璃，以免在猛烈碰撞下行人受到严重伤害。其工作方式与传统的汽车安全气囊一样。碰撞事故发生前由一个碰撞预警传感器激发，50～75ms 内完成充气。充气后的安全气囊在两个前大灯之间的部位展开，由保险杠顶面向上伸展到发动机盖表面以上，以保证儿童头部和成人腿部的安全。

1. 汽车制动过程为何需要两对摩擦副才能完成？汽车驱动过程也需要两对摩擦副吗？为什么？

2. 结合图 3.11，分析汽车制动过程及影响制动距离的相关因素。

3. 汽车制动跑偏的原因有哪些？为什么后轴侧滑比前轴侧滑更危险？
4. 简述汽车操纵稳定性的评价项目及其主要内容，提高汽车操纵稳定性的主要途径。
5. 汽车驾驶视野、汽车灯光变化如何影响行车安全？实际中如何改善和提高汽车驾驶环境的安全性？
6. 汽车主动安全技术、汽车被动安全技术分别包括哪些主要内容？

第4章 道路与交通安全

本章教学要点

知识要点	掌握程度	相关知识
道路特性与交通安全	掌握道路几何线形、视距、道路结构、路面、道路交叉口、道路安全净空的相关内容,充分认识这些要素与交通安全的内在关系	道路几何线形、视距、道路结构变化对交通安全的重要影响
交通安全设施与交通安全	掌握交通信号灯、交通标志和交通标线、安全护栏、防炫光设施、视线诱导设施、人行横道与交通岛等相关内容及与交通安全的内在关系	交通安全设施对交通安全的重要性
道路行车环境与交通安全	掌握交通量与交通畅通状况、交通组成、天气与气候、夜间道路照明、道路交通秩序的相关内容及与交通安全的内在关系	道路交通环境如何影响交通安全,特别是如何对驾驶人进行影响的
道路现场作业与交通安全	掌握道路作业现场的概念、分类及不同道路作业现场的工作特点与安全管理要求;掌握次生事故的概念及防范的重要性	不同道路现场作业的特点及与交通安全的内在关系
道路交通电子监控设备(技术)与交通安全	掌握道路交通电子监控设备的概念、分类,电子摄像监测仪、测速雷达、视频监控的基本工作原理及其作用、功能	道路交通电子监控设备目前发展过程中存在的问题及其发展方向

导入案例

杭宁高速一段 9km 道路事故频发

1. 背景介绍

杭宁高速公路湖州至青山段全长 9km，2009 年全年发生交通事故 198 起，成为浙江境内道路交通事故发生最多的路段。据统计分析，在 198 起事故中，追尾事故占了多数，且多数因制动不当、未保持安全距离等原因造成。其中，绝大部分事故均发生在一段坡长为近 3km 的上下坡路段。这么短的一段路内，为什么在短短一年内会发生如此多事故呢？经观察，杭宁高速公路的通行车辆存在下述两种特别现象：

(1) 道路上行驶的主要为货车。从行驶的车辆构成看，货车占很大比例。杭宁高速公路日平均车流量 3.7 万辆，最高峰时可达 4 万辆。其中，白天货车约占 50%，而夜间货车高达 90%。货车多的主要原因是因为走该线路可以方便地到达安徽、河南、河北、山东等地，从外省进入浙江的车辆以运输原材料居多，而从浙江出去的车辆则以运输小商品为多。

(2) 上下坡时货车车速忽慢忽快。往杭州方向的车辆需先经过一个长下坡，接着是个长上坡，再是个长下坡，而往南京方向恰恰相反。这种波浪式的道路线形结构，对于乘用车车速的影响并不大，但对载重货车车速的影响却十分明显。平路上，载重货车的行车速度为 70~80km/h，但在这段上坡路段，车速便会相应下降 10~20km，甚至更多；而下坡时，由于载重货车自身很重，会越走越快，制动距离也会变长。

2. 原因分析

(1) 货车速度忽慢忽快极易引发交通事故，对其他车辆来说暗藏风险。对呈纵向排列行驶的车辆而言，当前车的车速突然降低，或下坡时突遇前方故障车辆，跟随车辆在两车距离非常近时，驾驶人通常会本能地做出两个反应：立即减速并急打转向盘，而这些本能的反应却极易引发交通事故，在 198 起事故中，转向不当的 76 起，占 38.4%；未保持安全距离的 52 起，占 26.3%；制动不当的 46 起，占 23.2%。事实上，立即减速和急打方向的一系列行为中均暗藏风险，如前车减速后跟随车辆没有同步减速便会追尾，而突然急打方向容易碰撞护栏，或者与隔壁车道的车剐碰。图 4.1 为杭宁高速公路湖州至青山段事故原因图解。

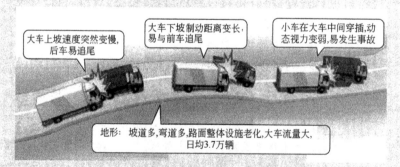

图 4.1 杭宁高速公路湖州至青山段事故原因图解

警方统计数字显示：这一路段追尾事故的比例最高，达 39%；其次是撞固定物和同向刮擦两类交通事故形态，各自占了 25%。

此路段雨天发生事故的概率比晴天要高出 2~3 倍。这是因为雨天除路滑容易造成事故外，也和此上坡路段特定情景相关——货车在吃力爬坡过程中，驾驶人势必会加大油门，此时，车辆排出的尾气中的一部分会附着到路面上，使上坡路面更加光滑，这一现象在刚下雨时最为突出。

(2) 动态视力受扰导致判断失误。动态视力是指人的眼睛在观察移动目标时，捕获影像、分解、感知移动目标影像的能力。驾驶人在驾车过程中时刻都需要对路面状况做出判断，一旦判断失误，就会引发事故。实际中，绝大多数事故背后都存在误判。

据调查，此路段对驾驶人判断力干扰因素较多：车辆匀速行驶时前方车辆车速突然变慢；车辆快速通过坡道时前方突然出现一辆车；乘用车频繁在货车中间穿插变道，这些都对驾驶人的动态视力、反应能力提出了高要求，稍有疏忽就会出现险情。

3. 整改措施

自 2010 年 5 月开始，道路管理部门对这段道路进行专项整治，将原本的沥青路面刨掉重新铺装，以增大路面的摩擦系数，并提高排水功能；交警部门也在该路段安装防疲劳震荡带、在道路两侧粘贴反光膜，增大夜间照明效果及可变情报提示牌等交通安全设施；此外，已计划沿此道路另建一条爬坡车道，供货车通行。

➡ (资料来源：http://news.163.com/10/0311/07/61FR8KV1000146BB.html.)

4.1 道路特性与交通安全

在道路设计中，人们总是通过不断规范道路几何特性来满足道路使用者对道路安全使用的要求，如美国先后制定了与道路安全有关的设计速度、平面线形、立面线形、车道宽度、路肩宽度、桥梁宽度、停车视距、坡度、横坡、超高、横向净空、竖向净空以及结构承载力 13 项强制道路设计标准。这 13 项标准中除最后一个结构承载力标准外，其余均为道路几何标准，由此可见道路几何特性对道路使用者的重要性。

4.1.1 道路几何线形

道路线形是指一条道路在平面、纵断面、横断面三维空间中的几何形状。道路线形按描述道路中心线平面的不同可分为平面线形和纵断面线形。平面线形是从平面的角度描述的道路中心线形状，就线形而言，主要由直线、圆曲线、缓和曲线组成，图 4.2 为直线线形和曲线线形的道路平面线形实景图。纵断面线形是从立体的角度描述的道路中心线形状，由最大纵坡、纵坡长度、竖曲线组成，图 4.3 为道路纵断面线形图。

道路线形决定着道路的空间形状及其走向。反映道路线形好坏的关键是行车速度的连续性及平稳性，它直接影响道路交通安全。驾驶人驾车过程中映入眼帘的道路线形最终是由平面线形、纵断面线形和横断面形式组合而成的立体线形。驾驶人在驾车过程中所选定的实际行驶速度，是由其对道路三维立体线形的判断做出的。在交通参与者、车辆两大因素一定的条件下，对于道路及交通环境而言，如果道路线形设计不合理，除了对道路使用者造成时间和经济上的损失及降低道路通行能力外，还会诱发交通事故。对道路几何线形设计既要考虑道路平面线形、纵断面线形两种线形以及与横断面的协调，还要注意视距的

(a) 直线线形　　　　　　　　　(b) 曲线线形

图 4.2　道路平面线形实景

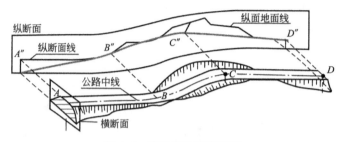

图 4.3　道路纵断面线形图

畅通等，其基本要求如下：

(1) 在行驶力学方面应保证汽车行驶时安全、快速、舒适。

(2) 在驾驶人视觉和驾驶心理方面通视性要好，有利于减轻驾驶人精神压力。

(3) 从地形、地质方面考虑，应使建设投资经济、合理，道路使用过程中病害少。

(4) 在整体上应使线形保持均衡与连贯，避免连续急弯的线形，以利于保持速度的连续性。

(5) 在交通环境方面应与沿途景观协调、和谐，创造宽松的驾车环境。

为了保障道路行车安全，国家标准《公路工程技术标准》(JTG B01—2003)对不同等级公路的设计速度的规定如表 4-1 所示。

表 4-1　中国各级公路的设计速度

公路等级	高速公路			一级公路			二级公路		三级公路		四级公路
设计速度/(km/h)	120	100	80	100	80	60	80	60	40	30	20

1. 平面线形

道路平面线形可分为直线、圆曲线、缓和曲线三种，如图 4.4 所示。

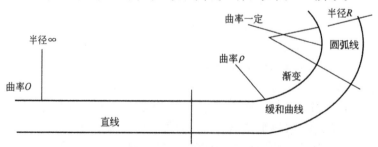

图 4.4　平面线形中直线、圆曲线、缓和曲线示意图

1) 直线

直线线形因具有路线短捷、汽车行车方向明确、视距良好、行车快速、驾驶操作简单、能提供较好的超车条件等优点，在公路设计中获得了优先选用，是干线公路的主体线路之一。然而，直线线形并不是最理想的安全线形，其原因是此线形景观单调，行车过程对驾驶人缺少必要的刺激，容易产生催眠作用。就行车安全而言，过长的直线，线形呆板，行车单调，易使驾驶人产生疲劳，导致注意力不集中，一旦有突显信息出现，就使驾驶人会因措手不及而引发交通事故，2010年我国在平直道路上发生的交通事故占总数的70.3%；此外，直线道路夜间对向行车容易产生炫光，长直线路段易使驾驶人开快车，容易发生超车和超速行驶，致使车辆进入直线路段末段后的曲线部分速度仍较高，若遇到弯道超高不足，往往导致倾覆或其他类型的交通事故。

由于长直线的安全性降低，因此在运用直线线形并确定其长度时，必须持谨慎态度。总的原则是：公路线形应与地形相适应，与景观相协调，直线的最大长度应有所限制，既不宜过长，也不宜过短。对于干线公路，直线长度段最长以不超过3min最高设计车速的行程为宜。直线长度段最短为：当设计速度≥60km/h时，同向曲线间的最小直线长度（以m计）以不小于行车速度（以km/h计）的6倍为宜；反向曲线间的最小直线长度（以m计）以不于行车速度（以km/h计）的2倍为宜。

城市道路因交叉路口处设置有交通信号灯，车辆实际行车速度比较低，采用直线线形可提高通视性，更有利于行车安全。

2) 圆曲线

圆曲线即弯道，是干线公路的重要线路。具有易与地形适应，可循环性好、线形美观等优点，在公路设计中获得了广泛应用。合适的圆曲线可以给驾驶人适当的紧张感，有利于提高行车注意力。圆曲线半径与设计车速之间的关系为

$$R=\frac{V^2}{127(i+f)} \tag{4-1}$$

式中，R 为曲线半径，m；V 为设计车速，km/h；i 为横向超高坡度；f 为横向力系数。

横向力系数的意义是作用于汽车上的横（侧）向力与竖（纵）向力的比值。对于汽车安全行驶而言，横（侧）向力是不稳定因素，竖（纵）向力是稳定因素。

由式(4-1)知，在设计车速 V 一定时，最小曲线半径 R_{min} 的值决定于容许的最大横向力系数 f_{max} 和最大横向超过坡度 i_{max}。显然，$(i+f)$ 值越大，曲线半径就越小，而曲线半径小，则使离心力增大，易使车辆在弯道上行驶时发生侧滑；此外，曲线半径变小则通常使视线盲区增大。实际中，曲线半径与事故率之间的关系是：大半径曲线比小半径曲线的事故率低；半径协调的连续曲线的事故率比不协调的低。根据国内外的经验，最大的 i 值考虑气候、地形等条件采用 6%～8% 比较合适；最大的 f 值考虑到行车稳定性采用 0.10～0.15 比较好。

《公路工程技术标准》规定了3种圆曲线半径，即极限最小半径、一般最小半径和不设超高最小半径。其中，极限最小半径是指按设计车速行驶的车辆，能保证行驶安全的最小半径，是设计采用的极限值，在设计中仅在特殊困难条件下才使用，一般不轻易采用；不设超高最小半径是判断圆曲线设不设超高的一个界限，当圆曲线半径大于或等于该公路等级对应的不设超高的最小半径时，圆曲线横断面采用与直线相同的双向路拱横断面，不必设计超高，反之，则采用向内倾斜单向超高横断面形式；一般最小半径介于极限最小半

径和不设超高最小半径之间，一方面要考虑汽车以设计车速在小半径的曲线上行驶时的安全性、稳定性及乘客充分的舒适性，另一方面也要注意到在地形比较复杂的情况不会过多的增加工程数量。表 4-2 为我国《公路工程技术标准》在不同设计车速下对应的圆曲线半径的规定值。就行车安全而言，选用圆曲线时应尽量采用较大半径值。

表 4-2　不同设计车速下对应的圆曲线半径

设计速度/(km/h)		120	100	80	60	40	30	20
圆曲线最小半径/m	一般最小值	1000	700	400	200	100	65	30
	极限最小值	650	400	250	125	60	30	15
	不设超高最小值 路拱≤2.0%	5500	4000	2500	1500	600	350	150
	不设超高最小值 路拱>2.0%	7500	5250	3350	1900	800	450	200

某高速公路平均亿车事故率与平曲线半径大小的散点图如图 4.5 所示。由图 4.5 可以看出：

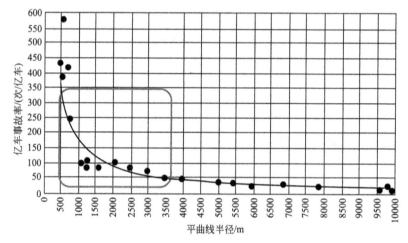

图 4.5　某高速公路平曲线与平均亿车事故率的散点图

（1）总体而言，随着平曲线半径的最大，亿车事故率逐渐降低；

（2）平曲线半径由 500m 增大至 3500m 区间，亿车事故率快速降低，特别是平曲线半径由 500m 增大至 1500m 区间，事故率急速降低，这一现象表明平曲线半径在较小值时随着半径增大非常有利于降低事故率，因而，实际中应尽可能使平曲线半径大于 1500m。

3）缓和曲线

缓和曲线作为平面曲线中设置在直线与圆曲线之间或圆曲线与圆曲线之间的一种曲率连续变化的曲线，如图 4.6 所示。其作用是：消除车辆在不同曲率半径的过渡弯道内行驶时因离心力变化对驾驶人产生的不舒适感和危险感，增强道路的交通安全性。该曲线通过曲率的逐渐变化，适应汽车转向操作的行驶轨迹及路线的顺畅，缓和行车方向的突变和离心力的突然产生；使离心加速度平缓变化，不致产生侧向冲击。缓和曲线的主要特征是曲率均匀变化。就缓和曲线的效果而言，缓和曲线越长，缓和效果越好，但过长会给测设和施工带来不便，实际中对缓和曲线长度应适当。

《公路工程技术标准》规定，除四级路可不设缓和曲线外，其余各级公路都应设置缓和曲线。现代高速公路中有时缓和曲线所占的比例超过了直线和圆曲线，成为平面线形的主要组成部分。城市道路中缓和曲线也获得了广泛使用。

表4-3为不同设计车速下的最小缓和曲线长度值。考虑到驾驶人的视觉条件，在进行回旋曲线设计时缓和曲线长度的取值应大于其对应条件下的最小值。

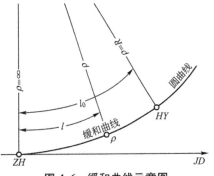

图 4.6 缓和曲线示意图

表4-3 不同设计车速下的最小缓和曲线长度

设计速度/(km/h)	120	100	80	60	40	30	20
最小缓和曲线长度/m	100	85	70	50	35	25	20

缓和曲线线形有抛物线形、双扭曲线形和回旋曲线形3种形式。其中，回旋曲线应用广泛，现代高等级公路上普遍采用回旋曲线。

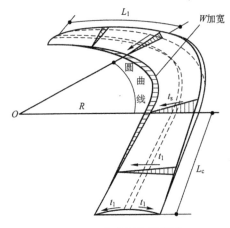

图 4.7 道路超高示意图

在平面线形中，包括圆曲线和缓和曲线在内的路线转向处曲线也称为平曲线。

4）超高

汽车在平曲线上行驶时，受离心力作用会产生滑移或倾覆，为抵消车辆在平曲线路段上行驶时所产生的离心力，保证汽车能安全、稳定、满足设计速度和经济、舒适地通过平曲线，在道路的设计与施工中，把弯道处的外侧抬高，使路面在横断面方向形成外侧高于内侧的单向横坡的形式，如图4.7所示。超高就是在平曲线路段横断面上设置的外侧高于内侧的单向横坡。

在弯道处设置超高的目的就是要全部或部分抵消汽车在弯道处行驶时产生的离心力，提高汽车在弯道处的行车安全性。汽车在有超高的弯道处行驶时所受的横向力为沿弯道外侧方向的离心力与因超高引起的车辆重力沿弯道内侧方向的分力之差，由此可得到汽车在有超高的弯道处行驶时的横向加速度为

$$a_g = \frac{V^2}{R} - gi \tag{4-2}$$

式中，a_g 为汽车在设置超高的弯道处行驶时的横向加速度，m/s²；g 为重力加速度，m/s²；其他符号同于式(4-1)。

式(4-2)中，对 i 的取值要适当。如果 i 取得过大，当汽车行驶时的车速低于设计车速时，因超高引起的车辆重力沿弯道内侧方向的分力大于离心力会使汽车在重力作用下沿横断面斜坡向内侧溜滑而引发交通事故。为保证汽车在超高弯道处停车时不发生向内侧溜

滑，其超高值不可取得过大；与此同时，i 取得过小时则起不到有效抵消离心力的作用，故超高值也不宜取得过小。道路超高 i 的取值范围一般为 2%～6%。

5）加宽

对车辆行驶状态和行驶轨迹的分析可知，车辆在弯道上行驶时，由于每个车轮都沿着各自独立的轨迹运动，前后轴车轮轨迹并不重合，如图 4.8 所示。显然，在弯道内侧的后轮行驶轨迹半径最小，而靠近弯道外侧的前轮行驶轨迹半径最大。当转弯半径较小时，这一现象表现更为突出。为了保证汽车在转弯时不侵占相邻车道，凡半径小于 250m 的曲线路段均需要加宽。

若不对弯道处进行适当加宽，当对向行驶的两车在弯道处会车时，若两车在弯道处仍然保持直线行驶时的横向间距时，则易使车辆的外侧车轮越出行车道至路肩甚至道外而引发交通事故；为不使车辆在转弯时的外侧车轮越出行车道至路肩上，则必然使两车相互间的横向间距小，而两车间横向间距变小容易引发刮擦、碰撞类交通事故，实际中，将弯道处内侧路面加宽，更符合汽车的行驶运动轨迹，可有效降低弯道处的速度变化，有利于提高汽车的行驶安全性。

对道路弯道处加宽是指人为地将弯道处内侧路面较直线段路面相比适当加宽的现象。图 4.9 所示为单车道路面所需的加宽值 e，图 4.10 为路面加宽实景图。

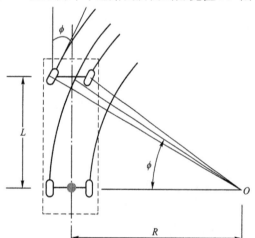

图 4.8　汽车转弯时前后轴左右车轮轨迹不重合

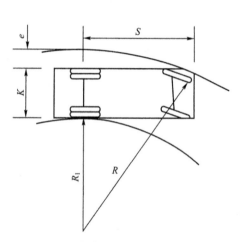

图 4.9　单车道路面加宽值的确定

图 4.10　路面加宽实景

图 4.9 中，加宽值 e 的表达式为

$$e = R - \sqrt{R^2 - S^2} \approx \frac{S^2}{2R} \tag{4-3}$$

式中,S 为汽车后轴至前保险杠的距离,m;R 为圆曲线半径,m。

如果是双车道路面,由式(4-3)求得的 e 值应加倍,再加上与车速有关的经验数值公式,即双车道拐弯处路面所需增加的实际宽度为

$$e = \frac{S^2}{R} + \frac{0.1V}{\sqrt{R}} \tag{4-4}$$

多弯道道路及其超高实景图如图 4.11 所示。

6) 曲线转角

曲线转角是指在路线的直线交点处由道路中线的原方向转向另一方向,转向后的直线方向与原方向之间的夹角。曲线转角与曲线长度之间关系为

$$\alpha = 0.01 \text{CCR} \times L \tag{4-5}$$

式中,α 为曲线转角;CCR 为曲率变化率,°/100m;L 为曲线长度,m。

图 4.11　多弯道条件下的道路超高实景

曲线转角的大小对行车安全具有直接影响,某高速公路亿车事故率随道路曲线转角的变化关系曲线如图 4.12 所示。该曲线表明:当曲线转角在 0°～45°变化时,亿车事故率与曲线转角的关系近似成开口向上的抛物线形,即随着曲线转角的增大亿车事故率逐渐降低,当转角增大到某一数值时事故率降低到最低值(即抛物线的极小点),随后随着曲线转角的继续增大事故率也随之增加。

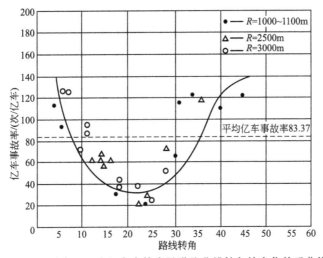

图 4.12　某高速公路亿车事故率随道路曲线转角的变化关系曲线

具体的对应关系是:曲线转角在 15°～25°时事故率最低,交通安全状况最好,这是因为驾驶人在正常行车状态下,当坐姿直、头部正、目视前方时,驾驶人的视点一般集中在前方 10cm×16cm(即高×宽)的矩形范围内,而曲线转角在 20°左右时驾驶人的视点恰好落在上述矩形范围内(图 4.13),这使得驾驶人在不需要移动视线或转动头部的情况下即可

充分观察道路及交通情况,从而降低了驾驶人紧张感,减轻了行车疲劳,提高了行车舒适性,使事故率最低。在曲线转角为小偏角时(≤7°)时,事故率明显增大。其基本原因是小偏角曲线容易导致驾驶人产生急转弯错觉而不利于行车安全。在曲线转角较大偏角时(>25°)时,部分曲线已越出上述范围而落在其外,导致驾驶人看到的线路不连续(图4.14),此时驾驶人必须移动视线或转动头部才可能比较充分地观察道路及交通情况,显然,这无疑增大行车难度,从而增大了事故发生率。

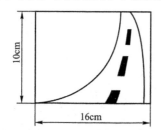 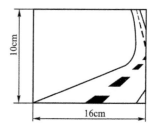

图 4.13　曲线转角为 20°时驾驶人的视点区域　　　图 4.14　曲线转角较大时驾驶人的视点区域

2. 纵断线形

道路纵断线形是指沿道路前进方向上坡、下坡的纵向坡度及在上下坡或下上坡转折处插入竖曲线后构成的空间形状。在纵断线形中,纵坡大小及其长度、两个坡段之间插入的竖曲线是否恰当对行车安全构成直接影响。

对于纵坡路段设计,原则上是按在同一设计速度路段保持车辆同一行驶状态进行。这是因为:第一,纵向坡度对车辆的行驶性能影响明显,若对任何车辆都按确保设计速度进行道路设计是不经济的;第二,视纵坡路段状况不同,采取适当的纵向坡度和在一些路段设置爬坡车道,将爬坡能力明显不同的车辆分开,有利于提高道路通行能力和降低交通事故发生率;第三,车辆下坡行驶过程中因需要频繁使用制动系统,且下坡的制动距离要比上坡行驶长,通常情况下下坡路段事故数要比上坡路段事故数多,在道路设计时对于上下坡行车条件的差别应予以有效反映。

图 4.15 是美国埃尔泽山(Elzer Mountain)地区一段 7.2km 长的山区路段(上下坡)1960—1996 年在采取交通安全保障措施前后交通事故数对比图。

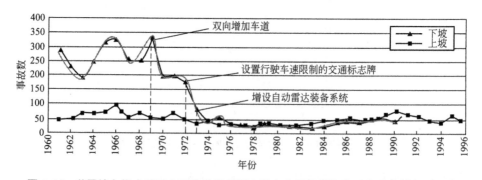

图 4.15　美国埃尔泽山地区上下坡路段采取交通安全保障措施前后交通事故数对比图

由图 4.15 可以看出,在未采取交通安全保障措施前,下坡事故数比上坡事故数高几倍;1969 年双向增加车道后,上坡事故数有所降低,下坡事故数下降明显;1972 年设置限制车速的交通标志后,下坡事故数又进一步明显下降,此时上坡事故数也相应降低;1973年增设自动雷达车速控制系统后,下坡事故数与上坡事故数处于相同水平,且以后多年保持相对稳定。这表明,在纵坡特别是下坡路段采取增加车道、设置安全标志、控制车速等交通安全改善措施对于提高路段交通安全性效果明显。

1)最大纵坡

最大纵坡是指在纵断面设计中,各级道路允许采用的最大坡度值。它是道路路线设计中的一项重要控制指标。在地形起伏较大的地区,它直接影响线路的长短、使用质量、行车安全性、工程和运输成本。

各级道路允许采用的最大坡度是根据汽车的动力特性、道路等级(等级越高、行车速度也越高、要求纵坡越平缓)、自然条件(地形、海拔高度、气温、气象条件等)以及工程、营运、经济等因素,通过综合分析、全面考虑后合理确定的。

纵向坡度的标准值,按照在投资容许范围内尽可能较少地降低车辆速度的原则确定。具体为:在满载条件下,纵向坡度的一般值,对小客车大致以平均行车速度可以爬到坡顶、普通载货汽车大致以1/2设计车速能够爬到坡顶为原则确定。我国《公路工程技术标准》对不同设计车速下最大纵坡的规定如表4-4所示。

表4-4 不同设计车速下的最大纵坡

设计速度/(km/h)	120	100	80	60	40	30	20
最大纵坡	3%	4%	5%	6%	7%	8%	9%

注:高速公路受地质、地形条件或其他特殊原因限制时,经经济技术认证合理可行,最大纵坡可增加1%。

2)纵坡长度

在一些山区道路路段,有的纵坡达数千米长,使得机动车行驶时或是持续上坡、或是持续下坡,如图4.16所示。

图4.16 某山区道路连续坡道实景

较长的坡道,上坡时易使发动机过热而引发故障;下坡时将使车速越来越快,为防止车速越来越快则需要连续使用车轮制动器,而连续使用车轮制动器易使制动器过热从而使制动性能下降即产生热衰减(严重时制动器失效),若遇有紧急情况不能及时停车从而引发交通事故,此种原因引起的事故约占坡道事故的40%;此外,有部分驾驶人当所驾车辆下坡时,为节油常采取熄火滑行的操作方法,一旦遇到紧急情况来不及采取应急措施,此类事故占到坡道事故的20%以上。与此同时,特别是在雨天或冰雪路面,由于道路附着系数降低,坡道道路增加了车辆行驶过程中溜滑的危险,增大了不安全性。为提高山区道路的行车安全性，须对不同纵坡的纵坡长度和不同车速下的最小坡长进行限制，表 4-5、表 4-6 分别为《公路工程技术标准》对不同设计车速下的最小坡长值的规定及不同纵坡、不同车速下的坡长限制值。

表 4-5 不同设计车速下的最小坡长

设计速度/(km/h)	120	100	80	60	40	30	20
最小坡长/m	300	250	200	150	120	100	60

表 4-6 不同纵坡及不同车速下的坡长限制值

最大坡度坡长/m 设计车速/(km/h)	120	100	80	60	40	30	20
3	900	1000	1100	1200			
4	700	800	900	1000	1100	1100	1200
5		600	700	800	900	900	1000
6			500	600	700	700	800
7					500	500	600
8					300	300	400
9						200	300
10							200

3）竖曲线

在道路两相邻纵坡转折（即变坡）处，为使汽车安全、顺适地行驶，用渐变法在两个坡段之间插入一段曲线，这段插入的曲线称为竖曲线，通常采用二次抛物线。

竖曲线根据两相邻纵坡类型（如先上坡后下坡和先下坡后上坡）的不同可分为凸形竖曲线和凹形竖曲线两种。因凸形竖曲线的视距条件较差，应选择适当的半径以保证安全行车的需要；凹形竖曲线的视距一般能得到保证，但由于在离心力作用下汽车要产生增重，因此应选择适当的半径控制离心力不要过大，以保证行车平顺和舒适。竖曲线要素包括竖曲线长度 L、切线长度 T、外距 E 等，如图 4.17 所示。显然，竖曲线长度 L、切线长度 T、外距 E 的数值不同，形成的竖曲线凸（凹）程度不同。

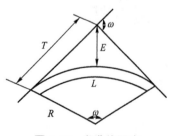

图 4.17 竖曲线要素

表示竖曲线大小的指标有长度、半径、曲率。竖曲线的曲率根据曲线长度和纵向坡度的变化量决定。竖曲线的半径可按如下近似式求得：

$$R=\frac{100L}{|i_1-i_2|} \quad (4-6)$$

式中，R 为竖曲线半径，m；L 为竖曲线长度，m；i_1、i_2 为纵坡转折处左右坡度值。

实际中，竖曲线的半径应尽可能取大一些，以利于驾驶人视觉上的连续性；竖曲线的最小长度应保证足够的安全视距，以缓解汽车下坡时的冲击感。《公路工程技术标准》对不同设计车速下竖曲线的最小半径和最小长度的规定如表 4-7 所示。

表 4-7 不同设计车速下竖曲线的最小半径和最小长度

设计速度/(km/h)		120	100	80	60	40	30	20
凸形竖曲线半径/m	一般值	17000	10000	4500	2000	700	400	200
	最小值	11000	6500	3000	1400	450	250	100
凹形竖曲线半径/m	一般值	6000	4500	3000	1500	700	400	200
	最小值	4000	3000	2000	1000	450	250	100
竖曲线最小长度/m		100	85	70	50	35	25	20

在白天或夜晚有充足道路照明情况下，凹形竖曲线道路的视距并不是影响行车安全的关键因素，但在夜间道路没有照明条件时，凹形竖曲线道路的视距就可能成为影响行车安全的关键因素，这是因为凹形竖曲线这种道路线形结构会使前照灯灯光不能很好地照射车辆的前进方向而仅能侧向照射路面，从而容易诱发交通事故。

4) 爬坡车道

爬坡车道是指在陡坡路段正线行车道外侧增设的专供载重汽车或慢速车行驶的专用车道，如图 4.18 所示。在长陡的纵坡路段，由于载重货运车辆在爬坡时需要克服较大的坡度阻力，致使在行车辆的行驶速度降低，甚至存在半坡熄火、向后溜滑等潜在危险，为了不影响同路段其他车辆通行，在一些山区及丘陵地区高等级公路的连续上坡路段的外侧为载重货运车辆设置了专门的爬坡车道。爬坡车道可视为山区及丘陵地区高等级公路超车车道的一种特殊形式，有利于提高整个路段的平均车速和服务水平；也避免了强行超车，有利于交通安全。

我国现行《公路工程技术标准》规定，高速公路和一级公路，当纵坡大于 4% 时，可沿上坡方向设爬坡车道。爬坡车道的宽度一般为 3.5m，设置于上坡路段原有车道的外侧，为供慢速上坡车辆行驶的专用车道。

图 4.18 爬坡车道(慢速车爬坡道)

高等级公路上设置的爬坡车道应紧靠车道的外侧，可占用原有的硬路肩宽度，爬坡车道的外侧可只设土路肩。原来供混合车辆行驶的硬路肩部分移至爬坡车道的外侧。爬坡车道的右侧应设 0.5m 宽的路缘带。

5) 紧急避险车道

在山区高速公路长大下坡路段(平均纵坡 $i \geqslant 4\%$，纵坡连续长度 $\geqslant 3km$，国内有的山区高速公路纵坡连续长度达 10km 以上)，经常出现载重货车因连续制动而使制动器摩擦片处于持续高温状态导致摩擦片炭化失效，发生严重交通事故的现象。紧急避险车道作为预防载重货车在大长纵坡连续下坡过程中可能因制动器失效而引发严重交通事故的一种安全设施,在欧美已获得了广泛的应用。应用实践证明,紧急避险车道对提高山区公路交通安全和减少交通事故经济损失具有重要的意义。

紧急避险车道是在连续下坡路段专为制动失灵车辆(主要为大型货车)所设置的紧急避险通道,如图4.19所示,一般设置在较易发生事故的路段。一条完善的避险车道通常由避险车道引道、避险车道、服务车道及其他附属设施(如限速警告标志、紧急停车区等)组成。

(a) 砂床式避险车道实景图　　　　(b) 重力式避险车道实景图

图4.19　避险车道实景图

避险车道具有两大作用:一是方便失控车辆从主线车道中分离出,避免对主线在行车辆造成干扰;二是使失控车辆能够平稳停车,尽量避免发生人员受伤、车辆严重损坏的现象。

紧急避险车道的形式主要有重力式、沙堆式和砂床式3类。重力式避险车道是依靠设置在大坡度的上坡匝道,利用失控车辆自身的惯性冲坡消耗运动能量而达到减速的目的;沙堆式避险车道是利用间断的沙堆对失控车辆形成的阻碍及碰撞作用达到减速的目的;砂床式避险车道则是将失控车辆引入由砂砾构成的具有制动效用的砂床中,通过砂砾的阻碍作用使车辆逐渐减速而停止。由于重力式避险车道在事故发生后不利于救援,沙堆式避险车道对车道损坏较大,实际中使用较少,而砂床(或鹅卵石)式避险车道因安全性高在实际中获得了广泛使用,是目前最安全、最普遍的避险车道形式,我国所建的避险车道主要以砂床式为主。从实际效果看,砂床(或鹅卵石)式避险车道的砂床或鹅卵石厚度随车道的延伸其厚度逐渐增加更有利于提高失控车辆的紧急避险效果。一般砂床或鹅卵石的厚度应在0.5~1m范围内紧急避险效果较好。

紧急避险车道一般设置在长陡下坡右侧视距良好的路段。根据相关研究,紧急避险车道最好设在长大下坡第二个1/3处的末端,即在下坡中部和尾部的中间部分。如果考虑车辆下坡前制动系统容易发热且性能变差,对行车安全造成隐患,可将紧急避险车道设在该段的起始部分,其他路段的紧急避险车道可按照2km左右间距进行设置。

避险车道入口应尽量布置在平面指标较高路段,并尽量以切线方式从主线切出,进入避险车道的驶入角不宜过大,以避免引起侧翻。

3. 关于不同线形间的组合与协调

不同道路线形间的组合与协调应全面考虑驾驶人行车特性及道路环境与线形之间的关系,使道路线形顺畅、平缓,为安全行车创造有利条件。线形间的组合与协调包括不同线形间的组合、不同线形间的连接协调以及不同技术标准间的相互协调。

1) 平、纵线形组合的一般设计原则

(1) 在视觉上能自然地引导驾驶人的视线,并保证视线的连续性。任何使驾驶人感到迷惑和判断失误的线形都有可能导致操作的失误,最终导致交通事故。

(2) 保持平、纵线形的技术指标大小均衡。它不仅影响线形的平顺性,而且与工程费用密切相关,任何单一提高某方面的技术指标都是无意义的。

(3) 为保证路面排水和行车安全,必须选择合适的合成坡度。

(4) 要注意与周围环境的配合,以减轻驾驶人的疲劳和紧张程度。特别是在路堑地段,要注意路堑边坡的美化设计。

2) 不同线形间的组合

道路线形组合问题,概括起来,主要为直线与曲线、曲线与曲线间的组合。线形组合存在的路段主要包括由平曲线构成的转弯路段;由竖曲线构成的上、下坡路段;由平竖曲线构成的既转弯又上、下坡路段。

即使平曲线与竖曲线两者都分别符合设计规定,但若组合不良或组合不当,同样会存在道路交通事故隐患。关于平曲线和竖曲线的组合,应尽量做到:①平曲线和竖曲线应相应重合,且平曲线稍长于竖曲线;②平、竖曲线大小应保持均衡;③明弯、暗弯与凹、凸形竖曲线要符合驾驶人的心理反应和视觉反应。即明弯与凹形竖曲线相组合,暗弯与凸形竖曲线相组合是合理组合。

3) 不同线形间连接的协调

根据驾驶人的行车特性,不同线形间的连接协调应注意以下几点:

(1) 不同线形间的直线段不宜过长。因直线段过长会使行车单调,缺少必要的刺激使驾驶人产生倦意,导致反应变得迟钝,不利于行车安全。

(2) 两个同向曲线之间不要插入短直线,如图 4.20 中 ab 直线段。在两个同向曲线之间插入短直线容易使驾驶人产生错觉,把直线和两端的曲线看成是反向曲线,或者把两个曲线看成是一个曲线而导致驾驶失误。这种插入方式由于破坏了平面线形的连续性,使行车条件恶化,应当避免。

同样,在两个反向平曲线之间插入短直线,如图 4.21 中 cd 直线段,也是要努力避免的。这种线形,由于不能充分设置超高和加宽而难以实现反向变化的平稳过渡,使驾驶人不能操作自如,对安全行车也非常不利。

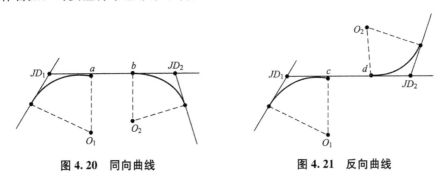

图 4.20　同向曲线　　　　图 4.21　反向曲线

(3) 在高填方的曲线路段应沿曲线外侧加设护栏、路警桩,以诱导视线,避免驾驶人驾车时偏离车道,冲到路基下酿成事故。

(4) 避免采用由很多短坡路段连在一起的线形。因为在此线形的道路上行车,驾驶人只能看见凸出的部分,不易看清凹下隐藏的地方,同时超车视距不好,使发生事故的可能性大大增加。

(5) 避免线形骤变。如长直线的末端设置急转弯曲线,尤其是长下坡(大于 1km)接小半径曲线是存在危险倾向的设计,易造成车辆在不自觉的高速情况下驶入平曲线,事故隐患大为增加。

4) 不同技术标准间的相互协调

一条道路的建设涉及多项技术标准,因而,对不同技术标准之间重要参数的选择最好能够一致。以行车速度为例,一条道路的建设最好使全线均满足同一最大行车速度值,这既方便驾驶操作,也利于车辆在道路上安全行驶。如果一条道路的不同路段间变更标准,应在两种不同标准路段之间设置过渡路段,以给驾驶人的驾车提供必要的适应行程。

4.1.2 视距

视距是指具有指定标准视线高度的驾驶人对路上标准高度障碍物连续可见的道路长度,通俗地讲就是驾驶人在行车期间能够清楚看到的前方道路某处的距离。它包括两个方面:一是道路前方的纵向视距;二是道路两侧的横向视距。驾驶人在驾车过程中对速度和行车路线的选择,主要取决于其所能看清的前方道路及其周围的瞬时交通环境,因此,足够的视距和清晰的视野是保证行车安全的重要因素之一。

研究表明,在一定视距范围内,视距越短,事故发生率则越高。图 4.22 为美国道路事故率与视距的关系曲线。由图 4.22 可以看出,总体上道路事故率随视距增加而降低。在视距小于 100m 时,事故率随视距减小显著增加;当视距大于 200m 时,事故率随视距增加缓慢降低;当视距达到 800m 及以上时,视距对事故率的影响较小,事故率保持相对稳定。实际中,道路因受到地形、自然环境等多种条件的限制,视距不良的路况不可避免,图 4.23 为一上坡弯道内侧山体(障碍物)引起的视距不足。

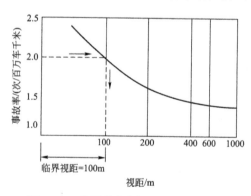

图 4.22 美国道路事故率与视距的关系

图 4.23 上坡弯道内侧山体引起的视距不足

行车视距是指驾驶人为保证行车安全,在驾车过程中应能看到行车前方一定距离的道路,以便发现障碍物或迎面来车时,及时采取停车、避让、错车或超车等措施避免相撞所需的最短距离。图 4.24、图 4.25 为纵断面的凸形竖曲线以及下穿式立体交叉的凹形竖曲线引起的视距不足。

视距根据行车状态的不同可进一步分为停车视距、会车视距、错车视距、超车视距,此外还有弯道视距、纵坡视距、平面交叉口视距。

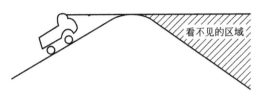
图 4.24　凸形竖曲线引起的视距不足

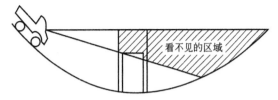
图 4.25　下穿式立体交叉的凹形竖曲线引起的视距不足

1. 停车视距

停车视距是指驾驶人在行车过程中看到同一车道上的障碍物时，从开始制动至到达障碍物前安全停车的最短距离，如图 4.26 所示。

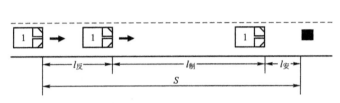

图 4.26　停车视距及其构成

根据前面对汽车制动过程的讨论，停车视距 $S_{停车}$ 为

$$S_{停车} = 反应距离 + 制动距离 + 安全距离$$

$$= \frac{v_a}{3.6}t_1 + \frac{v_a}{3.6}\left(t_2' + \frac{1}{2}t_2''\right) + \frac{v_a^2}{254\varphi} + l_{安} \tag{4-7}$$

事实上，停车视距 $S_{停车}$ 就是前述的安全停车距离 $D_{安}$。若取 $t_1 = 1.5\text{s}$，$t_2 = t_2' + t_2'' = 1.0\text{s}$，反应距离和制动距离分别记为 S_{t1} 和 S_T，则

$$S_{t1} = \frac{v_a t_1}{3.6} = 0.417 v_a \tag{4-8}$$

$$S_T = S_{t2} + S_{t3} = \frac{\left(t_2' + \frac{1}{2}t_2''\right)v_a}{3.6} + \frac{v_a^2}{254\varphi} = 0.278 v_a + 0.00394 \frac{v_a^2}{\varphi} \tag{4-9}$$

停车视距实际上就是 2.5s（驾驶人反应时间 1.5s + 制动反应时间 1.0s）不减速行程再加上持续制动时间内行驶的距离和安全距离之和。对于沥青或混凝土等典型路面，在干燥和潮湿不同状态下的反应距离、制动距离及停车视距如表 4-8、表 4-9 所示。

表 4-8　干燥路面上的反应距离、制动距离及停车视距

设计车速/(km/h)	行驶速度/(km/h)	路面附着系数 φ	S_{t1}/m	S_T/m	$S_{停车}$/m
120	102	0.50	42.53	110.34	152.87
100	85	0.52	35.45	78.37	113.82
80	68	0.55	28.36	50.02	80.38

（续）

设计车速/(km/h)	行驶速度/(km/h)	路面附着系数 φ	S_{t1}/m	S_T/m	$S_{停车}$/m
60	54	0.58	22.52	34.82	57.34
50	45	0.59	18.77	26.03	44.80
40	36	0.61	15.01	18.38	33.39
30	30	0.64	12.51	13.88	26.39
20	20	0.65	8.34	7.98	16.32

表 4-9 潮湿路面上的反应距离、制动距离及停车视距

设计车速/(km/h)	行驶速度/(km/h)	路面附着系数 φ	S_{t1}/m	S_T/m	$S_{停车}$/m
120	102	0.29	42.53	169.71	212.24
100	85	0.30	35.45	118.52	153.97
80	68	0.31	28.36	77.67	106.03
60	54	0.33	22.52	49.83	72.35
50	45	0.35	18.77	35.31	54.08
40	36	0.38	15.01	23.45	38.46
30	30	0.44	12.51	16.40	28.91
20	20	0.44	8.34	9.14	17.48

以上述潮湿路面上的停车视距为基础，《公路工程技术标准》对不同等级公路的停车视距的规定如表 4-10 所示。

表 4-10 不同等级公路的停车视距

公路等级	高速公路			一级公路			二级公路		三级公路		四级公路
计算行车速度/(km/h)	120	100	80	100	80	60	80	60	40	30	20
停车视距/m	210	160	110	160	110	75	110	75	40	30	20

在行车视距范围内，对于同向行驶车辆而言，前后两车之间保持合适跟车间距可有效预防追尾事故的发生。《道路交通安全法》第四十三条规定："同车道行驶的机动车，后车应当与前车保持足以采取紧急制动措施的安全距离。"在列队行驶状态，后车若紧随前车尾部行驶，特别是前车是大型载重车辆时，一是易形成视线盲区；二是当跟随距离过小容易发生追尾事故。

为使高速公路上行驶车辆之间保持安全间距，高速公路上每间隔一定距离（通常约 10km）设置一组车距确认标志，它们的排列顺序依次为追尾危险、车距确认和 0m、50m、100m 的距离标志，板面均为矩形，该标志设置于道路右侧，如图 4.27 所示，旨在提示在行车辆在跟车行驶状态下保持合适间距。若驾驶人经确认跟车间距过小，应及时调整与前车之间的车距，以防追尾。

(a) 车距确认标志　　　　　　(b) 0m、50m、100m的距离标志

图 4.27　在行车辆跟车行驶状态安全距离确认图示

2. 会车视距

会车视距是指两辆汽车在同一条车道上对向行驶，发现来不及或无法错车时只能双方采取制动措施使两车在相撞之前安全停车的最短距离，如图 4.28 所示。

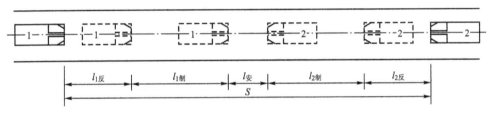

图 4.28　会车视距及其构成

会车视距由两对向行驶汽车驾驶人的反应距离 $l_{1反}$、$l_{2反}$ 及对应车辆的制动距离 $l_{1制}$、$l_{2制}$ 和安全距离 $l_{安}$ 组成，即

$$S_{会车} = l_{1反} + l_{1制} + l_{2反} + l_{2制} + l_{安} \tag{4-10}$$

$S_{会车}$ 一般为停车视距的 2 倍。

3. 错车视距

错车视距是指汽车在行驶中同迎面车辆在同一条车道上行驶而从来车左边绕至另一车道并与对面来车平面上保持安全距离时，两车所行驶的最短距离，如图 4.29 所示。

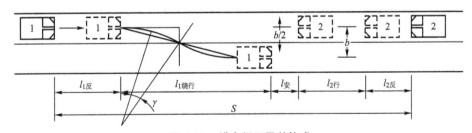

图 4.29　错车视距及其构成

错车视距由第一辆车驾驶人的反应距离 $l_{1反}$、第一辆车让车时的绕行距离 $l_{1绕行}$、第二辆车在此期间行驶的距离（$l_{2反} + l_{2行}$）和安全距离 $l_{安}$ 组成，即

$$S_{错车} = l_{1反} + l_{1绕行} + l_{2反} + l_{2行} + l_{安} \tag{4-11}$$

在公路等级较低的单车道上或不分上下行的城市道路上，因车辆行驶过程中错车情况

较多，对错车视距需要有严格的要求。

4. 超车视距

超车视距是指在双车道或多车道道路上后车绕道到相邻车道超车时，驾驶人在开始离开原行车路线能看到相邻车道上对向驶来的汽车，以便在碰到对向驶来车辆之前能超越前车并驶回原来车道所需的最短距离。超车视距存在以下两种情况：

1) 不等速超车视距

当后车速度高于前车，以行驶时的车速超越前车时，超车时两车的间距 l_2 等于两车的制动距离之差 $l_{制1} - l_{制2}$ 加上汽车1的反应距离 l_1。不等速超车视距及其构成如图4.30所示。

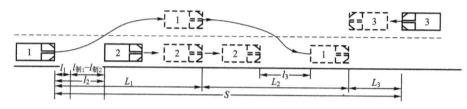

图 4.30　不等速超车视距及其构成

不等速条件下的超车视距由3部分组成：超越车辆1加速进入超车道与被超车辆2车头对齐时行驶的距离 L_1、超越车辆1从与被超车辆2车头对齐的超车道安全驶回原车道上被超车辆2前面时行驶的距离 L_2、在超车过程中对向来车3行驶的距离 L_3，即

$$S_{不等速超车} = L_1 + L_2 + L_3 \tag{4-12}$$

2) 等速超车视距

车辆2尾随车辆1以相同车速行驶，当判断认为有超车可能时，加速转入对向车道进行超越。此条件下超车视距由四部分组成，即车辆2加速进入对向车道所行驶的距离 L_1；车辆2进入对向车道进行超车至超过车辆1又回到原来车道上行驶的距离 L_2；超车完成后与对向来车（车辆3）的距离 L_3；在超车过程中对向来车（车辆3）行驶的距离 L_4。等速超车视距及其构成如图4.31所示。

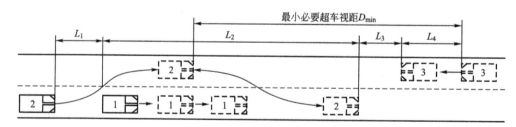

图 4.31　加速超车视距及其构成

等速超车视距为

$$S_{等速超车} = L_1 + L_2 + L_3 + L_4 \tag{4-13}$$

在图4.31中，车辆2从开始加速到进入对面车道，这段时间所行驶的距离为 L_1，在对面车道内行驶 $L_2/3$ 距离时发现迎面来车，所需会车视距为 D_{min}。经判断，若继续超越，可能与迎面来车相撞，就暂时放弃超越而回到原来的车道内；若有把握不会与迎面来车相撞，就继续行驶直至完成超车行为。图示的是后一种情况，超越车又行驶 $2L_2/3$ 的距离后

结束超车,即超越车在对向车道上行驶的总距离为 L_2。回到原车道时,它与迎面来车之间的距离为 L_3。为了安全,一般规定 L_3 为 30~100m,L_4 为超越车走过 $2L_2/3$ 时,迎面来车驶过的距离。

将超越车的车速作为设计速度,并给出被超越车的速度及有关的其他数据所得出的全超车视距和最小超车视距如表 4-11 所示。

表 4-11 不同设计车速下的超车视距

设计速度(超越车速度)/(km/h)	100	80	60	50	40	30	20
被超越车速度/(km/h)	80	65	45	37.5	30	20	15
全超车视距/m	700	550	350	250	200	150	100
最小超车视距/m	500	350	250	200	150	100	70

超车过程按超越车辆的运行特征可分为尾随被超车辆、加速超越、超越后回归正常行驶车道 3 个阶段。在此 3 个阶段,驾驶人的任何处理不当,都可能引发事故,驾驶人在准备超车前首先必须充分观察前方超车路段的道路环境及交通状况,以对道路环境及交通状况作出正确的估计,然后再选择合适的超车时机和路段,并确定合适的超车速度、距离以及与被超车的间距,只有这样,才可能做到安全超车。

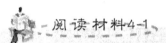
阅读材料4-1

停车、会车、错车、超车 4 种不同视距的内在差别

停车、会车、错车、超车 4 种视距虽然都对行车安全产生影响,但这 4 种视距的着眼点是不同的。停车视距的着眼点是针对在行车辆当其前方面临障碍物时为使车辆在障碍物前安全停下而从道路视距方面提出的最低距离要求;会车视距的着眼点是针对两在行车辆在同一条车道上对向行驶,当发现来不及或无法错车时为使两车都能安全停住(相互间不发生碰撞)而从道路视距方面提出的最低距离要求;错车视距的着眼点是针对两对向在行车辆在一条道路上为确保安全交会而从道路视距方面提出的最低距离要求;超车视距的着眼点则是针对在一条道路上同向行驶两辆车,当后边的车辆在超越前车的过程中对向又驶来车辆时为确保安全超越而从道路视距方面提出的最低距离要求。

这 4 种视距中,前 3 种属于对向行驶,第 4 种属于同向行驶。就 4 种视距的长度而言,超车要求的视距最长。在停车、错车、会车 3 种视距中,停车视距最短,会车视距最长,对于道路设计而言,只要道路能够保证会车视距,停车视距和错车视距也就可以得到有效保证。

5. 对超车、会车视距的安全要求

1) 关于超车视距

由于超车路段长达几百米,二级以下的公路一般很难达到要求。为此,从保证交通安全的目标出发应根据道路路段交通环境及交通量状况的不同划分允许超车路段和禁止超车路段。

(1) 对于交通量比较大的公路,应提供较多较长的超车路段,而对于交通量比较小的公路则可相对减少；对于地形比较复杂、通行条件比较差的山区公路，在连续弯道和小半径路段可通过设置禁止超车标志牌禁止超车。

（2）在交通条件比较好的对向双车道公路上，至少应在1min的行车时间内，必要时可在3min的行车时间内，提供一次保证超车视距的路段，超车路段的总长度不宜小于路线总长度的10%~30%。

2) 关于二、三、四级公路的会车视距

二、三、四级不同等级公路的会车视距应尽可能创造条件满足。如达到会车视距要求经济成本增加很大，而清除边坡、开挖视距台或加大圆曲线半径的工程量又太大时，可通过采用设置交通标志或分道行驶并保证停车视距的办法解决行车安全问题。

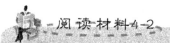

认识视线盲区对行车安全十分重要

视线盲区是指在人的视线或视野之外不为人们所感知反映的空间区域，通俗地说就是人眼看不到的地方。视线盲区进一步可分为视野盲区、视力盲区和障碍盲区。从医学角度上讲，正常人的水平视野在90°~180°，视野之外的物体因不为人所感知而形成视野盲区。这种盲区是由人的生理结构决定的，是与生俱来的；视力盲区是指由于人体眼部器官发生变化，晶体、视网膜、神经等部位病变或受伤，造成功能缺失、视力下降而形成盲区；障碍盲区是指受外界障碍物或本车结构（如A、B、C柱）、车内饰物的影响视线看不到的区域。

（1）视野盲区虽是由人的生理特征所决定的，但也是可以消除其影响的。驾驶人首先在集中精力驾驶的同时通过合理分配注意力，在行车中根据路况的变化不断调整驾驶姿势，克服车身形成的视线盲区。注意观察两边路旁行人、车辆的变化情况，并根据经验正确判断路面状况，及时地观察两边的车辆和行人动态；其次是充分利用耳、鼻等感觉器官感知外界信息，依据声音、气味等判断视野所不能及的外界情况。

（2）障碍盲区是引发道路交通事故的主要因素，视线盲区中最危险的是驾驶盲区。行驶的汽车、路边的建筑、树木、山岭都会形成视线障碍盲区。这些盲区中经常潜伏着事故隐患。要求驾驶人严格按照交通法所规定的操作规程驾驶，通过盲区时注意减速鸣号，在行驶路线上应适当靠近道路中心线，与盲区保留一定的安全距离。

（资料来源：http://www.chinarta.com/html/2011-12/20111222100655.htm）

4.1.3 道路结构

道路上各种构造物、路基、路面、桥梁、隧道以及各种地面设施是提供车辆安全行驶的基本设施，其构造特征直接对车辆行驶安全产生影响。道路结构包括横断面及车道数、行车道宽度与分车带、路肩、路基高度与坡度等。不同的道路结构使得道路通行能力、人车分离状况、机动车与机动车及机动车非机动车的分离状况、车辆行驶过程中的安全条件大不相同，因而，对交通安全的影响亦不同。

1. 横断面及车道数

道路横断面是指垂直于道路中心线沿道路宽度方向的断面。其组成包括道路建筑红线范围内的各种人工构造物，如行车道、中间带、路肩、绿化带等，如图4.32所示。道路横断面通常以道路中心线相对称。

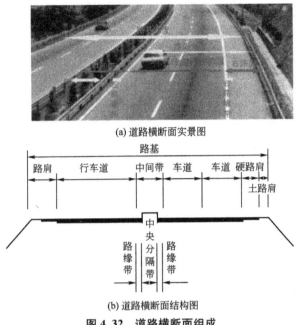

(a) 道路横断面实景图

(b) 道路横断面结构图

图 4.32 道路横断面组成

对于高速公路和一级公路而言，道路横断面的组成除了行车道、中间带、路肩等必要组成部分外，还包括紧急停车带、爬坡车道、变速车道等特殊组成部分。

道路横断面的设计首先要满足交通运输的需要，保证交通运输畅通和安全，与此同时还需满足设置各项设施的需要，及时排除地面积水。城市道路按类别不同分为快速路、主干路、次干路、支路，城市道路横断面形式根据车行道布置形式不同分为四种类型：单幅路、双幅路、三幅路、四幅路，即一块板、两块板、三块板、四块板等，如图4.33所示，不同类型道路一般适用的道路横断面形式如表4-12所示。

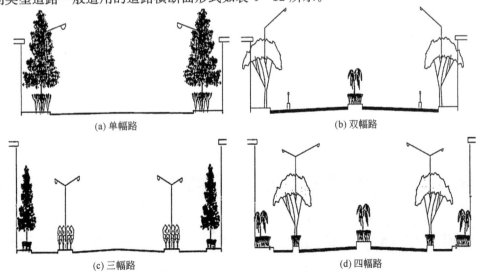

(a) 单幅路　　　　　　　　　　　(b) 双幅路

(c) 三幅路　　　　　　　　　　　(d) 四幅路

图 4.33 道路横断面类型

表 4-12　各类道路一般适用的道路横断面形式

道路类型	单幅路	双幅路	三幅路	四幅路
快速路		○		○
主干路		○	○	○
次干路	○	○	○	
支路	○			

根据我国北方某城市 76 条道路的事故调查资料，其道路不同横断面形式与事故率之间的关系如表 4-13 所示。

表 4-13　某城市道路不同横断面形式的事故率

横断面形式	事故数/次	事故率/(次/亿车公里)	道路数/条	平均事故率/(次/亿车公里)
单幅路	1191	10011	61	164
双幅路	111	520	4	130
三幅路	273	1341	10	134
四幅路	220	415	4	104

就通行能力而言，一条道路的车道数越多其通行能力越大；就交通安全状况而言，对多条不同车道数交通事故发生情况的统计资料表明，总体上事故率随车道数的增加而降低。其中，双车道一块板形式事故率最高；当车道数为四车道时，因道路中央增加了分隔带将对向来车分离使事故率明显降低；当车道数为六车道时，增加中央分隔带或增加机非（机动车与非机动车）分隔带后事故率均有所降低，但两者之间的区别并不明显；当车道数为八车道时，事故率进一步降低。显然，四块板形式较两块板形式更安全。对于多车道道路而言，增加中央分隔带将对向来车有效分离、在路侧将机动车与非机动车分离均可有效降低交通事故发生率。

2. 行车道及其宽度

车道一般是指供单一方向纵向排列车辆行驶的部分；行车道是指供各类车辆纵向排列、安全顺适行驶的公路带状部分。城市快速路、主干道及连接城市间、城镇间的重要道路的行车道通常由多条车道组成，如四车道、六车道、八车道、十车道等，图 4.34 为某城市主干路六车道、图 4.35 为某城市 10(14) 车道实景图。农村村镇间及城市内部分支路等少数道路的行车道存在由一条车道组成的情况。行车道中的车道只包括行车车道和超车车道，并不包括爬坡车道、变速车道等具有特别作用的车道。道路的行车道宽度一般为单列车道宽度与车道数的乘积。

图 4.34　某城市主干路六车道实景

图 4.35　某城市 10(14) 车道实景

一条道路上车道数的多少一般是交通规划部门根据预测的交通量及单车道的设计通行能力等因素确定的，显然，交通规划部门预测的交通量越大，在道路建设时安排的车道数会越多，对于高速公路一般不超过八车道。一条道路车道数的多少对安全行车的影响存在差别，总体来说，道路的行车安全性随车道数的增加而提高。但对于三车道的公路而言，只有当交通量相对很低时才是比较安全的，当交通量增加时，因利用中间车道实现超车的机会较多，从而使得交通事故相对数随着交通量的增加而迅速提高。

我国公路设计规范规定，设计车速≥80km/h 以上的，一个车道的宽度为 3.75m，设计车速为 40～60km/h 时车道宽度为 3.5m，设计车速为 30km/h 时车道宽度为 3.25m（公共汽车停靠站或路口渠化段车道宽度可适当变窄为 3.0～3.2m）。美国的标准车道宽度规定为 3.65m。相关研究表明，车道较宽时事故较少，但如果车道过宽（≥4.5m）时因有些车辆行驶过程中试图利用富余的宽度超车反而使事故增加，这表明车道过宽并不利于行车安全。在道路上画出车道标线，有利于车辆行驶过程中各行其道，使事故率降低。

3. 分车带

分车带是指在多幅道路上，沿道路纵向设置的用于分隔不同类型、不同车速或不同行驶方向车辆及其行人的带状设施。分车带的主要功能是分隔交通，提高道路通行能力和行车安全性，此外，也作为安装交通标志、公用设施与绿化用地。

分车带按其在道路横断面上的不同位置和功能，分为中央分车带（简称中央带或中间带）和两侧分车带（简称侧分带或两侧带）两类。图 4.36 中所示为中央分车带结构图。高速公路、一级公路及城市二、四块板断面道路均设置有中央分车带。

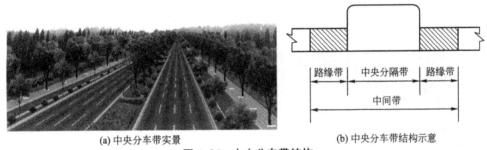

(a) 中央分车带实景　　　　　(b) 中央分车带结构示意

图 4.36　中央分车带结构

分车带的结构：分离不同行驶方向的人或车的分车带通常采用专门绿化带、水泥混凝土缘石围砌而成或用水泥混凝土隔离墩加铁栅栏组合而成；分离不同车道的分车带是通过在路面上画出不同车道线（白色或黄色标线）标出。

中央分车带的作用：分隔不同行驶方向车流；减少夜间对向行驶车辆炫光；杜绝车辆行驶过程中随意调头；显示车道位置，诱导视线等。《公路工程技术标准》规定高速公路、一级公路整体式断面必须设置中间带，不同设计车速下对应的分隔带宽度如表 4-15 所示。

表 4-15　不同设计车速下对应的分隔带宽度

设计速度/(km/h)		120	100	80	60
中央分隔带宽度/m	一般值	3.00	2.00	2.00	2.00
	最小值	2.00	2.00	1.00	1.00

(续)

设计速度/(km/h)		120	100	80	60
中间带宽度/m	一般值	4.50	3.50	3.00	3.00
	最小值	3.50	3.00	2.00	2.00
左侧路缘带宽度/m	一般值	0.75	0.75	0.50	0.50
	最小值	0.75	0.50	0.50	0.50

我国为节约有限的土地资源，中央分车带宽度值一般为 4.0~5.0m。中央分车带的宽度通常情况下应保持等宽，不能保持等宽时应设置过渡段。

两侧分车带是指布置在中心线沿横断面方向两侧的分车带。路侧侧分带由人行道、绿化带、设施带组成。其作用主要是分离不同车速、不同类型的车辆或使人车分离，即用于分隔机动车道与非机动车道、车行道与人行道等，使其各行其道。

道路设置分车带可使机动车车速明显提高，实际中要防止分车带中隔离带断口过多为自行车、行人任意横穿道路提供机会而引发交通事故。

4. 路肩

路肩是指行车道外缘到路基边缘具有一定宽度的带状结构，如图 4.37 所示。路肩的作用主要包括：供发生故障的车辆临时停车或作为紧急救援通道用；保护和支撑路面结构；为其他设施的设置提供场地；汇集路面排水等。在混合交通条件下，路肩还可供行人、自行车、助力车通行使用。公路通常设有路肩，城市道路为节约用地大都未设置路肩。路肩越宽，越有利于交通安全。高等级公路随设计车速增加，路肩宽度相应增加，其最大值为 3.5m。

(a) 路肩结构实景

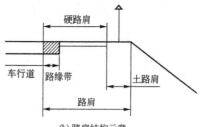
(b) 路肩结构示意

图 4.37 路肩结构

路肩分硬路肩和土路肩。硬路肩是指进行了铺装的路肩，其宽度一般为 3.5m、3.0m 或 2.5m，常见于高速公路、一级公路等，用于停靠事故车辆或作为紧急救援通道。土路肩是指不进行铺装的路肩，可用于各级公路，其宽度一般为 0.75m 或 0.5m。各级公路的路肩宽度如表 4-16 所示。

表 4-16 各级公路的路肩宽度

设计车速/(km/h)		高速公路、一级公路				二、三、四级公路				
		120	100	80	60	80	60	40	30	20
硬路肩宽度/m	一般值	3.5/3.0	3.0	2.5	2.5	1.5	0.75	—	—	—
	最小值	3.0	2.5	1.5	1.5	0.75	0.25	—	—	—

(续)

设计车速/(km/h)		高速公路、一级公路				二、三、四级公路				
		120	100	80	60	80	60	40	30	20
土路肩宽度/m	一般值	0.75	0.75	0.75	0.50	0.75	0.75	0.75	0.50	0.50
	最小值	0.75	0.75	0.75	0.50	0.50	0.50			

路肩虽可供行人行走，但与人行道的功能存在明显差别，人行道是市政道路设计中专门用于行人行走的道路。路肩是道路的备用通行空间，不允许有堆积物或发生堵塞现象，非救援车辆不得擅自占用路肩行驶。《道路交通安全法实施条例》第八十二条第三项规定：机动车不得"骑、轧车行道分界线或者在路肩上行驶"。

高速公路的硬路肩也称高速应急车道，是发生突发事件形成交通拥堵时，供执行抢险救援任务车辆通行的唯一"生命通道"，必须时刻确保畅通。实际中违法占用高速公路硬路肩的行为屡禁不止，一些不守规矩的驾驶人把硬路肩当成超车道使用，如图4.38所示。

图4.38 一些驾驶人把硬路肩当成超车道使用的情景

5. 路基高度与坡度

对于公路，路基是指道路路面下面的基础结构。高于原地面的填方路基称为路堤即高路基，低于原地面的挖方路基称为路堑，如图4.39所示。

(a) 高路基结构　　　　　　　　(b) 路堑结构

图4.39 高低路基实景

在我国公路项目的论证评审及施工过程中，矮路基方案因为地下水的影响、排水不畅、基础处理、线形组合及横向通道设置使纵断面起伏等一系列问题常被否决，这使得我国高等级公路路基多为高路基。由于高等级公路上行车速度高，一旦车辆失控极易冲出路侧护栏，翻倒至高路基底部，造成车毁人亡的严重交通事故，因而高路基并非完全安全。驾驶人在高路基的高等级公路上驾车行驶时务必控制好车速及方向稳定性。

4.1.4 路面

路面的好坏直接影响行车速度、安全状况和运输成本。路面的核心作用是供车辆行驶，因而其结构强度、稳定性、平整度、抗滑性对行车安全具有特殊意义。

汽车在路面上行驶时，通过车轮把垂直力和水平力传给路面，如图4.40所示，其水平力又可分纵向水平力和横向水平力两种。此外路面还受到车辆的振动力和冲击力作用，在汽车身后还有真空吸力的作用。在上述外力的综合作用下，路面结构内就产生不同的压力、拉应力和剪应力。如果路面结构整体或某一部分的强度不足，不能抵抗这些应力的作用，路面就会出现断裂、沉陷（伴随两侧隆起）、碎裂、波浪和磨损等破坏现象，从而影响正常行车。因此，要求路面结构及其各组成部分必须具备足够的强度，以抵抗行车作用下所产生的各种应力，避免路面破坏。

1. 路面结构

道路路面是指在道路路基上车行道范围内铺筑供车辆行驶的层状结构物。按照层位及其作用，路面结构分为面层（含磨耗层）、基层和垫层三层，如图4.41所示。

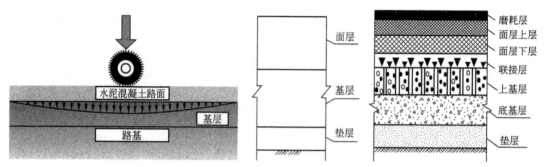

图4.40　车轮载荷作用于路面受力简图　　图4.41　道路面层、基层、垫层构成示意图

（1）面层。位于路面的最上层，是表征路面使用品质的结构层。面层直接同车轮和大气接触，受行车的垂直荷载、水平力、振动冲击力的直接作用，并受雨雪、日照、气温变化的直接影响，较其他各层相比，应具有更高的结构强度、刚度和温度稳定性，因此必须采用高强、稳定、耐磨的材料铺筑。面层应有防止水分下渗的功能，其表面应平整、粗糙，并按规定的横坡做成路拱，以利路面排水。通过居民点和风景区、疗养区的道路还应注意防尘和降低噪声。

面层进一步可分为磨耗层、面层上层、面层下层以及连接层。为改善路面的抗滑性能，防止路面的磨耗和渗水，延长其使用年限，中、低级面层常用硬质砂砾作磨耗层，高级或次高级面层常用沥青石屑混合料、沥青混凝土、沥青砂等作磨耗层。

面层材料有水泥混凝土、沥青混凝土、各种沥青处治的碎石和砾石材料、掺土的砂砾或碎石混合料与块料等。

（2）基层。位于面层之下，其作用是承受由面层传递来的车轮垂直压力，并把它均匀扩散分布到下面的垫层或土基上。基层材料必须具有足够的强度、水稳性和扩散荷载的性能。常用材料有碎石、片石、砾石、天然砂砾，各种石灰、水泥或沥青稳定处治材料，以及矿渣、煤渣、电石渣、粉煤灰等工业废渣及其同土、砂、石组成的混合料和低标号水泥混凝土等。在交通繁忙的道路上，基层多分两层铺筑，其下层称底基层，可用价廉的当地材料；上层用强度较高的材料。

（3）垫层。为改善土基水温状况，提高土基强度，防止路面不均匀冻胀和翻浆，以及为防止路基土挤入基层影响其稳定性而设于基层和土基之间的结构层。为隔断地下毛细水上升或地表积水下渗而设置的垫层，通常称为隔离层；兼有蓄水和排水作用的垫层也称排水层；用作防止或减轻路面不均匀冻胀的垫层，又称防冻层或隔温层。垫层材料必须具有良好的水稳性，以及必要的透水或隔热性能，按其功用差异主要有空隙性的粒料如粗砂、砂砾、炉渣等，以及石灰土和炉渣石灰土等。

2. 路面种类

道路路面按荷载作用下力学特性不同可分为柔性路面、刚性路面、半刚性路面。各种沥青路面和碎石路面属于柔性路面，而水泥混凝土路面则属于刚性路面。

(1) 柔性路面。由黏塑性材料如沥青或粒料混合料等所组成的层状路面结构。这类路面的特点是材料的抗弯拉强度较低，在车轮荷载作用下产生一定的弯沉变形，土基承受荷载较大。路面的承载能力决定于整个层状体系的荷载扩散特性，受土基强度和稳定性的影响较大。柔性路面造价低于刚性路面，可以分期修建提高，在各国公路总里程中，大多数是柔性路面。

(2) 刚性路面。主要指用水泥混凝土作面层或基层的路面结构。同柔性路面相比较，水泥混凝土路面板具有高的抗弯拉强度和弹性模量，有强大的荷载扩散能力。车轮荷载通过板体可在较大范围内以较小的压强作用于下层，路面的承载能力在很大程度上取决于板本身的抗弯拉强度。因水泥混凝土属脆性材料，其拉伸应变能力很小，当板体受到突然荷载、温度急剧变化、土基不均匀变形时很容易产生断裂，为此，板体应划成一定尺寸的板块，设置各种类型的横向和纵向接缝，并要有坚实、稳定、均匀的基础。

(3) 半刚性路面。用水泥、石灰、粉煤灰等作结合料同土或集料制成混合料铺筑的路面结构。这类结构不耐磨耗，不能作为面层使用。在前期具有柔性路面的力学性质，但随龄期增长其强度和刚度相应增大，显示出类似于刚性路面板体的一些特性。半刚性路面有良好的应力扩散性能，水稳定性好，造价低，其工作特性介于刚性、柔性路面之间。20世纪70年代以后，世界各国趋向于把半刚性路面用作沥青路面的基层。

3. 对道路路面的基本要求

道路路面除了具有足够的强度和刚度并方便驾驶人驾车外，还应具有良好的稳定性、平整度与抗滑性。

(1) 路面强度和刚度，是指路面整体对变形、磨损和压碎的抵抗力。显然，路面强度和刚度越高，适应较大的行车密度和复杂的车辆组成的能力越强，即路面抵抗变形、磨损和压碎的能力越优，其使用耐久性越好。对于在用的道路路面应具有足够的强度和刚度，不准出现过多的变形、过多的磨损和压碎现象。

(2) 路面稳定性，是指路面强度不随气候、环境(如温度、湿度)变化而变化的能力。如由质量不高的沥青铺装的路面在高温时会变软而产生轮辙和推移等病害，在低温时易变脆、开裂，这不仅影响行车过程的舒适性，还极易引发交通事故。沥青路面在夏天高温下容易变软，碎石路面在干燥状态下容易扬尘。为保证路面使用的全气候性，路面强度随气候因素变化的幅度应尽可能小，具有足够的稳定性。

(3) 路面平整度，是指路面的平整程度，其优劣直接影响车辆行驶的平顺性、乘客的舒适性、路面寿命、轮胎磨损速度、运输成本，是车辆行驶过程中对路面质量的基本要求。坎坷不平的路面的平整度差，则使行驶阻力增大，车辆颠簸振动加剧，加速机件及轮胎磨损，导致行车安全性、舒适性下降，甚至造成交通事故。不平整的路面还容易积滞雨水，从而加速路面的损坏。车辆行车速度越高，对路面平整度要求越高。

(4) 路面粗糙度，是指路面抵抗轮胎滑移的能力。道路表面与行驶车辆轮胎之间应具备足够的摩擦力,以满足车辆滚动前进或制动停车的需要。随着汽车性能的不断提高,高速公路上在行车辆经常以100km/h或更高车速行驶,这就要求车轮与路面具有足够的摩擦力,优良的抗滑性能。当道路表面的抗滑能力小于要求的最低限度时,高速行进中的车辆一旦遇到紧急情况制动时就有可能发生侧滑而失去控制诱发交通事故。

衡量路面粗糙度的重要指标是路面摩擦系数。路面摩擦系数也称为路面抗滑系数,是指汽车在水平路面上行驶或制动时路面对轮胎滑移的阻力与轮胎所受载荷的比值,即

$$f=\frac{F}{P} \tag{4-14}$$

式中,f 为路面摩擦系数;F 为路面对轮胎滑移的阻力,kN;P 为轮胎的载荷,kN。

路面摩擦系数按摩擦阻力作用方向的不同分为纵向摩擦系数和横向摩擦系数。由式(4-14)可知,路面摩擦系数与路面对轮胎滑移阻力成正比,与轮胎所受载荷成反比,和接触面积无关。而路面对轮胎的滑移阻力主要取决于路面类型、道路表面的粗糙程度、路面干湿状态、轮胎性能及其磨损状况等。

路面摩擦系数小,抗滑能力低,容易引起溜滑事故。为保证汽车安全行驶,路面必须有较高的摩擦系数。我国采用一定车速下的纵向摩擦系数或制动距离作为路面抗滑能力的指标。路面摩擦系数的测定采用摆式仪。沥青路面的抗滑标准如表4-17所示。

表4-17 沥青路面的抗滑标准

路段分类 公路等级	一般公路			环境不良路段		
	摩擦系数	构造深度/m	石料磨光值	摩擦系数	构造深度/m	石料磨光值
高速公路、一级公路	52～55	0.6～0.8	42～45	57～60	0.6～0.8 (1.0～1.2)	47～50
二级公路	47～50	0.4～0.6	37～40	52～55	0.3～0.5 (1.0～1.2)	40～45
三级公路、四级公路	45	0.2～0.4	35	50	0.2～0.4 (1.0～1.2)	40

表4-17中,环境不良路段对于高速公路主要是指其立交处道路、加速与减速处道路;对于其他各级公路则主要指交叉路口、急弯、陡坡或集镇附近的道路。表中数值下限适用于低等级公路或年降雨量≤500mm的地区,其他情况选用上限数值。年降雨量为100mm的干旱地区可以不考虑抗滑要求。括号内数值是指易形成薄冰路段。

实际中,若单方面提高路面的摩擦系数,虽然可以在一定程度上减少交通事故的发生及其损害后果,但并不能从根本上消除交通事故的发生;而路面摩擦系数过大则使车辆行驶阻力增加,油耗增大,轮胎磨损加快,车速降低,行车舒适性下降,因此,对路面防滑需要从安全、快速、经济等多方面综合考虑。

4. 桥涵

桥跨结构是在线路中断时跨越障碍的主要承载结构,如图4.42所示。桥梁是道路中不可缺少的重要组成部分。随着桥梁跨越幅度的增大,桥跨结构的复杂性也随之增加。

桥墩和桥台是支承桥跨结构并将恒载和车辆等荷载传至地基的建筑物。通常设置在桥两端的称为桥台,它除了上述作用外,还与路堤相衔接,以抵御路基的土压力,防止路堤

图 4.42 桥跨结构实景

填土的滑坡和坍落。单孔桥没有中间桥墩。对于两端悬出的桥跨结构，则往往不用桥台而设置靠近路堤边坡的岸墩。桥墩和桥台中使全部荷载传至地基的底部奠基部分，通常称为基础。它是确保桥梁能安全使用的关键。由于基础深埋土层之中，并且需要在水下施工，故也是桥梁建筑中比较困难的一个部分。

桥面宽度应与相衔接的道路路面保持相同宽度，要特别防止宽路窄桥现象发生。宽路窄桥现象对行车安全十分不利，容易引发交通事故。

4.1.5 道路交叉口

道路交叉口是指两条或两条以上走向不同的道路间相交的部位。不同方向的道路通过交叉口相互连接起来，构成道路网络。在整个道路交通系统中，交叉口是最繁忙的路段之一。在交叉口处，由于车辆与车辆之间、车辆与横过道路的行人之间的相互干扰，既容易造成交通阻塞，更常因车辆之间、车辆与行人之间抢行而导致交通事故发生。

道路交叉口按交通状态组织方式的不同分为平面交叉口、环形交叉口和立体交叉口 3 种类型，按道路相交时对交通流控制方式的不同分为平面交叉与立体交叉两种形式。

1. 交叉口类型

1) 平面交叉口

平面交叉口是指道路在同一个平面上相交形成的交叉口。通常有十字形、T 形、Y 形、X 形、错位、环形等形式，如图 4.43 所示。在无交通管制的平面交叉口，车辆因行驶方向不同且相互交叉形成冲突点，冲突点的数量随交叉口数量不同而变化，三岔口有 3 个冲突点，四岔口有 16 个，五岔口达 50 个。实际中每一个冲突点就是一个潜在的交通事故点。当非机动车也同时通过路口时，交叉口的冲突点会更多。

平面交叉口的通行能力和交通安全，很大程度上取决于交叉口的交通组织方式。平面交叉口常用的交通组织方式包括交通信号灯组织交通，环行组织交通，各种交通岛(分车岛、中心岛、导向岛和安全岛)、交通标志、道路交通标线等渠化路口组织交通。

2) 环形交叉口

环形交叉口是在路口中央设置一个面积较大的环岛(中心岛)，车辆交织进入环道，并绕环岛单向行驶，如图 4.44 所示。该形式既可使车辆以交织运行的方式消除冲突点，同时又可通过环岛绿化美化街景。

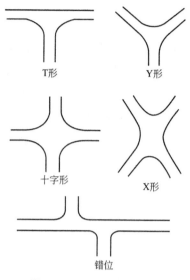

图 4.43 平面交叉口形式

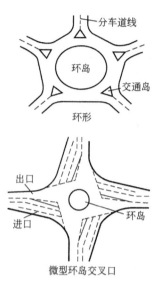

图 4.44 环形交叉口形式

图 4.45 立体交叉口实景

环形交叉口是平面交叉口的一种特定形式。采用环形交叉口所需的条件是：地形开阔平坦；四个或以上的交叉路口；相交道路交通量较均匀；左转弯交通量大；路口机动车总交通量每小时不大于3000辆乘用车。环形交叉口的缺点是占地面积大，车辆须绕行；不适用于车流密度大的道路相交处；行人交通不便。近年来，随着我国城市交通量的持续增加，我国城市环形交叉路口数量呈下降趋势。

3）立体交叉口

立体交叉口是道路在不同平面上相交形成的交叉形式，图 4.45 是其形式之一。该形式是将互相冲突的车流分别安排在不同高程的道路上，既保证了交通的通畅，也保障了交通安全。

立体交叉主要由立交桥、引道和坡道 3 部分组成。其中：立交桥是跨越道路的跨路桥或下穿道路的地道桥；引道是道路与立交桥相接的桥头路；坡道是道路与立交桥下路面连接的路段。互通式立体交叉还有连接上、下两条相交道路的匝道。车辆从匝道进入干道的路口为进口，从干道进入匝道的路口为出口。

立体交叉按上下各层道路相互间是否相通可分为互通式立体交叉和分离式立体交叉两大类型。互通式立体交叉结构的上下各层道路之间是相通的，一般用匝道将上下相交的道路加以连接；而分离式立体交叉结构的上下各层道路之间是不相通的。互通式立体交叉又进一步可以分为完全互通式和部分互通式两种。完全互通式允许所有方向上的车辆出入，而部分互通式则要限制某些方向上的车辆出入。

2. 平面交叉

平面交叉口是指两条或两条以上不同走向的道路在同一平面上的相交处。

1) 平面交叉口的交通特点

(1) 交通量大。在平面交叉口处，由于多个不同方向的交通流汇入，使得交通量急剧增加，容易造成交通堵塞。

(2) 冲突点多。因不同方向的各类车辆和行人交汇，又因为许多人都抱有希望自我早点通过的心理，很容易在车辆与车辆之间、车辆与行人之间发生抢行现象，使得导致事故发生的潜在冲突点多。

(3) 视线盲区大。一方面，处于交叉口处与在行车辆的前进方向呈横向分布状态的路段的视距要比呈其他分布状态路段的视距要短；另一方面，在交叉口处，驾驶人在观察交汇道路时其视线常常容易受到路旁建筑物等或前行大型车辆的遮挡，这两方面原因使得平面交叉口容易形成视线盲区。

虽然上述交通特点是导致平面交叉口交通事故多发的重要原因，但不同规模的平面交叉口的事故形态也不完全相同。对平面交叉口交通事故的统计分析表明：在规模较大的平面交叉口，车辆之间的事故约占85%，人车之间的事故约占15%；而在规模较小的平面交叉口，车辆之间的事故约占73%，人车之间的事故约占27%。

2) 平面交叉的类型及事故特征

实际中，十字形交叉类型最多，T形次之。就平面交叉的交通组织形式划分，有一般交叉形、渠化(拓宽)交叉形、环形交叉形等。就其构造组成划分，有渠化交叉和非渠化交叉。在平面交叉口，由于多个方向的交通流相汇，致使交通量陡然大幅度增加，形成多个冲突点。对平交路口交通事故的统计结果表明，就事故发生数量而言，无论是在公路还是城市道路中，三路交叉口发生事故的数量均最多，即最容易发生交通事故；就事故发生率而言，环形交叉口发生率最高，这是因为此类交叉口存在交织段，车辆分流和汇流机会多，导致冲突点多，事故发生率高。

交通渠化是指在道路上通过画线、设置交通标志或利用其他分隔措施(如交通岛)按交通量的大小分隔车道，使各种类型和不同速度的车辆，能够像水渠内的水流一样按规定的路径互不干扰地行驶。图4.46为一交通渠化良好的交叉路口。

图 4.46 一交通渠化良好的交叉路口

交通渠化的作用是通过导流岛与路面标志、标线相结合的方式，按车流行驶特征或轨迹将交叉口处道路路面进行分隔、划分，使车辆进入设定的路线行驶，以控制交通流、调整冲突角度，提高交叉口处通行能力和交通安全性。交通岛是渠化交通中常用的措施之一。完善的交通渠化可以有效地规范车辆在交叉口范围内的行驶轨迹，减小冲突区域，特别是在斜交和多路交叉口当冲突区域较大时，交通渠化效果尤为明显。实践表明：经过渠化处理的交叉口由于有效地提高了路口处在时间、空间上的利用率，使交叉口处的通行能力明显提高，安全性得以改善。

就交叉口的道路条数而言，平面交叉以 4 条为宜，不宜超过 5~6 条；就平交口的交角而言，其交叉角应近于直角，主干线应近于直线，平面与纵交线形应缓和；平面交叉口可通过交通渠化方法，提高行车安全性。当交叉口的交通流量发展到接近停车或所设置的让行标志已基本失去效用时，应采取交通信号控制。

3．立体交叉

立体交叉是指两条或两条以上走向不同的道路在不同平面上相交。因立体交叉通过合理组织交通流，大大减少了冲突点，明显改善了交通安全性，提高了交叉路段的行车速度和通行能力，使其获得广泛应用。与此同时，立体交叉的安全状况较平面交叉更复杂，在立体交叉范围内出现任何有关驾驶人、车辆、道路、交通和环境条件的突变都可能造成交通安全隐患。导致立体交叉安全状况变得复杂的原因主要为驾驶人需要根据车流状况及时进行决策，而相应的车辆组成、道路几何线形、车速，以及行驶条件较平面交叉均有明显差别。

对立体交叉路段交通事故的统计结果表明，车辆驶出匝道的事故明显高于驶入匝道。其原因主要是驶出匝道前后车速差过大所致，这是因为高速公路干道上的行车速度一般要明显高于收费站进口至驶入匝道连接路段的行车速度，当车辆驶出匝道前若未能进行充分减速就容易引发事故。就城市道路立体交叉路段和公路立体交叉路段交通事故发生状况而言，城市道路立体交叉路段的交通事故数量明显高于公路立体交叉路段，其原因是城市道路交通流量大、车辆类型复杂、同时还存在机动车和非机动车的干扰，使得交通状况明显比公路立体交叉路段要复杂。

发生在匝道上的交通事故类型主要有追尾碰撞、擦边碰撞、碰撞道路旁的固定物、失去控制、倾斜、碰撞行人等，其中绝大多数是追尾碰撞。美国对匝道上交通事故的统计数据是 82%。

4.1.6 道路安全净空

道路安全净空是指路面至道路桥梁、涵洞上方内表面或路面至道路上方横跨物最低点的净空高度，我国高等级公路的净空高度为 5m，三、四级公路的净空高度规定为 4.5m，如图 4.47 所示。安全净空高度确定的依据是汽车装载高度标准。我国交通法规规定：大货车载物高度自地面起不得超过 4m，即道路安全净空不得小于 4m。道路限高与安全净空密切相关。

图 4.47 道路安全净空示意图

在没有道路限高标志的路段，驾驶人驾车

过程中对道路净空高度的判断主要为目测法，即凭经验估计。目前，道路安全净空不足在大中城市显得尤为突出，并由此造成行驶车辆与跨空上方高位物体发生相撞的事故时有发生。造成这种现象的原因主要为：一方面是由于城市道路上方横跨物较多，如电线、电缆、桥梁、树木枝叶等，随着自然演变，部分横跨物侵入安全净空内，或因道路维修填高路面造成实际净空低于标准净空；另一方面则是有的车辆为了多装载货物致使装载高度过高，超过净空高度，目前，在我国绝大多数城市，城市道路上方的横跨物每年仍还在继续增加。

一些使用多年的道路建筑物其跨空高度变化的原因既有历史原因，也有演变原因。历史原因多为工程设计满足了当时要求，但随着社会经济的发展难以满足当前的要求；演变原因是指自然条件的影响，如涵洞多年来受雨水冲击或风沙侵害，造成原地面泥沙污垢堆积垫高使安全净空缩小；又如有的路段经多次维修填补使路面垫高，造成安全净空变小。

4.2 交通安全设施与交通安全

道路安全设施作为道路交通的基础设施部分，对保障交通安全，减轻交通事故的严重程度，排除各种纵向、横向干扰，提高道路服务水平，提供视线诱导，增强道路景观效果等均起着重要作用。首先，安全设施能够有效地对驾驶人和其他交通参与者的交通行为进行引导和约束，使驾驶人对车辆的操纵安全而规范，使其他交通参与者与机动车流保持合理的隔离，从而降低事故的发生概率；其次，以安全护栏为代表的安全设施能够在车辆出现操控异常后，有效地对车辆进行缓冲和防护，尽可能地减少人员伤亡和财产损失。道路交通安全设施包括交通信号灯、交通标志、交通标线、安全护栏(车流分隔设施、机非隔离设施)、防炫设施、视线诱导标、人行横道与安全岛等。

4.2.1 交通信号灯

交通信号灯是指用手动、电动或计算机控制，以信号灯光指挥交通，在道路交叉路口分配车辆通行权，以提高道路交通安全和道路容量的一种道路安全设施。交通信号灯的核心作用是分配交通通行权，在时间上将相互冲突的交通流分离。由于交通信号灯规定了道路交叉路口通行车辆的行驶次序，可有效地减少或消除交叉路口的交通冲突，从而大大降低了交叉路口的交通事故发生率；同时也使交叉路口的交通状况及道路使用效率明显改善与提高，因此，在城市城镇道路中的十字、丁字等各类交叉路口获得了广泛应用。

《道路交通安全法》第二十六条明确规定：交通信号灯由红灯、绿灯、黄灯组成，红灯表示禁止通行，绿灯表示准许通行，黄灯表示警示，警示的意义是提示驾驶人特别注意。交通信号灯使用红、绿、黄三种光色作为信号是国际通用的标准。

交通信号灯按信号灯设置地点和方式的不同可分为机动车道信号灯、非机动车道信号灯、人行横道信号灯、车道信号灯、方向指示信号灯、闪光警告信号灯、移动式交通信号灯、道路与铁路平面交叉道口信号灯。交通信号灯按显示信号信息的不同可分为给出一种方向性信号、显示单一颜色的交通控制信号灯(如红绿灯)以及表示特定内容如行人的走和停(以姿态示意)、车辆的前进方向等带有符号的信号灯。

安装于道路路面上方的信号灯的高度为 4.5～5.7m，如图 4.48 所示；装于路边的信号灯的高度为 2.4~4.5m。人行信号灯的高度为 2.1~3.0m。道路设计车速达 70km/h 时，至少应让在行车辆内的驾驶人在距停车线 140m 处清晰观察到信号灯。

任何交通信号灯都不应被路边树木和其他设施遮挡，不应被其他光源、彩色宣传品干扰，应最大限度地方便在行车辆驾驶人视认。图 4.49 为交通信号灯被树叶遮挡的情景。当交通信号灯附近长有一定树龄的树木时，有关管理部门应每年定期对树木进行必要的剪枝清理，以始终保持交通信号灯易于被在行车辆驾驶人视认。

图 4.48 安装于道路路面上方的交通信号灯

图 4.49 交通信号灯被树叶遮挡的情景

4.2.2 交通标志和交通标线

1. 道路交通标志

道路交通标志是将有关的交通管理法规条款用图形、文字、数字等形象化语言采用指示、警告、禁令、指路等特定标志设置于道路路侧或行车道上方的交通管理设施。交通标志按功能不同分为主标志和辅助标志两类。主标志进一步分为指示标志、警告标志、禁令标志、指路标志、旅游区标志、道路安全施工标志 6 种；而辅助标志是附设在主标志下起辅助说明作用的标志。

交通标志牌牌面内容的表示方法均采用定型图像、符号及文字三种方式。主标志和辅助标志的意义与作用如表 4-18 所示。

表 4-18 各种标志的作用

	名　称	意义与作用
主标志	警告标志	警告驾驶人道路前方有危险路段，注意危险
	禁令标志	禁止或限制某些车辆通行一定的路段或限制行人进入
	指示标志	指示车辆和行人按规定方向、地点行驶（行走）
	指路标志	指明道路通往的方向、地点及距离等信息，明确市县辖界
	旅游区标志	指明旅游景点的地点、方向、距离、类型等信息
	道路安全施工标志	通告道路施工区通行及安全状况，警示通行车辆、行人注意安全
辅助标志		对主标志加以文字说明

交通标志在道路上的布设应严格按照国家标准《道路交通标志和标线》（GB 5768—

2009)及有关规范进行，力求做到标志齐全、功能完整。通过对驾驶人适时、准确地诱导，将公路运输快速、舒适、安全的效能充分发挥出来。

就交通标志的设置而言，应设置在车辆、行人行进方向最易于发现、识别的地点，如设置在道路右侧，隔离设施或车行道的上方。如果道路右侧无设置条件，可设置在左侧。交通标志安装的角度应尽量减少标志牌面对驾驶人的炫光，道路危险段的交通标志应采用三级以上反光膜。当同一地点需要设置两种以上交通标志时，可以并设在一根标志柱上，但最多不超过4种。同一地点的不同标志牌之间应按警告、禁令、指示的顺序，先上后下、先左后右进行排列。

交通标志的支撑方式分为柱式、悬臂式、门架式和附着式等，实际中可依据车型构成、标志板面尺寸及标志布设位置进行选择。除附着式标志外，其他几种支撑方式中，柱式造价最低，门架式最昂贵，悬臂式介于二者之间。附着式标志造价低廉，但受条件限制。在满足功能要求的前提下，标志支撑方式尽可能选择既经济又美观的支撑方式。

2. 道路交通标线

道路交通标线是将有关的交通管理法规条款用画线、图形、数字、文字等形象化符号嵌画于道路路面、路边缘石或路旁建筑物上用于指示、警告、禁令、指路的特定标记，如图 4.50 所示，可和交通标志配合使用，亦可单独使用，具有强制性、诱导性、服务性的特点，在道路交通管理中占有重要地位。其作用是管制和引导交通。

交通标线按设置方式不同分为纵向标线、横向标线、其他标线 3 类；按功能分为指示标线、禁止标线、警告标线 3 类；按形态分为线条标线、字符标记、突起路标和路边线轮廓标 4 类。其中，指示标线的意义是指示车行道、行车方向、路面边缘、人行道等设施标志，禁止标线的意义是告示道路通行的遵行、禁止、限行等规定，警告标线的意义是促使驾驶人及行人了解道路上的情况，以便采取应变措施。交通标线的设置应与路面结构相配合，所选标线和突起路标材料应具有良好的反光性、防滑性及耐久性。图 4.51 为某十字形交叉路口交通标线实景。

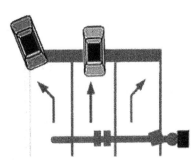

图 4.50 路口道路交通标线示意图

图 4.51 某十字形交叉路口交通标线实景

交通标线的作用与交通标志相同，也是引导驾驶人视线，管制驾驶人驾车行为的重要设施之一。因此，对交通标线的可见性、耐久性、施工性等应有严格的要求。车辆行驶时，无论是白天或黑夜，都应能通过标线清晰地识别和辨认路面状况。无论是沥青路面还是水泥混凝土路面，标线涂料都须与路面之间保持紧密结合状态，在一定时期内不能因为车辆通行和行人来往而脱落。标线涂料应具有优良耐久性，能经受车轮较长时间的磨耗。

目前，我国在道路交通标志方面存在的主要问题是设置位置科学性；在交通标线方面存在的主要问题为规范性。主要表现如下：道路交通标志、标线设置设计具有一定的随意性；部分路段交通标志、标线设置缺乏完整性、连续性、系统性；交通标志设置不规范，造成"信息过载"或信息忽略；交通标志内容表述含糊，导致信息模糊；广告信息干扰。

4.2.3 安全护栏

护栏是防止行驶中的车辆因意外驶出路外或闯入对向车道而沿道路边缘或在分隔带上设置的一种安全防护设施，如图4.52所示。目前在高等级公路和城市道路上获得了广泛的应用，是一种重要的安全防护设施，图4.53为在行车辆碰撞护栏现场图景。

图 4.52 道路安全护栏实景

图 4.53 在行车辆碰撞护栏现场

护栏的防撞机理是：当在行车辆与刚性护栏发生相撞时通过护栏和车辆的弹性变形、摩擦、车体变形吸收车辆碰撞能量，从而达到保护车内人员生命安全的目的。因此，护栏也是一种"被动"的交通安全设施。护栏主要通过分隔效应保障行进中车辆、行人的安全，具有保护、隔离、缓冲、导向等主要功能。主要作用如下：

(1) 阻止车辆驶出路外，保护路外建筑物的安全，确保行人免受重大伤害，同时阻止失控车辆穿越中央分隔带驶入对向车道。

(2) 使车辆恢复到正常行驶方向。利用护栏的弹塑性变形吸收碰撞能量，在车辆碰撞护栏后能使其回到正常行驶方向，并减少二次事故的可能性。

(3) 具有良好的缓冲能力，在车辆失控与护栏发生碰撞时，将对驾乘人员的伤害降到最低。

(4) 能诱导驾驶人的视线，能清晰地看到道路的前进方向和道路轮廓，提高行车安全性。

1. 护栏的分类

1) 按护栏的设置位置和保护对象分类

按设置位置和保护对象的不同，护栏进一步可分为路侧护栏、中央分隔带护栏、人行道护栏、桥梁护栏等。

路侧护栏是指设置在公路路肩（或边坡）上用于防止失控车辆越出路外、保护路边构造物及其行人、动植物的设施。

中央分隔带护栏是指设置在道路中间分隔带内用于防止在行车辆失控穿越分隔带闯入对向车道，保护分隔带内构造物的设施。从设置的要求看，中央分隔带护栏主要是要防止在行车辆因失控穿越中央带闯入对向车道而引发交通事故，所以中央带护栏的防撞标准尤其是中央带较窄时应高于路侧护栏。

人行道护栏是为保证行人安全设置在危险路段的一种护栏形式。这里危险路段的意义是指如交通量大、人车需要严格分流的路段，或行人可能跌落至深沟内的路段，或车辆行驶过程中若驶出行车道将严重威胁行人安全的路段等。

桥梁护栏是指为防止车辆、行人掉落桥下而设置于桥梁两侧的结构物。在桥梁两侧设置的护栏形式即使与路侧的护栏形式相同，仍然称其为桥梁护栏。

桥梁护栏和桥梁栏杆是两种不同的结构物。前者的主要功能是防止车辆翻越、侧翻或下穿桥梁，后者的功能是一种可防止行人和非机动车掉入桥下的装饰性结构物。

2) 按护栏的结构特点分类

按护栏结构特点的不同可分为轻型护栏和重型护栏两类。重型护栏又进一步可分为刚性、半刚性、柔性3种。

轻型护栏一般由金属管和立柱组成。一般多用于限制行人通过，其特点是力学强度较低、对高速行驶车辆冲撞的阻止效果有限。

刚性护栏是一种抗防撞能力强、变形量很小的结构，如水泥墩。主要设置在需要严格阻止车辆越出路外，否则会引起二次事故的路段。当在行车辆与刚性护栏发生相撞时，车辆会发生相应的变形，具体变形量的大小与车辆碰撞时的行驶速度、碰撞角度、自身强度等因素相关。

半刚性护栏是一种连续的梁柱结构，如波形梁护栏。当在行车辆与半刚性护栏发生相撞时，通过车辆与护栏间的摩擦、车辆与地面间的摩擦以及车辆、土基和护栏本身产生一定量的弹塑性变形吸收碰撞能量，延长碰撞过程的作用时间以降低失控车辆的速度，迫使失控车辆改变行驶方向，以确保驾乘人员的安全，降低失控车辆的损毁程度。半刚性护栏主要设置在需要着重保护乘员安全的路段。

柔性护栏是一种具有较大缓冲能力的韧性护栏结构。如由数根施加张力的绳索固定于立柱上构成的绳索护栏，或由具有充气功能的胆管组成的立柱管构成的立柱护栏等。柔性护栏的结构特点是：当在行车辆与之发生相撞时，具有较大缓冲能力的绳索或充气的立柱能在瞬间吸收碰撞能量，减弱撞击的力度，以有效地保护车辆和驾乘人员的安全。

3) 按护栏的构造形式分类

护栏按构造形式不同可分为型钢护栏、钢管护栏、箱梁式护栏、钢缆护栏、混凝土护栏、隔离护栏、隔离墩等。

型钢护栏由立柱及安置于其上的波形断面金属横梁组成，故也称为波纹梁护栏，是一种很常见的护栏。当在行车辆不慎撞到波纹梁时，一方面因横梁产生变形，吸收冲撞能量，另一方面由于作用反力使车辆回复到正常的行驶方向。波纹梁受到车辆冲击后虽然变形较大，但对护栏而言损坏仅是局部性的，且更换方便。

钢管护栏是以数根钢管（一般为3~4根）安置在立柱上。其功能与型钢护栏相似，但其外观较型钢护栏美观。钢管护栏多用于城市街道上，限制行人跨越或显示人行道边界。

箱梁式护栏由方形空心横梁及立柱组成。当受到在行车辆冲撞时，强度较低的立柱会发生弯曲，从而起到缓冲冲击的作用，而箱梁因强度较高不易变形起到阻挡车辆的作用。箱梁式护栏可用于分隔带较窄的道路上，但在小半径的路段上不能设置。

钢缆护栏是将数根钢缆绳预先施加张力后固定于立柱上。当受到在行车辆冲撞时，一方面因钢缆绳的弹性吸收冲撞能量，另一方面因弹性作用使车辆回复到正常的行驶方向。

钢缆护栏特别适合长直线路段,在风景区道路上设置可增加美观效果。其缺点是不适合在小半径的路段上设置,施工较复杂,视线诱导性比较差。

混凝土护栏是以钢筋和混凝土为材料制成的护栏,一般为钢筋混凝土墙式结构。主要设置于桥梁、高架道路及山区危险道路的边缘以防止车辆冲出路外,也可设置在道路中央分隔带上以阻止车辆驶入对向车道。混凝土护栏具有分隔效果好、费用低的优点,但对在行车辆驾驶人心理形成一定的压迫感。

隔离护栏一般是将钢筋加工成栅栏状,两端安装在立柱上即成为一片隔离栅护栏。隔离护栏的立柱既可直接埋设在路面上,也可安装在活动墩座上。隔离栅护栏的突出优点是占用道路空间小,造型美观,故多用于城市街道上的中央隔离带护栏和人行护栏。

隔离墩采用混凝土或其他材料预制成型,使用时以铁链、钢筋或钢管等连接,作为机动车、非机动车分隔带或路侧停车场的隔离带。具有拆装方便,可按需要移动位置的优点,但稳定性较差,使用中易丢失。

此外,还有网式护栏、链式护栏等。上述不同护栏既可以单独设置,也可以联合并用。

2. 各种不同护栏的作用

根据在道路上设置位置及结构的不同,护栏也可分为路中护栏、栏杆、行人护栏、栏式缘石、护柱、墙式护栏等多种形式。

路中护栏当设置于行车道之间时起分隔车流、引导车辆行驶、保证行车安全之作用,当设置于道路中央时则主要起阻止车辆驶入对方行车道之作用。因此,路中护栏应满足防撞(防止车辆碰撞)、防跨(防止行人跨越)的要求。其形式有栏式缘石、混凝土隔离墩式、金属材料栅栏式等。实际中,行驶车辆越过中央护栏进入对向车道的原因主要有在行车辆爆胎跑偏;紧急避让不当;疲劳驾驶;操作失误;设施不完善,如中央隔离护栏阻挡功能弱,隔离墩高度过低等。

道路上桥梁两旁的栏杆属于桥上安全设施,对行进中的车辆、行人起安全保护作用。对桥梁两旁栏杆的第一要求是坚固,并兼顾美观。实际中,栏杆和扶手常用钢筋混凝土、钢管、花岗岩石料制成。

行人护栏是为了控制行人任意横穿道路及防止行人走上车行道或防止车辆控制失灵闯入人行道而设置于行车道与人行道之间的隔离栏杆。一般安装在车行道车辆行驶方向(对于转向盘位于驾驶室左边的汽车而言)的右侧边,高出地面90cm左右。行人护栏在结构上通常不考虑车辆碰撞问题,一般做成栅栏状或网状结构。

设置于街道和桥梁两侧的栏式缘石主要用于禁止或阻止车辆驶出路面,如图4.54所示。围绕桥台或护墙设置的栏式缘石是为了对桥台或护墙起保护作用;在较窄的中央分车带四周设置的栏式缘石是防止汽车驶入中央分车带内。

护柱是指在弯道、急陡坡、悬崖、桥头、高路基处及过水路面靠近道路边缘设置的安全设施,如图4.55所示。其作用是诱导驾驶人的视线,唤起其警惕性。护柱多用钢筋混凝土或石料制成,间距2~3m,高出地面80~120cm,外表涂以红白相间的颜色。

墙式护栏是指在地形险峻路段的路肩挡土墙顶或岩石路基边缘上设置的整体式安全墙,是用片(条)石(干)砌成或用混凝土浇筑而成的安全设施。其作用是引起驾驶人的警惕,防止车辆驶出路肩。若墙身为间断式则称为墩式护栏或护栏墩;若墙顶有柱,则称为横式护栏柱。

图 4.54　路缘石实景　　　　　　　　　图 4.55　护柱实景

道路路侧安全设施的发展方向是：正确地设置和维护路侧安全设施仍是需要优先考虑的首要问题，这和安全设施的复杂性密切相关；不断将新材料应用于路侧安全的设计中，如合成材料、高强度混凝土、可回收橡胶和塑料等；护栏设计要在保证野外性能的前提下提高成本效益；碰撞试验条件要符合实际行车情况；发展野外性能评估程序，对防护设施进行恰当的评估。

4.2.4　炫光及防炫光设施

1. 炫光简介及分类

炫光是指由于视野中的亮度分布或者亮度范围的不适宜，或存在极端的对比，以致引起不舒适感觉或降低观察目标或细部的能力的视觉现象。导致炫光产生的方式主要有两种：直接光源，如强烈的太阳光或灯光等，如图 4.56(a)所示；间接光源，如来自光滑物体(像水面、广场、高速公路等)表面的反光，如图 4.56(b)所示。炫光是引起人的视觉疲劳的重要原因之一。

(a) 直接光源产生的炫光　　　(b) 间接光源产生的炫光

图 4.56　炫光的产生方式

图 4.57 为一强烈炫光的情景，强烈的炫光会引起人眼的严重不适。根据炫光产生的后果差异，可分成三种类型：不适型炫光、光适应型炫光和丧能型炫光。

1) 不适型炫光

不适型炫光是指在某些太亮环境下人眼感到的不适。图 4.58 为不适型炫光。人在观察物体时,当视野中环境亮度变化相差不大时不会感到不舒服,但转化亮度相差比较大时就会感到不舒服,如在太阳光下看书或在漆黑房间看亮度大的电视就会感到不舒服,因此在生活、学习和工作中,通过调节某些环境因素,使视野中各种光线的亮度趋于一致,可减少或消除炫光的影响。

图 4.57 强烈的炫光会引起人眼的严重不适　　图 4.58 强烈的阳光照射在驾驶室对驾驶人形成的不适型炫光

2) 光适应型炫光

光适应型炫光是指人由黑暗环境(如电影院或地下隧道)走到阳光或强光其下双眼视觉下降的一种现象。主要原因是由于强烈的炫光源在视网膜上形成中央暗点,一定时间内引起视物不清所致。

3) 丧能型炫光

丧能型炫光是指由于周边凌乱的炫光源所引起眼视网膜像对比度下降,从而导致大脑对象解析困难的一种现象,类似于幻灯机在墙上的投影受到旁边强光的干扰而导致成像质量下降的现象。老年白内障患者就属于丧能型炫光。

2. 道路防炫光设施

防炫光设施是指为防止驾驶人在夜间行车时免受对向来车的前照灯炫光干扰,而在道路中央分隔带设置的一种保证行车安全并提高行车舒适性的人工构造物。

对防炫光设施的基本要求是:能有效地遮挡对面来车前照灯的炫光,横向通视好,能看到斜前方,并对驾驶人的心理影响小。设置防炫光设施时不必把对向车灯的光线全部遮挡,一般采用部分遮光的原理,允许部分车灯光穿过防炫设施,而允许透过的部分车灯光量以使驾驶人感到舒适为原则。如果采用完全遮光,反而缩小了驾驶人的视野,且对驾驶行车产生压迫感,也影响巡逻管理车辆对对向车道的通视。实际中,无论白天或夜间,对向车道的交通情况都是行车的重要参照系,特别是驾驶人在夜间能通过对向车前照灯的光线判断两车的纵向距离,有利于及时调整行驶状态。另外,防炫设施不需要很大的遮光角也可获得良好的遮光效果。国外实验结果表明:相会的两车非常接近(小于 50m)时,光线不会影响视距。

目前,道路上采用的防炫光设施的形式主要有植树防炫、防炫网和防炫板 3 种(参见图 2-14),均设置于道路中央分隔带上。

1) 植树防炫

植树防炫的基本原理是通过在道路中央分隔带上所植树木对光线产生的遮挡效应部分遮挡对向车前照灯的大部分光束来达到防炫光效果。在道路中央分隔带上植树是一种先进的防炫措施,具有防炫、美化路容、降低噪声、诱导交通等多种功能。植树防炫作为道路总体景观的一部分,与自然环境相协调,给驾驶人提供绿茵连绵的行车环境,有利于驾驶人保持良好的驾驶心态。

植树防炫特别适合较宽的中央分隔带。当道路中央分隔带宽度满足植树需要时，可采用植树作为防炫光设施。植树的栽植方式有密集型和间距型两种。在道路中央分隔带宽度大于3m时，一般采用间距型栽植方式。灌木丛亦具有遮光防炫作用。

相关试验观测结果表明，树距1.7m时遮光效果良好，无炫光感；树距2.5m时树挡间有瞬间炫光。故当采用完全植树形式时，树间间距以小于2.0m、树干直径以大于20cm为宜。当树间间距为5.0m时，为提高防炫光效果必须在树间种植常青树树丛。

2) 防炫网

防炫网是指将呈菱形网格状的金属网四周固定于边框上的特定结构。防炫网通过网股的宽度和厚度阻挡光线穿过，同时将光束分散反射，减少光束强度而达到防止对向车前照灯炫目的目的。防炫网既可保证防炫设施的连续性和横向通视，又可隔离上下行车道，具有成本低、安装便利、外形美观、风阻少、不易损坏、接触面小的特点。

3) 防炫板

防炫板是以方形型钢作为纵向骨架，把一定厚度、宽度的板条按一定间距固定于方形型钢上面而形成的一种防炫设施。防炫板是一种经济美观、对风阻挡小、不容易积雪、对驾驶人心理影响小的防炫设施。防炫板的设置主要有三种情况：①防炫板单独设置；②防炫板设置在波形梁护栏的横梁上；③防炫板设置在混凝土护栏上。

实践表明：适当板宽的防炫板与混凝土护栏配合使用防炫效果更好。上述3种形式防炫设施的主要特点比较如表4-19所示。

表4-19 植树防炫、防炫网、防炫板3种防炫设施的主要特点比较

类型 比较项目	植树防炫		防炫板	防炫网
	密集型	间距型		
美观性	好	好	好	较差
对驾驶人心理影响	小	大	小	较小
对风的阻力	大	大	小	大
防炫效果	较好	较好	好	较好
经济性	差	好	好	较差
施工难易	较难	较难	易	难
养护工作量	大	大	小	小
横向通视	差	较好	好	好
阻止行人穿越	较好	差	差	好
景观效果	好	好	好	差

4.2.5 视线诱导设施

视线诱导设施是指沿行车道两侧设置，用于指示道路线形、方向、车行道边界及危险路段位置，诱导驾驶人视线的设施。车辆驾驶人在道路上行驶需有一定的通视距离，以便及时了解和掌握道路前方的情况，尤其是在夜间行驶时，仅依靠前车灯照明来弄清道路前方的线形、明了行驶的方向是存在一定困难的。因此，驾驶人借助视线诱导设施可以及时

了解和掌握道路前方信息。

视线诱导设施按功能可分为轮廓标、分合流诱导标、线形诱导标等。其主要作用是在夜间通过对汽车前照灯的反射，使驾驶人能够较清楚了解前方道路的线形及其走向。

1. 轮廓标

轮廓标是设置于道路边缘，用于指示道路线形的轮廓的视线诱导设施。根据安装方式不同分为独立式和附着式两种形式，如图4.59所示。轮廓标的设置原则是：在高速公路和一级公路的主线，以及互通立交、服务区、停车场等进出口匝道或连接道，应全线设置轮廓标，但对有照明的路段可以不设。高速公路、一级公路主线路段设置间隔为24～32m，大、中型桥梁及隧道设置间隔为12～16m，匝道上的设置间隔一般取4～8m。道路宽度、车道数量有变化的路段及竖曲线路段，可适当加大或减少轮廓标设置的间隔。

当路边无构造物时，轮廓标为柱式，独立设置于路肩中即独立式，如图4.59(a)所示，柱式轮廓标主要由柱体、反射器、基础(包括砂砾垫层、水泥砂浆垫层、混凝土基础)等组成；当路边有护栏、桥梁栏杆、侧墙等构造物时，可将轮廓标附着在构造物的适当位置即附着式，如图4.59(b)所示，附着式轮廓标由反射器、支架、连接件组成。

(a) 独立式　　　　　　　　　　　　(b) 附着式

图4.59　轮廓标的两种不同安装形式

2. 分流、合流诱导标

分流、合流诱导标是设置于交通分流和交通汇合区段的诱导设施，如图4.60所示。目的是提示驾驶人对进、出口匝道附近车辆交织运行的注意。

(a) 分流式诱导标　　　　　　　　　　(b) 合流式诱导标

图4.60　分流和合流诱导标

分、合流诱导标原则上应设置在互通立交的进、出口匝道附近有交通分、合流的地方。其中，分流诱导标设在分流端部；合流诱导标设在合流端部前方适当地点。按设置方式不同分为直埋式和附着式两种形式。

3. 线形诱导标

线形诱导标是设置于急弯或视距不良路段，用于警告和引导车辆驾驶人注意改变行驶方向的诱导设施,可进一步分为指示性线形诱导标和警告性线形诱导标,如图 4.61 所示。线形诱导标按设置方式可分为附着式和直埋式两种。

(a) 指示性　　　　　　　(b) 警告性

图 4.61　线形诱导标及其应用

指示性线形诱导标,通常一般设置在半径较小或通视较差、对行车安全不利的曲线外侧,或中央隔离设施及渠化设施的端部;警告性线形诱导标设置在局部施工或维修作业等需临时改变行车方向的路段,多为便携式。

4. 路钮

路钮是一种粘贴或锚固于路面上,用于警告、诱导或告知驾驶人道路轮廓或道路前进方向的装置,分为反光和不反光两种,有白色和黄色、矩形和圆形之分,如图 4.62 所示。

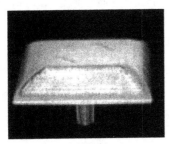 

(a) 矩形路钮　　　　　　　(b) 圆形路钮

图 4.62　路钮类型及其应用

路钮的功能是在雨、雾不良气候条件下,或路面灰、泥较多的情况下提高视认效果。国外在冬季不积雪的高速和一级公路上广泛应用,能显著提高交通安全性。国内主要与标线如上/下行车道线、车道分界线、渠化线、三角区标线配合使用。其缺点是突出路面,在车辆碾压下易破碎。

上述视线诱导设施中,轮廓标、路钮以指示线形道路轮廓为主要目标;分合流诱导标以指示交通流分、合为主要目标;线形诱导标以指示或改变行驶方向为主要目标。三类诱导标各自以不同的侧重点诱导驾驶人的视线,使行车更安全、舒适。

4.2.6　人行横道与交通岛

1. 人行横道

人行横道是指在车行道上用斑马线等标线或其他方法标示的、规定行人横穿车道的步行范围,如图 4.63 所示。车行道上人行横道处的斑马线通常用白颜色涂料画出。

(a) 人行横道　　　　　　　(b) 行人通过人行横道　　　　　　(c) 人行横道标志

图 4.63　人行横道及其标志

行人需要过马路时，若随意穿行势必会与道路上的在行车辆发生冲突，这既危及行人生命安全，同时也影响车辆的正常行驶。为此，道路交通管理部门根据道路上交通车流量、行人量大小的不同在一些重要路段设置了包括人行横道标线、交通信号控制、安全岛、人行天桥、地下通道在内的不同安全设施，以方便行人安全过马路。

在设有人行天桥、地下通道的地方，只要行人过马路时遵守交通法规走人行天桥、地下通道，其安全性为100%；在未设置人行天桥、地下通道而仅设置有人行横道标线、交通信号控制、安全岛的地方，行人过马路时的安全性显然低于100%即存在相对危险性。设行人在有人行横道标线、交通信号控制、安全岛处过马路的相对危险程度为1.00，行人在几种具有不同安全设施状况条件下过马路时的相对危险程度统计如表4-20所示。

表4-20　具有不同安全设施状况条件下行人过马路时的相对危险程度统计

过马路时的安全设施状况	危险程度
有人行横道标线、交通信号控制、安全岛	1.00
有人行横道标线、交通信号控制	1.47
有人行横道标线，但无人专门管理	2.47
既无人行横道标线，也无交通信号控制	2.78

由表4-20可以看出，在行人交通安全意识一定的条件下，随着过马路时安全设施状况条件的变差，行人过马路时的相对危险程度明显提高。在无人行横道标线也无交通信号控制时过马路的相对危险程度比在有人行横道标线、交通信号控制、安全岛安全设施条件过马路的相对危险程度要高出1.78倍。因此，加强和规范行人过马路时的交通安全设施建设，对于保障行人交通安全、规范行人过马路时的交通秩序具有积极意义。

人行横道标线的设置，应根据道路上高峰时车流量、行人量的大小等相关因素综合考虑确定。对于沿途行人较多的路段，其两条人行横道标线之间的间距以不超过300～400m为宜。

2. 交通岛

交通岛是指为控制车辆行驶方向和保障行人安全，在两车道之间设置的且车辆不能使用的高出路面的岛状设施。根据交通岛的功能差异，交通岛可分为导流岛、分隔岛、安全岛 3 种形式。其中，导流岛是为指示、规定左右转弯等交通方向而设置的岛；分隔岛是为分离同向或对向的交通（主要是直行交通流）而设置的岛；安全岛也称庇护岛，是为给行人提供安全庇护空间设置的岛。对于具体的交通岛，其可能兼顾有上述 3 种类型的一种或多种功能。图 4.64 为某十字路口设置多个交通岛的情景。

图 4.64　某十字路口设置多个交通岛的情景

在一条道路上当机动车车行道数目较多时，如果在道路中央不设行人安全岛，当许多行人在行人绿灯信号内不能走到马路对面时，在下一个行人红灯信号内就只能停在车流中间，或者在密集的车流中强行通过，这样很容易引发交通事故。对于行走速度缓慢的老人、儿童、残疾人，过街的危险程度就更大，为此，设置安全岛的作用就是引导车辆按一定的路线和方向行驶，为在一个行人绿灯信号内未能过街的行人提供一个相对安全的空间，以防止交通事故发生。

在道路中央设置行人安全岛，可以把行人过街的活动分为两个过程，每个过程所要穿越的车流数量比不设安全岛时减少了一半。行人可以在安全岛作短暂的停驻，减少了暴露在车流中的时间，降低了发生事故的可能性。

安全岛的形状有三角形、月牙形、带形或其他不规则形状。

道路中央设置的行人安全岛应醒目，以使在行车辆驾驶人和行人都可准确识认。可通过增强照明亮度、岛上绿化、设压道及视线引导装置等措施提高行人安全岛的视认性。

4.3　道路行车环境与交通安全

道路行车环境是指影响在行车辆行车安全的相关环境因素，主要包括交通量与交通畅通状况、交通组成、天气与气候、夜间道路照明、道路交通秩序等。

4.3.1　交通量与交通畅通状况

交通量（也称交通流量）是指单位时间内通过道路某一断面（一般为往、返两个方向，若特指时可为某一方向或某一车道）的车辆数或行人数。交通流是指一定时间内连续通过某一断面的车辆或行人所组成的车流或人流的统称。

道路通行能力是指道路在一定条件下单位时间内能够通过的车辆的极限数，是道路在通行方面所具有的一种"能力"。实际中交通量一般总是小于通行能力。当道路上的交通量接近或等于通行能力时,就会出现交通拥挤和阻塞现象。交通流饱和度是指服务交通量与可能通行能力的比值。显然,道路上的交通量越大,交通流饱和度越高。

道路交通量的大小直接决定着交通流饱和度大小,而交通流饱和度的大小直接影响交通事故发生的频率和严重程度,这一关系表明道路上交通量的大小对交通事故的发生有着直接的影响。当道路上交通量为零时,理论上则不会发生交通事故;当道路上车速为零时,理论上也不会发生交通事故。因此,道路上交通量大小直接影响着交通事故的发生。一般认为,交通量越小,事故率越低;交通量越大,事故率越高;但实际情况并不与这种认识完全吻合。图4.65为交通事故率随交通流饱和度的变化关系。

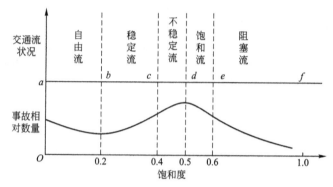

图 4.65 交通事故率随交通流饱和度的变化关系

由图 4.65 可知,交通量对交通安全的影响主要通过影响交通流状态变化产生作用。在交通量很低的自由流状态,交通事故相对数量比较高的原因是在此条件下驾驶人忽视行驶安全而冒险高速行车,容易造成翻车、撞路边固定物等类型事故;当车流由稳定状态进入不稳定状态直至饱和状态时,交通事故相对数量最高,其原因是随着交通量增加超车行为增多,超车危险性增大,使得交通事故相对数量随交通量增加而增加。

当车流进入阻塞流状态时,道路交通状况将明显恶化。恶化的交通状况会对驾驶人的心理状态和情绪产生直接影响。一般而言,畅通的交通状况有利于驾驶人保持良好的心理状态和稳定的情绪,拥挤和堵塞的交通状况则易使驾驶人心理状态变坏,且随着拥挤和堵塞时间的增加其情绪变得急躁而不稳定,而驾驶人驾车过程中不良的心理状态和急躁的情绪容易使其失去理性,感情用事,从而引发交通事故。从交通安全管理的角度讲,道路上保持合适的交通流量有利于交通安全;驾驶人在驾车过程中保持良好的心理状态和稳定的情绪对于交通安全十分重要。

对多条高速公路的调查表明,高速公路上交通事故的发生率与车流量大小密切相关。一般情况是,交通流量大的路段事故多,交通流量小的路段事故少。究其原因,一是交通流量较大时,在行车辆之间经常存在超越与被超越的现象,尤其是一些小型车辆经常穿插超车,遇突发情况往往措手不及导致事故发生;二是一些大型货车超载严重,行驶速度低,俨然成为一个个"移动的障碍物",成为引发事故的隐患。

道路条件(如路面、平面线形、纵坡等)对交通量的大小有重要影响。一般而言,交通量大的路段通常具有良好的道路条件,如宽阔的路面、平缓的平面线形、较缓的纵坡等;而交通量小的路段通常道路条件较差。实际中,事故率与年平均日交通量 AADT 之间存在较强的相关性,图 4.66 为美国某双车道公路的事故率与年平均日交通量 AADT 之间的关系图。

道路与交通安全 第4章

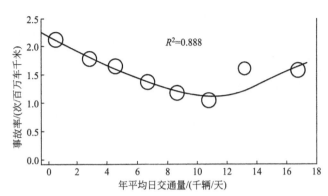

图 4.66 事故率与年平均日交通量之间的关系

由图可知，事故率与年平均日交通量 AADT 呈现 U 形曲线关系，即在 AADT 从零增加至 10000～12000 辆/日时，事故率不断降低，呈现下降变化趋势；当 AADT 从 12000 辆/日继续增加时，事故率开始逐渐增加。

4.3.2 交通组成

1. 道路交通组成的意义及不同交通组成对交通安全的影响

道路交通组成是指构成道路交通流的车辆类型，包括乘用车、货车、客车、摩托车、非机动车等，如图 4.67 所示。货车、客车按运载能力的不同进一步可分为大、中、小等车型，摩托车分为两轮摩托、三轮摩托车等。我国道路除了高速公路、一级公路及一些城市市区主干道较好地实行了人车分离、机非（即机动车与非机动车）分离外，其余绝大多数道路上人车分离、机非分离水平均比较低，这使得我国道路的交通组成比较复杂，特别是在大中城市表现得尤为突出。

(a) 由乘用车为主构成的车流　　　　　(b) 由乘用车、货车、客车构成的混合态车流

图 4.67 不同车型构成的道路交通组成

混合交通是指车辆与行人或机动车与非机动车在同一道路上混合通行的交通状态，如图 4.68 所示。混合交通现象在许多国家道路交通系统发展初期和快速发展时期都广泛存在过。混合交通仍然是我国目前道路交通的重要特点之一。混合交通现象的突出观点是：车辆行驶速度低，交通秩序乱，交通安全状况差，交通事故多发。

道路交通实际表明，道路交通流的车型构成越复杂，对交通安全越不利。就图 4.67 所示的两种车流而言，在相同车速条件下，一般情况下由以乘用车为主构成的车流比由乘用车、货车、客车构成的混合态车流的安全状况要好。对城市道路交通事故数据的统计分

(a) 由机动车、非机动车、行人构成的混合交通　　(b) 由机动车、非机动车构成的混合交通

图 4.68　混合交通景象

析表明：大型车辆、货车、摩托车是影响交通安全的主要因素，在道路交通流中随着大型车辆、货车、摩托车比例的增大，事故率也随之增加。

正常情况下，城市道路交通流中一般是小型车辆居多。当一个城市的道路构成不能对过境车辆进行有效分离即使过境车辆避离城市主干道时，将使市内交通流中大型车辆及货车比例明显增大。城市道路交通流中大型车辆比例增大导致事故率增加的主要原因有：一是大型车辆对紧随其后行驶的小型车的视距产生影响；二是对原本有序的交通流产生明显干扰从而导致事故率增加。货车比例增大导致事故率增加的原因是，由于客车的动力性能明显优于货车，使得客车行驶过程中的车速整体上要高于货车，从而导致车速分布的离散性增大，引发交通事故而使事故率增加。摩托车比例增大导致事故率增加的原因是，一是摩托车行驶过程中见缝就钻的灵活性特点，导致其他车辆常常措手不及；二是摩托车行车速度较客车、货车的差异性导致车速分布更离散，车速方差变大，使事故率增加。

在道路交通组成方面，要提高城市道路交通的安全性，必须加强对大型车辆、货车、摩托车的管理。具体措施如下：

(1) 对城市过境车辆进行有效分离，使过境车辆尽可能走城市外环线。

(2) 对货车实施限时、限地禁行措施，即对部分交通繁忙主干道路白天禁止货车通行，对城市中心区域或其他重要区域禁行货车，国内一些重要中心城市执行比较好。

(3) 强化摩托车牌照管理，根据道路及安全状况对摩托车的使用进行适当限制。

(4) 对部分主干道路设置公交专用车道，以使大型公交与其他车辆有效分离。

2. 减少在行车辆间的速度差对交通安全的作用

速度差的意义是指同一车道上不同车辆之间行驶速度的差别。在相同的道路条件下，不同类型的车辆(如乘用车和载货汽车)之间，以及不同驾驶人之间由于年龄、性别、性格、驾驶技术、驾驶期望、出行目的的不同，常常使得同一车道前后在行车辆之间的行驶速度不尽相同，导致不同车辆间存在速度差。如本地驾驶人与外地第一次来此地的驾驶人在相同的道路条件所采用的行车速度往往会不同，实际中，同一车道上不同车辆之间的行驶速度存在差别是十分普遍的现象。同一车道前后在行车辆之间速度差的存在特别是速度差过大(超过 20km/h)对行车安全是十分不利的。因为速度差过大常常导致强行超车、会车现象明显增多，会大大增加事故隐患。

实际中，处于跟车状态下的绝大多数驾驶人均存在这样的心理，当自己认为无法超车时只能被迫以明显低于正常期望速度的车速跟随行驶，而一旦条件许可，则会积极实施超车行为以按自己期望的车速行驶。从有利于行车安全的角度考虑，需要采取相应措施对在行车辆间的速度差进行适当控制。

在多辆车辆跟随行驶的过程中，要特别防范连环式追尾交通事故的发生。实际中，连环式追尾交通事故多发生于高速公路上。调查分析表明，引发连环车祸的直接原因主要如下：

(1) 大雾原因，特别是高浓度的团雾使得道路能见度很低，容易发生追尾事故。

(2) 跟车间距过小，正常道路交通环境条件下，处于高速行驶的车辆当前车突发故障或突然减速常常导致跟随车辆措手不及而引发追尾事故。

(3) 因故临时停在停车带上的车辆设置的警示标志未能真正起警示作用，导致通行车辆碰撞上临时停放的车辆而引发二次事故。

4.3.3 天气与气候

天气是指某个地方距离地表较近的大气层在短时间内的具体状况，如晴天、雨天、雪天、雾天等，与此相关还包括气温高低、风力大小。天气的特点是多变。

气候是指某个地方多年的天气平均状况，是某一地区多年时段各种天气过程的综合表现。气候的特点是稳定性。

1. 恶劣天气和气候对行车安全的影响

天气与气候对道路交通安全的影响是明显的。不良天气与气候特别是恶劣天气和气候对行车安全的影响尤为明显与突出，如低温冰雪天气，因道路结冰就使道路交通事故明显增加。对于道路行车而言，恶劣气候主要是指阴雨天气(含大雨和暴雨天气)、降雪天气、大风天气、沙尘暴天气、大雾及雾霾天气、高温天气、低温天气等。

阴雨天气尤其是大雨暴雨天气使得天空阴暗、能见度降低、道路湿滑。该天气对驾驶人生理方面的影响是视线变暗，清晰度降低，导致驾车过程中对前方人、车、物和道路环境状况的判断准确性降低；对驾驶人心理的影响是情绪容易变得激动，使得驾驶操作行为容易变得急躁；对行驶车辆的影响是车轮与路面间的附着系数降低，附着力变小，制动效果变差，特别是在转弯或遇到紧急情况制动时易发生侧滑、跑偏、甩尾等现象而导致交通事故。此外，大雨暴雨天气还易冲毁或淹没路基、路面、桥涵，引发山体滑坡、泥石流、道路塌陷、道路损坏等多种地质灾害而危及在行车辆的行车安全。雨天条件下路面易形成积水，车辆高速行驶时易会出现"水滑"现象，因道路附着系数降低、路面变滑很容易引发交通事故。此外，特别值得注意的是，阴雨绵绵天气较暴雨天气相比更具危险性，这是因为一方面在暴雨天气下驾驶人一般都会集中注意力并控制好车速，而对阴雨天气从思想上重视不够；另一方面是持续阴雨天气的路面较暴雨天气的路面更容易打滑。

降雪天气常因路面积雪产生冰冻现象，导致路面湿滑坚硬，使车辆行驶过程中因车轮与路面间摩擦系数降低、附着力变小而使制动距离变长，在转弯或遇到紧急情况制动时极易发生侧滑、跑偏、并易诱发多车连环追尾事故。此外，积雪也阻塞道路，降雪天气还使车辆起步或上坡时容易发生打滑，导致起步困难、上坡溜滑而引发事故。特别是架空在地面之上的立交桥、高架桥、湖泊内连接两端道路的湖中桥的上下道处及其路面，在低温及降雪天气较其他路面更容易结冰，车辆在此处行驶时更要特别小心，要特别避免高速行驶及急打转向盘和紧急制动操作。

北方寒冷地区的冬季，经常因持续下雪导致路面积雪。积雪对道路行车的危害首先表现在路况的改变。路面积雪经碾实后，在行车辆行驶时其车轮与路面间的附着力仍然较小，容易发生左右滑移即侧滑，同时制动过程及制动距离控制难度明显增大，一旦车速过快、转弯过急都可能发生交通事故。此外雪天行车时，飘洒的雪花对驾驶人的视线及观察效果均产生不利影响，同时，积雪在阳光的强烈发射下容易使驾驶人产生雪盲（即炫目）现象，因此，在雪天下行车，为保证行车安全，首先要控制好车速，其次要在车轮上加装防滑链注意防滑。

大风天气（如沿海地区的台风天气）对交通安全的影响是：一是使行驶中车辆的空气阻力明显增大，特别是对重心较高或质量较轻的车辆影响较大，并随风力增大而对车辆的行驶稳定性造成破坏性影响，如强力大风容易造成在行车辆侧滑、侧翻等类型交通事故；二是使摩托车驾驶人、自行车骑车人及行人在行进过程中对道路前方视野的观察能力降低，受大风影响骑车人容易偏离原行驶线路而左右摇晃，行进中左右摇晃的车辆极易与行进中的其他机动车发生碰撞事故，行人因躲避大风的心理指向其注意力容易分散导致观察不周而引发生交通事故。

大雾天气、沙尘暴天气对交通安全的影响也是明显的。该天气对驾驶人、行人的影响是：因能见度低使可视距离缩短，且使观察者对道路前方人、车、物和道路环境状况判断的准确性、及时性下降。特别是浓雾天气常使能见度降低至几十米或百余米，极易在高速公路上引发多车追尾或相撞的恶性重大交通事故。这是需要引起所有驾驶人高度重视的。实际中，沙尘暴天气常常伴随沙尘漫天飞扬，空气混浊不清。大雾及雾霾天气因天空一片灰蒙蒙使水平能见度大大降低、视线不清。虽然大雾和雾霾看起来很难区别，但二者的形成机理明显不同：雾是空气中的水汽凝结成的小水珠悬浮于空气中而形成的；而霾是悬浮在大气中的大量微小尘粒、烟粒或盐粒的集合体。雾主要与空气中的湿度大小及相应的气象条件相关，而霾主要与空气污染状况有直接关系。

高温天气因天气炎热，对行驶车辆的影响是易使发动机"开锅"，轮胎容易爆胎；对驾驶人的影响是容易使驾驶人产生疲劳而产生睡意。特别是在中午时段，高温天气对人、对行驶车辆的影响最为突出，因此，在高温天气条件下，对于驾驶人而言，如果可能，最好避开中午时段驾车，如果无法避开中午时段驾车（如城市公交车辆），驾驶人驾车前务必要注意休息。

低温天气的特点是环境温度低并常常伴随有积雪、结冰现象。在低温天气条件下，除因道路积雪、结冰影响行车安全外，还会因驾驶室内外温差过大使水蒸气凝固于风窗玻璃上形成薄雾而使风窗玻璃的透明性降低，影响驾驶人对道路前方人、车、物和道路环境状况的准确观察与判断；同时，低温天气也使驾驶人手脚的灵敏性下降，反应变得迟钝。这些都将直接对驾驶人的行车安全产生影响。

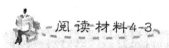
阅读材料4-3

冬季在山区道路行车更要慎行

山区道路的特点是纵坡多、弯道多，连续急弯多，道路狭窄，且气候复杂多变。在这样的道路上驾驶，驾驶人首先要注意了解当地天气状况，关注天气变化。对于我国南方山区，每年11月至次年2月，山区道路特别是夜间极易结冰、降雾，驾驶人应尽量避免深夜至凌晨时段在山路上驾驶；若确实难以避免，要预先准备齐全的防滑物品，如安装防滑链等，并慢速行驶。按照交通法规的相关规定，车辆在急弯、陡坡、窄路、冰雪路段上行驶时，最高时速不能超过30km。如果遇上结冰路段难以通行，驾驶人应自觉排队按顺序通过，控制行车速度。2009年12月某日发生在湖北省长阳县境内的一起致7人死亡、多人受伤的重大恶性交通事故，就是因为客车深夜在有薄冰的山区道路行驶，因车速过快，驾驶人处置不当造成。

此外，在雨、雪、大雾、大风或沙尘暴的夜间行车，驾驶人因视线变暗及对光线尤其是对强光照射特别敏感，会产生视线盲区（即背光区），而视线盲区易使行驶车辆与其他车辆或道路旁构造物发生碰撞。

在恶劣气候条件下，要保证道路交通安全，无论是机动车驾驶人还是行人都需要格外小心，并采取相应的保护与预防措施。对于机动车驾驶人而言，需要针对不同的天气气候采取不同的应对措施；对于行人而言，则需要提高安全意识和自我防范技能。

2. 行车途中天气突变对交通安全的影响

行车途中天气突变是指驾驶人在驾车过程中天气状况在较短的时间内发生了明显改变的情况，多指天气突然由好变坏的情况，如突然大雨倾盆、大雾四起、漫天沙尘飞扬等。行车途中天气突变（变坏）对交通安全的影响一方面是对驾驶人的视线产生不利影响，另一方面对驾驶人的情绪、心理状态产生负面影响继而影响驾驶状态。实际中，无论是长途行车还是短途驾车，在白天当天气由好变坏时对于驾龄较长、驾驶技术熟练的驾驶人的不利影响较小，但对驾龄较短、驾驶技术不够很熟练的驾驶人的不利影响则会相对较大，且这种影响更多的是通过对驾驶人的情绪、心理状态产生负面影响继而影响驾驶状态，当驾驶人的情绪、心理状态变坏时，一旦遇到突发事件就很容易引发交通事故，这在情绪型性格的驾驶人身上表现得比较突出。在夜间，上述影响对于驾龄较短、驾驶技术不够很熟练的驾驶人而言其效果会更加突出。因此，对于所有驾驶人而言，为保证行车安全，应注意在驾车过程中保持良好的心态，以将天气变化对自己情绪、心理状态变化的影响降到最低。

4.3.4 夜间道路照明

道路照明是在道路上设置照明器为给在夜间行驶的车辆和行走的行人提供必要的能见度，如图4.69所示。根据道路使用功能，城市道路照明可分为主要供机动车使用的机动车交通道路照明和主要供非机动车与行人使用的人行道路照明两类。

道路照明的目的是，在夜间为车辆驾驶人及路边行人提供必要的能见环境，保障夜间交通安全，提高交通运输效率，方便人民生活；此外，还可美化市容。有关研究表明，合理的夜间道路照明可以降低30%的城市道路交通事故率、45%的乡村道路交通事故率和30%的高速公路交通事故率。此外，合理的道路照明还能提高交通引导性，改善交通条件，从而提高道路的利用率，降低犯罪率，对提高环境的舒适度以及美化城市也具有重要意义。

驾驶人在夜间行车对道路上障碍物的辨认是借助于障碍物与作为背景的路面两者的亮度对比进行区别和察觉的。其辨认方式按障碍物与路面背景间亮度明暗程度的不同分为轮廓辨认和逆轮廓辨认。轮廓辨认是指道路上障碍物的亮度比路面背景的亮度暗，驾驶人只能看到障碍物轮廓的情况；逆轮廓辨认是指道路上的障碍物的亮度比路面背景亮，驾驶人

(a) 明光的夜间道路照明环境　　　　　　(b) 比较昏暗的夜间道路照明环境

图 4.69　夜间道路照明实景

在较暗的背景里可看到比较明亮的物体的情况。当路面平均亮度增大、障碍物的亮度与路面的亮度对比变小时，道路上的障碍物容易被发现。

驾驶人在夜间行车过程中通常只关心道路前方有无行人或障碍物，无须明确辨认出行人是谁或障碍物是何物，所以道路照明的目的是使路面具有一定亮度，通过增大障碍物与路面间的亮度差，以使驾驶人按照轮廓方式及时准确辨认出人或物。要提高驾驶人对物体的辨认能力，可通过道路照明增大物体表面亮度或使亮度变化。对于道路上的有关安全设施如导流交通岛，为了便于驾驶人辨认，可增加其表面亮度，使其按逆轮廓方式辨认。

道路照明器不仅要满足照明的基本需求，还应环保、节能。对照明器的基本要求是路面亮度大、光线分布均匀、炫光小、节能。

道路照明用的照明器的布置形式有沿道路两侧对称布置、交错布置，沿道路一侧布置，路中央悬挂布置等，通常视道路宽度选用。超过 20m 宽的道路和迎宾道路多采用两侧对称布置，15～20m 宽的道路可考虑两侧交错布置，较窄的道路可用一侧布置。在道路交叉口、弯道、坡道、铁路道口、人行横道等特殊地点，一般均布设照明器，以利于驾驶人和行人识别道路情况，其亮度标准也应较高。在隧道内外路段和从城区街道到郊区公路的过渡路段的照明，则要考虑驾驶人的眼睛对光线变化的适应性。照明器的功率、安装高度、纵向间距是配光设计的重要参数。合理组合好这三个因素，可以得到较满意的照明效果。实际中，对照明灯光的利用要注意防炫光。

4.3.5　道路交通秩序及其管理

1. 道路交通秩序

道路交通秩序的基本意义是指包括机动车、非机动车、行人、骑车人等在内的不同交通参与者在道路上有规则的运动或停止，不发生交通干扰，呈现一种有条不紊的状态，即不同交通参与者在参与交通活动的过程中为维护交通安全与畅通自觉遵守交通法规和规范、各行其道的状况。实践表明：良好的道路交通秩序有利于交通安全与畅通、有利于提高社会运输效益。

道路交通秩序具体包括机动车辆行驶秩序、机动车辆停放秩序、非机动车行驶秩序、非机动车停放秩序、行人和候车人交通秩序、占用道路施工作业秩序等。

道路交通涉及机动车驾驶人、非机动车骑车人、行人等不同角色的参与者群体，而良好道路交通秩序的建立与保持除了涉及上述参与者群体外，还包括候车人、乘车人、道路施工作业车辆和相关人员、道路旁摆摊设点的相关人员等。对于所有相关者而言，建立与保持良好的道路交通秩序就是要求其在相关活动过程中自觉遵守交通法律法规和职业道德及社会公共道德，相互间以礼相待，以维护交通安全与畅通。

具体对于驾驶人而言，就是在驾车和车辆停放过程中自觉遵守交通法规和规范，遵守职业道德，自觉抵制违法行为；对于骑车人和行人而言，就是在骑车或走路过程中自觉遵守交通法规和规范，遵守社会公德，以礼相待，特别是要杜绝任意横穿马路等不文明交通行为；对于道路施工作业车辆人员和道路旁摆摊设点的相关人员而言，就是在道路施工作业及在道路旁摆摊设点的过程中自觉遵守职业规范，多为驾驶人、骑车人、行人着想，把方便让给别人，保证交通运输有序进行。

无论是对于一个地区还是一条道路而言，其交通秩序的好坏均直接影响着交通安全与畅通。遵守交通秩序是每个公民应尽的义务。没有良好的道路交通秩序，就不可能有安全与畅通的交通状况。道路交通的实践表明：交通参与者的素质越高，良好的道路交通秩序越容易建立与保持；反之，则相反。因此，对于交通管理者而言，要使交通安全状况持续改善，就必须注重建立与保持良好的道路交通秩序。

2. 道路交通秩序管理

道路交通秩序管理是指公安机关交通管理部门根据交通法律法规，采取宣传教育、行政处罚和工程设施的方法，对道路交通中的人员、车辆、道路及其环境等进行监督管理，以取得最佳的道路交通效能的一项行政管理活动。道路交通秩序管理具体包括机动车交通秩序管理、非机动车交通秩序管理、行人和候车人交通秩序管理等方面，其重点首要是机动车交通秩序管理。

机动车行驶秩序管理是指公安机关交通管理部门依照道路交通管理法律法规，对道路上行驶或暂停的机动车辆进行指挥、引导、限制等活动的总称。对于机动车辆进行管理的基本原则主要包括右侧通行原则、分道行驶原则、按信号通行原则、优先通行原则、确保安全原则。

机动车行驶管理的内容包括灯光使用；机动车通过交叉路口的规定；机动车行驶速度规定；机动车行驶中后车与前车的安全距离；会车的规定；超车的规定；拖带挂车的规定；牵引故障机动车的规定；安全装置的使用规定；特种车辆的管理规定。机动车装载规定包括载人的规定、载物的规定、载运爆炸物品、易燃易爆化学物品以及剧毒、放射性等危险物品的规定等。机动车停放的规定包括允许停放的规定、禁止停放的规定等。

非机动车交通秩序管理是指公安机关交通管理部门运用教育、法律、经济等手段，对非机动车及驾驶人进行诱导、约束、限制、禁止，以实现交通流有序运行，提高道路通行效率、维护交通秩序的管理活动。主要包括非机动车行驶规定、非机动车载物规定、非机动车停放规定及其他相关规定。

行人和候车人交通秩序管理包括行人的通行规定、乘车人的通行规定等。

4.4 道路现场作业与交通安全

实际中，在一条供车辆正常通行的多车道道路的某路段，因道路维护作业、工程施工或交通事故及其他突发事件处理等特殊原因有时临时关闭部分（一个或几个）车道后，在行车辆仍然通行(道路完全封闭的情况除外),且在临时关闭部分车道的路段现场有专门人员从事特定作业的情景时有发生。由于此情景下现场作业人员及相关设备拥挤在相对狭窄的区域内,路段现场因部分车道临时关闭,一方面是因行车道数量减少、道路变窄使得道路通行能力下降,道路正常的通行秩序临时被改变,导致交通拥挤现象突出;另一方面是通行车辆紧靠封闭车道通行,作业现场安全隐患凸显,这对处于路段现场的作业人员以及经过此路段的通行车辆而言均构成威胁。现实中因道路作业引发的交通事故也时有发生,如一条全长近300km的高速公路在改扩建过程中因道路作业引发的交通事故达10余起,给人民生命财产造成严重损失。只有在充分认识道路作业现场特点的基础上采取有效措施,才能切实提高道路作业现场的安全性。

4.4.1 道路作业现场及其安全管理

1. 道路作业现场的定义

这里所述的道路作业现场特指仍处于通行条件下的多车道道路因道路维护作业、工程项目施工或因交通事故及其他突发事件处理等特别原因临时关闭一个或几个车道所形成的车辆禁行区域。此现场的特点是:通行车道数减少,通行道路变窄,道路通行能力降低,但因道路仍然为通行状态,交通环境复杂,现场人员作业、车辆活动对道路交通构成干扰,安全隐患突出。目前,道路作业现场的形成原因主要有:①因道路维护作业、工程项目施工需要;②因交通事故或其他突发事件,如危险化学品泄漏、爆炸及火灾事件现场处理及伤员救护的需要。

就道路作业现场从形成到解除全过程延续的时间而言,道路维护作业、工程项目施工视作业量的大小一般为几个工作日(也有几个小时之内完成的)或更长时间(有的达数月),而交通事故或其他突发事件,如危险化学品泄漏、爆炸及火灾事件现场处理过程一般为几个小时至几十个小时。由于这种道路作业现场人员、车辆及救援(施工)设备并存,交通环境复杂,如果管理失当,极易引发交通事故或次生事故。

按照我国的相关管理法规,道路维护现场作业一般由公路运营管理部门负责,工程项目施工是在获得道路交通管理部门批准后由工程施工方负责,道路交通事故处理通常由公安交通管理部门负责,突发事件现场处理通常由事发地辖区政府负责。道路维护现场作业旨在保持或恢复道路的正常通行能力,其内容主要包括对道路的常规保养及对轻微损伤处道路、一般性磨损及局部损坏的道路进行的维修、加固及功能完善,以及对已达到服务年限或严重损坏的高等级公路及其附属设施进行的综合修复等。工程项目施工则是因某项工程建设的需要对一定范围的道路路面及其附属物展开的施工如挖掘、填埋及道路恢复等作业。道路交通事故现场处理主要是公安交通管理部门或是对交通事故的现场处理,或是对重特大交通事故为获取第一手资料而在事故现场所进行的现场勘查及证据收集等相关工作,由于道路交通事故发生现场保留了大量的事故证据,公安交通管理部门深入现场处理是必需的,旨在客观、准确认定相关当事人的交通事故责任,为公平、公正处理交通事故收集资料,同时尽快恢复道路交通畅通。突发事件现场处理因突发事件类型的不同其处理方式不尽相同,主要是以尽快消除危险、恢复交通为目的。

2. 道路作业现场子区域划分及其功能

道路作业现场在功能方面包括施工预告区、上游(减速)过渡区、缓冲区、作业区、下游过渡区、终止区6个子区域,如图4.70所示。

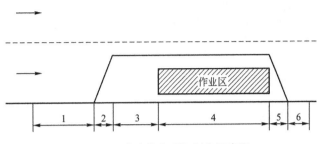

图 4.70 道路作业现场划分示意图
1—施工预告区;2—上游过渡区;3—缓冲区;
4—作业区;5—下游过渡区;6—终止区

这些不同子区域旨在为给道路作业现场人员、相关机械与设备、道路设施和道路使用者提供一个相对安全的作业环境。作业现场具体各子区域的功能如下:

(1)施工预告区。旨在向对向来车明确警告与提示,前方不远处的道路路面正在进行相关作业,提醒驾驶人注意路面交通环境的变化,集中注意力,减速慢行,并做好应对突发事件的准备。施工预告区离作业区的距离视作业区作业面的大小及跨越距离的长短不同而不同,一般是作业面越大、作业区跨越的距离长度越长,其施工预告区离作业区的距离也相应长些。

由于施工预告区是首次向对向来车展出明确提示的警告区域,在对向来车方向,应在距封闭车道前方的一定距离(白天100m,夜间至少150m)范围内设置非常醒目的作业警告标志告知前行车辆。如果对前行车辆有明确绕道或限载要求的,应至少在距封闭车道1000m以外设置预先提示,以使驾驶人有较充分的时间提前选择其他行车路线、调整行车速度,同时应提供明确的替代行车路线。

(2)上游(减速)过渡区。旨在对即将进入道路作业现场的通行车辆进行交通疏导,由于前方部分车道临时封闭,通行道路变窄,行车道数量变少,需引导来车适时变换车道,并提供行驶车辆改变行驶方向(变换车道)的空间,最好安排专人负责管理。

(3)缓冲区。旨在引导通行车辆以较低车速有序行进。可用锥形交通警告标志进行隔离。由于缓冲区紧靠作业区,缓冲区内不可停放车辆,放置器具、作业材料,并禁止非工作人员进入,工作人员进出要细心观察,以免在行车辆因失控或其他意外而引发事故。

(4)作业区。确保作业现场内人员、设备安全和从作业区旁通行车辆的交通安全始终是重要任务。由于作业区是道路作业现场人员活动和工作的场所,安全防范要始终摆在首位。为此,作业区和供在行车辆通行的车道之间一方面必须全程设置隔离设施,另一方面在道路横截面方向和通行的车道之间要留有一定的隔离空间;同时,作业区还应为施工车辆提供安全的进出口通道。为使双向通行的车辆各行其道,供双向通行的临时车道之间务必要采用锥形警告交通标志或其他分隔设施进行隔离,同时要派专人维护交通秩序。

(5)下游过渡区。旨在对已通过道路作业现场后的车辆进行交通疏导。利用锥形警告交通标志设置过渡区(一般为30~50m),以使已通过道路作业现场后的通行车辆有序回归正常车道。

(6)终止区。旨在告知在行车辆道路作业现场终止。由于终止区位于作业区末端,最

图 4.71 道路维修养护作业现场

好设置醒目的解除限制标志，表示作业区的结束和施工限制的解除。

实际中，并非所有的道路维修养护作业现场都有以上 6 个子区域，一些作业量较小的道路维修养护、工程施工作业现场只设置了其中的一些主要子区域，如图 4.71 所示。

3. 施工区上游交通诱导

（1）施工预告区。用于通告高速公路及一般道路交通阻断、绕行等情况的施工标志，按照《道路交通标志和标线》（GB 5768）选用。施工预告标志应设在突出明显的地方，易被驶来的车辆看到。施工预告标志离施工区的最小距离为 $2D$ m（D 为施工区限速），该距离从标志设置点至渐变段的起点。当行进车辆的速度和施工区限速明显不同时，D 采用行进车辆的车速。

（2）渐变段（过渡段）。渐变段开始部分应设临时施工标志或临时交通信号灯，夜间应有反光或施工警告灯号。

渐变段的渠化设施可用视线诱导标、锥形交通路标、路栏等。短时间施工地点可用锥形交通标，表面应按标准粘贴反光标带，以便夜间提供足够的可视距离；长时间施工地点应使用视线诱导标，布设间距应使驶来的车辆驾驶人看起来像一条连续的线。渠化设施的间距还应考虑到不能使车辆在其间绕行。

4.4.2 道路维修养护、工程项目施工作业现场与交通安全

道路维修养护、工程项目施工作业现场根据维修养护、工程项目施工作业量的不同其维修养护、工程施工作业时间的长短亦不同。对轻微损伤道路的零星维修养护通常在数小时内亦可完成，作业量较小的道路维修养护、工程施工通常在几日内亦可完成，作业量大的道路维修养护、工程施工往往需要数日甚至数月时间。对于需要持续数日甚至数月时间的规模较大的道路养护维修作业、工程施工需要呈报上级相关主管部门批准后才可执行。

就道路维修养护、工程项目施工作业现场规模而言，一般是在道路环境许可的条件下，作业量较大的道路维修养护工程、工程项目施工，其现场规模亦较大；而对于一些作业量较小的零星的道路维修养护作业、工程项目施工，作业现场规模则较小。由于不同作业量的道路维修养护、工程项目施工作业对道路通行状况的影响亦不同，作业方形成的道路维修养护、工程项目施工作业现场规模、采取的安全防范措施亦有所不同。

对于通行道路而言，尽量不中断交通是道路维修养护、工程项目施工作业的重要原则。由于道路维修养护、工程项目施工作业进行时因部分道路被占用，行车道数量减少，通行道路变窄，造成通行车辆的交通环境恶化，这对交通安全而言是不利的。主要表现为：道路维修养护、工程项目施工作业人员和作业车辆在道路养护、工程施工作业面上的活动会对在行车辆的通行造成干扰，容易诱发安全事故；由于道路作业现场的存在使得行车道数量减少，通行车道总宽度相应变窄，这也使得意外情况下在行车辆躲避危险的空间不足；与此同时，道路维修、工程项目施工作业区外围的临时封闭性护栏及施工设备可能成为在行车辆驾驶人视野范围内的障碍物，增大了在行车辆与固定物碰撞的风险。为确保

道路维修养护、工程项目施工人员及其机械设备的安全，在对道路进行维修养护、工程项目施工作业时，务必遵守下列规定：

（1）道路维修养护、工程项目施工作业现场应当设置明显、规范的标志，采取安全措施，保障通行车辆及行人的安全。

（2）作业时间要尽量避开交通流量高峰期。

（3）作业人员要穿戴反光服饰；道路养护施工作业车辆、机械应当安装示警灯，喷涂明显的标志图案，作业时应当开启示警灯和危险报警闪光灯。

（4）道路维修养护部门、工程施工方应当在急弯、陡坡、临崖、临水等危险路段设置醒目的安全警告标志和防护设施。

（5）在城市中心城区区域内施工，应当采用低噪声、防扬尘的施工设备和施工方法，以减少对环境的污染。

4.4.3 道路交通事故及其他突发事件处理作业现场与交通安全

和道路维修养护、工程施工作业现场相比，道路交通事故及其他突发事件处理作业现场的形成通常比较紧急和匆忙。其原因一方面是由于事故发生具有突然性，且其事发地点具有很强的随机性和不确定性，事前难以预料；另一方面是由于事故发生后常常伴随着现场伤员救援，安全隐患消除，拥堵交通疏通，使得时间紧急。这些特点常常使得道路交通事故及其他突发事件处理作业现场较道路维修养护、工程施工作业现场相比规范性更差，现场环境更复杂，发生交通事故的风险更高。

目前，道路交通事故及其他突发事件处理作业现场范围大小的确定尚没有绝对统一的标准和规范，一般是首批到达事故或事件现场的相关处理人员（交警）根据事故的严重程度（受损车辆及伤亡人数多少）、现场路段的宽度、车道数目、车流量大小、周围替代道路条件、气象和环境条件及其处理同类事件的经验经综合判断后初步确定作业现场范围及其交通管制方式（是否需要双向封闭或为单方通行或仅缩减车道、是否要绕道、是否对通行车辆有限载要求等），并视现场处理过程中事态变化情况对作业现场范围进行相应调整。确定合适的交通事故或突发事件处理现场作业区域，既是现场处理工作中十分重要的一个环节，也在较大程度上决定着事故处理现场作业区域的安全程度。

对通过作业区时的在行车辆的行车速度进行必要的限制有利于提高现场交通事故或突发事件处理过程的安全性。在交通条件许可的情况下，限速的数值不宜过低。由于道路部分车道封闭后其通行能力已明显降低，会在作业区域两端起点处积累较多的等待通过车辆，引起较严重交通拥堵现象，而过低的限速除了会进一步降低作业区道路的通行能力外，更不利的是容易引起待通过的车辆一旦获得通行的机会其驾驶人因希望急切通过的急躁情绪引发争道抢行行为而诱发交通事故。因此，通过作业区时的限速不宜太低，同时还需要和其他安全管理措施一并使用，效果才会更好。

目前，交通事故或突发事件处理现场的交通管制设施主要有警戒线、警示交通锥、警车、红色警示灯等。警戒线、警示交通锥是较常见的道路及车道分隔设施，除了警示作用外还具有引导交通的功能。警示设施应根据现场保护和交通管制的要求布置在现场前方的适当位置。对一些交通事故或突发事件形态较严重的现场，为确保现场人员、车辆、设施的安全，应视现场情况决定是否实施交通管制措施。若现场需要实施交通管制，须根据事故的严重程度、道路条件、交通状态、道路中央是否存在分隔设施确定合适的管制形态。

4.4.4 道路交通事故现场与次生事故

道路交通次生事故是指首次发生交通事故后，因事故现场相邻车道交通继续通行，过往的车辆与事故现场的车辆、人员、抛洒物发生碰撞再次引起新的人员伤亡和财产损失的事件。实际中，一些交通事故现场处理过程中发生次生事故的情况时有发生。次生事故发生的原因概括起来主要为4类：一是因初次交通事故方人员的失当行为造成；二是因处理初次事故方人员的失当行为造成；三是因途经初次事故现场的在行车辆方的失当行为造成；四是由上述2个或2个以上方面原因共同作用造成。

1. 各类不同原因伴随的失当行为的具体表现

（1）初次交通事故方人员的失当行为所致。初次交通事故方人员包括肇事车辆驾驶人及其随车人员或乘客。其中，肇事车辆驾驶人及其随车人员的失当行为表现如下：

① 肇事车辆未随车携带危险警告标志，导致事故发生后未按规定设置危险警告标志；或虽然携带了警告标志，但事故发生后没有及时按规定设置危险警告标志；或虽然设置了危险警告标志但不醒目；或事故发生后肇事车辆未能及时启用危险警告灯，事故现场缺乏应有的警告标志，影响了对向来方车辆的行车安全。

② 肇事车辆驾驶人及其随车人员缺少防范次生事故的意识，对发生次生事故的可能性、危险性认识不足，事故发生后在缺少必要避险措施的条件下，或急于检查车辆受损状况，或修理排除车辆故障，或随意在事故现场及其周围逗留、行走而引发次生事故。

③ 当事故为两方或两方以上的多方时，现场相关当事人为争取个人利益最大化，忙于扯皮争吵及推脱责任，一些责任明确的单方简单事故、双方轻微事故本可以按简易程序快速处理或协商解决，但有的当事人以"保护现场"为由"赖"在原地而引发次生事故。

乘客的失当行为表现为：事故发生后，有的乘客交通安全意识差，在急躁、好奇、逆反等不同心态的驱使下，或是围观事故现场，或是随意在高速公路上逗留行走，不及时撤离到高速公路护栏外的安全位置，或在撤离到安全位置后又自我偷偷返回事故现场周围而诱发次生事故。

（2）处理初次事故方人员的失当行为所致。处理初次事故方人员主要为交警、路政、急救、医疗、消防、殡葬等职能部门的工作人员。其中，交警的失当行为表现如下：

① 到达事故现场的速度缓慢，致使事故现场得不到及时有效保护，使得初次交通事故有关人员、车辆、物体长时间受到途经事故现场的过往车辆的干扰而引发次生事故。

② 维护事故现场措施不力，未按规定或未及时在交通事故现场设置警告标志，未及时对途经事故现场的车辆进行分流，未及时将乘客转移到高速公路护栏以外的安全地方，使乘客长时间停留在事故现场及其周围而引发次生事故。

③ 事故现场处理速度缓慢，致使初次事故现场长时间占用道路资源，对来往车辆的正常通行造成严重干扰而引发次生事故。

④ 现场处置人员思想上麻痹大意，缺乏防范次生事故意识，仅专注于事故现场勘查而忽视安全防范而引发次生事故。

救援队员、救护医生等其他事故现场处置人员的失当行为表现为：一是参与救援、救护的装备数量少、性能差，导致对初次交通事故现场的处置速度缓慢，延缓交通恢复时间；二是相关单位工作人员交通安全意识淡薄，自我保护措施不足，在参与初次交通事故处理中行为随意性大，不同单位之间合作协调性差。

（3）途经初次事故现场的在行车辆方的失当行为所致。其表现为：超速驾驶，因惯性原因造成躲避不及；疲劳驾驶，因反应迟缓、操作不及时造成躲避不及；驾驶人注意力不集中，如驾车过程中使用电话、听高声音响、看车载 DVD、与乘客谈话、或思考与驾驶无关的其他问题导致躲避不及；车辆超载或机件存在故障增大操控难度，因操控车辆时间长于正常时间造成躲避不及；驾驶人存在严重的侥幸心理，缺乏应有的交通安全预见性，因疏忽大意行车造成躲避不及。

（4）由上述 2 个或 2 个以上方原因共同造成，属复合型。

2. 道路交通次生事故预防措施

（1）广大交通参与者、交警应当树立预防次生事故比处理初次交通事故更为重要的意识，克服麻痹大意思想和侥幸心理。初次交通事故发生后，所造成的人员伤亡、财产损失已成为不可改变的客观事实，而在初次交通事故处理全过程中积极预防二次道路交通事故发生，避免出现新的人员伤亡、财产损失是现场相关人员不可忽视的一项重要内容。

（2）理顺交通事故接报警工作，对辖区路段实行全天候 24 小时巡逻执勤和电子监控，提高初次事故现场发现速度。可通过民警巡逻执勤和电子监控系统积极、主动、及时发现各种初次交通事故，公安交警部门、高速公路经营管理部门接警人员在接到交通事故报警时，务必要在第一时间准确了解事故地点、形态、占据车道位置、车辆大小及损坏情况，以便指挥人员发出及时准确的处置指令，避免因错误指令而延误出警现象的发生。

（3）快速彻底清理初次交通事故现场，尽快恢复正常道路交通秩序。交警部门接到事故报警后，应在第一时间通知事故现场附近巡逻民警前往处警，并视情况需要通知急救、路政、救护、消防、殡葬等部门派员赶赴事故现场，联合开展事故现场救援、清障等工作。民警到达现场后，须立即启动车辆危险灯、警灯，在事故来车方向后方规定距离摆设明显的警告标志，设置临时车道分流车辆，并加强应急车道管理，严禁无关车辆在应急车道上行驶、停放，确保救援车辆能够及时赶赴现场，同时迅速把相关人员转移到高速公路防护以外的安全地带。

4.4.5 提高道路作业现场安全性的保障措施

1. 强化作业现场的交通组织管理

为将作业现场的安全工作落到实处，应相应设立安全管理负责人和专职交通协管员。安全管理负责人的职责是对作业现场的安全工作负总责，具体负责作业现场的安全规划及各类安全设施的布设及使用效果评估与管理。对专职安全负责人的要求是熟悉安全法规，具有对作业现场各类安全设施进行规划、布设及管理的能力，能够快速、果断地处理各种突发的安全事件。专职交通协管员的职责是负责作业现场内外的道路交通秩序维护及各种突发交通安全事件的处置。对交通协管员的要求是熟悉道路交通法规，能正确、有效地指挥道路交通，能快速地处理各种突发的交通情况。

参与作业现场的所有人员均应进行岗前培训，要从思想上高度重视道路作业现场的安全工作，提高安全防范意识，克服麻痹大意思想和侥幸心理。所有人员进入作业现场时应佩戴好自身防护装备（如必须身着反光背心）；当作业现场多项活动同步展开时，应加强不同活动间的配合与协调，提高作业过程的安全性；所有现场作业人员无故不得在现场作业区域外活动。

参与道路现场作业的相关车辆的车身颜色应为醒目的橘黄色，车上应配备黄色频闪灯和警报器；各类车辆、设备在施工区域内应按规定地点有序停放，车辆进出施工区域内应服从交通协管员的管理，禁止擅自出入。

2. 对通行车辆实施速度管理

对通过作业区时的在行车辆的行车速度进行必要限制。由于作业区的道路交通状况比较复杂，在行车辆的行车速度越高，其驾驶人处理各种复杂情况的允许时间就越短，而驾驶人处理各种复杂情况的允许时间越短，行车过程中发生交通事故的风险就越大。因此，通过对在行车辆行车速度的管理，可以使驾驶人有较充裕的时间处理各种感知信息，为实施正确操作行为创造更有利的条件，努力减少和消除判断与操作失误，提高行车安全性。

4.5 道路交通电子监控设备（技术）与交通安全

随着我国机动车保有量快速增加，在行车辆日益增多，道路交通及其安全管理问题十分突出。为了提高城市道路交通智能化管理水平，有效规范在行车辆的行车秩序，预防超速、闯红灯、乱并线、违法停车等交通违法行为，最大限度地预防和降低交通事故的发生，给交通出行者一个安全和谐的交通环境，在我国城市市区道路的信号灯控制路口及国道、省道的一些重要路段，道路交通电子监控设备（俗称"电子警察"）获得了广泛应用，如图4.72所示。目前，使用道路交通电子监控设备（技术）对一些道路交通违法行为拍摄取证，已成为道路交通管理的一种重要执法手段，这对于遏制超速、闯红灯、乱并线、违法停车等道路交通违法行为起到了积极作用。

(a) "电子眼"监控设备实景

(b) "电子眼"标识

图 4.72 "电子眼"监控设备实景及其标识

4.5.1 道路交通电子监控设备的意义及分类

道路交通电子监控设备最早出现于20世纪80年代，在当时的技术条件下，道路交通电子监控设备主要是指用于信号灯控制路口的闯红灯违章拍摄设备。随着科技的发展及我国《道路交通安全法》的颁布实施，道路交通电子监控设备的技术内涵得到了进一步的丰富和深化。目前，交通电子监控设备泛指采用电子手段（包括雷达、激光、照相、视频技术等装置）取代警察对机动车辆（主要是汽车）、机动车驾驶人实施监测并记录其交通违法行为的设备，其核心内容是自动监测和记录机动车辆、机动车驾驶人的道路交通违法行为过程，包括机动车辆的信息采集、交通违法行为的动态取证、执法管理等多项功能。

按照采集的信息类型不同，道路交通电子监控设备可分为图像型和数据型两大类。其中，图像型交通电子监控设备是指以采集图像为基础的设备，常见的系统有车辆闯红灯自动记录系统、车载式交通违法取证系统、车辆闯禁区监测记录系统、车辆超速监测记录系统、公路车辆智能监测记录系统、车辆稽查管理系统等；数据型交通电子监控设备是指以采集数据为基础的系统，常见的系统有酒精检测仪、车辆卫星定位系统、车辆行驶记录仪、车辆超速警示系统、车辆超重记录系统等。这两类设备由于信息类型采集上的差异导致其功能及实际中交警执法管理上也存在一定差异：图像型交通电子监控设备主要表现为"监测"功能，除了图像证据外，还有数据结果，不需警察在现场也可实现取证功能，属于非现场执法的范畴；而数据型交通电子监控设备仅为检测功能，只能提供数据结果，往往需要警察人力的协助才能完成执法取证工作。

按照安装方式的不同，道路交通电子监控设备可分为固定型和流动型两类。其中，固定型交通电子监控设备是指安装在固定地点、具有对机动车实施监测并记录道路交通违法行为的系统，常见的系统有车辆闯红灯自动记录系统、车辆闯禁区监测记录系统、车辆超速监测记录系统、公路车辆智能监测记录系统、车辆超速警示系统、车辆超重记录系统等；流动型（包括便携式）交通电子监控设备是指地点不固定或自身能在运动过程中对行驶车辆检测并记录其道路交通违法行为的系统，常见的系统有车辆卫星定位系统、汽车行驶记录仪、酒精检测仪、车载式交通违法取证系统，法律法规许可条件下市民采用数码相机、DV等装置进行的交通违章拍摄活动等。

按照联网方式的不同，道路交通电子监控设备可分为联网型和单机型两大类。其中，联网型交通电子监控设备是指配有计算机并具有联网接口功能的系统，常见的系统有车载式违法取证系统、公路车辆智能监测记录系统、车辆稽查管理系统等；单机型交通电子监控设备是指没有联网接口的系统，常见的系统有酒精检测仪、车辆卫星定位系统、车辆行驶记录仪等。

道路交通电子监控设备的功能是对在行车辆行驶过程中的闯红灯、闯单行或禁行线、不按车道行驶、压实线、加塞、超速、逆行、禁停、抢占公交车道等一系列违法现象进行准确、稳定、自动、全天候的监控和执法取证，旨在促进机动车驾驶人遵纪守法，消除交通违法行为，降低交通事故发生率，提高行车安全性。

道路交通电子监控设备的特点是技术含量高，可准确、稳定、自动、全天候地对道路交通违法行为进行监控和执法取证，属于高科技产品，代表着道路交通监控管理发展的方向。

4.5.2 几种常用道路交通电子监控设备的工作原理

1. 几种常用的道路交通电子监控设备的分类及其使用特点

国内当前普遍使用的电子警察主要有车辆闯红灯监测仪、车辆超速检测仪、车辆逆行违法检测仪、道路卡口系统、车牌自动识别系统、城市道路综合监控系统等。目前，电子摄像监测仪、测速雷达、视频监测系统3种道路交通电子监控设备使用较多。

（1）电子摄像监测仪，也就是大家熟知的"电子眼"。主要用于城市及重要道路路口的红绿灯状态下的交通监控，包括动感线圈式、激光式两种类型。

（2）测速雷达。按照测速雷达的架设方式不同可分为流动测速和固定测速两种。国内的流动测速主要是根据监控的需要选择一些重要地点对在行车辆的行驶车速进行监测，主要用于高速公路、国道、省道、城市市区主干道、城乡接合部处，防止超速；而固定测速是在测速地点固定的条件下对通过该路段的在行车辆的行驶车速进行检测，固定测速地点一般选择在重要路段的交叉路口。

（3）视频监控。提供实时监视手段，并对被监视的画面进行录像存储，以便事后回放。在此基础上，高级的视频监控系统可以对监控装置进行远程控制，并能接收报警信号，进行报警触发与联动。视频监控在道路交通中的应用包括：①识别、监测超速行驶等违法车辆并记录；②监控道路车辆流量；③识别车辆牌照并统计，即自动识别并记录相关车辆的信息，继而完成统计车辆、检测违规行为和被盗车辆寻找等各种功能。

2. 几种主要道路交通电子监控设备介绍

1）电子摄像监测仪的分类及工作原理

电子摄像监测仪抓拍交通违法行为按拍摄方式不同分为固定式与流动式两种方式。固定式是通过埋设在地下的感应线圈感应路面上汽车通过的电子脉冲，并通过中央处理器控制和处理感应线圈传来的信号，在红绿灯周期内启动或关闭架设在道路一侧横杆上的空中电子摄像系统，用于抓拍闯红灯、超速等交通违法行为的；流动式是通过架设摄像机，用于对超速、闯红灯、违法停车等行为进行实时录像。无论哪种方式，都需要对违章车辆拍摄至少3张图片，一张是瞬间违章图片，一张是号牌识别图片，一张是全景图片。不论哪种方式，都是24小时开机拍摄，图片保留时间一般是1周。

电子摄像监测仪按照工作原理不同分为动感线圈式和激光式两种。

（1）动感线圈式电子摄像监测仪抓拍交通违法行为过程。动感线圈式电子摄像监测仪抓拍交通违法行为过程主要分为以下3步：

① 埋设在地下的感应线圈感应路面上汽车行驶过程中传来的压力，通过传感器将信号采集到中央处理器，送寄存器暂存（该数据在一个红灯周期内有效）。

② 在同一个时间间隔内（红灯周期内），如果同时产生两个脉冲信号，即某在行车辆的前后轮均越过路面上事先画出的道路标线视为"有效"。简单地说，就是如果当时是红灯，某在行车辆的前轮越过道路标线了，而后轮没有出线，此条件下只产生了一个脉冲，在没有连续的两个脉冲时电子摄像监测仪不拍照。

③ 交通信号灯中黄灯亮时，该仪器拍照系统延时2s后启动，此时电子摄像监测仪处于监控状态，但不自动抓拍；红灯亮时，由于该仪器已经启动拍照系统可以随时抓拍；绿灯将要亮时，系统提前2s关闭，主要是为了防止误拍。

实际中，有的在行车辆在前轮已经越线的情况下，为避免被电子摄像监测仪抓拍到，于是又将车退回到线内，结果还是被电子摄像监测仪拍照了，这种现象产生的原因就是因为前轮和后轮在越过道路标线和退回到道路标线内的过程中产生了"一对"脉冲信号（这一对脉冲是在同一个红灯周期内产生的）。目前，由于大多数电子摄像监测仪的感应线圈具有逻辑识别功能，对此情况可以不抓拍。

（2）激光式电子摄像监测仪抓拍交通违法行为过程。主要是通过安装在道路路口的一对激光收发器采集信号，经中央处理器分析判断后决定是否拍照。

（3）车辆违法左转拍摄实例。车辆违法左转检测流程如图4.73所示，主要包括运动车辆识别、运动车辆跟踪、车辆左转识别、左转车辆拍摄等流程。

图 4.73　车辆违法左转检测流程

车辆违法左转检测与拍摄过程：当行驶的车辆进入交叉口时，也进入了监控区域，监控系统对车辆识别、跟踪并实时判断车辆的行驶方向。如果车辆直行与右转，监控系统认为正常则不予拍摄，如果车辆左转，监控系统经判断确认后立即启动拍摄装置按要求拍摄图像及相关信息，然后将该拍摄图像及相关信息经数据传输系统传输到主机存储单元。

2）测速雷达

测速雷达的工作原理是利用多普勒谐振原理，通过波的收发计算车辆的运动速度达到监控的目的。目前，我国用于测速的雷达种类较多，几乎涵盖了民用测速雷达的所有种类。雷达测速系统一般是配合终端使用和照相，既记录现场影像，也出测速报告，属于图像型。

3）视频监控的效能与作用

交通视频监控系统对道路路面情况的监控是全方位、全实时、全天候、立体式的，主要分为对道路交叉口的监控和对路段的监控。在主干道路上设置的多处电子"监控探头"及设置在路边和立交桥处的"监控探头"，主要对在行车辆的运行情况和道路交通状况进行实时监控。在监控区域内，道路路面的实时状况通过监控系统，由显示屏反馈到指挥调度中心，再由指挥中心根据路口、路段的情况及时指挥一线交警疏导交通，实现车辆的畅通、有序行驶。交通视频监控系统还可以通过视频采集交通信息，进行交通流量统计，然后根据交通流量控制路口的交通信号配时，分析交通参与者的交通行为，通过交通诱导屏进行交通诱导，有效地缓解城市的交通拥堵，最大限度地避免上下班高峰期大面积交通堵塞的发生。

视频电子警察系统通过采用先进的计算机高分辨图像采集技术、智能图像识别技术、计算机控制技术、计算机远程通信技术和数据库技术实现视频监控功能，旨在对道路交通状态实现动态管理。该系统主要由车辆检测、图像采集、LED脉冲照明、车牌自动识别、中央控制、数据传输、数据处理及其他辅助功能等模块构成。

全天候、全状态的视频电子警察虽然能够实现车辆、道路的全方位管理，但其最大的弱点是无法监测在行车辆的具体行驶速度（对速度的监测还需要依赖于雷达测速系统）。

4.5.3　几种常用道路交通电子监控系统简介

1. 机动车闯红灯违法视频监测系统

机动车闯红灯违法视频监测系统通常安装于道路交通路口，可全天候对闯红灯的违法机动车辆进行监测，不仅能对违法车辆拍照，还能够实时对违法车辆的牌照和违法轨迹进行自动判断识别。公安交通管理部门以抓拍的交通违法照片、视频录像为依据对违法者进行处罚教育，从而大大提高机动车驾驶人遵纪守法的自觉性，对增强机动车驾驶人交通安全意识，减少因闯红灯违章行为而造成的事故、堵塞和交通混乱，加快车辆在交通路口行驶速度，保证道路畅通具有积极作用。

该系统是一个基于网络的分布式系统，系统分为前端视频检测与抓拍系统、路口局部数据处理系统、远程数据传输系统、中心数据管理与处罚系统四大部分。

交通信号控制系统输出路口红绿灯信号，确定放行车道和禁行车道。禁行车道通过视频车辆检测单元，当检测到有车辆通过禁行车道时，通过主控机控制闯红灯违章抓拍单元拍摄违法车辆号牌图片和该方向的全景图片，为确保所拍照片能够作为民警执法依据，系统抓拍两幅连续全景图片，以反映车辆运行轨迹，所有处理结果都存储于主控机（工控机）的存储单元中，同时系统具有硬盘录像功能，可以将违章事件的视频数据记录在硬盘上。存储信息可通过通信子系统或在人工控制下载给笔记本电脑，或自动通过光纤、无线等传输方式传给中心端数据管理子系统。这样对于违法闯红灯行为既有违法抓拍图片，又有视频图像，避免了违章处罚引发的争议，同时对于一些交通事故的引发原因及责任认定提供了有力的证据。

2. 机动车超速检测系统

机动车超速检测系统是利用视频图像处理技术，对道路上的在行车辆进行非接触式监控，获取超速车辆车速、车牌号码、违章照片等运行状态信息，可对高速公路或城市主干道上的超速车辆信息进行准确、稳定、全天候的检测和记录。根据需要还可与黑名单中的"稽查车辆"进行比对，实现辅助治安监控管理功能。该系统还可以将违法车辆信息送回指挥中心以及收费站，便于存档和对违章车辆进行处罚。这一套功能强大的智能交通监控系统可广泛应用于高速公路和城市主干道路管理、卡口管理、巡逻执勤、逃逸车辆抓捕等场合，具有很好的应用前景。

该系统具有实时响应功能。其原理是将前端车辆图像信息采集CCD（摄像头）架设在待测车道上方，识别软件采用图像触发的方法，对CCD传回的数字视频信号进行分析，判断是否有车辆经过。当发现有车辆驶入监控区域，则立刻启动识别模块，获取实时车牌图像数据后，系统在极短时间(1s左右)完成车速检测、图像识别、车辆数据入库、图像数据入库、道路信息分析、检索数据等处理。如果发现通过车辆超速或是交警、公安机关需要查找的车辆(如被盗抢车辆)，系统可通过远程数据网络，向"指挥中心"和"拦截站"发出告警信息，通知有关部门或有关人员。告警信息包括发现触发报警车辆的时间、地点、车速、车牌号码、抓拍的车辆照片、车辆被缉查的原因。对于存放于数据库中的过车记录，可以随时进行检索，掌握车辆的去向，可以作为违法处罚的根据，并可对破案提供帮助。该系统能在高速下实现车牌识别，获取车牌信息。

3. 移动式车辆稽查系统

移动式车辆稽查系统是集车辆视频检测、雷达测速、车牌自动识别和车辆稽查数据库实时比对等先进技术于一体的实时稽查系统。该系统可对行驶车辆进行测速、牌照抓拍、识别和比对，在不影响正常交通的情况下，能自动实时稽查违规车辆，有效地进行交通执法。

移动稽查系统具有自动运行和手动抓拍两种工作模式。自动运行工作模式是通过自动车辆触发算法实现车辆的自动抓拍和识别，可以实现系统在全天候状态下自动运行；手动抓拍工作模式是可以人工参与系统的运行，以保证抓拍的图片更加准确，还可以对逆行、压黄线、违章停车等多种违法行为进行移动过程中的手动抓拍。两种可选择的工作方式有效地满足了广泛的用户需求。系统可以实现各种违法抓拍、道路监控、记录核查过往车辆车牌与数据库比对，对记录在案的问题车辆及时报警，这种有效便捷、灵活多样的工作模式,大大提高了交警执法力度。

4. 其他常见违章行为监测系统

电子警察系统的核心技术是车牌识别技术、视频虚拟线圈检测技术。利用核心技术可以附带开发出多种电子警察监测系统,自动监测、取证、执法处罚多种驾驶人违法行为,如公交车道监测系统、压双黄线监测系统、非机动车道行车监测系统、逆行禁行车辆监测系统、紧急停车带行车监测系统。

市民采用数码相机或DV拍摄交通违法最好是居高临下拍,要清晰记录交通违法的全过程及所有要点,包括红绿灯状态,车型、车身颜色及违法地段的显著地理特征、道路标示等,车牌号码要拍清晰。

4.5.4 电子警察对违章信息的处理过程及其积极作用

1. 电子警察对违章信息的处理过程及拍摄范围

电子警察对违章信息的处理过程为:指挥中心收到违法车辆的图片信息后,将违法车辆的车牌号信息与车辆管理所内所保存的该车相关信息进行比对,如车主、车型、颜色等,然后由信息处理人员录入相应的城市或地区公安交通管理局网站,以使违章车主能够进行查询。

一部摄像机的拍摄范围通常只拍一个车道,少数可拍两个车道,一般都是设在从左向右方向数的第一和第二条车道上。数码相机的拍摄范围较宽,在城区内多数情况下都能够拍到同向的所有车道。

2. 电子警察的积极作用

电子警察系统作为视频监控与智能交通体系相结合的电子科技产品,近10年来在我国道路交通管理部门获得了快速应用,受到社会各界的高度关注。我国道路交通管理系统中的"电子警察",作为现代道路交通安全管理的重要监控手段之一,由于可以实时抓拍交通违法行为并迅速获取违法证据,且能够方便地实现全国范围内的异地违法信息传递,对于规范在行车辆的行车秩序、改善城市交通路口拥堵现象、保证道路畅通和预防乃至杜绝交通事故发挥着重要作用,已成为道路交通管理体系中不可缺少的重要手段。

电子警察系统的使用对于规范交通参与者的交通行为,特别是提高驾驶人驾车过程中遵纪守法的自觉性,倡导守法驾驶,安全行车,降低交通事故发生率无疑具有积极作用。电子警察作为新型道路交通科技管理手段,它的广泛使用对有效规范道路路面行车秩序、强化道路交通安全管理是有利的。

以"电子警察"系统为基础,加强与其他相关系统地结合联动与资源共享,建立先进的交通违章管理系统,加快与智能交通系统的融合。充分借助计算机网络和数据库管理技术,研究并建立机动车辆信息实时处理与比对、嫌疑车辆和系统故障等自动报警、全程联网监控、信息全方位共享的综合管理与服务系统。并考虑将执勤民警用数码相机拍摄的违法停车记录,监控中心拍摄的路面车辆违法记录以及其他适用于处罚车主的违法记录,统一纳入中央系统中进行处理,切实提高系统的实战性和实用性,全面实现"数字化、智能化、自动化、规范化和网络化的交通监控、管理与服务"的系统发展的总体目标,充分发挥其应有的"实时监视、联网布控、自动报警、快速反应、科学高效、信息共享,监控、威慑、防范和打击并重"综合效能。

1. 道路几何线形是如何从平面和纵断面（立体）两方面的相关参数出发分析其变化对交通安全的影响的？视距有哪几种类型，各对行车安全有何影响？
2. 道路结构、道路路面分别包括哪些基本项目？对行车安全有何影响？平面交叉口和立体交叉口各有何特点？试分析其利弊。
3. 道路安全设施主要包括哪些内容？试分析这些道路安全设施投入使用后对降低交通事故发生、改善道路交通安全状况的效果。
4. 道路行车环境主要包括哪些内容？不同道路行车环境是如何对交通安全进行影响的？
5. 不同道路作业现场的工作特点与安全管理要求有何差异？如何预防次生事故发生？
6. 道路交通电子监控设备主要有哪些类型？分别是如何发挥监控功能的？试分析其利弊。

第 5 章
道路交通事故调查与处理

本章教学要点

知识要点	掌握程度	相关知识
道路交通事故调查的内容和方法	了解道路交通事故调查的内容，掌握道路交通事故调查的方法	道路交通事故调查的重要性及必要性
道路交通事故现场及勘查	掌握道路交通事故现场的概念、基本特性、分类，交通事故现场勘查的内容及程序等	完好的事故现场及科学、规范的事故现场勘查对交通事故责任认定的重要性
交通事故责任的认定及处理	掌握交通事故责任的概念、构成条件、分类；掌握交通事故责任认定的概念、法律依据、相关原则、认定方法；掌握事故当事人责任承担的基本原则、条件、事故责任的归责原则及交通事故简易程序和一般程序的各自主要内容	交通事故责任、责任认定、事故当事人责任承担及交通事故处理之间的内在关系；交通事故责任认定及处理的必要性与积极作用
交通事故责任及其追究	掌握交通事故刑事责任追究、民事责任追究、行政责任追究之间的差别、各自条件及处罚要件	确立交通事故刑事责任追究、民事责任追究、行政责任追究的必要性与积极作用

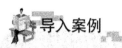

导入案例

武汉"8·25"重大道路交通事故调查案例

1. 事故经过

2007年8月25日13时23分,湖北省武汉市东西湖区境内107国道1201km+900m处,鄂AN2536重型半挂牵引车与鄂A8G661客车相撞,造成23人死亡、22人受伤、直接经济损失644.32万元的重大道路交通事故。

根据《生产安全事故报告和调查处理条例》(国务院第493号令)的规定,由湖北省级人民政府组织事故调查组进行调查。

2. 事故调查组工作思路

事故调查组本着实事求是、尊重科学、依法调查的精神,认真开展调查工作。为提高效率,事故调查组又细分为综合组、技术组和管理组三个小组。各组的具体职责如下:

(1) 综合组的职责:①负责有关会议的组织协调;②协调联络各小组,并适时通报事故调查相关情况;③及时掌握技术组、管理组有关调查资料,并起草事故调查报告;④事故调查的后勤保障工作。

(2) 管理组的职责:①收集事故相关单位(驾驶人、公司、交管、公路、运管)与事故有关的资料和证据;②调查事故相关单位执行国家法律、法规、规章、规范和标准情况;③负责调查事故责任的有关问题,提出事故性质的建议和整改措施的建议;④写出管理组调查报告。

(3) 技术组的职责:①收集与事故有关技术资料;②对事故现场进行勘查,绘制事故现场平面图;③调查并提出事故发生的直接原因及事故直接经济损失情况;④写出技术组调查报告。

3. 事故调查过程及处理意见

技术组通过勘查事故现场、肇事车辆,查阅肇事车辆及驾驶人技术档案、年审年检记录,武汉市交管局提供的事故当事人、现场目击证人的询问笔录和107国道改造设计、施工等资料以及调查组调查的相关资料,依据《交通事故认定书》和《事故车辆技术鉴定报告》,通过分析、核实,认定该事故造成23人死亡、22人受伤、直接经济损失644.32万元,鄂AN2536重型半挂牵引车行至107国道1201km+935m处时向左偏驶,撞飞中间4个隔离墩进入对向车道,其牵引车右侧及集装箱前部与对向行驶的鄂A8G661客车左侧发生撞击,是造成此次重大道路交通事故的直接原因。驾驶人胡某酒后驾车,超速行驶;鄂AN2536重型半挂牵引车存在重大隐患,是造成此次重大交通事故的主要原因。事发后驾驶人弃车逃离现场,有交通肇事逃逸情节。驾驶人黄某驾驶的鄂A8G661金龙客车在站外、途中载客,严重超员,是造成此次道路交通事故损害后果加重的重要原因。

管理组通过勘验事故现场、调查有关单位、查阅相关资料并询问有关人员,查清了事故的发生经过及原因,对事故性质予以了初步认定,提出了对相关责任单位、人员的处理建议和防范措施。认定该事故是一起因大货车驾驶人酒后超速驾驶有隐患的机动车辆,客车驾驶人不按许可的线路行驶、不进站经营并严重超载,相关运输经营方安全措施不落实、违规违法经营,相关监管部门安全监管不到位所造成的重大安全生产责任事故。

综合组在综合管理组、技术组意见的基础上认定：该事故是一起因大货车驾驶人酒后超速驾驶有隐患的机动车辆，客车驾驶人不按许可的线路行驶、不进站经营并严重超载，相关运输经营方安全措施不落实、违规违法经营，相关监管部门安全监管不到位所造成的重大安全生产责任事故。提出了对肇事驾驶人胡某移送司法机关依法追究刑事责任的建议；建议责成有关部门依法对在该事故中负有责任的 4 名生产经营责任人进行处理和处罚；提出了 4 名对该事故发生负有监管责任的责任人的行政处分建议和对相关责任单位的处理建议。同时，为防止类似事故的再次发生，调查组提出了有针对性的防范措施。

（资料来源：http://www.tianmen.gov.cn/yjgl/dxal/201011/t20101124_169873.shtml.）

道路交通事故调查是客观、公正处理交通事故的基础。道路交通事故调查是指公安机关交通管理部门为搞清事故发生的原因、过程和后果，进而快速准确处理事故所进行的勘查、询问、讯问、检验和鉴定等一系列工作。对于重特大交通事故，则视事故伤亡人数、严重程度不同按相关规定可成立国务院、省市级等不同级别的事故调查组进行调查，如武汉"8·25"重大道路交通事故造成 23 人死亡，根据《生产安全事故报告和调查处理条例》（国务院第 493 号令）的规定，由湖北省级人民政府组织事故调查组进行调查；包茂高速陕西延安"8·26"特别重大道路交通事故造成 36 人死亡、3 人受伤，根据《生产安全事故报告和调查处理条例》等有关法律法规，国务院批准成立了由国家安监总局牵头，多部门参加的国务院包茂高速陕西延安"8·26"特别重大道路交通事故调查组进行调查。

道路交通事故处理是指公安机关交通管理部门依法在其管辖和职权范围内，查勘交通事故现场、收集证据、认定交通事故，处罚责任人，对损害赔偿进行调解以及事故档案管理等专门业务工作的总称，其主要职责包括：①处理交通事故现场；②事故现场查勘与证据收集、认定当事人的责任；③处罚违法肇事者；④申请调解损害赔偿争议。

公安机关交通管理部门处理道路交通事故应当遵循客观、公平、公正、公开、便民、效率和依法的原则；处理道路交通事故的交通警察应当取得相应等级的处理道路交通事故的资格；除简易程序外，对道路交通事故进行调查时，交通警察不得少于 2 人。

5.1 道路交通事故调查的内容和方法

5.1.1 道路交通事故调查的内容

道路交通事故调查（以下简称为"事故调查"）按照调查事故的先后顺序可分为事故现场勘查和事后调查，按调查内容的不同可分为事故本身调查和交通环境调查两部分。事故本身调查包括事故发生时间、地点、对象、类型、过程、结果、原因等内容；事故环境方面的调查涉及道路设施、交通设施与管理、天气气候条件、照明条件、路侧环境、交通环境等多个方面。实际中通常两方面结合进行。具体调查项目如下。

1. 事故发生的时间和地点调查

事故发生的时间和地点调查包括发生的准确时间和地点等信息，其内容如下：

(1) 关于事故发生的准确时间(准确至年、月、日、时、分),可通过现场或附近监控设备的记录、勘验车辆、人体上停摆的钟表,询问当事人、证明人,按报警时间推定,按调查事故地点周围人员所见所闻情况推定,按现场遗留物客观状况判定,按当事人出发地至事故地点路程所需时间推定等途径确定;特殊情况或通过法医鉴定,推断交通事故发生的时间;

(2) 关于交通事故发生的地点,信息需详细记录至每一条最末项:

① 干道公路:省市、区(县)—公路—里程(km+m,或某处);

② 公路路口:省市、区(县)—公路—路口;

③ 城乡道路:省市、区(县)—街道(胡同、里巷或村组)—建筑物(门牌、单位、灯杆或者其他不易变动的标志物)。

2. 事故相关人员调查

事故相关人员调查包括当事人、目击者及证人的相关信息,其内容如下:

(1) 驾乘人员的年龄、性别、家庭、工作、生理、心理状况信息。

(2) 驾驶人员的驾驶资格、驾龄信息、是否酒后驾车及疲劳驾驶。

(3) 当事人的伤情及特征,当事人的交通方式。

(4) 驾驶人员与车辆所有人和管理人的关系。

(5) 目击者对事故现场及其经过的描述;证人的证言或书面材料等。

(6) 当地民俗习惯等。

3. 事故相关车辆调查

事故相关车辆调查包括车辆信息、车辆装载状况、车辆灯光使用情况信息等,其内容如下:

(1) 车辆信息,包括类型、出厂日期、基本技术参数等。

(2) 车辆的核准载质量(人数)、实际载质量(人数),车辆人货混装情况。

(3) 装载物品的名称,是否属于运输危险运输品。

(4) 装载物体的长度、宽度、高度,货物捆扎、固定情况。

(5) 车辆灯光使用情况(灯光开启状况、灯光的开关挡位、各种信号灯的破损情况)。

(6) 电源线路的连接状况。

4. 事故发生道路调查

事故发生道路调查包括道路线形、路面性质、路面状况、车道信息等,其内容如下:

(1) 道路线路(直线、弯道、桥梁、匝道、窄路、坡路等)。

(2) 路面性质(沥青、水泥、土路、沙石路等)。

(3) 路面状况(干燥、潮湿、涉水、雨雪等)。

(4) 车道设置状况(两车道、四车道、六车道等)。

5. 事故发生环境调查

事故发生环境调查包括视距、天气状况、交通流信息等,其内容如下:

(1) 视距是否满足安全行车要求。

(2) 天气状况(晴天、雾天、雨天、雪天、风力状况等)及对视力的影响。

(3) 交通流状况(现场周围车辆流量、车速、密度、车头时距、车头间距等)。
(4) 车道内是否有障碍物及其类型状况。
(5) 人行横道、人行过街设施、人行道的设置及通行状况。
(6) 交通标志、交通标线、交通信号灯、路灯、监控设备的设置状况。

6. 事故现场痕迹调查

事故现场痕迹调查包括地面轮胎痕迹、人体伤痕、车体痕迹信息等,其内容如下:
(1) 地面轮胎痕迹、地面挫划痕迹、人体倒地挫痕、散落物的位置及抛撒的方向。
(2) 被撞物体在路面上的划痕方向、行人鞋底痕迹方向。
(3) 接触点与散落物的位置关系、散落物的抛撒方向。
(4) 人体与车辆接触形成的伤痕及对应的衣着痕迹;车体痕迹的部位、形态特征。
(5) 车体内部痕迹、位置、特征及车体内表面的附着物位置、类别。
(6) 车体与车体、车体与人体的刮撞部位痕迹对应情况、痕迹的高度、痕迹的宽度或面积及痕迹突出点的特征。
(7) 车体间微量物质(油漆、塑料等)相互转移状况。
(8) 风窗玻璃破碎位置、类别、特征,痕迹形成方向、凹陷痕迹形成的角度。
(9) 车内遗留物位置、类别。

7. 事故发生过程调查

事故发生过程调查主要对车辆和行人在整个事故过程中的运动状态进行调查,包括速度大小、速度方向、加速度及在路面上的行驶轨迹、路面碰撞点、路面接触点等信息,其内容如下:
(1) 车辆速度、行驶方向、是否加速;行人速度、行进方向;骑车人速度、行进方向;驾乘人员在车内、外的位置。
(2) 紧急情况下是否采取了制动措施;路面轮胎痕迹种类、特征。
(3) 轮胎滚印、拖印、轧印、侧滑印的突变点相对于道路中心线的位置。
(4) 路面挫划印的特征、形成方向;路面散落物、抛撒方向、特征,与接触点的位置关系。
(5) 散落物相对于道路中心线的位置。

8. 事故发生原因调查

事故发生原因调查主要对事故发生的主观、客观原因调查进行调查,包括驾驶人、骑车人行人、肇事车辆、现场道路环境等信息,其内容如下:
(1) 首先要弄清是人为原因还是自然原因,若是人为原因,则要进一步弄清是故意行为还是过失行为。
(2) 相关当事人在事故中所起的作用。
(3) 若是客观原因,则车辆、道路环境所起的作用。

9. 事故后果调查

事故后果调查包括人员伤亡和财产损失状况调查。

5.1.2 道路交通事故调查的方法

道路交通事故调查的方法按调查形式与对象的不同可分为到有关管理部门收集数据资料(包括交警事故登记、保险公司、医院等)，现场观测与沿线调研，问卷调查，专题试验研究等。其中，事故现场调查方法如下：

(1) 人工方法，是指事故调查人员通过现场观察、询问、讯问、人工测量等方式收集事故资料的过程。该方法适用于事故调查的大部分内容，应用广泛。

(2) 仪器方法，是指利用相关仪器进行的调查。随着科技进步，该方法应用越来越广泛，如通过照相机进行现场拍照获取现场事故信息、通过酒精测试仪现场对驾驶人的饮酒情况进行测定、通过车载机获取事发前后车辆的运行数据等方式都属于此类方法。

(3) 鉴定方法，是指鉴定人员运用其专门知识和技术，对案件中需要解决的专门性问题做出结论性判断的一种方法。鉴定往往是通过使用仪器和专家经验结合进行。该方法获得的结果具有客观性和科学性的特点，在诉讼中有较强的证明力和可信性。道路交通事故中的检验和鉴定主要是针对人员、车辆、物证和事故过程等要素进行的。

(4) 实验方法，是指通过制定特定现场，并在一定控制条件下部分模拟事故发生过程的一种方法。多在事故现场进行，如通过制定现场模拟实验测试肇事车辆的制动性能或事发前的车速等。

(5) 录像方法，是一种利用事前安装的相关录像设备对车辆及其乘员的运动状况进行实时录像的仪器方法，如目前在一些的重要的交叉路口或路段广泛使用的"电子眼"，能够拍摄下事故现场发生时全过程的录像，这也是一种非常有效的事故调查手段。

5.2 道路交通事故现场及勘查

5.2.1 道路交通事故现场概述

1. 道路交通事故现场的定义

道路交通事故现场(也称"事故现场")是指发生交通事故的地点，以及存在于该地点的与交通事故有关的道路、车辆、尸体、物品、痕迹等组成的空间结构。实际中，一方面任何一起道路交通事故现场都一定具有时间、地点、人员、车辆、道路五大基本要素，且五大要素与事故的发生存在因果关系；另一方面，每一起道路交通事故都一定存在一个现场。由于事故现场保留着大量的事故证据，这为公安机关交通管理部门全面准确判断交通事故的发生、发展过程，正确分析事故原因，认定事故责任提供了重要依据。根据《道路交通安全法》的规定，在发生交通事故后当事人保护现场是当事人的义务之一。

2. 道路交通事故现场的基本特性

1) 事故现场的整体性和形成过程的阶段性

每起交通事故呈现在事故调查人员眼前的是一个现场整体，即事故现场的整体性。虽然交通事故发生过程持续时间较短，但其最终的现场则是一系列动态过程演变的结果，如有些事故车辆或有关物体甚至经过好几次碰撞才最终停止运动。因此，对交通事故的分析必须由终结的静态表现倒推出演变过程,即事故现场形成过程的阶段性。

每一起交通事故都有一个发生、发展和最后停止的过程,且事故在每一个阶段都会留下相应特征的现场表象,各阶段形成的表象的总和就构成了交通事故现场的整体。这就是事故现场的整体性和形成过程的阶段性之间的相互关系。在实际的现场调查和事故分析中,既要注意整个现场范围内的整体性,又要注意区分现场中各种表象形成的阶段性。

2) 现场存在的客观性和现场状态的可变性

任何一起交通事故都有一个客观的事故现场,现场各元素的原始分布和状况反映出客观存在的事故实际情况。即使有的当事人为了逃避责任,有意改变或者毁灭现场,也只能掩盖和改变现场的部分现象和状态,而不可能掩盖事实的本质,这是由事故现场存在的客观性决定的。与此同时,由于交通事故现场处于露天环境下,现场所处的道路人车往来众多,极容易受到各种自然因素和人为因素的影响,使现场状态会随时发生变化,这又是事故现场可变性的一面。因此,在事故现场调查和事故分析中,充分认识现场存在的客观性和现场状态的可变性之间的相关性,有利于了解事故的真相。

3) 现场现象的暴露性和因果关系的隐蔽性

交通事故发生以后,在现场中遗留的事故现场元素所处的位置及各自状态,基本上是无遮拦地处于人们的视野之中,即使是一些细微的痕迹、物证,只要通过细致的勘查,也是能够完全发现的,这就是现场现象的暴露性。但是,这些看得见、感觉到的现象只是事物的外部形态,个别现象只能反映事物的某一方面,并不能反映事物的整体和本质。交通事故现象背后的因果关系,尤其是违法行为和事故后果之间的因果关系,有时是比较复杂的,这又构成了现场现象因果联系的隐蔽性。

现场现象的暴露性,为勘查人员了解、认识交通事故的发生过程及分析产生的原因提供了客观依据;因果关系的隐蔽性,增加了勘查人员准确认识交通事故真相的艰巨性。因此,勘查人员必须透过现场现象认识事物本质,使每一起交通事故都能得到公正解决。

4) 事故现场的共同性和具体现场的特殊性

对大量交通事故现场的统计分析表明,碰撞、刮擦、翻车等相同类交通事故及其现场之间具有许多相同特征,这些相同点即构成事故现场的共同性。但由于发生时间、地点、肇事车辆的不同又使得每一个交通事故现场总有其特殊之处,绝没有完全相同的两个交通事故现场,这又构成了具体现场的特殊性。在现场调查过程中,既要善于运用事故及现场的普遍性规律,又要注意具体事故现场的特殊性,充分根据现场实际搞好查勘工作。

3. 道路交通事故现场的分类

根据事故现场的完整和真实程度的不同,道路交通事故现场可分为原始现场、变动现场、伪造现场、逃逸现场和恢复现场 5 类。

1) 原始现场

原始现场是指现场的车辆、伤亡人员、牲畜及与事故有关的物体、痕迹没有受到任何改变和破坏,仍保持着事故发生时的原始状态。于原始现场内一切相关物体、痕迹保留着与事故发生过程对应的各种变化形态,较全面、真实地反映出事故的细节和后果,对分析事故发展过程及其产生原因具有重要的证据价值,能为事故原因分析和事故责任鉴定提供客观的依据。因此,事故当事人须尽可能将事故现场的原始现场保留到现场勘查之时。

2）变动现场

变动现场也称移动现场，是指在事故发生后至现场勘查前，由于自然的和人为非故意的原因，使现场的原始状态部分或全部发生变化的现场。这类现场由于原始状态发生了改变，已不能充分为事故分析提供直接依据，严重时甚至完全失去起码的痕迹和物证，这对事故案情分析是不利的，但对于交通事故而言，因尽力挽救伤者生命的需要，在事故发生后要完全保留原始现场，避免现场不受任何变动几乎是不可能的，故实际中在现场勘查时见到的现场几乎都是变动过的现场，只是程度不同而已。引起现场变动的原因通常有：

（1）抢救伤者或排险的需要。因抢救伤者或排险的需要，变动了现场上有关车辆和物体的摆放位置或痕迹。

（2）保护不当。事故发生后因未及时封闭现场，使有关痕迹被过往车辆、行人辗踏而失去原貌，导致痕迹不清或消失。

（3）自然因素的影响。由于刮风、下雨、下雪、日晒等自然因素使无遮挡的现场痕迹被冲刷、覆盖、挥发、消失等。

（4）特殊情况。有特殊任务的车辆，如消防、警备、救护、工程救险等车辆在发生事故后，允许驶离现场；或在主要交通干道或繁华地段，为了避免交通堵塞，经允许移动车辆或有关物体。

（5）其他原因。如事故发生后，当事人没有发觉，车辆离开了现场。

对于变动现场，必须注意识别和查明变动的原因及情况，以利于辨别事故的发生过程，正确分析原因和责任。

3）伪造现场

伪造现场是指在事故发生后，当事人为了毁灭证据、逃避罪责或达到嫁祸于人的目的而有意加以改变或布置的现场。

4）逃逸现场

逃逸现场是指肇事者为了逃避责任，在明知发生交通事故的情况下，驾车逃逸而导致变动的现场。实际中，应注意将故意逃逸现场行为与未知肇事驶离现场行为区别开来，两种行为在性质上是完全不同的。

5）恢复现场

恢复现场是指根据有关证据材料重新布置的现场。对事故现场进行恢复的原因有：

（1）从实际现场撤离后，为满足事故原因分析或案件复查的需要，以原现场勘查记录信息为依据重新布置现场。

（2）在事故现场正常变动后，为确认事故的关键细节，根据目击者和当事人的描述，恢复其原有形态。

（3）因科学研究的需要，有条件的对事故现场进行恢复。

鉴于事故现场对确认事故当事人事故责任的重要性，实际中，在事故发生后为使事故现场免遭无关人员的破坏，当事人及相关人员应及时采取有效措施保护好交通事故现场。

5.2.2 交通事故现场勘查的内容及程序

1. 交通事故现场勘查的含义

1）证据及证据制度概述

证据，通指能够证明问题的依据，即用已知的事实来证明未知的问题。我国的证据制度采用的是"法定确认"的证据制度。法定确认的证据制度，简明地说，就是以立法的形式预先设置证据规则的制度。证据的形式由法律事先做出明确规定，任何证据材料都必须纳入法定的证据形式之中，一切作为证据的事实和材料都必须与法定的证据形式相符合，否则不具有法律效力，不能作为证据被采纳。

证据须经过查证属实才能作为定案依据，即做到证据的实质性真实。对一切案件事实的认定都要重证据，重调查研究，不轻信案件当事人的陈述，严禁刑讯逼供，要将对案件事实的认定建立在客观、真实、充分的证据基础上。办案人员须严格按照法定程序，全面、客观地审核证据。

证据的基本特征包括客观性、关联性、合法性等。证据的客观性，是指证据是独立于人们的意识之外的客观实在，是伴随事故发生而客观出现的事物、痕迹或反映现象，是不依赖于办案人员以及当事人的主观意志为转移的客观事实。证据的关联性，是指作为证据的客观事实必须与事故事实有客观联系，能够证明事故事实。证据的合法性，是指作为证明事故真实情况的证据都必须符合法律规定的形式，并依据法定程序和要求加以收集与运用。

证据的法定形式共有9种，分别为：

(1) 物证，包括实体证据、痕迹证据、微量物证3种。
(2) 书证，是指用文字、符号或图画所表达的思想内容来证明案件事实的证据。
(3) 证人证言，对证人的要求是必须是能够辨别是非、能够正确表达的自然人，了解事故的真实情况，与案件无利害关系。
(4) 当事人陈述。
(5) 刑事被害人陈述。
(6) 刑事犯罪嫌疑人和被告人的供述和辩解。
(7) 鉴定结论。
(8) 勘验、检查笔录。
(9) 视听资料、电子数据。

证据必须经过查证属实，才能作为定案的依据。

证据的类别按不同的分法可分为直接证据与间接证据，原始证据与传来证据，诉证据与辩护证据，言词证据与实物证据。

交通事故证据是指在交通事故处理过程中，由公安司法机关依法收集，或者由事故当事人及其代理人提供的，用以证明交通事故真实情况的一切事实。

2) 交通事故现场勘查的意义、任务和目的

道路交通事故现场勘查是指公安机关交通管理部门为了正确判明交通事故案件的性质、获取有关证据、证实事故发生的经过，事故处理人员依法利用现代科学技术方法和手段，对道路交通事故现场进行实地、仔细、深入的调查，对交通事故的时间、地点、道路、人员、车辆、物品、牲畜等进行的勘验、检查，以及当场对当事人和有关人员进行的调查访问，并将所得结果客观、完整、准确记录下来的活动。

交通事故现场勘查的任务是：①充分了解事故的基本情况和事故发生的主要情节，并将事故现场的基本情况、痕迹物证等完整地记录下来；②发现、收集和提取相关证据。

交通事故现场勘查的目的：一是确定事故的性质。通过细致、客观的现场查勘可以为交通事故性质准确划分提供依据，即认定事件是刑事性质的交通事故，还是普通性质的交

通事故，以及是否为骗保而伪造的事故。二是查明事故情节及要素。只有对事故现场的各种痕迹物证进行深入分析研究，才能查明事故的主要情节和交通违法因素。三是确认事故原因。对现场周围环境、道路条件的查勘，可以了解道路、视距、视野、地形、地物对事故的客观影响；对当事人和证明人的询问和调查，可以确认当事人双方违反交通法规的主观因素。四是调查交通环境与交通事故之间的关系，为改善交通环境、预防交通事故及改进车辆设计提供素材。

2. 交通事故现场勘查的内容

1）交通事故现场勘查主要环节

交通事故现场勘查主要环节包括实地勘查、现场访问、临场分析等。根据调查内容的不同，又可分为时间调查、空间调查、生理及心理调查、环境条件调查及后果调查等。

（1）实地勘查，是以查明交通事故发生过程，发现和提取物证为主要目的，对交通事故现场进行勘验、检查、摄影、摄像、丈量、绘图、记录等的专项活动。

（2）现场访问，是以查明交通事故发生前后当事人、道路、交通环境、车辆等的基本情况，以调查了解事故线索及其真相为目的而进行的询(讯)问当事人及证人的活动。通过访问了解交通事故当事人的基本情况（年龄、性别、驾驶经历、事故记录）、交通事故发生的基本事实、其他与交通事故有关的情况等。

（3）临场分析，是指在交通事故现场勘查过程中，对现场存在的痕迹、物证及取得的材料进行全面、综合分析，做出符合实际的推理判断，揭示交通事故现场各种现象的本质及其内在联系，判断案件性质以及交通事故成因的过程。

由于事故现场勘查工作是在事故现场完成的，这一工作持续时间的长短直接决定着事故对交通的影响程度。目前，交通事故现场勘查比较先进的手段是采用快速摄影测量技术。

2）交通事故现场勘查的具体内容

（1）对事故当事人进行调查。事故当事人包括驾驶人、受害人、同行人等。因为当事人是事故发生的主体，事故发生时驾驶人、受害人是谁必须调查清楚，以防止他人调包，制造错案。对当事人调查一般通过民警现场查问、事后询问、当事人叙述事故经过、目击人反映等多种方式综合确定。

（2）道路丈量，包括道路走向、坡度、弯道、路面宽度、分道宽度及有关交通设施丈量，如行人横过公路地点与人行横道或过街设施与事故地点的距离等。

（3）现场勘测，是指对现场内各交通元素所做的勘测，并通过记录、绘图、摄影、录像方法固定下来。其目的是准确反映路面各种痕迹、伤亡人员创伤部位及衣着痕迹、车体痕迹、现场散落物、血迹、尸体等状态及上述痕迹物证在现场的位置和相互关系。

（4）事故基本事实调查包括：①对发生事故的时间、地点、肇事双方当事人的调查；②对驾驶人餐饮情况、所驾车辆状况、行驶路线、速度、发生事故经过、临危采取措施进行调查；③对现场人员伤亡、车辆损坏、财物损失情况进行调查。

（5）收集各种痕迹、物证。由于痕迹、微量物证内往往包含有小片漆皮、玻璃、橡胶、塑料粉末、血迹、毛发、人体组织等，因而特别要注意对微量物证的寻找、发现和提取，并及时送技术鉴定部门进行鉴定，为事故定性提供可靠依据。

（6）调查分析车辆、气候对事故的影响。根据事故发生时天气、地形、路面状况等不同的外部条件及车辆、行人的运动状况,分析外界客观因素对事故发生的影响。

(7) 调查分析违法行为和过错及意外造成事故的原因。通过勘查,当现场证据收集齐全,车辆、行人各方行驶路线明确,当事人各方违法事实清楚时,在相关技术鉴定的基础上,经过全面综合分析,可确定当事人的过错和责任。

3) 对交通事故现场勘查的要求

交通事故现场勘查必须以实事求是的科学态度、精益求精的工作作风,收集物证,展开调查,切不可主观臆断、粗枝大叶。

(1) 及时迅速。公安机关交通管理部门在接到报案后,无论是白天黑夜、刮风下雨,还是酷暑严寒,都应迅速组织专门人员赶赴现场,及时对现场进行勘查。实践表明,对交通事故现场及时迅速勘查有利于抓住案发不久、痕迹比较清晰、证据未遭破坏、证明人记忆犹新等有利条件,取得充分可靠证据;反之,若不及时勘查,事故现场容易遭到人为或自然原因破坏,将给事故处理工作带来困难。

(2) 全面细致。现场查勘是事故处理的基础性工作,一定要做到细致、完备、有序。在对事故现场勘查过程中,不仅要注意发现那些明显的痕迹物证,更要注意发现那些与案件相关但不明显的痕迹和物证,特别是不要漏掉那些有价值的零散点滴证据。切忌走马观花、粗枝大叶的工作作风。

(3) 从实际出发。勘查一定要从现场实际出发,采用的调查取证方法一定要适合现场的具体条件,既不要墨守成规,更不要主观臆想。在勘查过程中,要严格遵守相关规定,按照科学态度去认识现场,要尽力防止和避免出现错误的查勘结果。

(4) 依法办事(遵守法定程序)。在勘查过程中,必须严格按照《交通事故处理程序规定》《道路交通事故痕迹物证勘验》的规定办事。要爱护公私财产,尊重被讯问人、被访问人的权利,尊重群众的风俗习惯。

3. 现场勘查程序

交通事故现场的基本特点为:一是现场状态的可变性,现场受到各种外界条件影响可能随时变化;二是事故现象的可见性,现场的各种现象及其元素都是暴露可勘查的;三是交通事故现场是一系列过程演变后的静态性表现形式,直接(或间接)反映着事故发生的整个过程。

交通事故现场的这些特点对事故现场勘查提出了明确要求,即必须快速一次性全面勘查,不具有重复的可能性。为此,在现场勘查程序方面必须确保快速一次性勘查成功。

现场勘查程序主要包括:第一时间赶赴事故现场、采取应急措施、保护现场、现场勘查、确定并监护当事人、询问当事人和调查证人、现场复核、处理现场遗留物及恢复交通等,如图5.1所示。

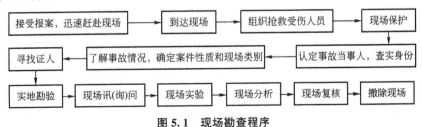

图 5.1　现场勘查程序

4. 现场勘查方法

由于交通事故现场各不相同，勘查的顺序也应随之不同。按照现场勘查记录的记载顺序，其现场勘查方法主要有以下几种。

（1）顺序调查，即按照事故发生、发展、结束的先后顺序进行调查。

（2）从中心即接触点向外围勘查。适用于事故现场范围较小，中心部位比较明显，痕迹、物证比较集中的现场。

（3）从外围向中心勘查。适用于现场范围较大、中心部位不甚明显，痕迹、物证比较分散的爆炸类交通事故现场。其勘查可从事故现场边缘开始，逐渐收缩圈子，直至勘验现场的中心部分。

（4）分片、分段的勘查。适用于范围分散、散落物及痕迹凌乱的现场。这类事故现场的范围一般较大，或者地处狭长，涉及几处地点、几个场合，可以依照客观环境和地形地物的界限，把事故现场划分为若干片、若干段。每个片、段都作为一个相对独立的部分，按其形成的先后顺序逐个进行勘验。

（5）从最容易受破坏的地方开始调查，适用于痕迹、物体容易受自然条件（风、雨）或过往人、车等外界条件破坏的现场。

实际中，对事故现场勘验的顺序不是一成不变的，现场勘查人员应当根据事故现场的地理位置、周围环境、范围大小，痕迹物证暴露是否明显，以及勘验的时间、勘验时的气候条件等多种因素，本着有利于查明发生事故原因和事故肇事者，有利于发现采取痕迹、物证的原则，权衡利弊灵活处理，也可以将几种不同的顺序结合起来灵活运用。

5. 现场勘查项目

1）痕迹检验

事故痕迹是指事故发生前后，留在现场的各种印记和印痕。对于交通事故而言，其痕迹可分为路面痕迹、车体痕迹、物体痕迹及散落物等。

（1）路面痕迹。路面痕迹主要是指遗留在现场路面上的轮胎痕迹和挫划痕迹。轮胎在沙土路面上自由滚动时留下的压印如图5.2所示。

① 轮胎痕迹。轮胎承受着汽车的全部重量和路面的切向反力。随着轮胎在路面上运动状态的不同，可在路面上留下各种不同痕迹，反映在交通事故现场上的轮胎痕迹主要有胎印、制动印迹和侧滑印。

a. 胎印。也称滚印，是指轮胎在路面上自由滚动即未制动时，轮胎胎面印在路面上的印痕。由于轮胎与路面间无相对滑动，胎印是一条与轮胎胎面宽度及花纹相似的连续印痕，图5.3为轮胎在沙土路面上自由滚动时留下的印迹。胎印可显示车辆的行驶轨迹和轮胎种类。

b. 制动印迹。汽车制动时，由于强烈的摩擦，常会使轮胎表面的橡胶微粒黏附于路面，形成黑色的条状痕迹，即制动印迹，如图5.4所示。

未制动前，轮胎胎面印在路面上的印痕为滚印，即胎印；在汽车制动初期，轮胎同时发生滚动和滑动，使印迹中的胎面花纹在车辆行驶方向上被拉长，此时的印迹称为制动压印；当制动后期车轮抱死产生纯滑移时，路面上的花纹已无法辨认，成为一条连续的实心印迹，称为制动拖印。图5.5所示的印迹为汽车车轮从滚印至压印到拖印印迹的变化过程。

图5.2 车轮在沙土路面上自由滚动时的压印

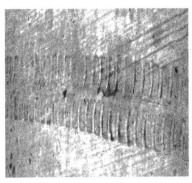
图5.3 车轮在混凝土路面上留下的胎印印痕

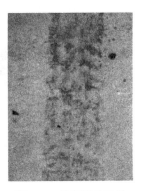
图5.4 轮胎制动印迹

图5.5 制动前及制动过程中轮胎留在地面上的印迹变化过程

c. 侧滑印。当车辆在某种横向力作用下，车轮沿着垂直于轮胎转动平面的方向发生运动时，轮胎与路面间滑磨留下的痕迹称为侧滑印。侧滑印的特点是其宽度较制动拖印宽，且其走向与车轮的转动平面呈现一定角度的偏转，如图5.6所示。

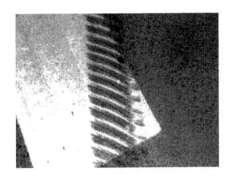
图5.6 车轮侧滑印迹

侧滑印的种类较多，当车辆以较高速度转弯时，可能出现转弯侧滑印；当车辆紧急制动时，可能出现制动侧滑印；当车辆发生碰撞事故时，也可能出现碰撞侧滑印。碰撞侧滑印的出现，常常可显示出准确的碰撞地点，即接触点。

对地面轮胎痕迹的勘查的主要内容包括轮胎痕迹的种类、形状、方向、长度、宽度、痕迹中的附着情况，以及轮胎的规格、花纹等。

② 挫划痕迹、沟槽痕迹。当车辆发生碰撞事故时，车上某些坚硬机件可能被撞脱落，这些机件在着地后挫划路面时留下的痕迹、称为挫划痕迹。图5.7为一事故现场肇事车辆在路面留下的挫划痕迹。挫划痕迹可用于判断接触点的位置及碰撞后车辆的运动过程。图5.8为一事故车辆在路面留下的沟槽痕迹。

图 5.7　路面挫划痕迹　　　　　　　图 5.8　路面沟槽痕迹

（2）车体痕迹。当车辆与其他交通元素或物体发生冲突时，常会在车身上留下各种类型的痕迹，主要有呈凹陷状、断裂状或分离状的碰撞痕迹及呈长条状、片状的刮擦痕迹等。图 5.9 为一乘用车右后轮胎上方处受撞后留下的凹陷状痕迹。

（3）物体痕迹与散落物。当车辆与某些障碍物如树木、电杆等碰撞时，会在被撞物体上留下痕迹或使被撞物体折断、飞出。物体上的痕迹有助于确定车辆在碰撞前的行驶路线和脱离道路的位置。

散落物是指车辆在碰撞损坏过程中脱落到地面上的零部件或碎片，包括玻璃、漆片、塑料、人体器官、泥土、水滴、油滴等。图 5.10 为一被撞车辆在碰撞损坏过程中脱落到路面上的前保险杠及排气管等零部件。这些散落物原来和车辆一起同速运动，在碰撞过程中从车上脱落被抛射出来，散落于车辆前方某处。勘查过程中测量出散落物的飞行距离和原来在车辆上的位置高度，则可根据抛落物体运动规律推算出散落物的抛出速度，即车辆碰撞瞬间的速度。

图 5.9　右后轮胎上方处的凹陷状痕迹　　　图 5.10　被撞车辆路面散落物

附着物的类型包括油漆、塑料、反光膜、油斑、纤维等。

2）车辆检验

（1）乘员和载货情况。包括乘员人数、乘坐位置、货物的种类与重量、安放位置及捆绑固定情况等。不当的车辆装载，常使车辆的重心发生偏移，从而成为诱发事故的潜在因素，必要时应对重心进行测定。

（2）操纵机构运用情况。包括所使用变速器的挡位，驻车制动器操纵杆所处的位置，点火开关、转向灯开关及其他电器开关的位置等。

（3）安全装置技术状况。重点检查车辆的制动、转向、悬架、轮胎、灯光、后视镜及其他附属安全设备等是否齐全有效，是否符合国家颁布的有关法规规定，对事故的形成有无影响。

(4) 车辆结构特征。根据案情分析的需要，有时需记录下车辆的外廓尺寸、轮距、轴距、轮胎型号、最小转弯半径等参数。

(5) 车辆动力性能。包括车辆肇事时的加、减速性能，汽车通过弯道而不产生侧滑和侧翻的最高行驶速度等。

(6) 车辆破损情况。记录下破损部位的名称、位置、形态、程度及破损原因等。在检查断裂的转向拉杆等金属构件时，应注意分析是断裂诱发事故还是事故造成断裂。

3) 道路检验（鉴定）

道路检验就是对事故地点的道路及通行条件进行全面的检测，以确定道路是否符合设计标准、是否存在失修和违章占用等情况、对事故的形成有无影响等。

检测内容包括道路几何参数与路面附着系数的测量与测定、路面障碍物类型、尺寸大小和位置的确定，以及现场交通设施调查等。

4) 当事人身体状况检查

主要检查当事人是否酒后驾车、是否处于疲劳状态及其疲劳程度、在事故前是否服用过某些违禁药物等。

5) 人体伤害鉴定

对人体伤害情况的勘查内容包括交通事故伤亡人员在事故现场的位置、姿态、人体衣着和体表上的痕迹、附着物、损伤程度及致伤原因、致伤方式、致伤过程、致伤物等。

当事故造成人员伤亡时，应对其伤亡者进行检验，查明伤害部位、数目、形态、大小和颜色，损伤类型、特征与致伤物及伤残程度，致命部位及致死原因等，并写出鉴定结论。

6) 交通事故现场勘查记录

交通事故现场勘查记录，是指公安交通管理部门办案人员运用科学方法和技术手段，采用笔录、绘图、照相、录像等记录方法，在对事故现场进行实地勘验、检查后，将过程、结果完整、准确地加以记录用以反映现场勘查情况的文字材料，称为道路交通事故现场勘查记录。比较详细的勘查记录应包括以下几个方面内容。

(1) 交通事故现场总体情况。包括现场事故人员伤亡情况、车辆数量、发生交通事故的形态、车物损失情况、道路概况、原始现场变动与否、变动原因以及现场周围环境。

(2) 物体、痕迹及相互间的关系数据。包括车辆、尸体、受伤人员、物品等有关因素在现场的位置、朝向；车辆制动拖印及其他遗留在路面上的划痕、擦痕的走向、长度；车辆与车辆或人员接触点、碰撞痕迹的位置、形状；路面遗留血迹、人体组织以及其他痕迹的位置、形状、面积；以上所有物体、痕迹距交通事故现场基准点或路边的距离，相互之间的距离。

(3) 车辆状况及外观检验。

(4) 道路状况。包括道路走向、道路等级、道路总宽度和各车道的宽度；现场坡道、弯道情况及度数，有无影响视线或行驶的障碍物体，安全视距；道路交通标志、标线设置及其内容，有无道路隔离设施，隔离设施的高度及宽度；道路路面性质（沥青、水泥、沙石）、有无冰雪、雨水、泥泞等，路面附着系数；路肩宽度、性质（硬、软路肩）。

(5) 现场获取的重要物证等。包括现场勘查过程中发现、提取的重要物证、痕迹；采集和保全物证的名称和数量；绘制现场图情况；现场拍照的内容和数量等。

现场勘查记录形式包括现场摄影、现场图测绘、现场勘查笔录等。

① 现场摄影。交通事故现场摄影是对与交通事故现场有关的道路、车辆、人体、痕迹、物品，用照相的方法客观、准确、全面、系统地固定记录下来的专门手段。因现场摄影能把与事故有关、不便提取、用文字及绘图难以表达的痕迹、车辙、落物等物证，通过图片或图像的形式细致、准确、清楚地记录下来，为分析研究和处理事故提供有力证据，是现场勘查的重要记录方式之一。

和现场图、现场勘查笔录相比，现场摄影具有迅速记录现场痕迹，完整、真实、客观地再现现场的本来面貌，形象反映现场情况的特点，在交通事故处理中起着证据的作用。

② 现场图测绘。交通事故现场图是运用制图学的原理和方法，按照投影关系和比例，将事故现场上的道路、有关车辆、伤亡人员以及其他有关物体、痕迹的具体位置，以比较简明的形式表现出来的一种特殊的专业技术图。现场图作为道路交通事故处理工作中的一项重要证据，可用于恢复现场，分析事故原因，补充现场笔录、现场照片所难以表达的事故现场的空间关系。现场图是现场勘查的重要技术文件之一，可作为法律证据使用。

交通事故现场是交通事故的客观反映，其各种交通元素及其相关的物品、痕迹、地形、地物、地貌、道路交通设施等，都是进行事故责任分析、认定及其调解处理的重要依据。用绘图的形式如实的记载和反映，不仅是记录的重要手段，更是记录的重要内容，同时也是重要的证据。为此，现场图须如实、准确地反映交通事故现场的实际情况。在事故现场撤除以后，事故现场图就成为分析事故的重要依据。

③ 现场勘查笔录。现场勘查笔录是以文字记述的方法，反映现场勘查过程、现场状况、现场图和现场照片中未表达清楚的各种事故情况，是一种重要的法律证据。

交通事故现场勘查笔录的内容主要包括事故发生时间、地点、天气状况、现场勘查时间、参加勘查的单位和人员、勘查记录，具体形式如表5-1所示。

表5-1 交通事故现场勘查笔录表

事故时间	年	月	日	时	分		天气	
事故地点								
勘查时间	年	月	日	时	分至	年	月	日	时	分

勘查人员姓名、单位：

勘查记录如下：

现场勘查人员   记录人：

备注：

共　　页   第　　页

交通警察调查交通事故案件时应当向被调查人员出示《人民警察证》，告知被调查人依法享有的权利和应履行的义务，向当事人发送联系卡。联系卡载明交通警察姓名、办公地址、联系方式、监督电话等内容。

5.3 交通事故责任认定及处理

5.3.1 道路交通事故责任

1. 道路交通事故责任的概念

道路交通事故责任是指车辆驾驶人、行人、骑车人、乘车人以及其他在道路上进行与交通有关活动的人员，因违反《道路交通安全法》和其他道路交通管理法规、规章的行为，过失造成人身伤亡或财产损失所应承担的责任。该责任由公安机关交通管理部门认定。

道路交通事故责任反映出相关事故当事人的违法行为在交通事故中所起的作用。交通事故责任既是公安交通管理部门对事故责任者进行教育、处罚和对损害赔偿进行调解的依据，也是交通事故责任者承担法律责任的依据，但它本身并不是法律责任。虽然在大多数交通事故中，交通事故责任与法律责任有着密切的联系，是确定事故当事人法律责任的重要依据，但作为法律责任的主体，其必须符合法定的责任年龄，具有法定的责任能力。而道路交通事故责任的主体，是具有交通活动能力的人，并不受年龄、智力等的限制。

需要指出的是，道路交通事故责任与经济赔偿责任并不一定相同。如《道路交通安全法》规定，在机动车与行人发生道路交通事故后，机动车即使没有事故责任，也应根据情况负担一定的赔偿责任。

2. 道路交通事故责任的构成条件

1) 具有交通事故责任的主体

交通事故的责任主体既可以是自然人，也可以是法人。自然人就是通常所说的交通事故当事人，一切具有交通行为能力的自然人均可成为交通事故责任的主体。实际中法人成为交通事故责任主体的情况较少，主要是车辆产品质量上的缺陷或管理上的不作为造成。如因车辆原因或道路原因造成的交通事故，此条件下车辆制造部门或道路管理部门就成为交通事故责任的主体。

2) 事故责任的主体必须存在过错（交通违法行为）

事故责任的主体存在过错是指当事人存在道路交通违法行为，即存在违反道路交通安全法律、法规，扰乱道路交通安全秩序，妨碍道路交通安全和畅通，侵犯公民交通权益的行为。如当事人违反《道路交通安全法》中规定的禁止性行为。

违法行为进一步分为故意违法行为和过失违法行为。故意违法行为是指当事人以积极的态度实施交通法规所禁止的行为，如无证驾驶、酒后驾车、超载行驶等。这种违法行为的鲜明特征是当事人具有明知故犯的嫌疑。过失违法行为是指当事人以消极的态度不积极履行交通法规所规定应尽义务的行为，又进一步分为疏忽大意过失和过于自信过失。疏忽大意过失是一种因疏忽大意致使应该预见到而未能预见到并发生危险后果的行为，如一行驶汽车在交叉路口撞到突然窜出的一骑车人。过于自信过失是已经预见到危险，因为自信认为能够避免导致危害后果发生的行为。

如果交通事故当事人没有违法行为，就不构成交通事故责任。

在道路交通活动中因"意外"原因引起的交通事故当事人不构成交通事故责任。如两辆紧随的同向行驶车辆，当前车在道路上以较高车速通过一下水道窨井盖时，窨井盖突然粉碎性损坏使得车辆的车轮陷入其内而无法正常行驶，紧随其后的车辆因刹车不及而导致与前车追尾。

3）违法行为和事故的发生与损害后果之间必须存在因果关系

构成交通事故责任的决定性要件是当事人的违法行为和事故的发生与损害后果之间必须存在因果关系。当事人有违法行为只是构成交通事故责任的一个前提条件，并不是必然条件。使违法行为成为交通事故责任的必然条件就是当事人的违法行为和事故的发生与损害后果之间一定存在内在的、必然的联系。如某驾驶人在驾车中虽有违法行为，但与追尾事故的发生并无内在的、必然的联系，显然，该驾驶人的违法行为不能构成此追尾事故责任的依据。只有那些与交通事故的发生有着因果关系的违法行为，才能作为认定事故责任的依据，即交通事故的发生是因某违法行为的作用所致。行为人的过错和道路交通事故之间存在因果关系是构成道路交通事故责任的决定性要件。

此外，需要明确指出的是，在道路交通事故责任中认定的"责任"的内涵并不等同于行政责任、民事责任、刑事责任中所称"责任"的内涵。后者是指法律责任，即行为主体应当履行的法律上的义务，如果行为主体不履行该义务将受到法律上的否定评价，并承担不利的后果。在道路交通事故责任中认定的"责任"是公安机关交通管理部门基于特定的事实，即根据事故的损害后果为探寻事故发生的原因做出的一种确认。虽然交通工具或者道路的非正常状态是导致事故发生的直接原因，但论及责任，必定是指当事人的行为对事故发生的影响，所以要判定当事人的行为是否违反了交通管理的法律、法规，是否与事故的发生存在因果关系。因此，道路交通事故责任的认定仅是一种对事故的成因分析，最多涉及当事人行为是否违法的性质，而并不确定当事人在法律上的权利和义务。

当事人有违法行为，其违法行为和事故的发生与损害后果之间有因果关系的，应当负交通事故责任；当事人没有违法行为或者虽有违法行为但违法行为和事故的发生与损害后果之间无因果关系的，不负交通事故责任，这是国家权力机关对当事人的行为做出的一种有约束力的评价。负交通事故责任可能会引起当事人承担行政的、民事的或者刑事的责任，但是二者之间并没有必然的联系。

对于任何一起交通事故而言，以上3条都必须同时具备，缺一不可。

3. 道路交通事故的责任分类

在道路交通事故中，当事人所起作用不同，对应承担的责任也应不同。根据当事人的行为对发生交通事故所起的作用及过错程度的不同，将交通事故当事人的责任分为4类：全部责任、主要责任、同等责任、次要责任、无责任。

1）全部责任

交通事故的发生完全是因为一方当事人的违法行为造成的，另一方当事人无任何违法行为，或者虽有违法行为但其违法行为和该起事故的发生没有因果关系，则应由导致交通事故发生的一方当事人承担该起事故的全部责任，另一方当事人不负事故责任。

以下情况当事人亦负全部责任：当事人肇事后逃逸造成事故现场变动、证据灭失，公安机关交通管理部门无法查证交通事故事实的，逃逸当事人承担全部责任；当事人故意破坏、伪造现场、毁灭证据的，承担全部责任；当事人一方有条件报案而未报案或者未及时报案，使交通事故责任无法认定的，应当负全部责任。

以下情况下发生的道路交通事故，当一方无过错时，另一方有下列行为之一的要负全部责任：

（1）机动车通过有灯控路口时，不按所需行进方向驶入导向车道的。

（2）机动车通过路口时违反交通信号的。

（3）机动车通过路口遇放行信号不依次通过的。

（4）机动车准备进入环行路口不让已在路口内的机动车先行的。

（5）通过无灯控或者无交警指挥的路口，转弯的机动车未让直行的车辆先行的。

（6）通过无灯控或者无交警指挥的路口，相对方向行驶的右转弯机动车不让左转弯机动车先行的。

（7）机动车通过无灯控或无交警指挥的路口，不按交通标志、标线指示让优先通行的一方先行的。

（8）前车左转弯、掉头、超车时而超车的。

（9）与对面来车有会车可能时超车的。

（10）超车后未与被超车辆拉开必要安全距离驶回原车道的。

（11）机动车逆向行驶的。

（12）在没有中心隔离设施或者没有中心线的路段上，机动车遇相对方向来车时，未减速靠右行驶，并与其他车辆、行人未保持必要安全距离的。

（13）在没有中心隔离设施或者没有中心线且有障碍的路段上，机动车遇相对方向来车时，未让无障碍的一方先行的。

（14）车辆进出道路时，未让在道路内正常行驶的车辆优先通行的。

（15）借道通行、变更车道时，未让所借道路内的车辆优先通行，或者妨碍其他车辆通行，或者左右两侧车道的车辆向同一车道变更时左侧车道的车辆未让右侧车道的车辆先行的。

（16）机动车在设有禁止掉头或者禁止左转弯标志的地点掉头的。

2）主要责任和次要责任

在交通事故中，双方当事人都有违反交通法规的行为存在，且违法行为和交通事故的发生之间存在着因果关系，但在程度、情节等方面存在明显差别，其中一方当事人是造成该起交通事故的主要原因，另一方当事人是造成该起交通事故的次要原因，违法情节严重、在该起交通事故起主要作用的一方当事人应对该事故负主要责任，另一方当事人对该起事故负次要责任。

实际中，当交通事故的当事人涉及三方或三方以上时，则可根据各方当事人的行为及与交通事故后果之间的关系参照上述责任种类进行认定，从而确定各方当事人应分担的事故责任。

3）同等责任

在交通事故中双方当事人都有违反交通法规的行为存在，这些违法行为和交通事故的发生之间存在着直接的因果关系，且双方当事人违法情节轻重相当，主次很难分清，则由双方当事人对该起事故负同等责任。

当事人各方有条件报案而均未报案或者未及时报案，使交通事故责任无法认定的，应当负同等责任。

4）无责任

事故当事人均无导致交通事故发生的过错，属于意外交通事故的，各方均无责任。一方当事人故意造成交通事故的，他方无责任。

5.3.2 道路交通事故责任认定

1. 道路交通事故责任认定的概念

认定道路交通事故责任是法律赋予公安机关交通管理部门的一项重要权力。《道路交通安全法实施条例》第九十一条明确规定："公安机关交通管理部门应当根据交通事故当事人的行为对发生交通事故所起的作用以及过错的严重程度，确定当事人的责任。""当事人的责任"实际是指当事人的行为是否构成交通违法行为、是否构成过错以及当事人的行为对交通事故形成的影响力的大小。

道路交通事故责任认定是指公安机关在查明交通事故原因后，根据当事人的违法行为与交通事故之间的因果关系，以及违章行为在交通事故中的作用，对当事人的交通事故责任加以认定的行为。也就是公安机关交通管理部门在对交通事故案件进行调查、侦查后在查明交通事故原因的基础上，依据交通事故现场查勘和调查的事实及有关的检验、鉴定结论等证据的综合分析结果，根据《道路交通安全法》《道路交通事故处理程序规定》和其他道路交通管理法规、规章的规定，对交通事故当事人在交通事故中有无违法行为，交通违法行为与交通事故损害后果之间的关系与作用的大小，做出定性、定量认定的一种具体活动。这里，定性的意义是指当事人在交通事故中有无责任；定量的意义是指当事人在交通事故所起作用的大小及应承担责任的具体划分。

事故当事人是指与交通事故有直接关系的人员，包括车辆驾驶人、行人、乘车人以及其他道路使用者。当事人在交通事故中并不一定负有事故责任。当交通事故发生以后，对交通事故责任进行认定，可以有效地解决损害赔偿的争议，确定交通事故的责任人。

交通事故责任认定必须以事实为依据，在对事故原因进行全面深入细致调查和科学分析的基础上，运用交通法规的条款去衡量事故当事人的行为是否存在违法从而确定其相应承担责任的大小。交通事故责任认定是否准确，既影响到事故损害赔偿的公平性，又直接关系到整个交通事故处理工作的成败。它是整个事故处理过程的核心。对于图 5.11 所示的情景，因 A 车在同一方向只有一条机动车道的条件下，为避让前面摩托车强行挤压左侧与之同行的蓝色车辆的行驶空间而发生刮擦，A 车负全责。

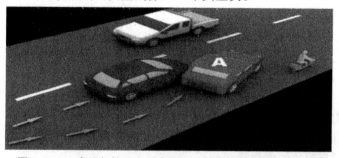

图 5.11　A 车强行挤压左侧车辆的行驶空间造成刮擦负全责

交通事故责任认定的目的主要有以下几点：
(1) 便于以责论处的追究肇事者的责任。
(2) 有利于客观、公平地确定事故当事人对事故损害的赔偿份额。
(3) 有利于对其他交通参与者起到教育、警示的作用。
(4) 供研究交通事故发生规律、制定更加有效的交通安全防范措施与管理对策用。

2. 道路交通事故责任认定的法律依据

确定道路交通事故责任的法律依据是《道路交通事故处理程序规定》（公安部第104号令）。

第四十五条规定："道路交通事故认定应当做到程序合法、事实清楚、证据确实充分、适用法律正确、责任划分公正。"

第四十六条规定："公安机关交通管理部门应当根据当事人的行为对发生道路交通事故所起的作用以及过错的严重程度，确定当事人的责任。（一）因一方当事人的过错导致道路交通事故的，承担全部责任；（二）因两方或者两方以上当事人的过错发生道路交通事故的，根据其行为对事故发生的作用以及过错的严重程度，分别承担主要责任、同等责任和次要责任；（三）各方均无导致道路交通事故的过错，属于交通意外事故的，各方均无责任。一方当事人故意造成道路交通事故的，他方无责任。"

3. 道路交通事故责任认定的相关原则

1) 道路交通事故责任认定的基本准则

交通事故责任认定是过错认定原则。当事人的行为对发生交通事故所起的作用是指有因果关系的行为在事故中的所起的作用；过错的严重程度是以当事人的行为为前提的。在认定交通事故责任时，先看当事人的行为对发生交通事故所起的作用，然后，确定该行为过错的严重程度。交通事故责任认定是确定当事人行为在事故中所起作用程度的技术认定，在认定交通事故责任时，应实事求是地表述当事人行为在事故中所起作用的程度，不须考虑法律责任问题。

对道路交通事故责任认定的基本准则主要包括交通事故当事人的行为对发生交通事故所起的作用大小及其过错的严重程度。

准则1：根据交通事故当事人行为对发生交通事故所起的作用进行认定。

所谓交通事故当事人行为对发生交通事故所起的作用，是指事故当事人的行为对该事故的发生所起作用的大小，也就是民法上关于民事责任成立要件中的因果关系原则。

认定交通事故当事人的责任，首先需要查清行为人的行为和事故的发生与损害后果之间是否存在因果关系。在确定行为与事故因果关系时，只需要确定行为人的行为是否事实上属于事故的原因即可。如果行为人的行为和事故的发生与损害后果之间不存在因果关系，即使行为人的行为属于严重违法行为，也不应该承担事故后果的民事损害赔偿责任。例如，两辆同向行驶的车辆，前车虽然严重超载但严格遵守交通规则行驶，没有任何驾驶错误，后车虽未超载但因跟车间距过小而与前车追尾造成交通事故，显然，前车对因后车超速行驶追尾造成的交通事故不应承担事故的民事损害赔偿责任，这是因为前车驾驶人的行为和追尾事故的发生与损害后果之间不存在因果关系。

"事故当事人行为对发生交通事故所起的作用"除了因果关系原则外，还有另一项作用就是衡量当事人行为对发生交通事故形成的原因力。所谓"原因力"是指在构成损害结果的共同原因行为中，每一个原因行为对损害结果的发生或扩大所发生的作用力。在没有过错或者难以认定过错的场合下，可依据当事人行为对发生交通事故形成的原因力分配责任，以确定出事故损害的相应赔偿标准。

准则2：根据交通事故当事人过错的严重程度进行认定。

当事人的过错在民法上有两种形式，即客观过错与主观过错。所谓客观过错，就是当事人的行为具有明显的违反法律的事实，而不管当事人的主观意识状态，只要当事人的行为违反了法律、法规的规定，就构成过错。所谓主观过错，主要是指当事人过于自信、疏忽大意、操作不当等主观意识行为和状态。

交通事故的因果关系确定后就涉及对当事人责任比例的划分问题。无论是涉及双方还是多方事故当事人过错的场合，对当事人责任比例的划分主要是通过比较相关当事人过错程度的大小进行确定。例如，某机动车超速行驶撞了一骑车人，而被撞的骑车人又闯红灯，在此情况下便需要对双方当事人的过错大小进行比较而确定出各自应承担的责任。

确定交通事故当事人的过错比例是一项技术性很强的工作。尽管我国《民法通则》和《道路交通安全法》第七十六条都明确了确定责任、按责任大小分担损失的制度，但在对于相关当事人的过错比例进行比较的具体操作方面，我国尚存在着技术上需要克服的障碍，主要表现为如何认定不同过错对促成事故作用力的大小，也就是当事人违法行为的"过错系数"问题。因此，对当事人违法行为"过错系数"的科学合理确定我国还需要从理论与实践两方面做出进一步的探索与细化。

2）道路交通事故责任认定的相关原则

对道路交通事故责任的认定分为定性与定量两种情况。实际中首先从定性方面进行认定，主要解决当事人对交通事故是否应该承担责任的问题，若认定当事人应该承担责任，则再进一步从定量方面确定。

（1）交通事故责任定性认定的原则：

① 当事人无交通违法行为，不应负事故责任。

② 当事人有交通违法行为但与事故的发生无因果关系，不应负事故责任。

③ 当事人有交通违法行为且与事故的发生存在因果关系，应负事故责任。

（2）交通事故责任定量认定的原则：

当当事人满足定性认定原则第三条时，便存在进一步定量认定的问题。定量认定的原则如下：

① 当当事人的交通违法行为扰乱了正常的道路交通秩序，破坏了交通法规中有关各行其道和让行的原则，在引发事故方面起着主导作用，即该当事人的交通违法行为是交通事故的主要和直接原因时，该当事人的责任要大于对方当事人；

② 当当事人的交通违法行为在事故的发生过程中只是促进因素并且起着被动的，或只起加重后果的作用，即该当事人的交通违法行为是交通事故的次要和间接原因时，该当事人的责任要小于对方当事人。

4. 道路交通事故责任的认定方法

对道路交通事故责任的认定按事故发生后当事人是否存在逃避处罚或赔偿责任的恶意不法行为可分为一般情况和特别情况。一般情况是指当事人未发生逃避处罚或赔偿责任的行为，而特别情况则指当事人存在逃避处罚或赔偿责任的行为。

1) 一般情况下认定交通事故的方法

(1) 根据因果关系认定交通事故责任。在道路交通事故责任认定中，首先是根据因果关系进行认定。前已所述，因果关系是指交通事故中当事人的违法行为和交通事故发生及损害后果之间存在直接的联系，即事故构成的直接原因，并不包括造成交通事故损害后果的间接原因，故在实际中由道路、气候等其他非人为因素引起的间接原因在交通事故责任认定过程中不应作为加重或减轻当事人责任的原因。

当一起道路交通事故存在明确的因果关系时，根据因果关系不仅能够确定当事人有无责任，还能进一步确定相关当事人责任的大小。这是因为因果关系比较好地揭示出相关当事人在形成事故直接原因中的"原因力"。在道路交通事故责任认定中，因果关系主要有独立关系、竞合关系与参与因果关系3种形式。

所谓独立因果关系，是指在一起交通事故中，只有一方当事人的违法行为是造成事故的原因，其他当事人的行为均不是造成事故的原因，因此，其全部责任均由一方当事人承担。这种因果关系又有一因一果、多因一果、多因多果等不同形式。

所谓竞合因果关系，是指在交通事故中各方当事人都有违法行为，且这些违法行为和交通事故的发生都存在着因果关系，即事故的发生是由双方或多方当事人的过错共同造成的。竞合因果关系又进一步分为重复竞合和相互竞合两种形式。前者是指任何一方的违法行为都可以单独地造成该起事故，此时若无其他间接因素，且各方当事人情节相当，则各方当事人负同等责任。相互竞合是指若某方当事人的违法行为单独存在时，事故不一定发生，而相关当事人的违法行为同时存在并相互作用时才能发生事故。如一机动车在行驶过程中驶入非机动车道而与一违规带人的骑车人相撞，造成骑车一方人员伤亡时，此类型的道路交通事故即为相互竞合的因果关系。

参与因果关系是指在交通事故中，相关当事人对交通事故的发生所起作用存在明显差别，即一方当事人的交通违法行为情节严重，和交通事故的发生存在着直接、必然的因果关系，而其他方当事人的违章行为和事故的发生虽也存在着一定的联系但属于间接性关系，只有在与其他因素发生关系后才起作用。在事故责任认定中，承担次要交通事故责任的当事人的交通责任行为就属于参与因果关系。

(2) 根据路权原则认定交通事故责任。路权是指交通参与者根据交通法规的规定在道路的一定空间范围和时间内使用道路进行交通活动的权利，包括通行权和先行权。路权的规定明确了广大交通参与者在参与道路交通活动中的权利与义务，既是交通法规中的重要原则，也是交通事故责任认定的重要依据。根据路权认定当事人交通事故责任大小，通常有以下几种情形：

① 交通事故中一方当事人的交通违法行为是违反通行权的过错行为，另一方面当事人的行为不是违反通行权的行为，则由违反通行权的一方负事故的主要责任，未违反通行权的另一方负相对应的责任。

② 交通事故中双方当事人都有通行权时，则由违反先行权的一方当事人负事故的主要责任，另一方负相对应责任。

③ 交通事故中双方当事人都违反了通行权和先行权的规定，如没有其他过错行为存在，则双方负事故的同等责任。

若双方都没有违反路权的规定，或双方都有违反路权规定以外的过错行为，则应通过进一步分析安全因素对事故责任的大小进行认定。

(3) 根据安全因素认定交通事故责任。进行交通活动确保安全是《道路交通安全法》

及其他相关交通法规给出的明确要求。当依据因果原则和路权规定认定交通事故责任发生困难时，则可根据交通法规中有关"确保安全"的规定，通过区分事故当事人的过错行为与事故发生的因果关系及其程度差异，认定事故当事人的责任大小。根据安全因素认定当事人交通事故责任大小，一般有以下几种情形：

① 相关当事人都违反了路权规定，但一方当事人又同时违反了确保安全的规定而另一方未违反时，则前者的行为是事故发生的主要原因，应负事故的主要责任，后者的行为是事故发生的次要原因，负事故的次要责任。

② 相关当事人都违反路权规定和确保安全的规定，一方违法情节严重，而另一方当事人违法情节相对较轻时，则前者的行为是事故发生的主要原因，应负事故的主要责任，后者的行为是事故发生的次要原因，负事故的次要责任。

③ 当无法区分事故情节轻重时，则说明双方的过错行为均是导致事故发生的等效原因，双方负同等责任。

2) 特别情况下交通事故责任认定的方法

(1) 特别情况下交通事故责任的认定。特别情况是指在交通事故中有关当事人为逃避事故责任及其处罚而采取的恶意不法行为，主要包括肇事后当事人逃逸及故意破坏、伪造现场、毁灭证据等。《道路交通安全法实施条例》第九十二条明确规定："发生交通事故后当事人逃逸的，逃逸的当事人承担全部责任，但是，有证据证明对方当事人也有过错的，可以减轻责任；当事人故意破坏、伪造现场、毁灭证据的，承担全部责任。"这是交通法规对特别情况下认定交通事故责任的原则规定。

交通肇事后当事人无论是逃逸行为还是故意破坏、伪造现场、毁灭证据的行为都是十分恶劣的不法行为，必须予以彻底禁止，实际中一旦发生这些行为必须对其进行严厉惩治。依据《道路交通安全法实施条例》第九十二条的规定，对于交通事故当事人逃逸的责任可以有以下几种认定结果：

① 交通事故发生后因当事人逃逸而无法认定当事人责任场合，无论事故他方当事人的过错如何，均由逃逸方负事故的全部责任。

② 交通事故发生后一方当事人逃逸，而事故的认定结果则是双方均无责任即意外事故，也要由逃逸方负事故的全部责任。

③ 交通事故发生后一方当事人逃逸，事故的认定结果是逃逸方有违法行为或者驾驶错误，他方没有过错，由逃逸方负事故的全部责任。

④ 交通事故发生后一方当事人逃逸，事故的认定结果是事故双方当事人均有过错，在确定过错比例的基础上适当减轻逃逸方的责任。

对《道路交通安全法实施条例》第九十二条第二款"当事人故意破坏、伪造现场、毁灭证据的，承担全部责任"的理解，也可分为以下情况：

① 一方当事人故意破坏、伪造现场、毁灭证据致使交通事故责任无法认定的，该当事人应当承担全部责任。

② 故意破坏、伪造现场、毁灭证据是双方或者多方当事人的共同行为，应在查清相关当事人所起作用的基础上按其作用大小由相关当事人分担责任。

③ 如果当事人故意破坏、伪造现场、毁灭证据是为了骗取保险金额等，除了承担全部的交通事故责任外，还必须承担由此行为引起的法律后果或者行政责任。

(2) 关于交通事故的推定责任。在实际的交通事故中，一些交通事故当事人为了逃避处罚或赔偿而出现因不报案或不及时报案致使事故现场无法勘查导致出现事故原因不能查清和事故责任认定困难的情况。推定交通事故责任，就是公安交通管理部门针对此类行为而依法做出的一种特殊的交通事故责任结论。实施推定交通事故责任可有效预防事故当事人不报案或不及时报案行为的发生，其具体规定如下：

① 当事人一方有条件报案而未报案或未及时报案致使交通事故责任无法认定的，应当负全部责任。

② 当事人各方均有条件报案而均未报案或者未及时报案的，使交通事故责任无法认定的，应当负同等责任。但机动车与非机动车、行人发生交通事故的，机动车一方应当负主要责任，非机动车、行人一方应当负次要责任。

发生事故后，当事人不报案而"私下"协议，协议不成或者达成协议后又反悔再报案的，按本条处理。

3) 道路交通事故责任认定规则小结

综合上述根据因果关系、路权原则、安全因素、特别情况下交通事故责任的认定及推定责任认定方法的讨论，认定交通事故责任的规则可归纳成以下7种：

（1）当事人有违法行为，其违法行为与交通事故的发生有因果关系的，应当负交通事故责任；当事人没有违法行为或者虽有违法行为但该违法行为和该起事故的发生没有因果关系的，不负交通事故责任。

（2）一方当事人的违法行为造成交通事故的，有违法行为的一方应负全部责任，其他方不负交通事故责任。

（3）双方当事人的违法行为共同造成交通事故的，违法行为在交通事故所起作用大的一方负主要责任，另一方负次要责任；违法行为在交通事故所起作用相当的，双方当事人负同等责任。

（4）三方及以上当事人的违法行为共同造成交通事故的，根据各自的违法行为在交通事故所起作用的大小划分责任。

（5）当事人肇事后逃逸或者当事人故意破坏、伪造现场、毁灭证据的，使交通事故责任无法认定的，应当负全部责任。

（6）当事人一方有条件报案而未报案或未及时报案，致使交通事故责任无法认定的，应当负全部责任。

（7）当事人各方均有条件报案而均未报案或者未及时报案的，使交通事故责任无法认定的，应当负同等责任。但机动车与非机动车、行人发生交通事故的，机动车一方应当负主要责任，非机动车、行人一方应当负次要责任。

5.3.3 事故当事人的责任承担

交通事故发生后，对于相关当事人而言，首先是明确各当事人的责任，这由公安机关交通管理部门依据相关的法律、法规进行确定认定，在此基础上交通当事人应依法承担责任并进行赔偿，此过程中涉及如何确定事故当事人的责任及当事人责任确定的依据等问题。

1. 确定事故当事人责任的基本原则

事故归责的原则不同，会使道路交通事故的处理结果不同。我国《道路交通安全法》对道路交通事故处理中当事人的责任原则确定了三大主要原则：过错责任原则、无过错责任原则和推定过错责任原则。

1）过错责任原则

所谓过错，是指行为人所实施的不正当的、违法的行为造成的负面影响。过错责任原则，是以过错作为价值判断标准，判断行为人对其造成的损害应否承担侵权责任的归责原则。过错是行为人在法律上应负责任的重要依据。过错责任原则的含义包括：第一，它以行为人的过错作为责任的构成要件，行为人具有故意或者过失才可能承担侵权责任；第二，它以行为人的过错程度作为确定责任形式、责任范围的依据。在过错责任原则中，不仅要考虑行为人的过错，还要考虑受害人的过错或者第三人的过错。如果受害人或者第三人对损害的发生也存在过错的话，则要根据过错程度分担损失，可能减轻甚至抵消行为人承担的责任。

2）无过错责任原则

无过错责任也称无过失责任，是指行为人无论是否有过错都应当依法承担赔偿责任。它是一种基于法定特殊侵权行为的归责原则，其目的在于保护受害人合法权益，有效弥补受害人因特殊侵权行为所造成的损失。运用此原则时，只要有损害结果发生，并能证明损害结果与行为人的行为之间存在因果关系，行为人就要承担民事赔偿责任。

无过错责任原则的立法理由主要有两点：一是加大高危险活动作业者的注意义务，这有利于防止损害的发生。就道路交通活动而言，通常情况下其危险主要来源于机动车一方，而非行人一方。在道路交通活动中，谁最能够控制和减少危险，谁就应当承担回避危险结果发生的责任。因此，无过错责任原则是从法律制度设计上赋予机动车驾驶人高度注意的义务，促使其谨慎驾驶，以尽可能避免交通事故的发生。二是在制度设计上实现对弱者的保护，有利于和谐社会建设。对于道路交通活动而言，从制度设计上要求机动车辆的所有人和使用人承担较大的责任，有利于提高遵纪守法意识即在使用过程中谨慎驾车，可最大限度预防交通事故的发生。

3）过错推定责任原则

过错推定也称过失推定。过错推定责任原则，是指受害人能够证明损害后果与行为人的行为之间存在因果关系，而行为人不能证明自己没有过错和不具有免责事由，法律就推定行为人有过错，并推定其负侵权责任。过错推定责任原则实际上是过错责任原则的一种特殊表现形式，它是在适用过错责任原则的前提下，在某些特殊情形，直接从损害事实本身推定致害人有过错，无须受害人举证加以证明，致害人不能证明自己无过错的，应承担民事责任。道路交通事故责任认定运用过错推定责任原则，其积极意义在于实行举证责任倒置，更有利于保护受害人利益，有利于促进机动车辆的所有人和使用人更加注意交通安全。

2. 当事人责任确定的依据

《道路交通安全法》第七十六条对交通事故相关当事人的责任确定给出了原则规定，具体内容如下：机动车发生交通事故造成人身伤亡、财产损失的，由保险公司在机动车第三者责任强制保险责任限额范围内予以赔偿。超过责任限额的部分，按照下列方式承担赔偿责任：

① 机动车之间发生交通事故的，由有过错的一方承担责任；双方都有过错的，按照各自过错的比例分担责任。

② 机动车与非机动车驾驶人、行人之间发生交通事故的，由机动车一方承担责任；但是，有证据证明非机动车驾驶人、行人违反道路交通安全法律、法规，机动车驾驶人已

经采取必要处置措施的，减轻机动车一方的责任。

交通事故的损失是由非机动车驾驶人、行人故意造成的，机动车一方不承担责任。

3. 事故当事人的责任承担

(1) 驾驶人违反交通法规或操作规程发生交通事故，由驾驶人负责。
(2) 在教练员监护下学员驾驶车辆发生交通事故，由驾驶人和学员共同负责。
(3) 驾驶人把车辆交给无证人驾驶发生交通事故，由驾驶人负责。
(4) 怂恿驾驶人违法行驶而发生交通事故，由怂恿人和驾驶人共同负责。
(5) 迫使驾驶人违法行驶，在驾驶人已提出申辩后而发生交通事故的，由迫使人负责。
(6) 行人、乘客违反交通规则而发生交通事故，由行人、乘客负责。
(7) 车辆因例行保养不好，发生机械故障引起交通事故的，由驾驶人负责。
(8) 因保修质量差，以及能够检查而没有检查导致发生机械故障引起交通事故的，由相关保修人员负责。
(9) 因交通指挥失误而发生交通事故，由交通指挥人员负责。

4. 道路交通事故责任归责原则的确定标准

道路交通事故责任的归责原则既不能简单地一概适用过错责任原则，也不能一概适用无过错或严格责任原则，而应该确立一个归责原则体系，对于不同情况下的责任承担适用不同的归责原则，只有这样才最有利于保护受害人，同时也不至于加给加害人过重的责任。《道路交通安全法》规定了机动车与机动车之间，机动车与非机动车驾驶人、行人之间发生交通事故，分别适用不同的归责原则。另外，该法还规定了保险公司和社会救助基金管理机构的责任。

1) 保险公司承担交通事故损害赔偿责任的确定标准

保险公司在第三者责任强制保险责任范围内承担无过错责任。如果肇事车辆参加了机动车第三者责任强制保险，那么，一旦发生交通事故导致他人人身伤害或者财产损失，保险公司就应当在机动车第三者责任强制保险限额范围予以赔偿。《道路交通安全法》规定机动车发生交通事故造成人身伤亡、财产损失的，由保险公司在机动车第三者责任强制保险责任限额范围内予以赔偿。

我国实行机动车第三者责任强制保险制度，对于机动车交通事故造成人身伤亡、财产损失的，保险公司应当予以赔偿。但是保险公司的赔偿责任是有限的，保险公司只在机动车第三者责任强制保险责任限额范围内予以赔偿，超出部分，则应按照《道路交通安全法》规定的其他方式承担民事责任。机动车第三者责任强制保险责任限额，是由投保人和保险人在保险合同中协商确定的。

2) 机动车之间的道路交通事故责任的确定标准

机动车之间的道路交通事故责任适用过错责任。对机动车之间的道路交通事故责任适用过错责任；双方都有过错时适用过错相抵，按照双方的过错比例分担责任。《道路交通安全法》规定，机动车之间发生交通事故的，由有过错的一方承担责任；双方都有过错的，按照各自过错的比例分担责任。这是因为不同机动车之间虽然具体的结构、性能可能不尽相同，但却同属高速运输工具，具有相同的法律地位，在民事责任问题上自然应按照过错的比例承担。对于超过机动车第三者责任保险限额的赔偿部分，一般应按照下列方式承担赔偿责任：

对于机动车之间发生交通事故的，由有过错的一方承担赔偿责任；双方都有过错的，按照各自过错的比例分担责任。除经过质证认定不能作为证据使用的情形以外，一般可根据公安机关交通管理部门的交通事故责任认定来确定交通事故当事人的赔偿责任，并参照下列比例承担：

① 负全部责任的，承担100％的赔偿责任。

② 负主要责任的，承担51％～99％的赔偿责任。

③ 负同等责任的，承担50％的赔偿责任。

④ 负次要责任的，承担1％～49％的赔偿责任。

⑤ 无责任的，原则上不承担赔偿责任。对于机动车与非机动车驾驶人、行人之间发生的严重伤亡事故，虽然事故完全是因为非机动车驾驶人、行人违反道路交通安全法律、法规造成的，出于人道主义，机动车一方承担不超过事故损失10％的补偿责任。

⑥ 属于交通意外事故、各方均无责任的，应根据《民法通则》和《人身损害赔偿司法解释》的规定，视具体情形确定双方的赔偿责任。

⑦ 属于不能认定事故责任的，双方各承担50％的赔偿责任。

3）机动车与非机动车驾驶人、行人之间的交通事故责任的确定标准

机动车与非机动车驾驶人、行人之间的交通事故适用无过错责任或严格责任。《道路交通安全法》规定，机动车与非机动车驾驶人、行人之间发生交通事故的，由机动车一方承担责任；但是，有证据证明非机动车驾驶人、行人违反道路交通安全法律、法规，机动车驾驶人已经采取必要处置措施的，减轻机动车一方的责任。该规定确立的应该是无过错责任或严格责任，与"过错推定责任"是不相同的。对无过错责任的正确表述应该是：无论行为人有无过失，法律规定应当承担民事责任的，行为人应当对其行为所造成的损害承担民事责任。在适用无过错责任的情况下，加害人只有证明存在法定的免责事由才能免责，否则必须承担损害赔偿责任。而过错推定仍然是过错责任的一种，虽然适用过错推定在一定程度上也能保护受害人的利益，但过错推定在理念上、在是否需要证明过错等问题上与无过错责任有着较大的差异。机动车在道路上运行是一种高度危险作业，应该适用《民法通则》所规定的无过错责任。

4）道路交通事故社会救助基金承担先行垫付责任的认定标准

道路交通事故社会救助基金对受害人抢救费用的先行垫付适用无过错责任。设立道路交通事故社会救助基金的目的主要在于救济受害人。在肇事者无赔偿能力、没有投保第三者责任强制保险或者无法找到肇事者的情况下，受害人的损失可能得不到赔偿，只能通过道路交通事故社会救助基金进行救济。《道路交通安全法》第七十五条规定，抢救费用超过责任限额的，未参加机动车第三者责任强制保险或者肇事后逃逸的，由道路交通事故社会救助基金先行垫付部分或者全部抢救费用，道路交通事故社会救助基金管理机构有权向交通事故责任人追偿。道路交通事故社会救助基金也是对第三者责任强制保险的有力保障，两者相结合能更好地实现保护受害人的目的。因此，道路交通事故社会救助基金对受害人抢救费用的先行垫付应该适用无过错责任。这与基金设立目的相一致。

5）机动车免除责任的确定标准

机动车发生交通事故造成人身伤亡、财产损失，如果该损失是由非机动车、行人故意造成的，机动车一方不承担责任。这是我国《道路交通安全法》规定的机动车免除责任的唯一事由。该规定与《民法通则》第一百二十三条的规定是一致的。这里的"故意"是指

引发交通事故的故意，而不是违反道路交通安全法律、法规的故意，即非机动车驾驶人、行人违反道路交通安全法律、法规并不构成机动车免责的事由；只有在非机动车驾驶人、行人明知某种行为会引发交通事故而做出这种行为因而导致交通事故时，机动车一方才可免责。因此，机动车驾驶人主张免责，需要证明：

(1) 自己没有违反交通规则。

(2) 证实交通事故是由对方故意造成的。

除去《道路交通安全法》明确规定的免责事由外，其他免责事由如不可抗力、第三人过错等不应当适用，因为既然已经明确了道路交通事故责任归责原则是无过错责任，那么除去法律明文规定的免责事由，其他侵权行为法的免责事由不应该得到适用。虽然不可抗力、第三人过错等免责事由不能被驾驶人引用来免责，但是非机动车、行人仍可以引用来证明自己没有过错。

5. 当事人不承担交通事故损害赔偿责任的几种情况

(1) 如果交通事故当事人是未成年人或是精神病患者，通常由其法定代理人、监护人或管理者承担相应的民事责任。

(2)《道路交通安全法实施条例》第二十条规定，学员在学习驾驶中有道路交通安全违法行为或者造成交通事故的，由教练员承担责任。

(3) 采取分期付款方式购车，出卖方在购买方付清全部车款前保留车辆所有权的，购买方以自己名义与他人订立货物运输合同并使用该车运输时，因交通事故造成他人财产损失的，出卖方不承担民事责任。

(4) 被盗机动车肇事、被盗车辆所有人作为受害人一般不存在对机动车辆被盗的过错问题，不承担任何法律责任。损害赔偿应通过对盗车的犯罪分子提起刑事诉讼附带民事诉讼解决。

(5)《道路交通安全法》第一百〇五条规定：道路施工作业或者道路出现损毁，未及时设置警示标志、未采取防护措施，或者应当设置交通信号灯、交通标志、交通标线而没有设置或者应当及时变更交通信号灯、交通标志、交通标线而没有及时变更，致使通行的人员、车辆及其他财产遭受损失的，负有相关职责的单位应当依法承担赔偿责任。

(6)《最高人民法院关于贯彻执行〈中华人民共和国民法通则〉若干问题的意见（试行）》第一百五十二条规定，国家机关工作人员在执行职务中，给公民、法人的合法权益造成损害的，国家机关应当承担民事责任。

5.3.4 交通事故处理

1. 相关概念

交通事故处理是指对交通事故进行现场勘查、证据收集、物证提取、情况调查、责任认定、行政处罚、损害赔偿调解，由事故发生地县级以上公安机关交通管理部门负责处理，需要追究责任人刑事责任的，依照《中华人民共和国刑法》（以下简称《刑法》）和《中华人民共和国刑事诉讼法》（以下简称《刑事诉讼法》）的有关规定处理。

交通事故处理程序是指公安机关交通管理部门在依法处理交通事故的过程中，办案人员、当事人、其他事故处理参与人进行相关活动必须遵守的法定手续、顺序和形式。交通事故处理程序是处理交通事故的操作规程，也是事故处理参与人在事故处理活动中的行为规范。

2. 交通事故处理程序

道路交通事故处理流程如图 5.12 所示。道路交通事故处理程序按事故严重程度不同分为简易程序和一般程序两种。

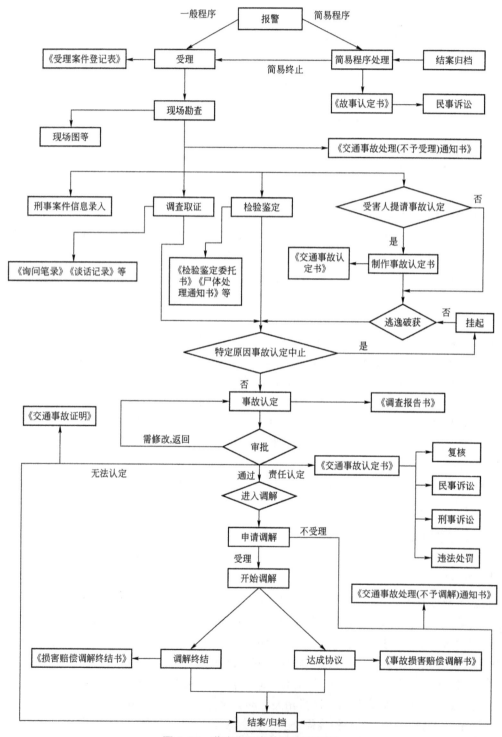

图 5.12　道路交通事故处理流程图

1) 简易程序

在发生的交通事故中，仅造成轻微财产损失的事故占很大比例，特别是在城市城区及主干道上，此类事故比例高达70%～80%。《道路交通安全法》第七十条第二款规定："在道路上发生交通事故，未造成人员伤亡，当事人对事实及成因无争议的，可以即行撤离现场，恢复交通，自行协商处理损害赔偿事宜；不即行撤离现场的，应迅速报告执勤的交通警察或者公安机关交通管理部门。"第七十条第三款规定："在道路上发生交通事故，仅造成轻微财产损失，并且基本事实清楚的，当事人应当先撤离现场再进行协商处理。"由此可见，"当事人自行处理交通事故"既是法律赋予交通事故当事人的权利，也是当事人应当履行的义务。

(1) 简易程序。道路交通事故简易处理程序是指公安机关交通管理部门对发生了财产损失但没有交通肇事犯罪嫌疑的交通事故或者仅造成人员轻微伤害的交通事故，办案人员在现场处理完结的交通事故处理程序。当事人自行协商处理交通事故就是俗称的"私了"，即交通事故简易处理程序(简称"简易程序")。机动车交通事故快速处理协议书如图5.13所示。

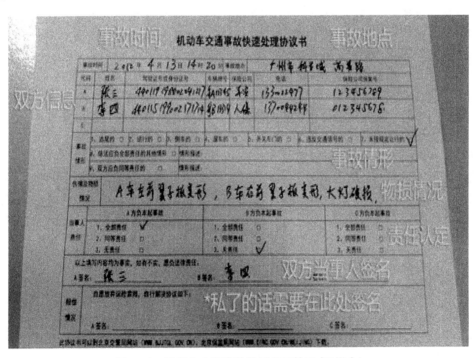

图5.13 机动车交通事故快速处理协议书(样本)

简易程序处理办法可以提高事故处理效率，减少交通堵塞与延误、加快道路通行，减少公安交警人员的工作量，节约社会资源。

简易程序适用于仅造成轻微财产损失，未造成人身伤亡，案情简单、因果关系明确、事实清楚、证据确凿且当事人对事实及成因无争议愿意自行处理的轻微或一般事故。

当事人自行协商达成协议的，填写机动车交通事故快速处理协议书，并共同签名。快速处理协议书内容包括事故发生的时间、地点、双方当事人姓名、机动车驾驶证号、联系方式、机动车种类和号牌、保险凭证号、事故形态、碰撞部位、赔偿责任等内容。

(2) 简易程序的适用范围。与一般程序相比,简易程序具有事故处理速度快,效率高且可以由一名符合条件的交通警察处理的特点。根据《道路交通事故处理程序规定》,可以适用这种简易处理程序的情形有以下两类:

① 仅造成人员轻微伤害的道路交通事故。

② 有以下情形的财产损失事故,但有交通肇事犯罪嫌疑的除外:

　a. 发生财产损失事故,当事人对事实或者成因有争议的,以及虽然对事实或者成因无争议,但协商损害赔偿未达成协议的;

　b. 机动车无号牌、无检验合格标志、无保险标志的;

　c. 载运爆炸物品、易燃易爆化学物品以及毒害性、放射性、腐蚀性、传染病病原体等危险物品车辆的;

　d. 碰撞建筑物、公共设施或者其他设施的;

　e. 驾驶人无有效机动车驾驶证的;

　f. 驾驶人有饮酒、服用国家管制的精神药品或者麻醉药品嫌疑的;

　g. 当事人不能自行移动车辆的。

对上述 7 种情形,通过报案后需由交通警察根据现场实际情况做出是否适用简易程序的判断,如果适用简易程序,固定现场证据,责令当事人撤离现场,恢复交通;如果适用一般程序,按一般程序执行;如果属于严重违反交通安全法的违法行为,并且还可能与刑事案件存在联系,则亦同时展开刑事案件调查。

当事人对事实或者成因有争议的,不适用自行协商程序处理,需由交通警察根据现场实际情况做出判断。这是因为,当事人对事故的基本事实尚存有争议,如果一旦离开事故现场,证据灭失,就很难再对事故的成因做出正确的认定,从而也就很难分清各方当事人的责任,这会给损害赔偿的调解或者人民法院的诉讼带来不利的影响。

适用简易处理程序,如果当事人共同请求调解的,交通警察应当场进行调解,并在事故认定书上记录调解结果,由当事人签名后。当场送达当事人。同时,《道路交通事故处理程序规定》第十八条的规定,有下列情形之一的,交通警察不适用调解,可以在事故书定书上载明有关情况后,将事故认定书交付当事人:①当事人对道路交通事故认定有异议的;②当事人拒绝在道路交通事故认定书上签名的;③当事人不同意调解的。

2)一般程序

交通事故的一般处理程序是指除法律特别规定应当适用简易程序以外,公安机关交通管理部门处理交通事故时通常所适用的程序。《道路交通事故处理程序规定》规定,公安机关交通管理部门应当对造成人员死亡、重伤、轻伤的道路交通事故或有交通肇事犯罪嫌疑的财产损失交通事故按照一般处理程序进行处理。

根据《道路交通安全法》和有关法律、法规的规定,公安交通管理部门对道路交通事故责任处理的一般程序主要包括事故受理与立案、事故调查与取证、责任分析与认定、处罚、损害赔偿与调解等环节和步骤,如图 5.14 所示。

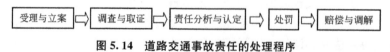

图 5.14　道路交通事故责任的处理程序

(1) 事故受理与立案。事故受理是指公安机关交通管理部门接受案件并予以处理。公安机关交通管理部门对当事人、目击者以及其他人员报告的交通事故案件均应接受,做好必要的报案记录,属于本管辖范围的应立即开展调查,不属于本管辖范围的,应主动移送主管部门,并通知当事人。

事故立案是在受理的基础上进行的,是进行交通事故处理的第一步,也是确定损害性质的关键性工作。交通事故发生后,当事人观察一下现场情况,如果不可能私了的应当立即报警进行事故立案。目前,绝大多数交通事故的立案主要来自于交通事故当事人或目击人的报案,但也有一些交通事故是当事人私下和解不成又请求处理而立案的,也有少数是交通管理机关自行发现的。

立案也是进行交通事故处理的前提,只有经过立案才能开展调查工作。交通事故经先期调查,凡是符合规定的交通事故案件立案条件的,应当填写《交通事故立案登记表》予以立案。对经过调查,不属于道路交通事故的,应书面通知当事人,并将案件移送有关部门或者告知当事人处理途径。

(2) 事故调查与取证。事故调查主要是指对交通事故现场的调查。其调查内容包括时间调查、空间调查、当事人身心状况调查、事故后果调查、车辆和交通环境调查等方面。其中,时间调查内容具体包括交通事故发生的时间、相关车辆的出车时间、中途停车时间和收车时间等;空间调查内容具体包括事故现场与事故相关的车辆、散落物、尸体等各种痕迹的相对位置等;当事人身心状况调查内容具体包括当事人的健康状况、心理状况及疲劳、饮酒及服用药物的情况等;事故后果调查内容具体包括人员伤亡情况、致伤和致死的部位和原因、车辆损坏和相关物质损失情况等;车辆和交通环境调查内容具体包括车辆的技术状况以及道路、道路安全防护设施和气象、气候条件对事故的影响等。

事故取证包括收集物证、对痕迹、物证、人体损伤、尸体等进行技术检验、鉴定等。

事故调查与取证是交通事故立案后的重要内容,也是事故分析和处理前的基础性工作。实际中事故调查工作做得越细致,对事故分析和处理越有利。

公安机关交通管理部门对道路交通事故进行调查时,交通警察不得少于 2 人。交通警察调查时应当向被调查人员表明执法身份,告知被调查人依法享有的权利和义务,向当事人发送联系卡。联系卡载明交通警察姓名、办公地址、联系方式、监督电话等内容。

对于治安性质的交通事故,由公安机关交通管理部门进行调查;对刑事性质的交通事故,适用《刑事诉讼法》的规定,可对案件实施侦查。

(3) 事故责任分析与认定。事故责任分析与认定是整个事故处理程序中的极其重要一环,必须以事实为依据。进行事故责任分析前必须对事故进行充分调查、取证,以尽可能广泛收集与事故相关的各方面资料;事故责任分析应在案情情节清楚、证据充分的基础上进行,应以案情分析和事故原因分析为前提,并充分考虑当事人的违法行为对发生交通事故所起的作用大小以及过错的严重程度,对当事人在交通事故中应承担的责任及是否要承担法律责任做出认定,并做出《道路交通事故责任认定书》。事故责任分为全部责任、主要责任、同等责任、次要责任、无责任等不同级别。

事故当事人中任何一方,对《道路交通事故责任认定书》不服的,应当在收到认定书内的 15 日内向上一级公安交通管理部门申请重新认定,上一级公安交通管理部门在接到申请后,应当在 30 天内做出《道路交通事故责任重新认定书》,该认定书是交通事故的最终权威认定,即交通事故责任只能重新认定一次。

若交通事故当事人的行为触犯了《刑法》,在责任认定完成后可向法院提起诉讼。当

交通事故当事人的行为引起的法律后果低于刑事责任,公安机关交通管理部门欲对事故的责任者实施行政处罚时,应当制作《道路交通事故处罚裁决书》并送交当事人本人。

(4) 处罚。对当事人负有交通事故责任,尚不够刑事处罚的,公安交通管理机关按照其事故类别和所负责任大小,依法做出交通管理行政处罚决定,并执行处罚。

(5) 损害赔偿与调解。损害赔偿与调解是指在交通事故原因已经查明、交通事故责任得以认定、交通事故损害(失)得以确定后,由事故处理机关召集当事人和有关人员协调解决事故损害赔偿的处理过程。调解期限一般为 30 天(对一些复杂的事故可以延长 15 天),调解次数一般为 2 次。经调解达成协议的或在调解期满后未达成协议的,由事故处理机关分别制作调解书或调解终结书,并送交各方当事人。任何一方可持该《道路交通事故调解终结书》向发生道路交通事故的地方的县级以上人民法院起诉对方,要求相关赔偿。一方当事人在经过调解或者法院诉讼程序向他方当事人赔付了赔偿款项后,应向相关保险公司索赔。

道路交通事故损害赔偿调解终结书应当载明未达成协议的原因。当事人无正当理由不参加调解或者调解过程中放弃的,公安机关交通管理部门应当终止调解。

5.4 交通事故责任及其追究

交通事故责任反映了当事人行为在交通事故发生过程中所起的作用及过错的大小,在处理交通事故案件时,公安机关交通管理部门将对负有事故责任的当事者,依据其责任大小分别从法律、行政、经济等方面给予相应处罚。现行处罚方式包括:构成刑事犯罪的依法追究刑事责任;不够刑事犯罪的,依照有关交通安全法律对其交通违法行为给予拘留或罚款、吊扣或吊销驾驶执照处罚。道路交通事故责任及其追究属于道路交通管理行政处罚法律制度的重要组成部分。交通事故责任及其追究分为刑事责任追究、民事责任追究与行政责任追究 3 种情况。

5.4.1 刑事责任及其追究

交通肇事者的行为若触犯了《刑法》中的相关条款构成犯罪的,则应依法对其已构成的危害公共安全的行为追究刑事责任。《刑法》第一百三十三条规定,违反交通运输管理法规,发生重大事故,致人重伤、死亡或者使公私财产遭受重大损失的,即构成交通肇事罪,必须追究有关责任人的刑事责任。交通肇事罪是指违反道路交通法规而发生重大事故,致人重伤、死亡或者使公私财产遭受重大损失,依法被追究刑事责任的犯罪行为。交通肇事罪是一种过失危害公共安全的犯罪。

1. 交通肇事罪的构成

根据我国刑法理论,任何一种犯罪的成立都必须具备 4 个方面的构成要件:犯罪所侵害的客体、犯罪客观方面、犯罪主体和犯罪主观方面,因此,这 4 个方面的构成要件也是认定交通肇事犯罪的法律基础。在处理交通事故案件时,要注意区分交通肇事罪与非交通肇事罪之间的区别。

1) 犯罪所侵害的客体

交通肇事罪所侵害的客体是交通运输的正常秩序和交通运输安全。这里的客体是指我国《刑法》所保护的被犯罪行为侵害的社会关系，分为一般客体、同类客体、直接客体。一般客体是指一切犯罪共同侵害的客体，也就是社会关系的整体；同类客体是某一种犯罪所共同侵害的客体，如公共安全，公民的人身权利、财产等；直接客体是犯罪直接侵害的客体，如交通事故中受伤或死亡的人，受到损害的财物等。

2）犯罪的客观方面

犯罪的客观方面是指构成犯罪时所具备的危害社会的行为、产生的损害后果以及行为与犯罪之间必须存在因果关系。交通肇事罪在客观方面表现为从事交通运输的人员违反道路交通法规的规定而发生重大安全事故，致人重伤、死亡或者使公私财产遭受重大损失的行为。具体内容包括危害行为、危害后果、危害行为与危害后果之间必须存在因果关系、犯罪的时间、地点和手段等。

交通肇事罪在客观方面必须具备两个条件：一是行为人在交通运输中实施了违反道路交通法规的行为，这是导致交通事故发生的原因，也是作为追究行为人刑事责任的依据。行为人违反道路交通法规的行为既可以是作为方式，也可以是不作为方式，作为方式如酒后开车，超速，强行超车等；二是必须发生了重大交通事故导致人员伤亡或者公私财产遭受重大损失的行为，如果行为人虽有违法行为但并未造成严重后果，则不以犯罪论处。

3）犯罪主体

犯罪主体是指实施犯罪行为并应依法对自己的犯罪行为负责的人，即何人实施了犯罪行为。没有犯罪主体就无犯罪事实可言。不符合犯罪主体的人，即使其行为造成了危害后果，也不负刑事责任。犯罪主体的构成条件为：必须是自然人；必须是达到负刑事责任年龄的人；必须是具有刑事责任能力的人；必须是实施了犯罪行为的人。

如果是法人触犯了刑律，只能由其直接责任人员承担刑事责任。我国《刑法》规定负刑事责任的年龄为 16 周岁。年满 14 岁但不满 16 岁的人只对杀人、重伤、抢劫、防火、惯盗罪或其他严重破坏社会秩序的犯罪行为负刑事责任，年龄未满 14 岁的不负刑事责任。具有刑事责任能力是指能够辨别和控制自己的行为，并具有对自己的行为负刑事责任的能力。精神病患者发病期间是无刑事责任能力的；醉酒的人不属于无刑事责任能力的人；聋哑人、盲人在没有丧失辨别和控制自己行为能力时也不属于无刑事责任能力的人，但可以减轻或免于处罚。

凡是达到刑事责任年龄，具有刑事责任能力并且实施了违反道路交通法规的行为而发生重大事故，致人重伤、死亡或者公私财产遭受重大损失的自然人，均可成为交通肇事罪的主体。实际中多为交通运输人员。交通肇事罪犯罪主体的构成人员主要为：直接从事交通运输业、驾驶各种交通工具的驾驶人；交通运输生产直接指挥人员，即担任交通运输生产业务领导职务并直接从事具体交通运输生产指挥的人员；直接从事交通工具的保养维修人员以及对交通工具的保养维修质量负有检测、检验责任的人员等；单位主管人员、机动车辆所有人或机动车辆承包人员指使、强令他人违法驾驶造成重要交通事故的或本人造成重要交通事故而让他人顶替的。

4）犯罪的主观方面

交通肇事罪在主观方面表现为过失，这种过失既可以表现为疏忽大意的过失，也可表现为过于自信的过失，即交通肇事罪在主观方面必须是出于疏忽大意或过于自信的心理状态。尽管过失的表现形式不同，但行为人对造成危害后果的心理状态却是一样的：在主观上都不希望危害社会的严重后果发生；至于行为人违反道路交通法规行为本身，则可能是故意，也可能是过失，这并不影响交通肇事罪的成立。若行为人对违反道路交通法规行为所造成的严重后果持故意态度，如行为人在交通肇事后为逃避法律追究将被害人带离交通事故现场后遗弃或者隐藏致使被害人得不到及时救治而导致死亡或致残的，则应以故意杀人罪或故意伤害罪定罪处罚。

2. 交通肇事罪的刑事追究

对于交通肇事罪的刑事处罚，主要是看犯罪的性质、情节和对社会造成的危害程度。我国《刑法》第十三条规定，"情节显著轻微危害不大的，不认为是犯罪。"《刑法》第六十一条规定，"对于犯罪分子决定刑罚的时候，应当根据犯罪的事实、犯罪的性质、情节和对于社会的危害程度，依照本法的有关规定判处。"因此，在交通事故中，认定罪与非罪，确定罪轻与罪重都与犯罪的性质、情节有着重要的关系。

所谓犯罪的性质、情节，在交通事故犯罪中是指违法行为和所犯罪行的实际情况。依据行为人在实施犯罪时的具体事实及所造成的损害后果进行具体分析，就是为了区别不同情况。如同样是疲劳驾驶致他人死亡的犯罪案件，一起是因为驾驶人在前一天晚上打了一晚上牌未睡觉休息而直接驾车造成的，另一起是因为驾驶人急于赶路驾车时间过长造成的。显然，这两起因疲劳驾驶致他人死亡的犯罪案件在犯罪的性质、情节是存在差别的。

总的来说，由于交通肇事罪属于过失犯罪，在追究肇事者刑事责任时其处罚相对较轻。一般情况下处 3 年以下有期徒刑，或 15 日以上 6 月以下拘役；恶劣情节的处 3 年以上 7 年以下有期徒刑；因逃逸致人死亡的处 7 年以上有期徒刑；但如果是故意遗弃伤者致人死亡，则以故意杀人罪论处，其性质就发生了变化，处罚将会特别严重。关于交通肇事刑事处罚的具体规定如下：

（1）交通肇事具有以下情形之一的，处 3 年以下有期徒刑或拘役：①死亡 1 人或重伤 3 人以上，负事故全责或主要责任的；②死亡 3 人以上，负事故同等责任的；③造成公共财产或他人财产遭受重大损失，负事故全责或主要责任，无能力赔偿数额在 30 万元人民币以上的。

交通肇事致一人以上重伤，负事故全部或者主要责任，并具有下列情形之一的，以交通肇事罪定罪处罚：①酒后、吸食毒品后驾驶机动车辆的；②无驾驶资格驾驶机动车辆的；③明知是安全装置不全或者安全机件失灵的机动车辆而驾驶的；④明知是无牌证或者已报废的机动车辆而驾驶的；⑤严重超载驾驶的；⑥为逃避法律追究逃离事故现场的。

（2）交通肇事后逃逸或有其他特别恶劣情节的，处 3 年以上 7 年以下有期徒刑。这里，"交通肇事后逃逸"是指行为人明知自己的行为已对他人生命财产造成了重大损害，为逃避法律的追究而逃离交通事故现场的行为。对交通肇事逃逸行为，可按以下 8 条进行认定：

① 明知发生交通事故，交通事故当事人驾车或弃车逃离事故现场的。
② 交通事故当事人认为自己对事故没有责任，驾车驶离事故现场的。
③ 交通事故当事人有酒后和无证驾车等嫌疑，报案后不履行现场听候处理义务，弃车离开事故现场后又返回的。
④ 交通事故当事人虽将伤者送到医院，但未报案且无故离开医院的。
⑤ 交通事故当事人虽将伤者送到医院，但给伤者或家属留下假姓名、假地址、假联

系方式后离开医院的。

⑥ 交通事故当事人接受调查期间逃逸的。

⑦ 交通事故当事人离开现场且不承认曾发生交通事故,但有证据证明其应知道发生交通事故的。

⑧ 经协商未能达成一致或未经协商给付赔偿费用明显不足,交通事故当事人未留下本人真实信息,有证据证明其是强行离开现场的。

交通事故中具有以下情形之一的,属于"有其他特别恶劣情节":

① 死亡2人以上或重伤5人以上,负事故全责或主要责任的。

② 死亡6人以上,负事故同等责任的。

③ 造成公共财产或他人财产遭受重大损失,负事故全责或主要责任,无能力赔偿数额在60万元人民币以上的。

④ 符合重大事故标准,并有如下情节之一者:交通肇事后畏罪潜逃的,或有意破坏、伪造现场、毁灭证据,或隐瞒事故真相,嫁祸于人的;酒后驾车的;非驾驶人驾驶机动车;驾驶无牌照车辆的;明知机动车关键部件失灵而仍然驾驶的。

(3) 交通肇事后因逃逸致人死亡的,处7年以上有期徒刑。这里,"因逃逸致人死亡"的意义是指行为人在交通肇事后为逃避法律的追究而逃离交通事故现场,致使被害人因未能得到及时救治而死亡的情形。

交通肇事后,单位主管人员、机动车辆所有人、承包人或者乘车人指使肇事人逃逸,致使被害人因得不到救助而死亡的,以交通肇事罪的共犯论处。

5.4.2 民事责任及其追究

道路交通事故的民事赔偿责任是指因为交通事故引起事故当事人人身和财产受到损失的赔偿责任,即根据法定或约定及行为人侵权行为的过错所应当承担的一种不利的法律后果。由于交通事故实际上是因为肇事者的侵权行为而导致他人的财产遭受损伤的事件,因此,肇事者应承担侵权行为的民事责任,即交通事故责任者应按照所负交通事故责任承担相应的事故损害赔偿。

对于民事赔偿责任,其责任者无论是否承担刑事责任,均应承担事故损害责任。刑事与民事不属于同一法律关系,不能相互冲抵,但民事赔偿较好的,可以作为刑事判决的酌定减轻的情节。

5.4.3 行政责任及其追究

行政责任是公民或法人违反行政法规的规定,引起的法律后果在低于刑事责任情况下应承担的法律责任。根据道路交通法规及其他相关法规规定,对发生道路交通事故负有责任的当事人,当其法律后果尚不够刑事处罚时,均应追究其行政责任。道路交通事故行政处罚就是公安交通管理部门依据道路交通管理法规对造成交通事故的当事人所实施的处罚。

1. 处罚对象与处罚方式

行政处罚对象既可以是自然人,也可以是法人。自然人就是与机动车和道路的使用、维护、管理相关及对交通事故负有责任的有关人员。法人则是机关团体及企事业单位,当机关团体及企事业单位对交通事故也负有责任时,其直接责任人员应受到处罚,若其中相关人员受到单位主管人员指使,该主管人员也应同时受到处罚。

在自然人受罚对象中,按是否驾驶车辆可分为驾驶人和非驾驶人员两类。对于机动车驾驶人,其处罚方式,一是由公安机关交通管理部门给予警告、罚款、暂扣驾驶证、吊销驾驶证、拘留等处罚;二是由车辆所属单位给予交通事故当事人警告、记过、记大过、降级、撤销职务、改变工种和赔偿经济损失、开除等处分。对于非机动车驾驶人员,其处罚方式主要是由公安机关交通管理部门给予警告、罚款、拘留等处罚。

对于法人即与事故相关的责任单位,其处罚方式是由公安机关交通管理部门给予通报批评、罚款、停业整顿、暂扣或缴销车辆牌证等。

2. 对当事人的行政责任追究

根据当事人在交通事故中所起的作用以及危害后果的不同,对其行政责任追究可分为4个不同档次。

(1) 对造成一般事故、负同等责任以下情况,或造成轻微事故、负有事故责任的交通事故当事人,可处以20元以上200元以下罚款或者警告。

(2) 交通事故当事人有下列行为之一的,可以处暂扣机动车驾驶证1个月以上6个月以下:

① 造成重大交通事故负次要责任的。
② 造成一般交通事故负主要责任以上的。
③ 造成一般交通事故负同等责任以下的。
④ 造成轻微事故,负有交通事故责任的。

饮酒后驾驶机动车的,处暂扣1个月以上3个月以下机动车驾驶证,并处200元以上500元以下罚款。暂扣机动车驾驶证的期限从处罚决定生效之日起计算;处罚决定生效前先予以扣留机动车驾驶证的,扣留一日折抵暂扣期限一日。

(3) 交通事故当事人有下列行为之一的可以并处吊销机动车驾驶证:

① 违反道路交通安全法律、法规的规定,发生重大交通事故构成犯罪依法追究刑事责任的,由公安机关交通管理部门吊销机动车驾驶证。
② 造成交通事故后逃逸的,吊销机动车驾驶证,并且终身不得重新取得机动车驾驶证,即"终身禁止驾驶"。

道路交通违法行为人须在15日内到公安机关交通管理部门接受处理,无正当理由逾期未接受处理的吊销机动车驾驶证。

此外,将机动车交由未取得机动车驾驶证或者交由机动车驾驶证被吊销、暂扣的人驾驶的,机动车行驶超过规定时速50%的,可以吊销机动车驾驶证。吊销机动车驾驶证从裁决之日起生效,吊销的期限也从裁决之日计算,暂扣驾驶证的时间不能折抵吊销驾驶证的时间。被吊销机动车驾驶证的驾驶人,2年内不准重新申请领取机动车驾驶证。

(4) 交通事故当事人有下列行为之一的可以并处15日以下拘留:

① 未取得机动车驾驶证、机动车驾驶证被吊销或者机动车驾驶证被暂扣期间驾驶机动车的。
② 造成交通事故后逃逸尚不构成犯罪的。
③ 强迫机动车驾驶人违反道路交通安全法律、法规和机动车安全驾驶要求驾驶机动

车辆造成交通事故尚不构成犯罪的。

④ 违反交通管制的规定强行通行不听劝阻的。

⑤ 故意损毁、移动、涂改交通设施造成危害后果尚不构成犯罪的。

⑥ 非法拦截、扣留机动车辆，不听劝阻，造成交通严重阻塞或者较大财产损失的。

3. 对饮酒后驾驶机动车的相关处罚

（1）饮酒后驾驶机动车的，处暂扣6个月机动车驾驶证，并处1000元以上2000元以下罚款。因饮酒后驾驶机动车被处罚，再次饮酒后驾驶机动车的，处10日以下拘留，并处1000元以上2000元以下罚款，吊销机动车驾驶证。

（2）醉酒驾驶机动车的，由公安机关交通管理部门约束至酒醒，吊销机动车驾驶证，依法追究刑事责任；5年内不得重新取得机动车驾驶证。

（3）饮酒后驾驶营运机动车的，处15日拘留，并处5000元罚款，吊销机动车驾驶证，5年内不得重新取得机动车驾驶证。

（4）醉酒驾驶营运机动车的，由公安机关交通管理部门约束至酒醒，吊销机动车驾驶证，依法追究刑事责任；10年内不得重新取得机动车驾驶证，重新取得机动车驾驶证后，不得驾驶营运机动车。

（5）饮酒后或者醉酒驾驶机动车发生重大交通事故，构成犯罪的，依法追究刑事责任，并由公安机关交通管理部门吊销机动车驾驶证，终生不得重新取得机动车驾驶证。

公安机关交通管理部门对事故当事人实施行政处罚时，应当制作《道路交通事故处罚裁决书》，分别送交当事人、被处罚人的工作单位和被处罚的机动车驾驶人现籍车辆管理部门。当事人对行政处罚不服的，可以在接到处罚裁决书后15日内，向上一级公安机关交通管理部门申请复议。上一级公安机关交通管理部门在接到申请复议书后，于30日内做出复议决定。当事人对复议决定不服的，可以在接到复议决定书后15日内，向人民法院提起行政诉讼。

1. 道路交通事故调查包括哪些内容？主要采用哪些方法？
2. 构成道路交通事故现场的基本要素有哪些？交通事故现场勘查中如何才能客观准确地获取这些要素？
3. 事故证据与事故现场之间有何关系？获取事故证据主要有哪些方法？
4. 简述道路交通事故责任认定的法律依据、基本原则、认定方法。
5. 客观、全面、公正勘查事故现场与获取证据对准确认定道路交通事故责任十分重要。这种说法对吗？为什么？
6. 对交通事故的处理过程为什么要强调"流程"？交通事故简易处理程序和一般处理程序的主要内容及其特点是什么？
7. 简述交通事故责任追究类型及其相应法律责任。
8. 试分析交通参与者在参与交通活动中遵纪守法的重要性。

第 6 章
道路交通事故统计分析

本章教学要点

知识要点	掌握程度	相关知识
交通事故统计	掌握交通事故统计调查与统计分析的基本内容	交通事故统计调查的采集内容、采集方法，交通事故统计分析指标、统计分析图表法
交通事故分布	掌握交通事故分布规律及分析过程	交通事故的时间、空间、事故形态、车辆类型、事故原因等分布规律
道路交通安全影响	掌握道路交通安全的影响因素及分析过程	人的因素、车的因素、路的因素、环境的因素
交通事故多发地点	掌握交通事故多发地点的辨识和治理	交通事故多发地点的含义，交通事故的隐患多发地点的辨识过程、鉴别方法、治理

道路交通事故统计分析 第6章

某省道路交通事故统计分析

1. 数据统计

某省发生涉及人员伤亡的道路交通事故4139起，共造成881人死亡、4780人受伤、财产损失1618.2万元。与去年同期相比，分别下降了19.79%、30.52%、18.35%和27.11%。发生一次死亡3人以上事故11起，死亡45人，与去年同期相比起数少10起，死亡少46人。全省共发生适用简易程序处理道路交通事故75552起，同比上年上升0.26%。

2. 分布规律

(1) 车型特点。货车、摩托车、小型客车事故多发，三类车型引发的事故死亡数占总数的86.16%。其中，货车事故死亡占总数的37.28%，小型客车事故死亡占总数的25.79%，摩托车事故死亡占总数的23.09%。

(2) 事故原因。引发事故前10位的道路交通违法行为分别是未按规定让行、违法会车、无证驾驶、违法超车、逆行、疲劳驾驶、违法变更车道、酒后驾驶、违反交通信号、超速行驶等。上述交通违法引发的事故起数、死亡数分别占总数的57.59%、59.54%。群死群伤事故的违法行为主要集中在违法会车、违法超车、疲劳驾驶、无证驾驶等。

(3) 道路分布。从公路行政等级上看，国、省道事故较为集中，其次是乡、县道。国、省道事故死亡占34.6%、28.83%，乡、县道分别为17.75%、14.87%；从道路技术等级上看，二级道路事故较为集中，占总数的31.18%；从道路区域上看，农村地区事故死亡占全省总数的71.42%。

(4) 时间分布。夜间18～22时事故多发，分别占总数的25.01%、23.14%。较大事故集中在6～12时，该时段内共发生较大事故起数及死亡人数分别占总数的63.63%、68.9%。

道路交通事故的发生是一个随机过程，虽然在目前科技条件下难以完全避免，但可以通过事故调查及事故数据的统计分析，析出道路交通事故的发生规律，做到提早预防，从而减少事故发生、降低事故的损害性。

交通事故统计分析是通过交通事故统计报表对事故总体进行的调查研究活动，依靠能够客观反映事实的数据资料，查明交通事故总体的分布状况、发展动向及人、车、路、环境等影响因素对事故总体的作用和相互关系，以便从宏观上定量地认识事故现象的本质和内在的规律性。交通事故统计与分析必须是总体性的，而且需要有明确的数量概念。

交通事故统计分析属于宏观分析，按统计的范围分为地域性事故统计分析和线路事故统计分析。地域性事故统计分析主要针对全国、省、市等特定地区进行，为制定安全性法规和政策服务。线路事故统计分析针对某一路段进行，目的是找出道路的事故多发路段，为道路交通状况的改善和安全设施的设置提供依据。

交通事故统计分析对建立长期性、系统性交通安全预防政策，综合治理交通和保障道路交通安全有着重要作用，主要体现在以下几方面：

第一，发现和识别事故高发区域、交叉口和路段；证实道路几何设计、行车道设计、交叉口设计、交通设施设计及参数选择的合理性；证实交通建设投资的合理性；检验交通安全政策和措施的实际效果，为交通规划、设计、管理提供统计资料。

第二，为交通事故的成因分析、预测和安全评价提供量化依据。检验交通法规中相关款项的合理性；检验驾驶人培训、交通安全教育的作用；为制定交通法规、政策和交通安全措施提供重要依据。

第三，分析交通安全工作中的薄弱环节，明确交通安全管理工作的重点及对策；分析影响交通安全的诸因素及其影响的重要程度，预测交通事故的发展趋势。

6.1 交通事故统计调查与统计分析方法

6.1.1 交通事故统计调查

道路交通事故涉及人、车、路、环境等诸多因素。一起交通事故的发生，既有其特定的偶然原因，又受到诸多因素的共同作用，只有进行充分调查，才可能全面认识总体情况。

道路交通事故调查是道路交通事故统计分析的基础。是收集事故及相关资料的过程，对统计分析具有重要意义。

1. 数据采集内容

数据采集包括事故数据、道路数据、交通数据、环境数据及相关数据。

1）事故数据

事故数据是道路交通安全分析时最基本的数据，包括事故时间、事故地点、事故形态、事故类型、事故车辆、事故当事人、事故原因、事故伤亡、事故物损情况等。

2）道路数据

（1）路面结构：路面类型、路面平整度、路面抗滑性等。

（2）道路横断面结构：车道数、车道宽度、路肩宽度、分隔带等。

（3）道路线形：弯道（半径、长度等）、直线段长度、线形组合、坡道的坡度、坡长等。

（4）交通安全设施：交通标志、标线、快速救援系统、导向岛及导流岛设置等。

（5）交通控制方式：民警指挥、信号灯、标志标线、民警及信号灯、信号灯及标志标线、其他安全设施（如隔离墩、护栏等）、无控制等。

（6）路段类型：隧道、桥梁、窄路、高架路段、变窄路段、正常路段、集镇化路段、一般郊区路段、傍山路段、沿河路段等。

（7）交叉口：交叉口位置、交叉口类型、交叉口管理与控制方式、交叉口渠化等。

（8）沿线土地利用状况：土地利用类型、沿线集镇化程度。

（9）道路绿化：路中绿化、路侧绿化等。

（10）辅助设施：排水、照明等。

3) 交通数据

交通数据包括年平均日交通量、最高小时交通量、车辆平均运行时速、车辆混合度等。公路交通数据收集年份过长，增加分析的工作量；收集年份太短，不利于全面、准确地反映历史年份内公路交通变化状况。采集年份1~3年比较合理。

4) 环境数据

环境数据包括天气状况(风、雨、雪、雾、阴、晴等)、交通流状况(周围车辆的流量、速度、密度、车头时距、车头间距)、现场周围建筑情况、交通管理和控制方式等。

5) 相关数据

其他相关数据包括道路通车里程、车辆行驶里程、注册车辆数据、事故急救反应时间、事故现场技术鉴定材料等。

2. 数据采集方法

1) 历史数据采集

道路交通事故历史数据采集能为道路交通事故分析提供大量的先验知识和数据准备，对于道路交通事故分析十分重要。道路交通事故历史数据采集一般分为采集准备、采集实施、数据收集与整理3个阶段。

第一阶段：采集准备。这一阶段主要是针对道路交通事故分析研究的需要，制订交通事故历史数据采集内容、采集方法，设计调查表格，明确调查程序等。此阶段是事故数据采集的基础阶段，也是最重要的阶段，事故数据采集内容、采集方法、调查表格设计的正确与否直接关系到调查工作量的大小、所采集数据的可利用程度以及事故分析研究的全面性与准确性。

第二阶段：采集实施。本阶段是根据第一阶段所制订的事故数据采集内容和程序，联系相关部门进行数据调查、发放调查表格。此阶段的工作量和难度较大，需交通、公安等部门的协助。

第三阶段：数据收集与整理。此阶段是针对采集实施阶段所发放的调查表格进行收集、数据回收以及相关数据的拷盘、整理，为以后的事故分析做必要的数据准备。

事故数据主要来源于公安机关交通管理部门统一填报的《道路交通事故登记表》，除此之外，还可以从保险公司、医院等部门获得一些数据，这些来源的数据都有各自的特点，侧重点不完全相同，在交通事故研究中可以以一种为主，其他作为补充。

道路数据主要由道路的竣工资料获得，可作为现场勘测数据补充。交通量数据由交通量观测站获得，车辆运行速度数据主要由现场调查获得。道路数据、交通数据通常来自道路勘测部门或交通部门。

交通安全研究所需资料及数据很多，需要相关各部门内部及部门之间的组织、管理及协调，才能得到较为完整的资料。

2) 现场勘查

现场勘查的形式分为直接法和间接法两种。直接法，乘车对全线进行走访，对公路沿线道路、交通状况进行勘查，对典型路段进行拍照、描述以及初步分析；间接法，到当地交通规划、管理部门进行咨询，了解相关路段的道路交通事故及道路的实际状况。

3. 交通事故调查统计报告

交通事故统计报告是指用书面文字记录、汇总交通事故情况的报告，各项数据应具有客观性、系统性、全面性和科学性。凡违反道路交通规则造成人员、牲畜伤亡，车辆、财物损失等都属于交通事故统计报告的范围。

（1）统计报告的项目与标准具有统一性，范围、项目、指标、表示期限等内容均应按国家统一规定表格进行填写。

（2）统计报表数据要准确、真实、全面，并逐级上报。

（3）交通事故的统计报告制度是向上级报送统计表，分为月报、季报和年报 3 种。

6.1.2 交通事故统计分析方法

交通事故统计分析包括对道路交通事故数据的分类汇总和统计分析指标的选取计算。

1. 交通事故数据的分类汇总

交通事故统计资料的汇总，广泛应用的是分类统计方法，有单一分类汇总法和复合分类汇总法。单一分类汇总法考虑单一影响因素，以时间、地区、质别、量别进行分类汇总；复合分类汇总法同时考虑多种影响因素，以时间与地区的复合、质别与地区的复合、量别与地区的复合等进行分类汇总。常见的基本分类形式如下：

1）单一分类法

（1）按交通事故的空间位置汇总。按照交通事故的空间位置汇总，可以分析道路交通事故空间分布规律，掌握交通事故在不同位置的分布情况，不仅可以有的放矢地预防交通事故，而且也可以更加有效地改善交通安全状况。

（2）按时间进行分类汇总。交通事故具有随时间变化的特征，分析交通事故的时间分布特性，可以揭示交通事故的发展趋势，为进一步研究交通事故的成因提供依据。按时间进行分类汇总又可进一步细分为月汇总、周日汇总和日小时汇总等。在进行事故统计分析时，可根据交通事故发生的实际情况和需要选择。

（3）按交通事故形态汇总。交通事故形态有的为单一状态，有的是两种以上并存，对两种以上现象，一般采用时间先后顺序加以认定。按照交通事故形态进行汇总，可以容易地分析出交通事故发生的主要原因，有针对性地制定防范事故再次发生的措施。

（4）按交通事故车辆类型汇总。在分析道路交通事故中，确定危险车型是非常必要的。由于不同类型的车辆性能及运行特点不同，所发生的事故情况也存在较大差异，只有知道了最危险的车型，才有可能针对其特点采取相应的防范措施，减少交通事故。

（5）其他分类汇总。为了更全面地反映交通事故的本质和规律，揭示各种影响因素对事故的作用，还应从各个方面进行统计分析，如按照天气条件进行统计分析、按照伤亡人员类型进行统计分析、按事故直接经济损失的数额、肇事驾驶人的年龄、车速、道路坡度等方面进行统计分析。

2）复合分类汇总法

复合分类汇总法常见的形式有时间与地区的复合统计汇总、事故形态与空间位置的复合统计汇总、驾驶人年龄和空间位置的复合统计、各地不同年龄驾驶人事故统计、各地不同月份的事故统计、各地不同路面上的事故统计等。通过多角度和多维度地统计、汇总和分析，可以使交通事故产生原因和规律更加清晰，为防范和减少交通事故的发生提供依据和行动指导。复合分类汇总法是实际应用中经常采用的汇总方法。

2. 交通事故数据的统计分析指标

交通事故总体的数量特征，要求必须建立相应的统计分析指标。统计分析指标应具有实用性、相对性和可比性,能明确反映出事故发生的频率和严重程度。道路交通事故分析指标主要有总量指标、相对指标、平均指标、动态指标。

1) 总量指标

总量指标也称绝对指标,反映交通事故现象在一定时间、地点、条件下的总体规模和水平,其表现形式为绝对数。总量指标分为时期指标和时点指标。时期指标是反映总体在一段时期内活动过程的总量,是一个时间间隔内的数字。如某年、某月的交通事故次数。时点指标是反映总体在某一时点上规模或水平的总量,是在某一时刻的数字,如某年底某地的人口数、机动车辆数、驾驶人数等。

总量指标是认识事故总体的起点,又是计算其他相对指标的基础,在事故统计分析中有广泛应用。目前,常使用的总量指标有交通事故数、受伤人数、死亡人数和直接经济损失等,以此反映每年、每月或每周不同地区、范围或不同路段的总体状况。

2) 相对指标

相对指标是指两个有联系的指标的比值,也叫相对数,通常是两个绝对数之比。交通事故统计分析的相对指标是通过对交通事故统计数据中的有关数值进行分类对比而得出的,用于揭示交通事故内部规律。利用相对指标可深入地认识交通事故的发展变化程度、内部构成、对比情况、事故强度等。此外,还可以把一些不能直接进行对比的绝对指标放在共同基础上分析比较,如车公里事故率、公里事故率、车事故率、人口事故率等。相对指标又可分为结构相对数、比较相对数、强度相对数和动态相对数。

(1) 结构相对数,是指交通事故总体数据中部分数与总数之间的比值,用于说明各构成的比例。其计算公式为

$$结构相对数 = \frac{总体中某部分的数值}{总体全部数值} \times 100\% \qquad (6-1)$$

(2) 比较相对数,是指两个同类指标之比。它可以是同一时期内的指标数在不同地区之间的比较值,也可以是同一地区的指标数在不同时期间的比较值。其计算公式为

$$比较相对数 = \frac{甲地某种指标数}{乙地某种指标数} \times 100\% \qquad (6-2)$$

(3) 强度相对数,是指两个性质不同,但又有某种联系的绝对指标之间的比值,用以表现事故总体中某一方面的严重程度。常用以表现事故总体中某一方面的严重程度。交通事故统计中常用的强度相对数有万车事故率(次/万车)、亿车公里事故率(亿车公里)、交通事故受伤率(人/万车)、经济损失率(千元/万车)等。其计算公式为

$$强度相对数 = \frac{某一绝对指标值}{另一有联系而性质不同的绝对指标值} \times 100\% \qquad (6-3)$$

(4) 动态相对数,是指同一事物在不同时期的两个数字之比,反映事物发展变化的规模、速度和趋势,是研究事物发展特点和发展规律的重要指标。动态相对数分为事故发展率和事故增长率两种。

① 事故发展率,是指交通事故统计中末期指标数与基期指标数的比值,反映同类型事故统计数在不同时期增长变化的情况。其计算公式为

$$增长率 = \frac{末期指标数}{基期指标数} \times 100\% \qquad (6-4)$$

② 事故增长率，是指交通事故统计中末期指标数以基期或者前期指标数为基础净增长的比率。反映交通事故的末期指标数比基期或前期指标数增长的程度，分为定期增长率和环比增长率。其计算公式为

$$定期增长率 = \frac{末期指标数 - 基期指标数}{基期指标数} \times 100\% \qquad (6-5)$$

$$环比增长率 = \frac{末期指标数 - 前期指标数}{前期指标数} \times 100\% \qquad (6-6)$$

动态相对数中，事故增长率更能直观地反映交通指标的增长程度，应用相对较多。

3）平均指标

平均指标是事故总体的一般水平的统计指标，其数值表现为平均数。用以表明某地或某一时间段内的道路交通事故的平均状态，包括算术平均数、几何平均数、调和平均数等，实际工作中一般使用算术平均数。利用平均指标可以对比同类现象在不同地区、不同单位的一般水平，也可以分析在不同时期的一般水平，分析其发展变化。

4）动态分析指标

交通事故动态分析指标是通过事故动态数列计算的分析指标。交通事故动态数列可以反映事故发展变化的过程和趋势，但要分析事故在时间上的发展变化规律，还需计算动态分析指标。常用指标有动态绝对指标、动态相对指标、动态平均指标。

上述4类事故分析指标中，总量指标是基础，相对指标、平均指标和动态指标需要通过绝对指标确定，旨在更全面地反映事故发生的频率和严重程度，增加总体可比性，有利于更好地认识交通事故的发生规律。

3. 交通事故统计图表分析法

统计图表分析法是利用统计图表对交通事故数据进行整理、分析，是形象和直观地表达交通事故统计分析结果的工具，也是在交通安全管理工作中常用的分析方法。

1）交通事故统计分析表

把统计调查所得到的数据资料汇总整理，根据不同的分析目的，按一定的顺序填在特定的统计表格中，便得到统计表。利用统计分析表中的绝对指标、相对指标和平均指标可以研究各类交通事故的规模、趋势和比例关系。按照统计数字或统计指标的不同特点，统计表可分为静态统计分析表和动态统计分析表。

(1) 静态统计分析表，是指在同一张表格中按照一定顺序列出同一时期不同地区、不同条件或者不同类型交通事故的相关统计数据进行对比分析的方法，如表6-1所示。

表6-1 全国高速公路事故形态四项指数

项目	事故次数		死亡人数		受伤人数		直接经济损失	
	数量/次	百分比	数量/人	百分比	数量/人	百分比	数量/元	百分比
合计	9700	100%	6300	100%	13739	100%	315895723	100%
正面相撞	428	4.41%	366	5.81%	638	4.64%	11237162	3.56%
侧面相撞	644	6.64%	347	5.51%	1024	7.45%	15668068	4.96%
尾随相撞	3918	40.39%	2691	42.72%	5992	43.61%	150790120	47.73%

(续)

项目	事故次数		死亡人数		受伤人数		直接经济损失	
	数量/次	百分比	数量/人	百分比	数量/人	百分比	数量/元	百分比
对向刮擦	35	0.36%	18	0.29%	58	0.42%	439329	0.14%
同向刮擦	359	3.70%	193	3.06%	534	3.89%	10646678	3.37%
剐撞行人	887	9.15%	667	10.59%	331	2.41%	9153691	2.90%
碾 压	69	0.71%	64	1.02%	64	0.47%	1956469	0.62%
翻 车	814	8.39%	506	8.03%	1566	11.40%	28052762	8.88%
坠 车	94	0.97%	77	1.22%	161	1.17%	3798569	1.20%
失 火	36	0.37%	16	0.25%	16	0.12%	5320415	1.68%
撞固定物	1590	16.39%	690	10.95%	2143	15.60%	43032706	13.62%
撞静止车辆	538	5.55%	433	6.87%	818	5.95%	23707502	7.51%
撞动物	2	0.02%	0	0.00%	5	0.04%	40525	0.01%
其 他	286	2.95%	232	3.68%	389	2.83%	12051727	3.82%

(2) 动态统计分析表,是指在同一张表格中按照一定顺序列出不同时期同一地区、相同条件或者相同类型交通事故的有关统计数据(包括绝对数和相对数)进行对比分析的方法,用于反映交通事故随时间变化的规律。

2) 交通事故统计分析图

统计图是借助几何图形表现统计数据的方法,具有直观、形象等特点。统计图可以表示事故现象之间的对比关系;表明事故现象的发展变化趋势;表明事故总体的内部结构;表明事故的分布情况;提示事故现象之间的相互依存关系等。常用的统计图包括直方图、饼图、趋势图、排列图等。

(1) 直方图,是由建立在直角坐标系上的一系列高度不等的柱状图形组成,也称为柱状图,包括平面的和立体的。直角坐标系的横坐标表示所分析的各种因素,柱状图形的高度则代表了对应于横坐标的某一指标的数值。图6.1是某年度全国公路交通事故数据在行政等级上分布的直方图。直方图是交通安全分析中较为常用的统计图表。

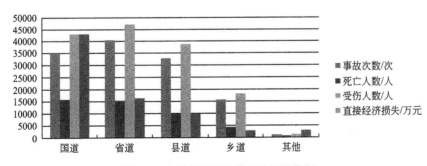

图6.1 全国公路行政等级的四项指标

(2) 饼图,也称扇形图、比重图,是一种表示事物构成状况的平面图形,即将一个圆分为若干扇形，并以不同扇形的面积表示各统计数据占总数的百分比（结构相对数），图6.2为某年度全国高速公路交通事故主要原因分布构成。利用饼图可以方便地对各类交通事故进行统计分析。

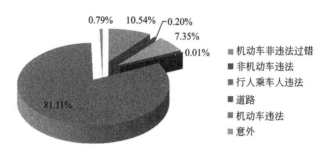

图6.2 全国高速公路交通事故主要原因分布

（3）趋势图，又称线形图、坐标图，是按一定的时间间隔统计数据，利用曲线的连续变化反映事物动态变化的图形。通常用直角坐标系表示，横坐标表示时间间隔，纵坐标表示事物数量尺度，根据事物动态数列资料，在直角坐标系上确定各图示点，然后将各点连接起来，即为趋势图。

在绘制趋势图时，如果事物的历史数据变化范围较大，可以用纵坐标轴表示事物数据的对数，即以对数数列为尺度。由于对数数列与数列本身的变化趋势相同，所以对数趋势图可以代替原趋势图，以此解决作图坐标比例问题。

趋势图借助于连续曲线的升降变化，反映事物的动态变化过程，据此可方便了解掌握事物发生的历史过程，有利判断其未来的变化趋势。

（4）排列图，全称为主次因素排列图，也称巴雷特图，是将条形图与线形图相结合，用条形图来表示各统计项目的绝对数，用线形图来连接各统计项目的累计构成数，如图6.3所示。

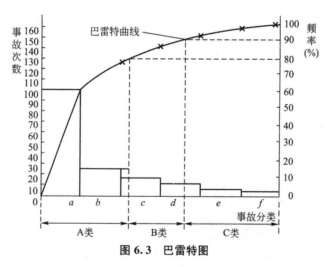

图6.3 巴雷特图

排列图由一个横坐标、两个纵坐标、几个直方图和一条曲线组成。左边纵坐标表示频数，右边纵坐标表示累积频率（0～100%）。横坐标表示事故原因或事故分类，一般按影响因素的主次从左向右排列。直方图的高低表示某个因素影响的大小，曲线表示各因素影响大小的累计百分数。按主次因素的排列可分为3类：累积频率在0～80%的因素称A类因素(主要因素)；累积频率在80%～90%的因素称B类次主要因素；累积频率在90%～100%的因素称C类次要因素。该图可用于确定影响交通安全的关键因素，以便明确主攻方向和工作重点所在。

该图可根据分析目的不同改变横坐标中的因素，如分析机动车驾驶人事故原因时可把横坐标设为酒后开车、超速行驶、无证驾驶、违章超车等项目；分析道路交通事故现象时可以把横坐标设为汽车与自行车相撞、汽车与行人相撞、汽车与拖拉机相撞、汽车自身事故等项目。分析时所采用的因素不宜过多，重点是突出主要因素，以便突出主要矛盾。

(5) 圆图法，是把要分析的项目按比例画在一个圆内，即整个圆360°为100%，180°为50%，90°为25%，1°为1/360，这样画在一个圆内便可以比较直观地反映出各个因素所占的比例，如图6.4所示，表明不同事故原因造成交通事故次数构成。

图 6.4 道路交通事故原因分析图

6.2 交通事故分布规律解析

6.2.1 交通事故的时间分布

交通事故的时间分布是指事故次数、死亡人数随时间而变化的统计特征，分为月分布、周分布、小时分布等。

1. 月分布

图6.5为某年全国道路交通事故数月分布图。道路交通事故按月分布图受区域的地理条件、气候条件等因素的影响而有所不同。研究道路交通事故月分布的目的在于掌握交通事故以月为单位的发生规律，为交通安全管理对策的制订提供参考。

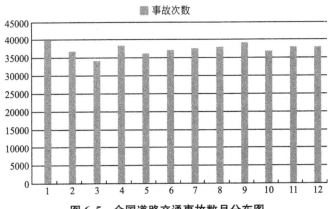

图 6.5 全国道路交通事故数月分布图

2. 周分布

图 6.6 为某周全国道路交通事故数周分布图。交通事故按周进行统计，周六、周日事故数相对高一些，这与人们周末出行活动较多，导致道路交通量相对较高有关。

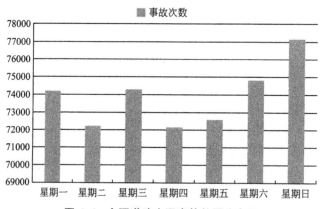

图 6.6　全国道路交通事故数周分布图

3. 小时分布

图 6.7 为某日全国道路交通事故数小时分布图。由图 6.7 可以看出，从早上 7：00 到夜间 23：00，事故高发，发生次数集中，其小时事故次数远高于深夜至凌晨。其原因是在此期间由于人们大量的交通活动而导致。

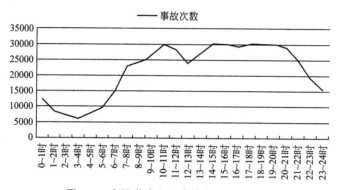

图 6.7　全国道路交通事故数小时分布图

6.2.2　交通事故的空间分布

交通事故的空间分布是指交通事故在城市、城镇、乡村和各种类型的道路上以及具体路段、交叉口上的分布情况。由于交通环境、交通组成、交通分布不同等原因，交通事故在空间上有不同的分布特征。

研究交通事故在各路口、路段上的分布，也是判断、鉴别事故多发地点的重要依据。表 6-2 是某省连续 6 年道路交通事故路段路口类型分布表。

表6-2 交通事故路口路段类型分布表

项目	事故次数		死亡人数		受伤人数		直接经济损失	
	数量/次	百分比	数量/人	百分比	数量/人	百分比	数量/元	百分比
合 计	62955	100%	18873	100%	83547	100%	340726503	100%
三路交叉口	4638	7.37%	1026	5.44%	5898	7.06%	11897046	3.49%
四路交叉口	3732	5.93%	681	3.61%	4947	5.92%	13842630	4.06%
多路交叉口	207	0.33%	33	0.17%	255	0.31%	716904	0.21%
环行交叉	387	0.61%	75	0.40%	435	0.52%	3968868	1.16%
匝道口	624	0.99%	225	1.19%	720	0.86%	13440816	3.94%
普通路段	49602	78.79%	15561	82.40%	65859	78.83%	263629494	77.37%
高架路段	162	0.26%	30	0.16%	189	0.23%	1420995	0.42%
变窄路段	141	0.22%	36	0.19%	183	0.22%	1052112	0.31%
窄 路	543	0.86%	285	1.51%	948	1.13%	2193543	0.64%
桥 梁	747	1.19%	270	1.43%	1146	1.37%	7099623	2.08%
隧 道	90	0.14%	21	0.11%	135	0.16%	817215	0.24%
路段进出处	1344	2.13%	246	1.30%	1689	2.02%	3623235	1.06%
路侧险要路段	150	0.24%	105	0.56%	270	0.32%	1413384	0.41%
其他特殊路段	588	0.93%	279	1.48%	873	1.04%	15610638	4.58%

由表6-2可知，普通路段的交通事故次数、死亡人数、受伤人数、直接经济损失均显著高于其他路口路段，这与普通路段所占道路比例最大有关。除此之外，交叉口中最为常见的三路、四路交叉口的四项指标相对严重，说明三路、四路交叉口是交通事故的多发路口；桥梁、路段进出口处也是容易发生交通事故的地段；同时窄路、桥梁、匝道口、路段进出处是死亡人数相对比较突出的地方。这是因为窄路和桥梁上行车道宽度有限，在会车和超车时最容易发生迎面相撞的恶性事故。匝道口、路段进出处的死亡多是行人，反映出道路使用者的安全意识薄弱，驾驶人员的素质也有待提高。

表6-3是某省连续6年道路交通事故在不同道路上的详细分布表。其中一般城市道路事故次数所占比例最大，二级、三级公路也是交通事故的高发地段，三者事故次数达到40920次，占交通事故总量的64.99%，其死亡人数、受伤人数、直接经济损失分别为59.12%、63.63%、39.85%。

表6-3 道路交通事故道路类型分布表

项目	事故次数		死亡人数		受伤人数		直接经济损失	
	数量/次	百分比	数量/人	百分比	数量/人	百分比	数量/元	百分比
合 计	62955	100%	18873	100%	83547	100%	340726503	100%

(续)

项目		事故次数		死亡人数		受伤人数		直接经济损失	
		数量/次	百分比	数量/人	百分比	数量/人	百分比	数量/元	百分比
公路	高速	3228	5.13%	1653	8.76%	4302	5.15%	154070085	45.22%
	一级	2100	3.34%	720	3.81%	2862	3.43%	8794755	2.58%
	二级	10227	16.24%	4182	22.16%	14001	16.76%	50841297	14.92%
	三级	11058	17.56%	3663	19.41%	15357	18.38%	42187122	12.38%
	四级	5166	8.21%	1701	9.01%	7185	8.60%	11068821	3.25%
	等外	3672	5.83%	1476	7.82%	5850	7.00%	7555725	2.22%
城市道路	城市快速路	3399	5.40%	783	4.15%	3888	4.65%	12751704	3.74%
	一般城市道路	19635	31.19%	3312	17.55%	23805	28.49%	42753672	12.55%
	单位小区自建路	288	0.46%	51	0.27%	309	0.37%	367320	0.11%
	公共停车场	30	0.05%	9	0.05%	21	0.03%	15000	0.00%
	公共广场	96	0.15%	15	0.08%	141	0.17%	116700	0.03%
	其他路	4056	6.44%	1308	6.93%	5826	6.97%	10204302	2.99%

6.2.3 交通事故的事故形态分布

道路交通事故主要分为碰撞、碾压等事故形态。根据碰撞的运动情况，机动车之间的碰撞可分为正面相撞、侧面相撞、追尾相撞等不同形态。实际中，这三种事故形态的总和超过道路事故总数的一半，这反映出道路交通主要事故是机动车之间的碰撞事故，其次是撞固定物、剐撞行人等，如表6-1所示。

6.2.4 交通事故的车辆类型分布

道路交通事故的参与者，有汽车、摩托车等机动车，也有自行车、三轮车、电动车等非机动车及步行等。表6-4为某年度全国道路交通事故伤亡人数的车辆类型分布。其驾乘机动车的死亡和受伤人数分别达到了56.61%、63.37%，所占比例很大。

表6-4 全国道路交通事故的车辆类型分布

交通方式	死亡人数		受伤人数	
	数量/人	百分比	数量/人	百分比
合 计	65225	100%	254075	100%

(续)

交通方式		死亡人数		受伤人数	
		数量/人	百分比	数量/人	百分比
驾驶机动车	汽　车	7389	11.33%	26259	10.34%
	摩托车	14264	21.87%	65599	25.82%
	拖拉机	401	0.61%	1406	0.55%
	其他机动车	166	0.25%	510	0.20%
	小　计	22220	34.07%	93774	36.91%
乘机动车	汽　车	10736	16.46%	43185	17.00%
	摩托车	3599	5.52%	23033	9.07%
	其他机动车	368	0.56%	1005	0.40%
	小　计	14703	22.54%	67223	26.46%
驾驶非机动车		10653	16.33%	41864	16.48%
乘非机动车		909	1.39%	5356	2.11%
步　行		16281	24.96%	44629	17.57%
其　他		459	0.70%	1229	0.48%

6.2.5　交通事故的事故原因分布

概括而言，导致交通事故的原因主要有以下几个方面：

（1）机动车因素：制动失效、制动不良、转向失效、灯光失效、其他机件故障。

（2）机动车驾驶人因素：酒后驾车、疲劳驾车、超速行驶、逆向行驶、不按规定让行、违章倒车、违章占道行驶、违章使用灯光、纵向间距不够、疏忽大意、判断错误、措施不当、违章操作、准驾车型不符、违反交通信号、违反交通标志标线等。

（3）非机动车及使用者因素：酒后驾车、违章装载、突然猛拐、攀扶行驶、逆向行驶、抢道行驶、追逐曲折竞驶、违章占用机动车道、非法占用挖掘道路、畜力车驭手其他违章等。

（4）行人、乘车人：违章穿行车行道、违章拦车扒车、违章跳车等。

（5）道路：视距不足、路拱不符、超高不符、路面光滑、防炫光设施欠缺等。

（6）其他：指使或强迫管理人员、其他。

根据某年度全国道路交通事故统计数据，机动车驾驶人违法所占比例最高，超过90%，这说明机动车驾驶人是事故多发的主要原因，如表6-5所示。

表6-5　全国道路交通事故主要原因统计数据

项目	事故起数		死亡人数		受伤人数		直接经济损失	
	数量/次	百分比	数量/人	百分比	数量/人	百分比	数量/元	百分比
合　计	219521	100%	65225	100%	254075	100%	926335315	100%

（续）

项目	事故起数		死亡人数		受伤人数		直接经济损失	
	数量/次	百分比	数量/人	百分比	数量/人	百分比	数量/元	百分比
机动车违法	199935	91.08%	60019	92.02%	233617	91.95%	844328823	91.15%
机动车非违法过错	8214	3.74%	2443	3.75%	9217	3.63%	57655015	6.22%
非机动车违法	8745	3.98%	1462	2.24%	9483	3.73%	11379572	1.23%
行人乘车人违法	2363	1.08%	1165	1.79%	1392	0.55%	8614132	0.93%
道路	25	0.01%	11	0.02%	33	0.01%	156515	0.02%
意外	239	0.11%	125	0.19%	333	0.13%	4201258	0.45%

6.2.6 交通控制方式分布

交通控制方式包括民警指挥、信号灯、标志标线、民警及信号灯、信号灯及标志标线、其他安全设施、无控制等形式。统计结果表明，标志标线和无控制情况下交通事故占了绝大多数，图6.8为按交通控制方式的事故数分布状况。

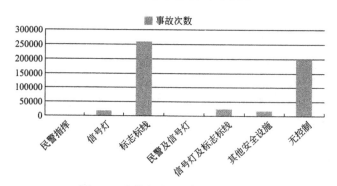

图6.8 事故数按交通控制方式分布

6.2.7 天气与照明分布

1. 天气

根据对不同天气情况下交通事故数的统计发现，晴天发生交通事故占比很大，约占事故总数的70%，这可以归结于人们的出行心理活动，90%以上的驾驶人更倾向于晴天出行，导致晴天道路交通量比例占绝大多数。其次是雨天和阴天，其交通事故次数均在10%左右。

2. 照明

根据对不同照明情况下的事故数的统计发现，白天发生的事故占事故总数的60%，原因在于人们白天外出、晚上休息的活动规律，即出行交通量主要集中在白天。夜间在无路灯照明情况下发生的事故占 25%。因此道路的照明设施不可忽视。

6.3 交通事故影响因素分析

交通事故的成因，是指造成交通事故的各种原因与因素。从现象上看，道路交通事故是随机的偶然事件，有各自原因与特点；从统计学角度考虑，大量的交通事故，一定存在着某些普遍规律，即存在一定的共性。

6.3.1 道路交通安全影响因素分析

造成交通事故的原因是多方面的，涉及交通系统的基本要素——人、车、路、环境。通常道路交通事故是在特定条件下，由人、车、路、环境所构成的动态交通系统的某个环节失调所引起的，图 6.9 为交通安全影响因素系统分解图。

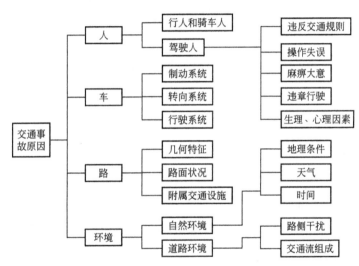

图 6.9 交通安全影响因素系统分解图

6.3.2 人的因素

交通系统基本要素中，人是最活跃的因素，也是导致交通事故的最重要因素。据统计，90% 以上的交通事故的发生都与人相关。人对交通事故形成的影响，主要表现在三个方面：一是自身的生理、心理状况等不符合交通安全的要求；二是自身违章，如违章操作、违章装载、违章行驶等酿成事故；三是对他人的交通动态及道路、气候、车况等因素变化观察失误或措施不当而引发交通事故。

交通参与者包括机动车驾驶人、骑车人、行人、乘车人等。其中，机动车驾驶人与交通安全关系最密切。在机动车事故中，由于驾驶人原因所造成的交通事故占有相当大的比重。如表 6-5 所示。

1. 机动车驾驶人因素

机动车驾驶人造成道路交通事故最主要的原因就是交通法制意识及安全意识淡薄而违

法驾驶，如超速、违法超车、不按规定让行、逆向行驶，甚至无证驾驶。表6-6是某年度全国交通事故的主要原因统计分析。

表6-6 全国交通事故主要原因统计分析

项 目	无证驾驶	超速行驶	未按规定让行	疲劳驾驶	违法超车	逆向行驶	措施不当
事故次数	12636	21754	37926	1890	6850	9605	8214
死亡人数/人	4443	9134	7788	1139	2101	3521	2443
受伤人数/人	15539	23423	42794	2364	9317	13434	9217
直接经济损失/万元	2266.37	10869.56	8545.09	4236.86	3044.33	5007.17	5765.50

在驾驶车辆过程中，心理和生理活动贯穿于始终，在碰到危险情况的一刹那采取的措施将直接影响事故的后果，这就要求驾驶人在行车过程中，不仅要有心理素质作保证，而且要具备相当的经验。若在判断决策过程中，由于驾驶人受认识能力、知识水平和驾驶经验等的影响而使自己的行动与实际目的不相符，就会引起交通事故。图6.10为影响驾驶人安全驾驶的相关因素。

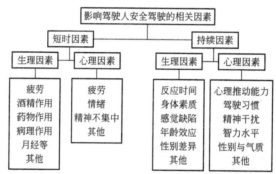

图6.10 影响交通安全的驾驶人因素

2. 其他人员因素

其他人员是指除驾驶人之外的其他交通参与者，包括骑车人、行人、乘车人等，他们在各自的交通行为中因为有所不当，对造成交通事故负有不同程度的责任。

相关分析表明，交通行为能力强的人员肇事率较高，从年龄分析看16～45岁是交通行为能力强的年龄段；性别也是构成交通肇事的因素之一，通常男性造成的事故远多于女性，其原因是，男性驾驶人在违反交通规则、违反操作规程、超车、会车、礼让行车、车辆带病出车等方面的违章行为数量远多于女性；交通事故责任人员的职业特性也有一定规律，交通事故责任人中从事科学研究、工程技术、文化教育、国家机关等工作的人员数量少于从事工、商等工作的人员数量，其中，交通肇事责任人中农业人员所占比例最多，其特点是事故责任人中受教育程度越高，发生责任的数量越少，这反映出人的素质的差异。

非机动车造成的交通事故绝大多数来自非机动车骑乘人。如自行车交通事故中主要原因集中在抢道行驶、违章占道、突然猛拐、逆向行驶等，表明非机动车骑乘人交通法制观念淡薄，缺乏交通安全常识。

行人造成交通事故的最主要表现形式是违法穿行机动车道,约占80%;另外,还包括无视交通信号、不走人行横道,或是在路上行走时随意打闹,精神不集中等。乘车人造成交通事故主要表现在把身体伸到车外和车辆没有停稳就上、下车。出现上述情况主要是由于行人及乘车人交通安全意识淡薄,缺乏自我保护意识,往往容易使自己成为交通事故的受害者。

6.3.3 车辆因素

车辆是现代道路交通的主要运行工具,要求安全、迅速、经济、舒适。车辆技术性能的好坏是影响道路交通安全的重要因素,主要表现在车辆性能差、机件失灵行驶。

表6-7为某年度全国交通事故中机械故障事故数统计表。由表6-7可知,造成交通事故的车辆故障主要包括制动失灵、转向失灵、灯光失效、车辆带病、轮胎爆裂等机械故障以及车辆装载时超高、超宽、超载及货物绑扎不牢固所致。

表6-7 全国交通事故中机械故障事故数统计表

故障种类	制动失效	制动不良	转向失效	灯光失效	其他
事故次数	3545	5442	1299	688	2520
百分比	26.27%	40.33%	9.63%	5.10%	18.67%

车辆机械故障多是由于车辆保养和维修不及时所致。因此,驾驶人应定期检查汽车的安全性能,对于潜在的危险应及时维修排除,做到定期保养,确保车辆安全上路,同时按照道路交通运输的相关规定装载货物、运输乘客,减少人为原因,保证安全行车。图6.11为影响交通安全的机动车因素。

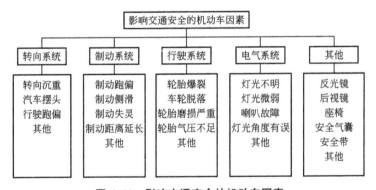

图6.11 影响交通安全的机动车因素

6.3.4 道路因素

道路是车辆行驶的基础,其自身是否符合交通安全的要求,直接影响到交通活动的正常进行。道路上的交通事故,其表象因素多为驾驶人的违章或过失,而潜在的因素则涉及道路类型、线形、路面状况等技术指标,如图6.12所示。

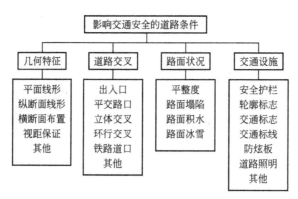

图 6.12　影响交通安全的道路条件

1. 道路类型对交通安全的影响

不同类型的道路，由于车道数、车道宽度、公路路肩、中央分隔带等设置不同，对交通安全的影响也不同。表 6-8 是英国道路类型与事故率间的关系，明显说明了道路类型不同其交通事故率也不相同。

表 6-8　英国各种类型道路上受伤事故率

道路类型	事故率/(次/万车公里)	道路类型	事故率/(次/万车公里)
商业中心道路	5～8.1	两块板式乡村道路	1
居住区道路	2.5～4.4	两块板式城市道路	3
乡区道路	0.9～1.6	高速公路	0.4
三车道道路	1.3		

我国非城市道路上，公路等级越高，安全设施越好，道路安全性能越好；低等级公路路面等级低，平整度差，行车道宽度有限，沿线道路标志和安全设施也较少，相对于高等级公路，其行车安全性也差，发生交通事故的可能性大，如表 6-3 所示。城市道路中，一般城市道路是容易发生交通事故的道路类型。其重要原因是一般城市道路混合交通严重，导致交通事故多发。

2. 道路线形对交通安全的影响

道路线形是直线与曲线连接而成的空间立体线形。线路几何要素设计不合理或者线形组合不合理，将会直接影响汽车行驶的安全性。表 6-9 是某省连续 6 年道路交通事故道路线形分布表。

表 6-9　道路交通事故道路线形分布表

项目	事故起数		死亡人数		受伤人数		直接经济损失/万元	
	数量	百分比	数量	百分比	数量	百分比	数量	百分比
合计	62955	100%	18873	100%	83547	100%	37072.7	100%
平直	49590	78.77%	13746	72.83%	62928	75.32%	26315.8	70.98%

（续）

项目	事故起数		死亡人数		受伤人数		直接经济损失/万元	
	数量	百分比	数量	百分比	数量	百分比	数量	百分比
一般弯	5418	8.61%	1818	9.63%	8208	9.82%	2674.7	7.21%
一般坡	3372	5.36%	1308	6.93%	4599	5.50%	2196.2	5.92%
急弯	813	1.29%	270	1.43%	1191	1.43%	477.9	1.29%
陡坡	108	0.17%	39	0.21%	120	0.14%	62.1	0.17%
连续下坡	165	0.26%	66	0.35%	180	0.22%	93.4	0.25%
一般弯坡	2766	4.39%	1218	6.45%	4692	5.62%	1601.8	4.32%
急弯陡坡	210	0.33%	129	0.68%	540	0.65%	169.7	0.46%
一般坡急弯	342	0.54%	150	0.79%	735	0.88%	425.1	1.15%
一般弯陡坡	171	0.27%	129	0.68%	354	0.42%	55.9	0.15%

道路线形包括直线、平曲线、缓和曲线、纵坡、竖曲线等。

(1) 直线。由表6-9可知，78.77%的交通事故都发生在线形良好的直线段上，这与直线是道路线形中最主要的线形有关，研究表明，直线段过长不利于交通安全。

(2) 平曲线。平曲线的曲率越大事故率越高，如表6-10所示。当曲率大于10时，事故率急剧增加。因此平曲线设计都应采取较大半径，如高速公路最小曲线半径要求在650~1000m。另外，为保证车辆在转弯时保持受力平衡，在平曲线外侧要设置超高，在内侧要加宽。

表6-10 英国公布的曲率与交通事故关系统计表

曲率	0~1.9	2~3.9	4~5.9	6~9.9	10~14.9	>15
事故率/(次/百万车公里)	1.62	1.86	2.17	2.36	8.45	9.26

(3) 竖曲线。竖曲线必须有足够大的半径和相应的长度。竖曲线半径过小，易造成驾驶人视野变小，视距变短，从而导致事故的发生。表6-11是美国的调查结果，表明视距越小事故率越多。

表6-11 美国双车道公路上视距与交通事故关系统计表

视距/m	交通事故率/(次/百万车公里)
<240	1.49
240~450	1.18
450~750	0.93
>750	0.68

(4) 纵坡段。坡度的影响主要表现在车辆下坡时，因坡度大而来不及制动或制动失效，纵坡度越大，事故率越高。资料表明，当坡度大于4%时事故率剧增。表6-12是德

国高速公路坡度与事故率的统计资料。

表 6-12 德国道路坡度与交通事故关系统计表

坡度	交通事故率/(次/亿车公里)
0~1.99%	46.5
2%~3.99%	67.2
4%~5.99%	170.0
6%~8.00%	210.5

（5）缓和曲线。其作用是保证路线曲率变化柔和、连续，离心力变化平稳，既减小驾驶人和乘客因离心力变化而产生的不适感，又使驾驶人能从容地操纵方向。同时，可消除平面线形的视线曲折，增进线形的连续感和美感而且为平曲线超高和加宽提供了易于布置的过渡段。为充分发挥上述作用，缓和曲线通常采用回旋线，即曲率随曲线长度成正比变化的曲线。

（6）线形组合与协调。交通安全不仅与平面线形、纵断面线形有关系，而且与平纵线形的组合协调与有密切的关系，如表 6-13 所示。虽然线形标准符合规范要求，但组合不良仍然会导致事故的发生。

表 6-13 弯道与坡道重合产生的交通事故率统计表（单位：次/亿车公里）

曲线半径/m	坡度			
	0~1.99%	2%~3.99%	4%~5.99%	6%~8.00%
>4000	28	20	105	132
3001~4000	42	25	130	155
2001~3000	42	20	150	170
1001~2000	50	70	185	200
400~1000	73	100	192	233

3. 路面的好坏对交通事故的影响

路面对交通事故的影响包括路面粗糙度和路面状况。

如表 6-14、表 6-15 所示，路面粗糙化后交通事故率明显下降，下雪、冻结的路面车辆打滑比例都很高，摩托车、小客车打滑比例均超过 50%，易引起交通事故。可见，路面的好坏与交通事故的发生有密切关系，对交通安全有很大影响。

表 6-14 不同路面状况同交通事故率的关系 （单位：次/亿车公里）

路面粗糙度 \ 路面状况	路面干燥	路面滑溜	路面不湿而滑溜	路面积雪结冰	合计
粗糙化前	21	44	15	2	82
粗糙化后	18	5	4	0	27

表 6-15 某路面状况与打滑关系统计表

路面 车种	干燥			湿润			下雪、冻结			合计		
	全部/ 辆	打滑/ 辆	比例	全部/ 辆	打滑/ 辆	比例	全部/ 辆	打滑/ 辆	比例	全部/ 辆	打滑/ 辆	比例
自行车	24175	516	2.13%	7736	301	3.89%	299	79	26.42%	32210	896	2.78%
摩托车	46161	6198	13.43%	18100	5048	27.89%	1078	707	65.58%	65339	11953	18.29%
小客车	171297	17987	10.50%	102153	17315	16.95%	6499	3656	56.25%	279949	38958	13.92%
公共 汽车	9522	288	3.02%	3066	278	9.07%	212	78	36.79%	12800	644	5.03%
<1.5t 货车	12900	1191	9.23%	7471	1253	16.77%	540	270	50.00%	20911	2714	12.98%
>1.5t 货车	8072	1111	13.76%	5694	1217	21.37%	431	163	37.82%	14197	2491	17.55%

6.3.5 交通环境因素

交通环境的影响主要表现在混合交通、平面交叉、交通秩序混乱、天气、照明、道路通行能力低以及交通管理水平差等方面，影响交通安全的环境因素如图 6.13 所示。

1. 交通量与交通组成对交通事故率的影响

交通量和交通组成与交通事故率有关，通常事故数随交通量的增加而增加。表 6-16 是交通流中载货汽车混合率与交通事故率的统计资料，从表中可知，当混合率达 20% 时，交通事故迅速增加。

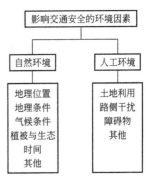

图 6.13 影响交通安全的环境因素

表 6-16 载货车混合率与交通事故率统计表

小轿车与摩托车/辆	载货汽车/辆	载货汽车混合率	交通事故率/(次/亿车公里)
7318	1117	13%	43
3890	630	14%	47
4537	1144	20.5%	72
2945	780	21.6%	97
2065	600	22.6%	142
703	225	24.3%	118
875	325	27%	145
3660	1450	28.5%	184
2340	1105	32.5%	195
4415	3420	44.5%	280

2. 道路交叉口

交叉口是道路交通的咽喉，驾驶人在交叉口要横穿道路或实现转向，必然产生交织与交叉冲突等潜在的危险点，从而形成交通事故的多发点。通常，距交叉口越近，事故率越高，距交叉口不同距离的事故发生率如表6-17所示。

表6-17 距交叉口不同距离的交通事故率

距离/m	路口内	0~10	10~20	20~30	30~50	>50
事故发生率	42.8%	26.8%	16.9%	5.2%	5.5%	2.8%

3. 照明条件对道路交通安全的影响

表6-18为照明条件对交通事故的影响情况。由表6-18可知，夜间无路灯照明时发生事故致5958人死亡，占事故死亡人数的31.57%。夜间有路灯照明死亡人数只有1938人，占事故死亡人数的10.27%。这表明在道路特别是在交通流量大的路段上安装照明装置，是预防事故的有效方法。

表6-18 照明条件对交通事故的影响情况

项目		事故起数		死亡		受伤		直接经济损失	
		数量	百分比	人数	百分比	人数	百分比	金额/万元	百分比
合计		62955	100%	18873	100%	83547	100%	34072.7	100%
白天		39870	63.33%	10977	58.16%	54522	65.26%	17787.5	52.20%
夜间	有路灯照明	9717	15.43%	1938	10.27%	11982	14.34%	2631.4	7.72%
	无路灯照明	13368	21.23%	5958	31.57%	17043	20.40%	13653.7	40.07%

4. 行车速度

交通事故率与交通流中各车辆的运行速度差成正比，即车速太快与太慢均不利于交通安全，而接近交通流平均车速最为安全，所以限制车速可以有效地减少事故的发生。

5. 路侧防护设施对交通事故的影响

路侧防护设施对交通事故的影响如图6.14所示。由图6.14可见，无防护设施的情况对交通安全不利，占事故四项指标的80%左右。因此，在道路上设置相应的设施可以有效减少交通事故发生。

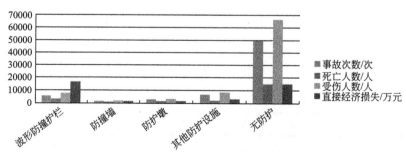

图6.14 交通事故发生时路侧防护设施

天气对交通事故的影响作用也不可忽视,由于雨、雪、雾等不利天气对行车安全造成极大威胁,尤其是雨雪天气使得路面的摩擦系数降低,汽车制动效能下降,导致交通事故呈多发趋势。此外,道路上的交通流特性、几何设计、交通管制方式及道路状况同样影响着车辆的运行特性,它们之间相互作用,与驾驶行为共同影响交通事故的产生。

6.4 交通事故多发地点的辨识与治理

事故多发地点也称为事故黑点,包括事故多发道路和事故多发点,事故多发道路是指路网或具有可比性的道路中,事故发生较频繁,事故损失较大的道路;事故多发点是指在一定长度、交通流量和单位时间内,交通事故发生频率明显高于平均频率的地点。

道路上交通事故多发地点集中了较大比例的交通事故,危害性明显,对事故多发地点采取有针对性的改善措施能以较小的投入,大幅度降低事故率,取得较大的经济和社会效益。

事故多发地点的鉴别是道路设计、道路安全检查、交通运营管理、道路安全分析的重要内容,也是道路安全保障体系得以建立的基本保证。通过道路事故多发地点的鉴别,找出道路交通的微观特性与事故的关系,确定道路危险路段,以便提出解决方案,减少交通事故的发生,改善道路安全运营环境,提高道路整体安全性能。

对事故多发地点的研究,一方面可以找到事故的主要原因并加以整治,从而改善现有道路的安全水平。更为重要的是,通过事故多发地点研究,找出道路交通设计中的缺陷,为道路安全审计提供技术支持,将一些安全隐患消灭在规划设计阶段。

6.4.1 事故多发地点的含义

1. 事故多发地点的定义

事故多发地点是指受道路条件、交通条件、气候环境等因素的影响,在一定的时间段内,交通事故评价指标明显超过同类道路的其他正常地点指标,或超出处治者能容忍的"正常"值以及存在安全隐患的点、路段、道路或者区域。理解事故多发地点内涵需要把握以下几点:

(1) 事故多发地点可以是一个点、一个路段、整个一条道路或一个区域。其中路段和点是常研究的,区域仅在特殊条件下才进行,其鉴别方法大多以经验为主。如挪威认为在长100m的路段内,4年发生4起以上含人员伤亡的交通事故,称为道路黑点或交通事故多发点;在长1km的路段内4年发生10起以上人员伤亡的交通事故,称为道路黑段或交通事故多发段。而英国规定长100m的路段内,3年发生12起以上含人员伤亡的交通事故称为道路黑点;1km^{2}范围内,1年发生过40次以上事故,称为事故易发地区。

(2) 事故多发地点要求数据统计时间为"较长一段时间"。这主要是为了避免事故统计的偶然性,这个"时段"的长度应根据所研究道路的运营状况分析确定,通常为1~3年,时间过短,事故的偶发性过大,不能说明一般规律;过长,则易受道路运营状况变化的影响,难以反映出事故分布的真实情况。如美国《交通工程手册》对交通事故多发地点的定义是:在给定的统计周期内(1~3年),路网中某些地点对应在某种算法得到的事故发生水平评定指标明显高于类似地点、类似交通状态下区域路网上的平均指标。

(3) 道路交通事故的数量是一个广义的概念，它可以是事故的绝对次数，也可以是死亡人数、受伤人数、各种事故率、死亡率、事故损失等不同指标，或某些事故特征的发生量（如超速引起的事故、追尾或对向碰撞事故等）。

(4) 定义中的"正常"和"突出"是事故多发地点分析的关键点，也是安全评价的主要内容之一。"正常"与"突出"是相辅相成的，没有"正常"就无所谓"突出"；相反，不是为了寻找"突出"点，"正常"的判定也毫无意义。"正常"值的取得通常都来自于事故的历史资料，可以是研究对象本身的历史资料，也可以是相似道路的历史资料，同时也与道路处治者对"正常"值的容忍程度有关。

我国公安部交通管理局发布的《全面排查交通事故多发点段工作方案》，对公路交通事故多发地点的定义是：500m 范围内，一年之中发生 3 次重大交通事故的地点为道路危险点；2km 范围内或者道路桥、涵洞的全程，一年中发生 3 次重大以上交通事故的路段为危险路段。

2. 事故多发地点的表征指标

表征地点交通事故大小的指标有两个：一是交通事故数或交通事故密度，二是事故严重程度。

1) 交通事故数（频数）

由于道路交通事故在某些地点具有"聚类"性，可以沿行进方向在平面图上将发生的事故数用代表事故严重程度的不同符号直观显示出来，许多国家都用这种方式全面、客观地描述事故情况，以确定事故多发地点。

在交叉路口可以用统计期的事故数或年事故数指标表示，在路网或路段可以用每公里事故数或年每公里平均事故数指标表示。

交通量对交通事故的发生也有影响，交通量越大，导致的事故相对越多。当交通量资料可靠时，交叉口可以用每百万车辆事故（包括事故数及其严重程度）指标表示，路段可以用每百万车公里事故（包括事故数及其严重程度）指标表示。

2) 事故的严重程度

事故多发地点必须要考虑事故的严重性。例如，死亡和重伤事故对社会和经济带来的损失非常大。在发生相同事故数的地点，事故的严重程度大的地点，说明更危险。

6.4.2 事故多发地点的辨识过程

事故多发地点鉴别包括资料收集、单元划分、资料统计、事故多发地点初选、现场勘查、最后提出改进措施。

1. 资料收集

(1) 事故数据调查。内容包括事故地点、时间、死亡人数、受伤人数、车辆损坏，直接经济损失、天气、路面状态、交通控制方式、照明条件、事故分类、事故原因、事故形态、交通方式、行驶状态等，一般可用公安机关交通管理部门制定的《道路交通事故登记表》，必要时要收集事故现场照片、事故现场勘测图、肇事车辆车速估算等资料。

(2) 公路设施资料调查。内容包括路线平面、纵断面和横断面竣工或现状资料，路面状况（损坏状况、摩阻系数等）、路肩状况；安全设施（护栏、标志标线等）；道路周边环境（行道树、路侧建筑等）、交叉口等。

(3) 收集分段交通量资料。

2. 分段单元划分

将整条公路划分成等长的小单元(通常以 1km 为单位)，计算每一单元上的事故数。

3. 绘制累计频率曲线

计算发生 n 起事故的频率和累计频率，根据统计学原理计算发生一起事故的频率，并计算累计频率，绘制累计频率曲线。

4. 初步选定事故多发路段(点)

(1) 根据累计频率曲线上的突变点，初步选定累计频率小于突变点的路段为事故多发路段(点)。

(2) 对事故集中在某分段单元两端的情况，应对其前一单元或后一单元的事故做进一步分析，以避免由于等间距分隔单元而遗漏事故多发点。

5. 现场踏勘

对初步选出的路段进行必要的现场踏勘和分析，现场踏勘的内容可以包括道路状况调查、车辆行驶状况调查、周边环境调查及其他。

6. 确定事故多发地点

综合书面资料和现场调查资料分析，对照事故特征、事故原因和事故地址的道路线形，排除由于人为因素、车辆因素等其他特殊原因引起的事故，确定事故多发地点。

7. 分析事故原因并提出改进措施

对每一个鉴别出来的事故多发地点，结合事故和道路资料，分析主要事故原因，并提出改进措施。

6.4.3 事故多发地点的鉴别方法

图 6.15 为常用事故多发点鉴别方法。从事故多发地点的含义及其鉴别方法的成熟性、可操作性、可靠性等角度来看，事故数据统计分析法具有明显的优势。研究认为，以事故数据统计分析法作为判定事故多发路段的方法最优。

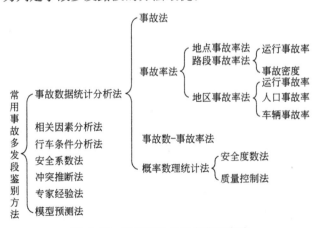

图 6.15 常用事故多发点鉴别方法

1. 事故数据统计分析法

在事故数据统计分析法中,根据对数据统计处理判别指标和判别方法的不同,又存在多种不同的方法,主要有绝对数法、相对数法、矩阵法、当量总事故次数法、概率统计分布法、质量控制法等,这些方法各有其优缺点和适用条件,应结合实际选取应用。

1) 绝对数法

绝对数法是指在一个国家或地区,采用一个常量作为正常值。这个常量是经过大量和长时间的调查统计所得到的,任何一个事故指标大于这个常量的就认为是事故多发地点。按其评价指标的不同可分为事故次数法和事故率法。

绝对数法简单明了,易操作,但需大量和长时间的调查统计;同时划分事故多发地点的常量受人为主观因素影响大。

2) 矩阵法

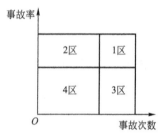

图 6.16 事故矩阵

矩阵法(matrix)把事故次数和事故率综合起来作为诊断标准。水平轴代表事故次数,垂直轴代表事故率,如图 6.16所示。整个坐标区可分为 4 个区:1 区为高事故率、高事故数区;2 区为高事故率、低事故数区;3 区为低事故率、高事故数区;4 区为低事故率、低事故数区。

其中,1 区对应事故多发地点,4 区对应为安全路段,2 区、3 区则需要进一步分析后做出判断是否为事故多发地点。

该方法兼顾了事故次数法和事故率法的优点,使用方便。但它不能对低事故次数高事故率的路段与高事故次数低事故率的路段做出本质的区别,也没有考虑事故的严重程度,且对区域的划分还有待进一步研究。

3) 当量总事故次数法

当量总事故次数法是基于受伤与死亡事故的次数及严重程度,通过一些计算方法赋予受伤及死亡事故一定的权重来计算路段发生事故的严重程度,以当量事故次数代替绝对事故次数,从而来鉴别危险路段。

该方法应用简单,但必须建立在对事故统计数据和严重程度标准一致、受伤及死亡事故的权重划分科学合理的基础上。

4) 概率统计分布法

概率统计分布法又称安全量控制法或质量控制法,是指在一定的时间内,道路平均长度路段上发生事故的次数符合泊松分布或二项式分布,并求出其分布在一定置信度下的上限值,以此为依据来划分事故多发路段。

该方法虽然理论严密,但实用条件苛刻。一是按平均路段长度统计出的事故数在一些道路上并不符合泊松分布;二是不考虑全国区域、地区的差异,千篇一律地确定一个数值,并不合理,因此该方法未获得广泛地推广应用。

5) 质量控制法

该方法应用质量管理理论来评价道路安全性的方法。首先假设各路段的事故次数服从泊松分布,然后将路段的事故率与相似路段的平均事故率作比较,而不是与所有路段的平均事故率作比较,再根据显著性水平建立事故多发地点的综合事故率上下限,如果所考查路段的事故率大于上限值,则被认为是事故多发地点。

根据概率论和数理统计原理,在一定的置信水平下的事故率临界值为

$$\begin{cases} R_C^+ = A + \alpha\sqrt{\dfrac{A}{M}} + \dfrac{1}{2M} \\ R_C^- = A - \alpha\sqrt{\dfrac{A}{M}} - \dfrac{1}{2M} \end{cases} \quad (6-7)$$

式中,R_C 为临界比率,R_C^+ 为上限,R_C^- 为下限;A 为类似路段平均事故率(以次/车公里为单位);α 为统计常数,如取95%置信度,$\alpha=1.96$;M 为某路段或道路在事故记录年限内的累计行驶车公里数。

当公路上研究单元的事故率超过临界上限,则为事故严重的位置,应立即进行原因分析研究,并采取治理措施;事故率低于临界上限,但高于临界下限的位置则是应注意的位置,应重点跟踪观测,酌情采取措施;事故率低于临界下限的位置则为事故一般或轻微、安全性较好的地方。

6) 预测法

预测法是将事故次数与影响事故的几个因素进行回归分析,求得该地区各路段事故数的预测模型,然后根据统计原理求得在一定置信度的置信区间,从而区分出危险区、中间区和安全区。

(1) 丹麦模型。丹麦模型是一个微观模型,它建立了事故与交通量和路段长度的关系。

$$E(U_j) = \alpha N_j^P L_j \quad (6-8)$$

式中,$E(U_j)$ 为路段 j 的事故预测值;N_j 为路段 j 的交通量;L_j 为路段 j 的长度;α、P 为回归常数。

瑞典、日本等国根据上式和国内的事故资料也曾得到相应的回归预测模型。

(2) 交叉口模型。在对区域内路段预测的基础上,专家们对交叉口也提出了不同的预测模型。对于无信号灯十字形交叉口:

$$A = \sqrt{\dfrac{Q_1 + Q_2}{2} \dfrac{Q_3 + Q_4}{2}} \quad (6-9)$$

式中,A 为交叉口事故数预测值;$Q_1, \cdots, Q_4$ 为交叉口4个进口道的流量。

对于T形交叉口:

$$A = 0.24(QP)^{0.49} \quad (6-10)$$

式中,A 为在交叉口22m范围内的事故数预测值;Q 为主路进口道的流量(veh/d);P 为次路进口道的流量(veh/d)。

该方法需要有足够的事故统计历史资料样本量,否则预测模型不可靠,同时也没有考虑事故的严重程度。此外,层次分析法、时间序列法、动态聚类等方法也可用于交通事故预测。

上述研究方法的共同特点都是利用交通事故数作为统计研究对象,但没有考虑在事故数背后还应该考虑事故的严重程度,同时对事故多发地点的判别也是零碎而不系统,有的方法虽然科学合理但仅建立在一定的条件下,适用范围有限。

2. 改进方法

1) 改进的事故频数法

(1) 事故频数法的优缺点。该方法选取一临界的事故次数作为鉴别标准,如果某路段

的事故次数大于临界值,则被认为是事故多发地点。该方法的优点是计算与选择方便、一目了然;缺点是未给出临界事故次数的确定方法,在实际操作中,鉴别标准究竟取多大或如何选取、路段如何划分往往令基层交通管理工作人员头痛。

(2) 改进方法。按下式计算单元路段平均事故次数 λ:

$$\lambda = \frac{\sum m_i}{n} \quad (6-11)$$

式中,m_i 为路段 i 的事故次数(次);n 为路段单元总数。

取置信水平为 95%,则事故次数临界值 R 为

$$R = \lambda + 1.96\sqrt{\lambda} \quad (6-12)$$

将路段在统计年度内实际的事故次数与临界值 R 对比,若大于 R 可判定该路段为事故多发路段。

2) 综合影响强度事故率法

通过引入各因素对事故率 R 的综合影响强度 ρ,以及综合影响强度事故率 C 作为选取事故多发地点的参数指标,构建鉴别公路交通事故多发地点的综合影响强度事故率法。

(1) 交通事故率标准化。采用综合加权的方法对绝对事故数进行标准化,实现各路段交通事故严重程度的可比性。其计算公式为

$$\rho = \sum_{i=1}^{n} f_i P_i \quad (6-13)$$

式中,i 为事故等级的序号;f_i 为第 i 级事故的加权系数;P_i 为第 i 级事故发生数;n 为事故分级数。

加权系数 f_i 可通过如下方法确定:根据目标线路所在区域内一定期间内各级事故所造成的经济损失总量与相应等级事故数的比值,取轻微事故加权系数为 1,其他等级事故的加权系数由其单位事故直接经济损失与轻微事故的单位事故直接经济损失比较结果加以确定。

交通量标准化通过车辆换算系数,把各种车型折算为标准小汽车,综合加权后得到标准化后的路段交通量 Q。标准事故率 R(事故起数/百万辆标准小汽车)可由 $R = \frac{P}{Q}$ 计算得到。

(2) 综合影响强度事故率的确定。

① 影响强度 ρ_{kij} 的确定。在分析各路段影响因素中的指标对交通事故率的影响强度时,由于交通事故的不可实验性,不可能把某一分析目标路段孤立出来,以实验的方法分析各影响因素对交通事故率的影响强度(影响系数)。不过可以对交通事故统计数据进行统计分析,通过与其他相同或相似路段交通事故率进行比较分析,确定各参数指标对相应路段事故率的影响强度。为了确定所分析路段各影响因素中因素 k_{ij} 对事故率 R_k 的影响强度 ρ_{kij},可以将所分析路段的事故率 R_k 除以不含该因素 k_{ij} 而其他条件相同或相似的路段的事故率,所得商即为因素 k_{ij} 对所分析路段事故率 R_k 的分影响强度 ρ_{kij},即

$$\rho_{kij} = \frac{\text{影响因素 } k_{ij} \text{ 的事故率 } R_k}{\text{不含影响因素 } k_{ij} \text{ 而其他条件相同或者相似的路段的事故率 } R'_k} \quad (6-14)$$

式中,k_{ij} 为路段 k 第 i 类因素中的第 j 个子因素;R_k、R'_k 分别为路段 k 和供比较路段标准

化后的相对事故率。

② 更高层次综合影响强度 ρ_{ki} 和 ρ_k 所的确定。鉴于各参数指标只是各大类影响因素中典型的少量指标,在得到各分类影响因素对交通事故率的影响强度后,为了分析给定路段某一次大类(如道路条件特征)对交通事故率的总体影响程度,需要确定各次大类影响因素对交通事故率的综合影响强度。综合影响强度的确定可以先通过德尔菲法(Delphi)(亦可采用其他方法,如相邻指标比较法)确定各分影响因素指标 ρ_{kij} 的权重 A_{kij},然后采用加权平均的方法计算各单元路段次综合影响强度 ρ_{ki} 值,即

$$\rho_{ki} = \frac{\sum_{j=1}^{m} A_{kij}\rho_{kij}}{\sum_{j=1}^{m} A_{kij}} \quad (6-15)$$

其中,m 随 i 变化,即各大类因素所包含的指标个数,如道路条件特征所包含的指标个数。

按照以上同样的方法确定各路段 k 的综合影响强度 ρ_k,用综合影响强度 ρ_k 作为比较各路段因素对交通事故率影响强弱的综合指标,依据综合指标的大小,便可鉴别各路段因素对交通事故率的影响强弱。

③ 综合影响强度事故率 C'_k 的确定。考虑到若按单位综合影响强度事故率 R_k/ρ_k,数量级过小,不利于比较分析。因此,按下式计算相应路段 k 的综合影响强度事故率 C'_k,即

$$C'_k = R_k \cdot \rho_k \quad (6-16)$$

(3) 事故多发地点鉴别。采用类似于事故率质量控制法的方法,确定各路段 k 的综合影响强度事故率临界值,即

$$\begin{cases} C_k^+ = A + \alpha\sqrt{\dfrac{A}{Q}} + \dfrac{1}{2\overline{Q}\times 10} \\ C_k^- = A - \alpha\sqrt{\dfrac{A}{Q}} + \dfrac{1}{2\overline{Q}\times 10} \end{cases} \quad (6-17)$$

式中,C_k 为路段 k 综合影响强度事故率临界值;C_k^+、C_k^- 分别为上限值、下限值;A 为包含路段 k 的全线平均综合影响强度事故率;α 为统计常数,若取 95% 置信度,则 $\alpha=1.96$;Q 为全线调查期间的平均交通量,以百万车辆计。

若路段 k 综合影响强度事故率 C'_k 大于上限 C_k^+,就作为事故多发地点;上、下限之间 (C_k^-, C_k^+) 为一般;小于下限 C_k^- 为低事故点。

判定危险路段

研究区域:乌鲁木齐市天山区内的红山路、新华南北路、人民路、中山路、解放北路、光明路、青年路共同组成的路网。

具体统计数据如下:统计年数为 3 年,该路网统计年内的事故总数为 691 起,总运行车公里数即路网内各条道路统计年内的总运行车公里数之和为 311439956.9 车公里;

其中，中山路(大西门—和平路)的平均日交通量为18895.3辆/天，路段长度0.93km。试分析中山路是否为事故多发地点。

解：应用质量控制法判定。

该路网的平均事故率：

$A = 691 \times 10^8 / 311439956.9 = 221.9$（次/亿车公里）

统计年内中山路的总运行车公里数：

$M = 18895.3 \times 365 \times 3 \times 0.93 = 19242028.8$（车公里）

中山路的事故率：

$A' = 65 \times 10^8 / 19242028.8 = 337.8$（次/亿车公里）

根据式(6-7)，分别计算出中山路的临界事故率上下限(单位为次/亿车公里)：

$$\begin{cases} R_C^+ = A + \alpha\sqrt{\dfrac{A}{M}} + \dfrac{1}{2M} = 221.9 + 1.96\sqrt{\dfrac{221.9}{19242028.8 \times 10^{-8}}} + \dfrac{1}{2 \times 19242028.8 \times 10^{-8}} \\ \quad = 291.0 \\ R_C^- = A - \alpha\sqrt{\dfrac{A}{M}} - \dfrac{1}{2M} = 221.9 + 1.96\sqrt{\dfrac{221.9}{19242028.8 \times 10^{-8}}} + \dfrac{1}{2 \times 19242028.8 \times 10^{-8}} \\ \quad = 152.7 \end{cases}$$

因为$A' = 337.8 > 291.0$，可以判定中山路是事故多发地点。

3. 综合评价法

1) 综合评价过程

(1) 评价指标确定。通过分析待鉴别路段所属公路等级特性(包括技术等级和行政等级)，以及相应的道路条件、交通状况，确定事故多发地点鉴别评价指标。

(2) 单元划分。根据待鉴别路段或线路里程长短，按照相应的长度单元进行路段单元划分。通常取100m或1km为长度单元。

(3) 数据采集处理。按照事故统计表中每起事故发生时的起讫点桩号，采集各单元路段各关键评价指标数据，并加以分析处理。

(4) 指标的无量纲化。亦称指标数据的规格化，即把指标值转化为无量纲的相对数。

(5) 鉴别模型选取。在分析各鉴别方法和模型适用条件及优缺点基础上，结合待鉴别路段或线路实际情况，选取即切合实际又操作方便的鉴别模型。

(6) 鉴别结果。对鉴别地点归类，确定事故多发地点、事故次多发地点、正常路段。

2) 评价指标选取

评价指标的选取是否合理，直接影响到事故多发地点鉴别结果的准确与否，但指标并不是选取得越多就越全面。由于有些指标间具有互相交叉或包含关系，指标太多其重复的可能性增大，对鉴别过程形成干扰；指标太少可能使所选的指标缺乏足够的代表性。

对于一个发生了大量交通事故的多发地点而言，其累计事故诱导因素除涉及车辆状况、交通参与者的行为特征等因素外，还涉及道路条件、交通运行状况、交通安全设施、服务养护设施以及道路的管理与监控、安全环境等诸多影响因素，它们直接或潜在地导致交通事故的发生。

3）评价指标体系

综合分析公路交通事故各影响因素，将事故多发地点影响因素分为七大类，建立事故多发地点鉴别评价指标体系，如图6.21所示。

(1) 道路条件特征主要包括：①路面质量：路面平整度、路面抗滑能力；②几何线形：视距、平曲线半径、坡度、线形组合、交叉口间距等；③横断面构成：车道宽度、路肩宽度、分隔带宽度、出入匝道等。

(2) 交通运行状况涉及车辆运行状态的一系列参数，反映交通需求增长、时间周期以及道路设施水平等的动态波动情况，主要从交通流量与车速两方面加以分析。

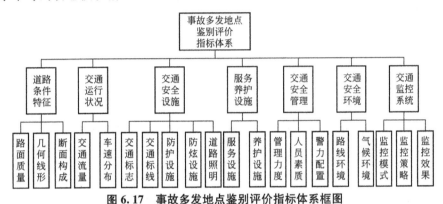

图 6.17 事故多发地点鉴别评价指标体系框图

(3) 交通安全设施是保证车辆高速安全行驶的必要物质条件，是减少、减轻和杜绝交通事故的有力措施之一。主要包括交通标志、交通标线、防护设施、防炫设施及道路照明设施等。

(4) 服务养护设施是确保公路（尤其是高速公路）的快速、安全、舒适和畅通得以充分发挥的重要设施。选取服务设施的功能、养护及时性为主要评价指标。

(5) 交通安全管理是交通安全的重要保障。选取管理力度、管理人员素质及警力配置为主要评价指标。

(6) 交通安全环境的好坏直接影响行车安全。选取地理环境、路网交通环境以及自然气候环境为主要评价指标。

(7) 交通监控系统是保证车辆能够高速安全运行的必要条件，对于确保道路的"安全、畅通、高效"有着举足轻重的作用。主要从监控系统所采用的监控模式、监控策略以及系统的监控效果三个方面进行分析。

6.4.4 事故多发地点的治理

对事故多发地点的处治措施可分为四级：日常养护、完善标志标线和安全设施等交通工程措施、加大警力监督、大中修（改善道路条件与环境）工程，针对不同的事故原因和经费约束采用决策树的方法进行处治措施的决策，其决策树如图6.18所示。

图 6.18 中，"路侧工程"包括爬坡道及弯道处行车道拓宽、路肩的硬化；"路线工程"包括长直线段、小半径曲线、视距不良路段等不符合规范规定的线形改造；"路面工程"包括路面摩擦系数不够、路面坑槽严重和路面大面积破坏等的处治对策。

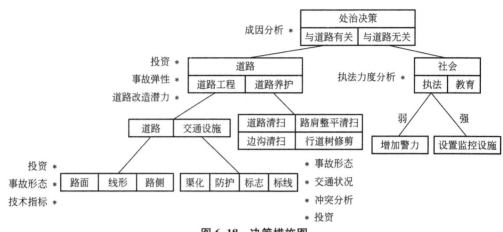

图 6.18 决策措施图

6.5 道路交通事故信息系统简介

道路交通事故信息系统数据庞大，涉及大量的道路信息和与之相关的交通事故信息，具有操作简单、高效运行的用户化的、方便的查询与输出等功能，为道路交通安全分析提供可靠而全面的数据依据。

6.5.1 道路交通事故信息系统功能组成

道路交通事故管理信息系统的功能模块主要有事故处理、档案管理、检索查询、统计分析、辅助系统等几部分，如图 6.19 所示。

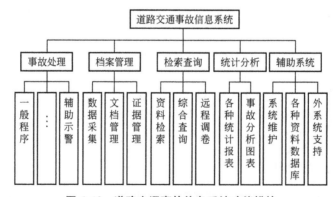

图 6.19 道路交通事故信息系统功能模块

6.5.2 道路交通事故基础信息库

道路交通事故基础信息库是道路交通安全信息管理系统的重要组成部分。道路交通数据资料是开展交通安全研究所必备的基本条件之一，同时也是评价一个国家或地区交通安全、制定交通安全政策的依据。欧洲的许多国家建立了数据资料库，并向社会公开。例如，德国公路研究中心建立了国际交通和事故数据库，该数据库搜集了许多国家有关道路交通方面的相关数据资料，并通过研究中心的网站向社会提供公开服务。又如，瑞典建立的交通事故数据库不但提供各种与事故相关的数据资料，还提供警察和医院对每起道路交通事故的详细事故报告。所有这些信息都可通过互联网查找，非常方便，为道路交通安全研究提供了极好的条件。

道路交通安全信息系统的数据主要来源于交通事故调查报告和交通事故统计报告。依据信息类型划分，道路交通事故信息系统包含驾驶人信息、交通事故信息、车辆信息、道路信息等及其信息的添加、修改、删除、查看等。

(1) 驾驶人信息管理，包括身份证号、车牌号、姓名、性别、驾龄等信息。
(2) 车辆信息管理，包括车型、年限、责任、灯光、转向等信息。
(3) 交通事故信息管理，包括时间、地点、等级、形态等信息。
(4) 道路信息管理，包括路名、路段名、类别、等级、起点桩号、终点桩。
(5) 警员信息管理，包括警号、姓名、性别、出生日期、职务等信息。

6.5.3 高速公路交通事故信息管理系统

高速公路交通事故信息管理系统由数据管理、报表打印和统计分析等模块组成，如图 6.20 所示。该系统具有数据管理、报表打印和统计分析等功能。

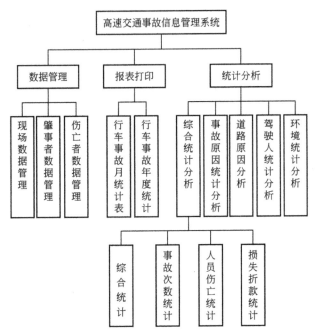

图 6.20 高速公路交通事故信息管理系统

1. 交通事故统计分析需要调查哪些资料？

2. 交通事故统计分析的指标有哪些?
3. 交通事故统计分析的方法有哪些?
4. 根据所学知识,总结交通事故的普遍规律。
5. 影响道路交通安全的因素有哪些?如何进行影响因素分析?
6. 什么是交通事故多发地点?交通事故多发地点的鉴别方法有哪些?

第 7 章
交通安全评价与事故预测

本章教学要点

知识要点	掌握程度	相关知识
交通安全评价	掌握道路交通安全的评价指标和评价方法	绝对数法、事故率法评价指标；区域评价、路段评价、路口评价的评价方法；交通安全综合评价
交通事故预测	掌握交通事故预测方法	交通事故预测的分类；交通事故预测程序、预测方法
交通冲突技术应用	掌握交通冲突技术与交通事故间的相关性及其应用	交通冲突技术与交通事故间的关系、交通冲突技术在交通事故预测中的应用，交通冲突技术在交通安全评价中的应用

导入案例

10年丧命206条，一级公路"步步惊心"

1. 道路现状

如图7.1所示，某一级公路，全长29.8km，投资2.3亿元，因能让沿线的蔬菜运往城区，曾被当地农民视为致富路，如今却成了沿线居民眼中的"死亡公路"。

图7.1 某一级公路路况

2. 交通安全评价

据交管部门资料统计，该公路通车10年以来，共发生275起交通事故，造成206人死亡，平均每个月就有1个人丧生。

3. 事故原因分析

(1) 未设置中央隔离设施，导致人车横穿公路现象严重。
(2) 沿线交叉路口较多，共有130多处，平均每公里4.5处。
(3) 沿线部分交通标志牌设置不全、不合理，标线不够清晰。
(4) 沿线混合交通较为严重，路侧无限制出入。
(5) 车辆超载现象突出，沿线发生多起车祸都与车辆超载有关。

交通安全评价是以交通参与者为对象，对交通运行过程及交通事故产生的后果进行综合评定的工作。交通安全可以通过客观的安全程度和主观的安全感受进行评价。交通安全评价的目的是确定交通安全状况，提出相应的安全对策、确保人、车、路系统的安全。

虽然交通事故是随机事件，但交通事故的发生是人、车、道路环境等相关要素共同作用的结果，具有一定的客观发展规律。利用这一规律，并对交通事故的发展变化进行科学预测，分析未来事故发生的可能性、危险程度和发展趋势，可以更好地预防、避免事故的发生。

7.1 道路交通安全的评价

道路交通安全评价是指以一个地区或一条道路为研究范围与对象，通过收集资料、事故调查、现场测量等手段获得与研究范围内研究对象的相关信息,通过事故指标、隐患指标及风险指标等,应用合适的评价方法对研究范围进行安全程度的评价。

7.1.1 道路交通安全的评价指标

道路交通安全评价指标既能反映道路安全的综合状况,也可以反映道路安全状况的某一个或几个侧面。道路交通安全的评价指标常用如下统计方法计算获得。

1. 绝对数法

绝对数法是反映交通事故状况的基本指标,是指在不考虑交通事故发生的任何主、客观因素,对未作处理的简单统计数据进行分析,常以四项指数法为代表:

(1) 交通事故的发生次数,简称事故次数。
(2) 因交通事故死亡的人数,简称死亡人数。
(3) 因交通事故受伤(可以分轻伤和重伤)的人数,简称受伤人数。
(4) 因交通事故造成的直接经济损失(一般按规定折算成货币),简称直接经济损失。

四项指数可反映出某个地区某一时期内交通事故发生的规模、总量、水平,其逐年逐月的累积数据还可以反映出交通事故的发展趋势,可用于衡量每年、每月,不同国家、不同地区或各省、市、县的交通安全状况。四项指数法统计简单,易于接受,对比度明显,可以单纯地作纵向、横向比较,但因没有人、车、路、环境等背景数据和因素,所以在不同条件下不具备可比性。

2. 事故率法

事故率是指在道路单位长度内,一定时期内发生事故的频率。

人车路的数量增加时,交通事故也自然增加。事故率法在四项指数法的基础上,以车辆数、人口数、道路里程等作为比较条件,进行评价。相对指标如下:

(1) 万车死亡率。侧重于评价机动车数量对交通事故死亡人数的影响。
(2) 10 万人口死亡率。是指一定时期内交通事故死亡人数与人口数量的比值,侧重于评价人口数量对交通事故死亡人数的影响。
(3) 亿车公里事故指标。包括亿车公里事故率、亿车公里受伤率、亿车公里死亡率等,侧重于评价交通量对交通事故的影响,可综合反映交通工具的先进性、道路状况及交通管理的现代化,也是国外评价交通安全的常用指标之一。
(4) 交通事故致死率。是指一定时期内交通事故死亡人数与交通事故伤亡总人数的比值,它可以综合反映车辆性能、安全防护设施、道路状况、救护水平等因素的影响,是衡量交通管理现代化及交通工具先进性的一个重要指标。
(5) 综合事故率。是指万车死亡率和万人死亡率的几何平均值(或万车死亡率和亿车公里死亡的几何平均值),它同时考虑了两个参数对交通安全的影响。

3. 当量事故次数与当量事故率

以事故次数、死亡人数为基础,考虑事故的严重程度,根据死亡、受伤及经济损失等对社会危害性的大小赋予不同的权值,确定当量事故次数及当量死亡人数。

当量事故率以当量事故次数(当量死亡人数)计算前面的各种事故率,当量事故率能够更综合地反映事故水平。

4. 事故强度分析法

事故强度分析法综合运用当量事故次数、当量事故率、当量汽车数、道路里程、人口总数等各种指标,建立综合事故强度分析模型和当量事故强度分析模型,分别计算综合事故强度、当量事故强度指标进行道路的交通安全评价。

7.1.2 道路交通安全的评价方法

进行道路交通安全性评价的方法,可以直接采用绝对数、事故率、致死率、事故强度等绝对或相对统计指标,分别用于区域评价、路段评价、路口评价。

1. 区域评价

区域评价以国家或省、市为研究对象,对道路交通安全进行宏观评价,目的是研究交通安全水平与经济发展、机动车保有量、人口及其构成等相关因素的关系,评价该区域的交通安全状况,并在此基础上制定技术和政策方面的道路安全性改善对策。区域评价方法有绝对数法、事故率法、模型法、事故强度法、概率-数理统计法、四项指标相对数法等。

1) 绝对数法

用事故次数、死亡人数、受伤人数及直接经济损失四项绝对指标评价安全度,是目前我国普遍使用的方法。该方法简单直观,但未涉及事故发生的主要因素的差异,不能揭示交通安全的实质。

2) 事故率法

(1) 人口事故率。常用 10 万人口死亡率作为评价指标,即

$$R_P = \frac{D}{P} \times 10^5 \qquad (7-1)$$

式中,R_P 为道路交通事故 10 万人口死亡率(人/10 万人);D 为交通事故死亡人数(人);P 为统计区域的常住人口数(人)。

(2) 车辆事故率。常用万车死亡率作为评价指标,即

$$R_N = \frac{D}{N} \times 10^4 \qquad (7-2)$$

式中,R_N 为道路交通事故万车死亡率(人/万车);N 为统计区域机动车保有量(辆)。

(3) 运行事故率。常用亿车公里死亡率作为事故的评价指标,即

$$R_T = \frac{D}{T} \times 10^8 \qquad (7-3)$$

式中,R_T 为道路交通事故亿车公里死亡率(人/亿车公里);T 为统计区域总运行车公里数。

人口事故率、车辆事故率都只能反映交通安全的不同侧面。相比而言,使用运行事故率评价交通安全较为科学,但目前难以及时掌握交通量及行车公里数量。

3) 模型法

现行模型法有两类,一类是统计分析模型,利用多元回归法建模;另一类是经验法建模。国外多用前者,国内多用后者。

(1) 统计分析模型。

模型 1 斯密德模型(详见第 1 章)。

模型 2 意大利特里波罗斯多元回归模型:

$$y = 58.770 + 30.322x_1 + 4.278x_2 - 0.107x_3$$
$$-0.776x_4 - 2.87x_5 + 0.147x_6 \tag{7-4}$$

式中，y 为人口事故率（死亡人数/10 万人）；x_1 为交通工具机动化程度（km/km²）；x_2 为平均每平方公里道路长度；x_3 为居住在大城市中的人口比例；x_4 为 19 岁以下青年所占人口比例；x_5 为 65 岁以上的老年人口比例；x_6 为小客车与出租汽车在车辆中所占的比例。

(2) 经验法模型。经验法常用评价模型如下：

$$R = \frac{D_d}{365 \times K_1 \times 10^3} \tag{7-5}$$

$$D_d = D_1 + \alpha_1 D_2 + \alpha_2 D_3 + \alpha_3 D_4 \tag{7-6}$$

式中，D_d 为当量死亡人数（人）；D_1 为交通事故直接死亡人数（人）；D_2 为交通事故轻伤人数（人）；D_3 为交通事故重伤人数（人）；D_4 为交通事故直接经济损失（万元）；K_1 为经换算后的区域道路长度内车辆运行公里数；α_1、α_2、α_3 分别为轻伤、重伤、经济损失折算成死亡的当量系数。

该方法是一种较为科学的评价模式，但需收集交通量与各种相关参数。

4) 事故强度法

(1) 综合事故强度分析法。计算公式为

$$K = \frac{M \times 10^4}{\sqrt{RCl}} \tag{7-7}$$

式中，K 为死亡强度指标，K 越小，安全度越高；M 为当量死亡人数，M = 死亡人数 + $0.33 \times$ 重伤人数 + $0.10 \times$ 轻伤人数 + $2 \times$ 直接经济损失（万元）；R 为当量人口数，$R = 0.7P$（P 为人口总数）；C 为当量汽车数，C = 汽车 + 0.4 摩托车和三轮车 + 0.3 自行车 + 0.2 畜力车；l 为不同道路条件下的修正系数，如表 7-1 所示。

表 7-1 不同道路条件下的修正系数 l

公路等级	里程/km				
	<50	50~500	500~2000	2000~10000	>10000
一级	0.8	0.9	1.0	1.1	1.2
二级	0.9	1.0	1.1	1.2	1.3
三级	1.0	1.1	1.2	1.3	1.4
四级	0.9	1.0	1.1	1.2	1.3
等外	0.8	0.9	1.0	1.1	1.2

(2) 当量事故强度。当量综合死亡率指标公式为

$$K_d = 10^3 \frac{D_d}{\sqrt[3]{PN_d L}} \tag{7-8}$$

式中，K_d 为当量综合死亡率；D_d 为当量死亡人数；N_d 为当量车辆数；L 为道路里程（km）。

K_d 采用了当量值，考虑的因素较全面，基本概括了人、车、路对交通事故的影响，可比性明显增加，评比范围扩大，基本可以满足一个国家或地区交通安全情况评价的需要。但当量死亡人数、当量车辆数、道路里程的标准化等问题尚需研究。基于我国现状，使用当量事故强度指标进行交通安全的评价比较合适。

5) 概率-数理统计法

计算公式为

$$Z=\frac{Y-\tilde{Y}}{\sqrt{\bar{Y}}} \quad (7-9)$$

式中，Y 为事故的数量；$\tilde{Y}$ 为事故理论允许值；$\bar{Y}$ 为事故发生次数的估计值。正常事故数：$-1.96 \leqslant Z \leqslant 1.96$；异常事故数：$Z<-1.96$ 或 $Z>1.96$。

6) 四项指标相对数法

四项指标相对数法是把不同类型道路交通四项绝对指标的绝对数占总数的百分比作为一个相对指标，计算公式为

$$\eta=\frac{A_i}{\sum A_i}\times 100\% \quad (7-10)$$

式中，η 为指标的相对数；A_i 为不同道路类型的交通事故指标的绝对数；$\sum A_i$ 为各种道路类型的事故指标总数。

应用四项指标相对数法可以从总体上对各种类型道路的交通事故情况进行分析，确定不同类型道路的交通事故分布比例。

2. 路段评价

路段评价是微观评价，是以一条或者一段道路为研究对象，研究道路、车辆、交通及环境等因素与交通事故的关系，从不同角度分析影响道路安全、引发交通事故的各种具体因素，为改善道路交通安全状况制定技术与政策措施。

1) 绝对数事故率法

绝对数事故率法是将绝对数法和事故率法结合起来评价交通安全的方法。它以事故绝对数为横坐标，以事故率为纵坐标，如图 7.2 所示。

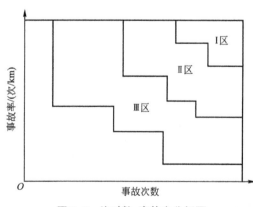

图 7.2 绝对数-事故率分析图

按事故绝对数和事故率的一定值，在图上划出不同的危险级别区，Ⅰ区、Ⅱ区、Ⅲ区分别代表不同的危险级别区，Ⅰ区处于图形的最右上角，是最危险区，亦是道路交通事故数和事故率均为最高的事故多发地点。据此，可以直观地判断不同路段的安全度。Ⅱ区次之，Ⅲ区再次之。

2) 交通事故率法

路段交通事故率指标，以每亿车公里交通事故次数表示，即

$$AH=\frac{N}{Q \cdot L}\times 10^8 \quad (7-11)$$

式中，AH 为事故率(次/亿车公里)；L 为路段长度(km)；Q 为年交通量总数(辆/年)，$Q=365\times AADT$(年平均日交通量)；N 为一年内路段内发生的交通事故次数。

交通事故率表征了某一路段发生交通事故的危险程度，与交通参与者遵章行驶的状态以及交通流量的大小紧密相关，是较为科学的路段安全评价指标。

3. 路口评价

路口评价也是微观评价，是以交叉口为研究对象，研究道路、车辆、交通及环境等因素与交通事故的关系，从不同角度分析影响道路安全、引发交通事故的各种具体因素，为改善道路交通安全状况制定技术与政策措施。

1) 事故率法

交叉口事故率用每百万辆车发生交通事故的次数表示，即

$$A_I = \frac{N}{M} \times 10^6 \tag{7-12}$$

式中，A_I 为交叉口事故率(次/百万辆车)；N 为交叉口范围内发生的事故次数；M 为通过交叉口的总车辆数。

2) 速度比辅助法

速度比以通过交叉口的机动车行驶速度与相应路段上的区间车速的比值表示，即

$$R_I = \frac{v_I}{v_H} \tag{7-13}$$

式中，R_I 为速度比；v_I 为路口速度(km/h)；v_H 为区间车速(km/h)。

一般情况交叉口冲突点多，行车干扰大，车速低，甚至往往出现行车阻滞现象。速度比能够表征交叉口的行车秩序和安全管理状况。速度比是一项综合指标，是一个无量纲的值，它与交通事故率法结合使用，更具有可比性。

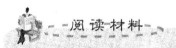
阅读材料

路段评价

研究区域：乌鲁木齐市天山区内的红山路、新华南北路、人民路、中山路、解放北路、光明路、青年路共同组成的路网。

统计数据：该路网3年内的事故总数为691起，总运行车公里数即路网内各条道路统计年内的总运行车公里数之和为311439956.9车公里；其中，新华北路(西大桥—大西门)的平均日交通量为29685.6辆/天，路段长度0.6km，统计年内的事故总数42起。其中新华北路(金谷大厦段)的平均日交通量为29253辆/天，路段长度0.1km，统计年内的事故总数15起。

试分析新华北路(金谷大厦段)是否为危险路段。

解： 应用基本的事故率法的亿车公里事故指标。

新华北路平均事故率(亿车公里事故指标)：

$$\overline{A} = 42 \times 10^8 / (365 \times 29685.6 \times 3 \times 0.6) = 215(次/亿车公里)$$

新华北路(金谷大厦段)的实际事故率(亿车公里事故指标)：

$$A = 15 \times 10^8 / (365 \times 29253 \times 3 \times 0.1) = 468(次/亿车公里)$$

因为 $A = 468 > \overline{A} = 215$，可以判定新华北路(金谷大厦段)为交通事故危险路段。

4. 其他评价方法

由于道路各区域间的指标在时空上的不可比性，在反映道路交通安全程度方面都有一

定的局限性。因此，道路交通安全评价又有系统分析方法和交通冲突方法等。

1) 系统分析方法

系统分析方法综合考虑各种交通事故指标，对已知信息进行筛选、加工、延伸和累加，运用灰色系统理论、层次分析、模糊数学等，采用定量和定性相结合手段，综合评价交通安全水平，从而达到评价道路交通安全的目的。

该法在选取交通事故评价指标和确定安全评价指标的权值时受人为因素影响较大，而且不能进行显著性统计，因而该法的客观适用性也在某种程度上受到限制。

2) 交通冲突方法

交通冲突技术是国际上用于定量研究多种交通安全(特别是地点安全)问题及其对策的重要方法，其缺陷表现为评价周期过长、事件统计不完善、事件的发生具有随机性，不易观测等。

7.1.3 交通安全综合评价指标

1. 交通安全评价指标体系的功能

道路交通安全评价指标体系有两种功能：

（1）认识功能。是指该指标体系能使管理部门认识到辖区内交通事故的总体规模和危害程度。

（2）激励功能。是指管理部门可以根据指标判断辖区内交通事故的发展趋势、本辖区与其他区域之间管理水平上的差距，从而激励自身寻求提高管理水平的途径。

2. 评价指标体系的结构

道路交道安全综合评价指标体系包括事故总量指标、事故率指标、管理水平指标 3 类指标。其组成结构如图 7.3 所示。

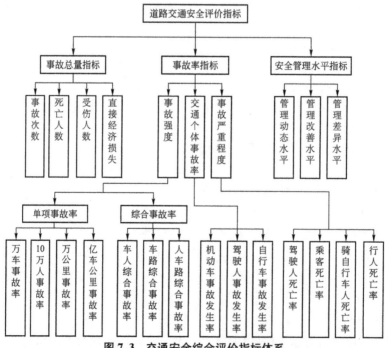

图 7.3 交通安全综合评价指标体系

事故总量指标和事故率指标是向管理部门提供认识功能，安全管理水平指标则主要是提供激励功能。三类指标是一个相互联系的整体，是进行事故宏观分析和宏观管理的依据。其中，总量指标比较粗略，但它是其他一切指标的数据基础；事故率指标是比较通用的指标，管理水平指标可以从管理角度促进技术水平的提高。

7.2 交通事故预测

7.2.1 交通事故预测的意义和分类

交通事故预测是对可能发生的事故做出估计和推测，它是以过去和现在的交通安全状态及其相关数据为基础，考虑相关因素的变化，分析未来事故的危险程度和发展趋势，从而对交通事故未来状态做出描述，以便能及早采取措施进行防治。

交通事故预测的意义体现在以下几个方面：

(1) 预测交通事故的发展趋势，为制定预防交通事故对策和交通安全宣传教育提供依据。

(2) 预测交通事故的变化特点，为制定针对性防范措施和交通法规提供依据。

(3) 预测交通事故的近期状态特征，为制定合理的交通安全管理目标提供依据。

(4) 预测控制条件下的交通事故状态，对交通安全措施的可行性和实施效果进行合理评价。

交通事故预测按范围不同可分为宏观预测和微观预测；按预测结果可分为定性预测和定量预测。其中，宏观预测是指对时间较长或较大区域范围的交通事故总体状况及其变化趋势的预测；微观预测是对时间较短或某一地点、路段交通事故变化状况的预测。定性预测是运用定性预测技术，对未来一定时期内的交通事故状况做出定性的预断；定量预测是运用定量分析技术，对未来一定时期内的交通事故状况做出数量的估计。定性预测除单独使用外，还常与定量预测结合使用，用作定量预测的先期分析和后期判断，有助于提高预测精度。

7.2.2 交通事故预测程序

交通事故预测一般分为三个阶段。第一阶段是设计，从确定预测目标开始，通过收集、分析有关信息，到初步选定预测技术；第二阶段是建模，建立预测模型并验证模型的合理性；第三个阶段是评价，进行预测并对预测值进行检验、评价，在此阶段要综合分析各主要相关因素的影响，并采用多种方法研究和修正，通过科学判断后，得到预测结果。此后，还要对预测结果跟踪监测，以证实是否适用，并在必要时修正预测值。交通事故预测程序框图如图 7.4 所示。

1. 确定预测目标

预测目标主要指预测的项目、类型、范围，以及预测精度要求等。预测目标应根据决策的要求确定，预测目标直接影响预测过程的具体要求和做法。

2. 收集并分析有关信息

有关信息是指与交通事故预测相关的各种数据和资料，是进行预测的基础。因此，应根据预测目标的具体要求，收集预测所需的各种数据和资料；同时，对收集的各种信息进行分析、处理，整理出真实而可用的信息。事故预测的内在变量资料主要通过交通事故档案和统计报表获得；外在影响因素资料主要从国家及有关管理部门统计资料或信息中心数据库获得。

3. 选择预测技术

每项预测可以使用多种预测技术，但由于预测目标的要求，预测条件和环境的限制，实际中，通过对不同预测技术之间的比较分析，选择一种或几种预测技术。

4. 建立预测模型

选定了预测技术后，就要估计预测模型的参数，建立预测模型。通过检查和评价，确定预测模型能否反映交通事故未来的发展规律。如果能反映交通事故未来的发展规律，则说明该模型可用；如果不能或相差较大，则应舍弃该模型，重新建立模型。

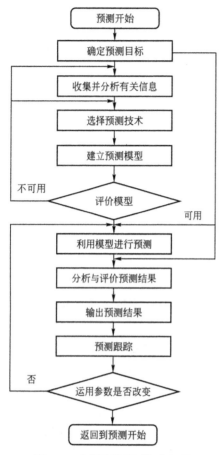

图 7.4　交通事故预测程序框图

5. 进行预测

根据收集的数据和资料，利用预测模型，进行预测计算或推测出预测结果。

6. 分析与评价预测结果

利用预测模型预测的结果，有可能与实际不完全相符。因此，有必要对预测结果加以分析和评价。通常的做法是：

（1）根据经验检查、判断预测结果的合理性和真实性，并对预测结果加以修正。
（2）采用不同方法进行预测，然后经过比较或综合，确定出最佳预测结果。
（3）分析政策、重大事件及突变因素对交通事故的影响，对预测结果进行合理修正。

7. 预测结果跟踪

输出预测结果后，还需要对可能得到的实际数据进行跟踪，以便解释预测结果或必要时进行修正，并在预测过程中不断地修改完善预测模型，使之继续适用；同时，对预测结果的跟踪有利于分析预测误差的主要原因。

7.2.3 交通事故预测方法

在交通事故预测中，不同的预测方法其预测效果和范围也有所不同，简要说明如下：

(1) 判断法。该法预测属于定性预测，常用于较大区域(国家或省)的道路交通事故总体发展趋势预测。

(2) 专家会议法。预测交通事故简便易行，有助于互相启发与补充，容易产生一致意见。但在实施过程中容易受到社会压力、多数人的观点和权威人物意见的影响。因此，预测结果不一定能反映各位专家的真实想法。

(3) 德尔菲法。德尔菲法融合了专家个人判断和专家会议的优点，同时又避免了二者的缺陷。它具有匿名性、反馈性和收敛性等特点。因此，采用德尔菲法获得的预测精度比其他判断方法要高一些，但毕竟还是专家的主观判断。

(4) 时间序列分析法。时间序列分析法也称趋势外推法，它属于定量预测方法。在交通事故预测中，常用的时间序列分析法有移动平均数法、加权移动平均数法、指数平滑法和趋势调整指数平滑法等。时间序列分析法适用于县、区小范围的、微观的短期交通事故预测。

(5) 回归分析法。该方法能较好地反映交通事故与诸影响因素的因果关系，能较容易地建立模型和检验预测结果。但是，回归分析要求样本量大、数值波动小、规律性强，否则其预测精度便受到影响；另外，由于回归分析注重对过去数据的拟合，其外推性能较差，对变化趋势反应迟钝。在交通事故预测实践中常用的有一元回归、多元回归和逐步回归等方法。

(6) 灰色预测。应用灰色理论 GM (1.1) 模型，将一个地区的道路交通系统视为灰色系统，把交通事故当作灰色量，对影响交通事故的有关因素进行关联分析，找出主要的影响因素，建立生成数列和灰色预测模型。

道路交通事故是一种复杂的随机现象，它不仅与交通管理水平、驾驶人及车辆有关，而且受道路条件、交通组成、人的交通行为、社会经济及政治等各因素的影响。因此，交通事故的变化规律也呈现出复杂性、多样性的特点。选择交通事故预测技术，一定要根据具体的预测目标、数据性质，预测精度要求等条件综合考虑，确定合理有效的预测方法。

阅读材料

交通事故回归分析预测

(1) 道路现状：石家庄市井陉县境内的 307 国道地处山区，地理位置复杂，山区弯道、坡道多，不规则路型多，视线不良，路况差；管理水平低，无全程监控，警力不足，安全隐患多；途经村镇较多、交通参与者为附近村民，安全意识、安全法规淡漠，是事故频发路段。

(2) 研究区域：选取桩号 333.5～334.0km 路段，该地段平曲线半径在 300～500m，纵坡度为 3%～4%，为双四车道。3 年间共发生事故 57 起，其中事故最多的一年发生 29 起。

(3) 路段参数：实际操作中各参数相对应的量值由最小二乘法获得(见表 7-2)。

表7-2 路段参数实测值、量化值及权重系数

参数类型	驾龄/年			平曲线半径			纵坡/(%)		
实测值	≤3	(3, 6]	(6, +∞)	[0, 500]	(500, 1500]	(1500, +∞)	[0, 2]	(2, 4]	(4, 100]
量化值	0.5172	0.3103	0.1725	1	0	0	0	1	0
权重系数	0.4921	0.0140	0.0009	0.3469	0.1532	-0.0530	0.0018	0.0813	0.1251
参数类型	路面状况				路口路段类型				
实测值	潮湿	积水	积雪	平坦	丁字口	十字口	立交	桥梁	普通道路
量化值	0.4828	0.1379	0.2069	0.1724	0	0	0	0	1
权重系数	0.0028	0.0551	0.0183	-0.0021	0.5842	0.4719	0.0411	0.2923	0.0765

（4）事故率回归模型：

$$\hat{y} = \sum_{i=1}^{n} \sum_{j=1}^{m} b_{ij} \times u_{ij} \tag{7-14}$$

式中，b_{ij}为第i类参数类型中第j个参数的权重系数；u_{ij}为第i类参数类型中第j个参数的量化值；m为第i类参数的个数；n为参数类型的数量。

（5）预测事故率：
$$\hat{y} = 0.4912 \times 0.5172 + 0.014 \times 0.3103 + \cdots + 0.0765 \times 1 = 0.7761$$

（6）实际事故率

该路段年平均日交通量为1145辆/天，年累计车辆数为41.7925万辆，按事故最多的一年29起，计算出实际事故率为0.6939。

（7）事故治理：对道路结构进行改善设计，提高道路参与者的安全意识，加强管理。

7.3 交通冲突分析方法

交通冲突与交通事故的发生都是道路使用者相互作用的过程。交通事故作为交通不安全状况的集中体现，能够很好地表征道路交通安全程度，但需要大量详细的事故统计数据。

相比于交通事故，交通冲突分析更加直观，可以从现场直接观测，同时交通冲突和交通事故有着极强的相关性，可以应用交通冲突技术进行交通事故预测及安全评价。

7.3.1 交通冲突技术

交通冲突技术是依据一定的测量方法与判别标准，对交通冲突的发生过程与严重程度进行定量测量和判别，并应用于安全评价和预测的一种技术方法，是一种非事故统计交通安全评价方法。

1. 交通冲突的定义

交通冲突的基本定义是：在可观测的条件下，两个或两个以上道路使用者在空间和时

间上相互接近，以至于如果任何一方不改变其运行轨迹，将会发生碰撞。

相似于交通事故，交通冲突也可表述为两个交通行为参与者在空间运动相互作用的结果。就此而言，交通事故同属于交通冲突范畴，交通事故与交通冲突的成因及发生过程完全相似；两者之间的主要区别在于是否存在损害后果。换言之，凡造成人员伤亡或车物损害的交通事件称为交通事故，否则称为交通冲突。

2. 交通冲突的产生过程

当车辆几乎不受干扰通过时，则表示车辆正常通过；当车辆需要采取转向、减速等避险行为才能通过时，则表示车辆产生了冲突。冲突产生是两个做相对运动的物体在一定时间内，向事故接触点逼近的空间变化趋势的过程。

3. 交通冲突的分类

根据参与者的不同，交通冲突可分为机动车与机动车冲突、机动车与行人（非机动车）冲突两类。

根据交通冲突点的不同，可分为交叉冲突、合流冲突、分流冲突。图7.5为四路平面交叉口的冲突点及其交叉点、合流点、分流点等冲突类型。其中，分流点是指同一行驶方向的车辆向不同方向分离行驶的地点；合流点是指来自不同行驶方向的车辆以较小的角度，向同一方向汇合行驶的地点；交叉点是指来自不同行驶方向的车辆以较大的角度相互交叉的地点。

根据度量参数的不同，可分为空间距离法、时间距离法。

根据交通危险事件的严重性，交通冲突可分为非严重冲突和严重冲突两类，或分为一般冲突、中等冲突和严重冲突三类。

根据测量对象的运动方向可分为左转弯冲突、直行冲突、右转弯冲突。

根据发生冲突的状态可分为正向冲突、侧向冲突、超车冲突、追尾冲突、转弯冲突。

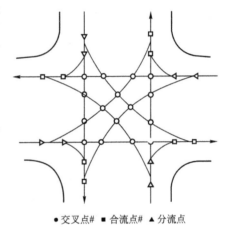

● 交叉点#　■ 合流点#　▲ 分流点

图 7.5　平面交叉口的冲突点

7.3.2　交通冲突与交通事故的关系

1. 相关性

交通冲突的实质是交通行为不安全因素的表现形式，其发展既可能导致事故发生，也可能因采取的避险行为得当而避免事故发生。事故与冲突的成因与前期过程完全相似；两者的唯一差别在于是否发生了直接的损害性后果，因而事故与冲突存在着极为相似的形式。事故与冲突的关系可用冲突的严重性程度进行描述。根据交通危险事件的严重性又可将其具体分为无干扰通过、非严重冲突、严重冲突和事故，其数量关系呈塔形分布，如图7.6所示。交通冲突研究的关键在于判定是否为严重冲突，以及确定严重冲突与事故的定量关系。

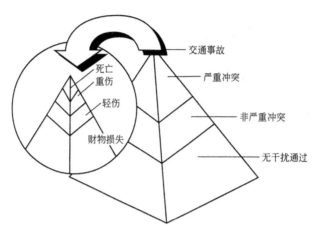

图 7.6 交通冲突与交通事故的关系

2. 替换性

交通冲突与交通事故,尤其是严重冲突与交通事故之间有着良好的线性关系。因此尽管冲突与事故的发生概率存在着差异,但这种差异具有线性特征且呈一定的规律性,两者相应的各项代表性参数存在着某种强相关关系,即交通冲突对交通事故具有替换性。

交通冲突的研究为弥补交通碰撞研究提供了一种最为有效的方法,可以作为独立的交通安全评价方法使用。

7.3.3 交通冲突技术在交通事故预测中的应用

交通冲突技术是深入分析事故集中地点的诊断工具,是鉴别事故危险点的重要手段,目前国内外常用的基于交通冲突的交通事故预测模型主要有以下几种。

1. Glouz 模型

美国人 W. D. GLouz 等在 1982 年对大堪萨斯城地区 46 个信号与无信号控制交叉口的事故与冲突进行调查,将事故和冲突分为 12 种类型,建立模型如下:

$$A_0 = C_0 R \tag{7-15}$$

$$\text{var}(A_0) = \text{var}(C)\text{var}(R) + C_0^2 \text{var}(R) + R^2 \text{var}(C) \tag{7-16}$$

式中,A_0 为预测事故率;C_0 为预测冲突率;R 为某类型交叉口事故估计冲突率。

2. 线性回归预测法

影响道路交通事故的因素很多,线性回归预测多数是利用多元线性回归方程,通过寻找与因变量具有较强关联的因素作为自变量,计算回归系数,并经过相关分析和显著性检验后,最终确定回归预测模型。

(1) 一元回归预测模型。国外大量的研究表明,交通冲突与事故之间有着良好的线性关系,根据统计获得的事故数据和观测得到的冲突数据,回归分析可以得到严重冲突与事故之间的换算关系。国内已有的研究中根据大量调查结果,得到的关系式如下:

$$y = 4.638 \times 10^{-2} x - 0.371 \tag{7-17}$$

式中,y 为年均交叉口的事故次数;x 为时均交叉口的严重冲突数。

(2) 多元回归预测模型。设一个因变量 y,m 个自变量 $x_1, x_2, x_3, \cdots, x_m$,假设

它们之间有线性关系式为

$$y = \beta_0 + \beta_1 x_1 + \beta_2 x_2 + \cdots + \beta_m x_m \tag{7-18}$$

因变量 y 是交叉口的年均事故次数，自变量 x 的选择见表7-3。

表7-3　安全影响因素分析表

序号	变量	参　　数
1	避险行为	制动、转向、加速、制动+转向、加速+转向
2	流量分布	特大流量、大流量、中等流量、小流量
3	出行日期	星期一、星期二、星期三、星期四、星期五、星期六、星期日
4	冲突状态	正撞、侧撞、超车、追尾、转弯、自行车横穿、行人横穿
5	责任者	大货、大客、小货、中巴、小客、摩托车、自行车、行人

根据对交叉口的冲突相关调查结果，采用SAS软件进行多元逐步回归分析建立事故次数预测模型如下：

$$y = 2.33 - 0.44 x_1 + 0.33 x_2 + 0.39 x_3 + 0.94 x_4 + 0.4 x_5 \tag{7-19}$$

3. 非集计模型

非集计模型以随机效用理论为基础，描述每个交通参与者的交通出行行为，直接使用调查数据，通过减少数据集计环节防止信息丢失。所需数据较少，大大节约了调查成本，并且在建模中操作比较简单，模型可移植性较强，能包含较多的变量，提供更多的备选方案。

基于交通冲突技术的非集计统计事故预测模型如下：

$$y_i = N_i \beta_i \tag{7-20}$$

$$y = \sum_{i=1}^{n} N_i \beta \tag{7-21}$$

式中，y_i 为不同类型的事故次数；N_i 为不同类型的交通冲突数；β_i 为不同类型的校验参数，与交通控制方式、交通量、车速、几何条件、环境条件、驾驶人、车辆等因素有关，通过对数据线性回归得到；y 为年均事故次数；β 为校验参数。

7.3.4　交通冲突技术在道路交通安全评价中的应用

1. 评价方法

基于交通冲突技术进行道路交通安全评价的基本思路是，在采集冲突数据的基础上，以冲突数或冲突率为指标，通过比较指标数值的大小完成安全评价工作；或采用一定的数学方法(如灰色理论、模糊数学等)对采集到的冲突数据进行分析处理，进而对考察对象的交通安全状况进行定量描述，常用指标如下：

(1) 以冲突数为指标。通过比较一定观测时段内的绝对冲突数，得出交通安全状况的优劣顺序。

(2) 以冲突率为指标。冲突率同时考虑冲突数和交通量，以时均冲突率作为衡量指标，即小时冲突数与小时当量交通量的比值，通过比较指标数值的大小，对交通安全状况进行评价。

(3) 仍以冲突率为指标，采用一定的数学方法对指标进行处理，最终得到安全评价结果。该种方法在数据采集上通常较为系统，且在评价指标的处理上也较为科学，是目前被研究较多的方法。

基于交通冲突技术对道路交通安全进行评价有两种方法：一种是考虑不同严重程度的冲突对安全的影响，运用灰色理论的相关方法对多个评价指标进行分析处理，对安全状况进行评价；另一种方法在分析交通冲突产生机理的基础上，从交通安全的影响因素出发，通过各影响因素对交通安全影响程度的分析，建立交通安全度评价模型，并利用该模型进行安全评价。

由于采用冲突的方法进行安全评价是基于数据采集的一种定量分析方法，要保证安全评价结果的准确性，其基本前提就是冲突数据的有效获得，并在此基础上，采用合适的数学方法对评价指标进行分析处理，最终得到安全评价结果。

2. 基于交通冲突评价指标模型

把交叉口的交通量和交通冲突数据作为评价的动态数据源，把交叉口交通安全水平确定在某一区域内，对其交通安全状况给予评价，这是基于交通冲突技术的交叉口安全评价的基本思路。

(1) 冲突点。在没有交通控制的平交口，通过几何作图方法，其交通冲突点的分布可以用以下数学公式表达：

$$c_j = n^2(n-1)(n-2)/6$$
$$c_i = n(n-2)$$
$$c_k = n(n-2) \tag{7-22}$$

式中，c_j 为交叉冲突点数量；c_i 为合流冲突点数量；c_k 为分流冲突点数量；n 为相交道路数。

按上述公式，四路无控交叉口有 16 个交叉冲突点，8 个合流冲突点，8 个分流冲突点。该法用于分析交叉口车流潜在的冲突点数，进行微观的安全度估计，适用于进口车道为单车道的交叉口。

(2) 冲突率。相似于交通事故率，交通冲突也有各种表示方法，典型的有单位时间内冲突数、单位时间内每千辆产生的冲突数和单位交通量所产生的冲突数。交叉口冲突率计算公式为

$$P = \frac{交叉口冲突数}{产生冲突总时间} \tag{7-23}$$

$$P_n = \frac{交叉口冲突数}{1000\ 辆车 \times 产生冲突总时间} \tag{7-24}$$

$$P_c = \frac{交叉口冲突数}{交叉口交通量} \tag{7-25}$$

式中，P 为单位时间内冲突数；P_n 为单位时间内每千辆通过平面交叉口产生的冲突数；P_c 为单位交通量通过平面交叉口所产生的冲突数。

冲突率能够表征冲突与产生冲突的时间以及交通量的一种关系，优于冲突数表示方法。

(3) 冲突严重度。在冲突严重性划分的基础上，可以用冲突严重性指标建立评价模型对交叉口安全度进行评价。常用模型如下：

$$RI_j = \sum_{i=1}^{n} RI_{ij} \tag{7-26}$$

$$RI_{ij} = K_i \times (IV)_{ij} \tag{7-27}$$

$$K_i = \frac{W_i}{\sum_{i=1}^{n} W_i} \qquad (7-28)$$

式中，RI_j 为平面交叉口 j 的危险度；RI_{ij} 为平面交叉口 j 的第 i 种冲突危险度；K_i 为第 i 种冲突的相对权重；$(IV)_{ij}$ 为第 i 种冲突在平面交叉口 j 的冲突数或冲突率；W_i 为第 i 种冲突的严重性分值。

上述模型中的 W_i 是基于主观定量的标准，如可以把冲突严重程度划分为 3 等，一般冲突分值为 1.0，中等冲突分值为 2.0，严重冲突分值为 3.0。$(IV)_{ij}$ 与参与冲突的交通量相联系，可以定义为每千辆车所产生的冲突数或每小时所产生的冲突数。

3. 道路交通安全评价

1) 路段交通冲突预测法

路段交通安全评价是以判别严重冲突为基础，因为严重冲突与交通事故之间具有良好的相关性，严重冲突可以反映路段安全度以及变化趋势，其严重性也反映了交通参与者的安全感的好坏。

路段每天的严重冲突较好地服从泊松分布。时段 t 内的预测冲突值 λ，根据极大似然估计，近似认为 $\lambda = \bar{x}$，x 是由长期观测的冲突数据得出的。根据质量控制法的原理，在确定安全状况好坏时，需要确立一个临界值。因此，在对单个路段进行安全判定时，引入冲突概率分布的 α 分位点，选择一恰当的分位点的冲突值 ξ 作为判定正常与异常的标准，ξ 称为"临界冲突值"。

当某一路段的预测冲突值 λ 大于临界冲突值 ξ 的概率大于显著水平 α 时，那么该路段就可以认为是一个"事故危险点"。

基于中心极限定理和拉普拉斯定理，可以使用下式近似求解临界冲突值 ξ，即

$$\xi = X \approx \lambda + Z_{\frac{\alpha}{2}} \sqrt{\lambda} \qquad (7-29)$$

根据一般工程可靠性的要求，90% 以上的可信度完全能够满足精度要求，因此选择概率分布函数的 90% 分位值 C_{90} 作为冲突是否异常的判定标准。也就是说，观测到的每天冲突值小于 ξ 的概率为 90%，如果某天观测的冲突数大于该值，就认为该路段在安全性方面发生了显著的变化，出现了不安全因素，应当作为一个事故危险点来进行治理。

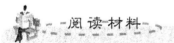阅读材料

交通冲突预测法应用

(1) 观测数据：昆明市人民东路的 100m 路段进行连续 4 天的严重冲突观测，如表 7-4 所示。

表 7-4 昆明市人民东路路段连续 4 天的严重冲突统计结果

严重冲突	第一天	第二天	第三天	第四天	均值 λ	临界值 ξ
追尾冲突	238	228	225	196		
横穿冲突	240	257	289	199		
合　计	478	485	514	395	468	503

(2) 预测分析

期望冲突值：$\lambda=(478+485+514+395)/4=468$。

冲突临界值：90%的置信水平下，$Z_{\frac{a}{2}}=1.645$，$\xi=468+1.645\sqrt{468}=503$。

在连续4天的冲突观测中，第三天的冲突数据超过了冲突临界值，因此认为该路段是事故危险点，在安全方面需要改善。

2）路口交通冲突预测法

交叉口的交通安全状况取决于相交或者横穿车流的方向、相对交通量、交叉点、分流点与合流点的数目以及这些冲突点之间的距离，通过某个冲突点的车辆越多则发生事故的概率就越高。车辆在冲突点上的行车方向对车流相交时引起的事故的严重性起决定作用。

德国拉波波尔特提出交叉口的危险度为

$$G=\sum_i \frac{\alpha_i \beta_i}{10} \qquad (7-30)$$

式中，G为每一种交叉口方案的危险度；α_i为交叉口中i冲突点的危险系数；β_i为交叉口中i冲突点的冲突交通量。

G越大，则交叉口的设计对交通越不合适，道路交通事故的概率也越高，不同交通流相交角度与α值如表7-5所示。

表7-5 交叉口不同车流相交角度的α值

交叉口的危险点		冲突点布置形式	
		分散式	密集式
分流点		2	1
合流点		4	2
交叉点 (相交车流的 交叉角度)	30°	6	3
	60°	8	4
	90°	12	6
	120°	14	7
	150°	18	9
同一车道对向冲突		20	10

苏联洛巴诺夫考虑不同的车流方向、转弯半径以及车流之间的交角，提出平面交叉口冲突点处可能发生事故数的计算公式，通过1000万辆汽车时冲突点上可能发生的交通事故数量为

$$g_i=K_i M_i N_i \frac{25}{K_{月}} \times 10^{-7} \qquad (7-31)$$

式中，g_i为交通事故数（次/百万辆车）；K_i为冲突点i的相对事故率；M_i、N_i分别为i冲突点上交叉的次要道路与主要道路的交通量（辆/日）；$K_{月}$为年交通量月不均匀系数。

式(7-31)中的系数 25 是考虑一个月平均的工作天数,对于新设计的道路,$\frac{25}{K_月}$ 的比值可取 365。不同道路交通条件下的 K_i 值如表 7-6 所示。

表 7-6 不同道路交通条件下的 K_i 值

交通条件	行车方向	交叉口特点	交叉口的 K_i 值	
			无渠化设施	有渠化设施
车流合流	右转弯/m	$R<15$	0.0250	0.0200
		$R \geqslant 15$	0.0040	0.0020
	左转弯/m	$R \leqslant 10$	0.0320	0.0020
		$10<R<25$	0.0025	0.0017
车流交叉	交叉角度	$\alpha \leqslant 30°$	0.0080	0.0040
		$50° \leqslant \alpha \leqslant 75°$	0.0036	0.0018
		$90° \leqslant \alpha \leqslant 120°$	0.0120	0.0060
		$150° \leqslant \alpha \leqslant 180°$	0.0350	0.0175
车流分流	右转弯/m	$R<15$	0.0020	0.0200
		$R \geqslant 15$	0.0060	0.0060
	左转弯/m	$R \leqslant 10$	0.0300	0.0300
		$10<R<25$	0.0040	0.0025
两种转弯的车流	车流向两个方向分流	—	0.0015	0.0010
	左转弯车流的交叉点	—	0.0020	0.0005
	转弯车流的合流点	—	0.0025	0.0012

交叉口的危险度,用表征 1000 万辆汽车通过交叉口发生的道路交通事故数量的交通安全指标 K_a 来评价:

$$K_a = \frac{\sum_{i=1}^{n} 10^7 g_i k_月}{25(M+N)} = \frac{\sum_{i=1}^{n} K_i M_i N_i}{(M+N)} \tag{7-32}$$

式中,M、N 分别为次要道路与主要道路上的交通量(辆/日)。

根据交通安全指标 K_a 值,把交叉口按照危险度划分的等级如表 7-7 所示。

表 7-7 交叉口的危险度等级划分

交叉口危险度	不危险	稍有危险	危险	很危险
K_a 值	<3	3~8	8~12	>12

1. 交通安全评价的指标有哪些？有哪些评价方法？
2. 为什么要进行交通事故预测？如何进行预测？
3. 交通事故预测的方法有哪些？
4. 什么是交通冲突？交通冲突技术在交通安全评价和交通事故预测中有哪些应用？

第 8 章
道路交通管理与交通安全

 本章教学要点

知识要点	掌握程度	相关知识
道路交通管理概述	加深对道路交通管理重要性的认识，掌握道路交通管理的相关概念、基本内容与职能、道路交通管理方法、道路交通管理的基本原则等主要内容	强化道路交通管理与预防与降低道路交通事故发生率的关系及积极作用
道路交通法规与交通安全	深入理解道路交通安全法规与交通安全之间的内在关系，掌握道路交通法规的相关概念、主要内容、体系构成及《道路交通安全法》的立法原则	我国道路交通安全的法律法规体系；我国《道路交通安全法》的实践效果与补充完善过程
道路安全审计与事故预防	加深道路安全审计对预防道路交通事故重要性的认识，掌握道路安全审计的相关概念、不同审计阶段相对应的审计内容及其要求	道路安全审计的起源、效果确认、受到全面重视的原因及未来发展趋势
交通事故紧急救助	深刻认识道路交通事故救援对挽救伤者生命的重要性，掌握交通事故紧急救援系统的构成及主要子系统的作用与功用、交通事故救援现场管理	国外交通事故救援的发展过程；交通事故受伤者死亡高峰与紧急救援之间的内在关系

瑞典"道路安全零事故"交通安全政策解析

"道路安全零事故"是瑞典于1997年制定的一个交通安全政策。该交通安全政策的最终目标是：实现道路交通事故零死亡或零重度创伤，适合于任何致力于建设安全道路交通体系的国家借鉴。

这一道路安全政策，将保护最脆弱的道路使用者置于核心地位，是逐步改善道路安全的长期战略。根据这一政策，如果不改变体系内在的安全性能，那么降低死亡的唯一有效出路就是减慢车速。相反，如果不能接受车速的显著减慢，那么就需要增加投入，改善交通体系内在的安全性，达到能够接受的流动性水平。

瑞典将主要投资用在可能同其他机动车发生冲突的路段上，加强车速管理以及加强车辆碰撞保护和设施之间的联系。其他的投入用于修建更多保护性的路旁设施，将道路使用者同速度超过60~70km/h的车辆分离。为了保护行人安全，在可能存在车辆和行人潜在碰撞危险的地方限速30km/h，或者利用交通设施隔离开行人和车辆。

"道路安全零事故"交通安全政策的四个基本原则是：以人为本、责任、安全理念以及创建变化机制。

（1）以人为本。人类的生命和健康是第一位的。"道路安全零事故"安全政策认为，从长远来讲，生命和健康不应该屈从于道路交通体系的利益，如流动性。流动性和可及性是体系自身固有的内在安全性能的功能体现，而不是像现在这样本末倒置。

（2）责任。现在，道路交通事故和交通伤害的责任主要是由道路使用者个人承担的。在"道路安全零事故"当中，道路交通体系的建设者和使用者必须共同分担道路交通安全的责任。道路设施的建设者、汽车制造业和警察等道路系统的设计者和执法者应该负责该系统的运行功能，同时，道路使用者有责任自觉遵守交通规则，如不得超速和酒后驾车，如果道路使用者不能遵守这些规章，系统设计者有责任重新设计系统，更改现行的规章制度。

（3）安全理念。"道路安全零事故"的引进，带来了其他领域成功的新理念。这两个基本前提是：①人犯错误是不可避免的；②人体受到的伤害超过一个临界点就无法生还和康复。

将人同高速运动的重型机器混杂在一起的交通体系是非常不安全的，因此，交通体系应该考虑到人的缺陷并相应减少死亡和重度创伤；同时，应当接受事故和轻微伤害的发生。重要的是必须以一种可持续的方式打破造成死亡和残疾的链条，从长远上消除健康损失。

（4）推动变革机制。改变体系需要遵循上述的三个基本政策原则。尽管全社会将从经济上获益于一个安全的道路交通体系，但道路安全零事故立足于保护公民个人在复杂的交通体系当中的生存权利，因此，公民的生存和健康权利成为主要的推动力量。在"道路安全零事故"当中，道路交通体系的建设者和执法者应向公民负责，并且必须为其提供长期安全保证。为此，他们需要互相通力合作，因为单独干好自己的本职工作不足以创建一个安全的体系，同时道路使用者有责任自觉遵守道路安全规则。

在瑞典，目前已经采取的主要措施包括以下几个方面：制定道路交通体系不同部分的安全绩效目标，重点放在车辆碰撞保护；支持欧洲新车评估规划的消费者宣传项目；确保安全带高使用率并且在新车中配置有声智能安全带提示器；在农村道路设置碰撞保护中间隔离带；鼓励地方政府实行30km/h速度限制区；推广使用速度摄像监视技术；增加随机呼吸检测数量；推动将安全作为道路运营合同的一个竞争因素。

➡ （资料来源：http://www.doc88.com/p-256253632545.html，选编.）

8.1 道路交通管理概述

道路交通安全，不仅关系到车辆驾驶者自身的生命财产安全，同时也影响着他人的生命和财产安全。确保出行安全既是尊重生命的具体体现，也是构筑和谐社会的重要因素。随着我国经济的持续高速发展和人们生活水平的不断提高，人们对交通的要求亦越来越高，安全、快捷、高效、便利的交通方式既是国民经济和社会发展的必然，也是人们生活的必需。对于道路交通而言，一方面是以汽车为代表的机动车数量近些年来持续快速增加，"车多路少"的矛盾不断加剧，导致城市特别是大城市交通拥堵现象日益严重；另一方面，我国交通参与者群体整体素质不高，交通违法现象普遍存在，恶性交通事故时有发生，道路交通安全形势依然严峻。在此背景下，如何通过加强道路交通安全管理提高道路交通安全水平是摆在各级道路交通管理部门面前的重要任务。

8.1.1 道路交通管理概念、性质及对象

1. 道路交通管理的概念

1）道路交通的概念

在现代社会，道路交通是人类在生活、社会生产、交换及交往过程中为达到人或物空间位置转移的目的，由人、车、路等因素按照一定逻辑内在要求构成的一个动态复合系统。现代交通运输主要有铁路、公路、水运、空运和管道运输5种形式。道路交通是现代大交通中的一个子系统，一个重要组成部分。

道路交通的意义是指人们或人们借助运载工具，以道路为活动场所，实现人或物空间位置移动的过程。道路交通是人们最基本的交通方式之一，具有门到门的特点。道路交通按交通工具不同，可分为机动车交通、非机动车交通、步行交通；按所处范围的不同，可分为公路交通、城市道路交通；按运输对象不同，可分为货运交通、客运交通（可进一步分为长途客运交通、城市公共交通、出租汽车交通、社会客运交通）；按交通要素之间的相对运动状态不同，可分为动态交通、静态交通（如停车）。

道路交通较铁路、水运、空运和管道等其他运输方式相比，具有如下显著特征：

（1）道路交通是人们最基本的交通方式之一。目前道路网已遍布各地，四通八达，覆盖区域大，使得道路交通的应用最广泛。道路交通是一种与人们的工作生活联系最为密切、最基本的交通方式，也是每天参与人数、次数最多的交通方式。

（2）道路交通是一种门到门的交通。和其他交通方式相比，道路交通具有更大的机动

性和灵活性，能最大限度地方便人们的生产和生活。

（3）道路交通是现代交通的接口网络。因道路交通的灵活性，已成为铁路、水运、航空等现代交通运输方式的接口网络，是贯穿整个交通运输系统的中枢，具有其他交通方式所不能替代的作用。

（4）道路交通工具多样化、私有化。为满足人们不同的生活、生产需要，道路交通工具呈现出功能不断丰富、品种不断增加的繁荣景象，不同用途、不同功能的机动车辆达几十种以上，已经将生活、生产和交通三大功能融为一体，最大限度地服务于社会。

与此同时，随着汽车广泛进入普通百姓家庭，我国家庭私家车比例正快速增加，驾车已成为人们社会生产生活中的一项基本技能。与其他交通方式相比，驾驶技术容易掌握，广大人民群众更容易接受和使用，汽车已成为人们的代步工具之一。

2）道路交通管理的概念

道路交通管理是指公安交通管理机关为保障道路交通安全、畅通，依据有关法规对人、车、道路和交通环境进行的统一管理。该定义包含以下5层含义：

（1）道路交通管理的目标是维护正常道路交通秩序，保障道路交通安全、畅通、高效、便捷、低公害和低耗能。

（2）道路交通管理的主体是国家公安机关的交通管理职能部门。与此同时，道路交通管理需要全社会的广泛参与，因此，从广义上来讲，道路交通管理的主体是在党委和政府领导下，以公安机关交通管理部门为主的社会各方面共同参与的综合力量。

（3）道路交通管理的客体是道路交通构成要素及其相互关系。道路交通管理的客体，从其外在形式上看，是由人、车、路及其环境等要素构成的；从其内在实质上看，是由受道路交通管理法规所调整和保护的各种道路交通法律关系构成的。

（4）道路交通管理的依据是道路交通管理法律、法规和有关技术规范。道路交通管理的依据概括起来可分为3个部分：

第一部分是道路交通管理法律（以全国人大及其常委会为立法主体，如《道路交通安全法》、法规（包括国务院制定的法规和地方人大及其常委会制定的地方性法规）、规章（包括公安部制定的部委规章和地方政府制定的政府规章））。

第二部分是与道路交通管理相关的法律（如《刑法》、《治安管理处罚法》）、法规。

第三部分是道路交通管理的相关技术规范（如《机动车安全运行技术条件》国家标准等）。

（5）道路交通管理的基本职能是协调、控制。道路交通管理是一项国家行政管理活动。公安交通管理部门在交通管理过程中，是通过协调、控制道路交通构成要素及其相互关系从而达到要素间有序的动态平衡。

我国道路交通管理的根本任务是维护交通秩序，保证道路交通安全与畅通；宗旨是为社会主义现代化建设服务，为人民生活和社会安定服务。

现阶段，我国道路交通管理的基本特点是管理对象较复杂，群体素质有待提高；现代管理手段与传统管理手段并存。

2. 道路交通管理的性质

道路交通管理从本质上讲是一种综合管理。道路交通在管理层面体现出鲜明的社会关系和自然关系特点。这里的社会关系包括交通过程中驾驶人、骑车人、行人、乘客等不同交通参与者群体之间的权利和义务关系，交通参与者与交通管理者之间的权利和义务关系；这里的自然关系包括人与车辆、道路、交通环境之间形成的时间、空间关系。在一定意义上来说，道路交通管理的任务就是不断调整和处理道路交通活动中错综复杂的社会关系和自然关系，这就决定了道路交通管理具有管理的二重性，即社会属性和自然属性。

正确地把握道路交通管理的二重性，就要求道路交通管理工作必须符合广大人民群众的意志和道路管理的客观规律。从本质上讲，两者是一致的，只有按照客观规律办事才能使道路交通管理更好地为人民群众和市场经济服务；只有将维护国家和人民的利益作为道路交通管理工作的核心，才能有效地协调交通活动中人与自然的关系。由此可见，道路交通管理的社会属性和自然属性既有联系又有区别，二者不可分割。道路交通管理主要有以下性质：

(1) 法律性。道路交通管理的过程，实质上就是依照法律规定执行和实施交通管理的过程。由于交通参与对象的广泛性和道路交通活动的复杂性，因此，道路交通管理过程必须严格依照法律法规进行管理。

(2) 社会性。由于道路交通管理与社会每一个参与交通活动的成员密切相关，因此，道路交通管理具有广泛的社会性。

(3) 目的性。道路交通管理的目的是通过科学的组织方法，并实施有效的可行性方案，使道路交通达到安全、畅通、高效、低耗能、低公害的综合性要求。

(4) 针对性。道路交通管理过程就是针对道路交通区域内的实际交通状况和存在问题，确定采取相适应的治理措施，具有很强的针对性。

(5) 科学性。道路交通管理是一项复杂的社会系统工程，涉及多方面的科学知识和现代工程技术。管理过程的决策、方案的制定、措施的贯彻要有科学依据，管理手段的现代化程度也越来越高。

(6) 突变性。道路交通在社会运转中具有纵横联动的功能，社会运转发生某种突变，都会迅速影响道路交通，因而，道路交通管理必须具有适应和应变能力。

3. 道路交通管理的对象

道路交通管理的对象是指构成道路交通系统的人员、车辆、道路及其环境等诸要素及其相互关系。但需要指出的是，只有当这些具体要素参与道路交通活动，成为道路交通管理法规所规范的道路交通法律关系的构成因素时，才成为道路交通管理的对象。具体对象如下：

(1) 交通行为人。交通行为人是指在参与交通活动过程中实施交通行为的"人"。这里的"人"包括自然人和法人团体等。对道路交通行为人的管理，是指对参与交通活动的人员、团体、单位的交通行为依法进行协调、组织、监督和控制。凡是参与道路交通活动的人，都是道路交通管理的对象。人是交通活动的主体，因此，必须把对交通行为人的管理放在首位。

(2) 车辆。凡是在道路上行驶的车辆，都是道路交通管理的对象。必须依照国家相关法律、法规及技术标准对车辆进行管理和控制。车辆是道路交通的工具，因而，必须把车辆放在道路交通管理的源头地位。

(3) 道路及其交通环境。对道路实施交通管理，主要是对道路及其附属设施进行管理，以保障道路的性质、功能与道路交通需求、供应相适应，保障对道路的科学、有效使用。道路是交通的基础,是实现道路交通最基本的物质条件,因此,要把对道路的管理放在道路交通管理的基础地位。

凡是对正常的道路交通活动中产生影响的物体及行为环境,都是道路交通管理的对象。对道路交通环境的管理,主要是对道路的三维空间及周边建筑、视觉效果等与交通活动直接相关的物体及行为环境进行监督与管理。

4. 道路交通管理的目的

道路交通管理的目的是通过依法管理和科学管理,实现道路交通安全、畅通、高效、便捷、低公害、低能耗的目的。这既是人们参与道路交通活动的基本要求,也是社会主义物质文明和精神文明建设的客观要求。

较企业管理的目的相比,道路交通管理的目的存在明显差别:企业管理通常是以追求最大经济效益为目的,而道路交通管理则是以获得最大社会效益为目的。

公安交通管理是国家公安行政管理的组成部分,属于上层建筑的范畴,其管理目的是由经济基础决定的。因此,道路交通管理必须不断适应人民群众的交通需求及其变化,以人为本,为社会主义市场经济服务。

8.1.2 道路交通管理的内容与职能

1. 道路交通管理的内容

道路交通管理是一项社会性、技术性和政策性很强的行政管理工作。总体上讲,公安交通管理的基本内容包括:

(1) 道路交通秩序管理,包括路面交通秩序管理、道路交通指挥和调度、道路突发事件处置、道路交通设施管理及停车场使用管理等。

(2) 车辆及其驾驶人管理,包括机动车登记、牌照管理,驾驶人申领驾驶证管理、驾驶人安全状态监管等。

(3) 道路交通违法行为处理,包括道路交通违法行为的构成要件、处罚形式、处罚措施、处罚程序等。

(4) 道路交通事故处理与预防,包括交通事故现场处理、事故责任认定、事故责任追究,交通事故分类、原因分析、交通事故预防对策制定及实施、监管等。

(5) 道路交通安全宣传教育,主要是针对不同的人群对象展开的各种教育活动,包括面向全体社会公众的道路交通安全知识普及教育和与道路交通相关的职业工作者的专门教育。

(6) 道路交通管理法规建设,包括道路交通管理法规建设规划、已有法规的执行与监督、对已有交通管理法规与时俱进的修订与完善、新交通管理法规的制定等。

(7) 交通管理行政审批与审核,包括交通管理行政体系建设、部门职责、岗务规范、警务人员行为规范等。

(8) 处置道路治安事件和刑事案件,包括道路治安事件和刑事案件处置模式(制止违法犯罪行为,嫌疑人控制、伤者抢救,险情排除)、事件事态报告制度、(向治安、刑侦部门)移交制度等。

(9) 道路交通管理科学研究及应用,包括道路交通管理新技术研究,先进技术装备开发等。

2. 道路交通管理的职能

为了切实有效地完成道路交通管理的各项任务，公安交通管理必须充分发挥以下职能：

1) 行政管理和行政执法职能

道路交通管理的行政管理职能，是通过赋予公安交通管理部门的政府行政职权体现出来的。依据这种职权，公安交通管理部门能够充分运用各种行政管理手段，对道路交通管理对象进行组织、协调、监督、控制等行政管理活动。

道路交通管理的行政执法职能，是通过执行道路交通管理法规、严格依法管理实现的。在行政执法过程中，公安交通管理部门及其交通民警，必须全面、准确地掌握道路交通管理法规，依法维护广大道路交通参与者的合法权益，履行执法义务和责任。

2) 宣传和指导职能

道路交通管理的宣传职能，是指公安交通管理部门为不断提高广大道路交通参与者的交通安全意识及遵纪守法自觉性，借助多种途径进行的交通安全宣传管理活动；道路交通管理的指导职能，是指公安交通管理部门通过组织群众性的交通安全活动，对广大群众的交通活动、交通行为进行引导和指导。

道路交通管理的指导职能和宣传职能紧密联系、相互促进。

3) 组织和控制职能

道路交通管理组织职能是指公安交通管理部门综合运用各种管理手段和方法，对辖区内的路网、区域道路交通实施的调控，通过不断优化交通运行方案，使道路交通保持在最佳的运行状态；道路交通管理控制职能是指公安交通管理部门为了达到某一特定目标，对一定时空条件下的交通行为及交通流所进行的调整与限制。相对而言，组织职能宏观管理的特点较明显，而控制职能微观管理的特点较突出。

4) 监督和协调职能

道路交通管理的监督职能，是指公安交通管理部门对道路交通管理的诸多特定对象，依照有关法律、法规、政策和标准，进行检测、审验、核查、注册等管理活动。

道路交通管理的协调职能，是公安交通管理部门为确保道路交通安全、畅通、有序，经常进行的内部和外部沟通、协调工作。其中，内部协调是指协调交通管理部门内部的工作环节，以使管理工作始终处于最佳状态；外部协调主要是指公安交通管理部门积极主动协调和其他相关部门如规划、城建、市政等部门的关系，以便更有效地实施道路交通管理。

5) 服务职能

服务职能是上述几大职能的综合体现，体现在道路交通管理的各个环节。公安交通管理部门必须不断提高管理水平，增强服务意识，积极主动地为广大交通参与者提供优质的服务。

8.1.3 道路交通管理方法

道路交通管理方法是为实现管理目标服务的，也是由实现目标的需要所决定的。没有必要的管理方法作保障，管理目标就不能顺利实现。

道路交通管理方法通常有三种，即法规管理方法、行政管理方法和技术管理方法。

1. 法规管理方法

法规管理是指把道路交通管理纳入法制轨道，通过采用各种法规管理手段，确保道路交通的安全和畅通。公安机关交通管理部门通常采用的法规管理手段有以下几点：

1) 行政处罚

行政处罚是指依据交通法规对交通违法行为人的违法行为进行惩治的行政法律手段，包括警告、罚款、暂扣驾驶证、吊销驾驶证、行政拘留等。

（1）警告。警告是处罚机关对道路交通违章行为人的告诫，这种行政处罚既有教育性质，又具有强制的性质。警告处罚的作用在于指出违法行为的危害，促使行为人认识违章错误，不至再犯。警告是一种较轻的行政处罚，一般适用于初犯，同时其违法行为必须具有情节比较轻微、后果极小的条件。

（2）罚款。罚款是限定违法行为人在一定期限内交纳一定数额货币的经济性处罚，具有强制性。罚款是一种行政处罚，其执行必须依据法律、法规的规定，在法定程序和法律规定的具体处罚幅度内执行。

（3）暂扣机动车驾驶证。暂扣机动车驾驶证是将机动车驾驶人的驾驶证予以扣留，在一定期限内停止其机动车驾驶资格的处罚。这种处罚比罚款严厉。暂扣机动车驾驶证可以单独使用，也可以和其他处罚合并使用。

（4）吊销机动车驾驶证。吊销机动车驾驶证是取消机动车驾驶人驾驶资格的处罚，属于非常严厉的处罚。吊销机动车驾驶证可以单独使用，也可以和其他处罚合并使用。

（5）行政拘留。行政拘留是处罚机关对道路交通安全违法行为人短期强制限制人身自由的一种行政处罚。是对违反道路交通安全法律、法规的行为人，违法情节比较严重、造成严重影响或者严重危害后果的一种处罚。

2) 行政强制措施

行政强制措施是指依据相关法律法规对交通违法行为人所采取的必要限制措施，包括扣留车辆、暂扣机动车驾驶证、拖曳违法停放的车辆和故障车等。

（1）扣留车辆。扣留车辆是公安机关交通管理部门或交通警察在维护交通安全与交通秩序、查处交通安全违法行为或交通事故过程中所采取的一种临时性强制停止车辆行驶的行政措施。这种行政强制措施，是针对因无其他机动车驾驶人代替驾驶、违法行为尚未消除，需要调查或者证据保全等原因不能立即放行的情况而采取的行为。

（2）暂扣机动车驾驶证（同上）。

（3）拖移机动车。拖移机动车是公安机关交通管理部门或交通警察对违反机动车停放、临时停车规定，驾驶人不在现场或者虽在现场但拒绝立即驶离、妨碍其他车辆行人通行的车辆，依法所采取的一种行政强制措施。

3) 刑事强制措施

刑事强制措施主要用于办理交通肇事案件。对构成交通肇事罪的行为人所采取的刑事强制措施包括：拘传、拘留、取保候审、监视居住、逮捕。

人民法院、人民检察院和公安机关对实施拘传、拘留、取保候审、监视居住、逮捕等刑事强制措施的情形及条件均做出了明确的规定。

2. 行政管理方法

所谓行政管理方法是指公安交通管理部门依据有关法律法规针对道路交通活动中特定

的具体事项，单方面采取的行政行为措施。包括：

（1）赋予，指对特定对象，依法赋予法律能力或给予一定权利，如赋予经考试合格的驾驶人驾驶机动车的权利。

（2）剥夺，指取消个人或单位某种权利的决定，如吊扣、吊销驾驶证。

（3）注销，指取消个人或单位登记过的事项，如注销驾驶证。

（4）禁止，指对特定事项予以禁止的决定，如设置单行线、禁行线。

（5）管制，指对于特殊事件或活动，设定交通限制的决定，如对大型活动周边地区的交通实行管制。

（6）登记，指对个人或单位所申请的事项，予以记载备案的决定，如新购机动车准予上牌登记。

（7）取缔，指对违法行为予以禁止和取消的决定，如取缔违法设置在道路两旁范围内的广告标牌。

（8）许可，指对特定事项解除禁止的决定，如允许公共汽车在单向道路逆向行驶。

（9）命令，指依法让个人或组织采取或不采取一定行为的决定，如命令拆除非法占用道路的建筑物。

（10）批准，指对个人或单位的申请予以同意的决定，如批准占用道路施工作业。

（11）受理，指对个人或单位提出的申请要求予以接受并办理的决定，如受理行政交通事故复议申请等。

（12）拒绝，指对个人或单位的申请不予同意的决定，如拒绝在道路上游行、集会、摆摊设点等。

（13）免除，指在特定条件下，对特定的人或单位取消其作为义务的决定，如免除对公共电、汽车载客人数的限制等。

（14）委托，指委托个人或单位，代行某些职权的决定，如委托机动车检测场对机动车进行检测。

（15）监督检查，指对个人或单位履行交通安全义务的情况依法予以监督、检查的一种管理活动，如对单位落实安全责任制的情况予以监督检查。

3. 科技管理方法

科技管理是指公安机关交通管理部门采用先进的管理方法和技术手段，对道路交通进行有效管理的活动，包括交通管理科学理念创新和采用交通科技新技术，开发先进的技术装备及交通安全设施等。

目前，道路交通电子监控设备的广泛应用，在有效规范在行车辆的行车秩序，预防超速、闯红灯、乱并线、违法停车等交通违法行为，最大限度地预防和降低交通事故的发生等方面正发挥越来越重要的作用。电子警察作为新型道路交通科技管理手段和方法，其广泛使用无论是对规范道路路面行车秩序、强化道路交通安全管理，还是提高驾驶人驾车过程中遵纪守法的自觉性，倡导守法驾驶，安全行车，降低交通事故发生率的效果都是十分明显的。

人们越来越清醒地认识到，强化科技意识，积极运用科学技术，不断提高交通管理工作的科学化、现代化水平，已成为未来道路交通发展的方向。

8.1.4 道路交通管理的基本原则

1. 道路交通管理的基本原则

1) 以人为本原则

以人为本是进行道路交通管理需遵循的根本原则。以人为本也叫"人本位",在管理过程中坚持以人为本,也叫"人本管理"的原则。虽然新的管理技术,推进了管理手段和管理方法的现代化,提高了管理工作的精细化、科学化水平,但人显然是最重要的资源,最宝贵的财富,任何现代管理技术都无法代替管理思想的现代化和人的现代化。同时,随着人类文明程度的提高,人的地位和价值必将不断提高。交通安全问题归根到底是人的安全问题,因而,交通管理过程中必须始终把人的安全放在第一位。

保障交通安全,最重要的是保护人身安全。人的生命是最重要的,在管理过程中,应把保护广大人民群众的人身安全放在头等重要的位置。因此,在道路交通管理中首先要坚持以人为本的精神,强调人的生命价值至高无上的执法理念,确立人民生命安全第一的原则。

2) 严格依法管理原则

严格依法管理,就是要求公安机关交通管理部门和交通警察要把交通管理的一切活动全部纳入法制轨道,要忠于交通法规,严格、严肃、严明地执行交通法规,合法、及时、公正地处理和解决道路交通问题。

严格依法管理,首先应严格执行好《道路交通安全法》及其配套的实施条例和各项规章。其次,要控制执法的随意性,防止滥用自由裁量权。

3) 方便群众原则

方便群众原则,即便民原则。人民群众,既是道路交通安全的管理对象,又是服务对象,公安机关交通管理部门及其交通警察,在依法实施道路交通管理的过程中,应尽可能地为交通参与者提供必要的便利和方便,从而保障交通参与者进行的交通活动得以顺利实现。

方便群众应与严格执法有机结合。

4) 科学管理原则

科学管理原则是指在掌握道路交通管理规律的基础上,采用先进的科学管理理论、原则、方法以及现代科学技术手段,处理和协调道路中的人、车、道路和环境间的相互关系,以实现道路交通安全、畅通、高效率、低公害的目的。

坚持科学管理原则的基本要求:①一切管理方法、管理措施都应充分从我国混合交通突出的国情出发;②处理好科学理论和科学技术之间的辩证关系,使二者彼此相互促进;③不断加大科技投入,提高科学管理的硬件水平;④不断强化科学研究与教育训练,搞好科学管理的软件建设。

5) 文明管理原则

所谓文明管理,是指交通警察在交通安全管理过程中,要注意文明执勤、文明服务、文明办案。交通警察文明管理、文明执法对于保持自身良好形象、改善警民关系,提高工作效率和办案质量均具有积极意义。

6) 教育和处罚相结合原则

教育和处罚相结合,是指在道路交通管理过程中,必须把交通参与者的交通安全意识教育和对交通违法者的依法严格处罚紧密联系起来,使二者相辅相成,相互配合,促进交通参与者遵纪守法自觉性的提高。

7) 社会化管理原则

社会化管理,是指公安机关交通管理部门在发挥管理交通安全主导作用的同时,要通过一系列的制度、方法让其他社会组织和公民共同参与道路交通安全管理工作,政府力量与社会力量共同努力,相互配合,形成合力。

实施社会化管理,既是道路交通活动的客观要求,也是解决交通问题的有效途径。交通现象十分复杂,交通活动面广量大,涉及各行各业、千家万户和每一个人,仅靠警察是远远不够的,必须动员全社会力量,进行社会化管理。

2. 道路交通管理的主要任务

1) 对车辆和驾驶人进行专项管理

车辆和驾驶人是交通系统中的两个动态要素,因此,强化对这两个动态要素的管理对保障交通安全至关重要。为此,建立了车辆和驾驶人管理两项根本制度。公安机关交通管理部门进行车辆和驾驶人管理,主要指在国家层面建立的机动车登记制度、机动车年审制度、机动车强制报废制度、机动车第三者责任强制保险制度、非机动车登记及管理制度、机动车驾驶证的申领和使用、年审制度、机动车驾驶人培训制度、机动车驾驶人违章累计积分制度及处罚制度等。

2) 指挥和疏导交通

对交通进行指挥和疏导既是交通管理部门的日常性工作,也是交通管理部门的常用手段。指挥是指采用交通信号灯或交通管理者用手势(口语)使在行车辆按一定秩序行驶的过程;疏导是指交通管理者采用多种措施疏通交通拥堵现象、引导车流、人流按指定路径行驶的过程。在道路交通活动中,交通指挥和交通疏导两者不可分割,指挥中包含了疏导,疏导过程就是交通指挥的具体操作。

3) 纠正和查处交通安全违法行为

纠正和查处交通安全违法行为主要是依照交通法规的有关规定,纠正违反道路管理规定、行车秩序、行走秩序的行为,维护交通参与者的合法权益。对一些影响正常交通运行、妨碍交通安全或造成人伤物损的事故并负有责任的人,依照道路交通法规或其他有关的行政法规和法律给予处罚。

4) 处理交通事故

交通事故处理是指公安机关交通管理部门依据道路交通管理法及有关行政法规、规章的规定,对发生的交通事故勘查现场、收集证据、事故责任认定、责任处罚、对损坏赔偿进行调解的过程。道路交通事故根据人身伤亡和财产损失的程度和数额不同分为轻微事故、一般事故、重大事故、特大事故。实际中,不同级别的交通事故其处理方式存在差别。

5) 维护道路治安

道路治安管理就是依法对道路区域内的治安问题处置的过程。道路治安案件的形式和方式主要包括非法集会,游行示威,群众性哄抢,流氓结伙聚众斗殴,大规模群体纠纷械斗,大型文化、体育活动中的群众闹事等。

对违反交通管理、扰乱公共秩序、妨碍社会管理秩序以及妨碍公共安全的行为,依照《治安管理处罚法》予以处罚。

6）加强交通安全宣传教育

交通安全宣传教育是一项重要的基础性，是提高全社会交通安全意识和文明交通意识的重要途径。发达国家把交通安全宣传教育工作作为社会公益活动，社会团体和企业发挥了主渠道作用，并使之制度化和长期化，我国应加强交通安全宣传教育工作。

7）设置和维护交通安全设施

道路交通安全设施主要有道路交通标志、道路交通标线、交通信号灯、道路交通隔离设施等。合理设置交通安全设施并使之保持良好技术状态是保障交通安全的基础条件之一。

8）开展道路交通管理理论与技术的研究和应用

将人、车、道路及其环境作为一个系统进行研究，依据系统理论、网络理论，运用数学、流体力学模型对交通流理论、交通规划、交通安全技术、交通管理技术等相关课题展开系统研究。

8.2 道路交通安全法规与交通安全

8.2.1 道路交通法规概述

1. 相关概念

1）道路交通关系

道路交通关系是指人们在进行道路交通活动过程中所形成的各种社会关系，如道路利用者与道路管理者之间、不同交通参与者群体（驾驶人与骑车人、乘车人和驾驶人）之间形成的关系等。道路交通关系作为社会关系的一种，广泛存在于一切道路交通活动中。道路交通关系的当事人就是交通关系参与者，在当今社会，无论任何人只要进行交通活动，就会和道路管理者、其他道路利用者形成一定的道路交通关系。

2）道路交通法规

道路交通法规是指调整在道路交通活动中产生的与人的安全与健康，以及生产资料和社会财富安全保障有关的各种社会关系的法律规范的总和。人们通常所说的道路交通法规是指有关调整道路交通关系、维护道路交通秩序的法律、行政法规、规章、标准等规范性文件的总称。

这里，调整的意义就是从法律层面保护交通参与者在交通活动中的合法权利，协调交通关系当事人的权利和义务，维护道路交通秩序，保障道路交通安全、畅通。

道路交通法规是依据国家宪法制定的一系列强制性法规、行政命令和规章制度，是国家法律体系中的重要组成部分，在法律体系中属于行政法范畴。道路交通法规既是国家行政法规的一部分，也是一个独立的法的体系，有其独立的调整对象。道路交通法规以法律的形式规定交通参与者、交通管理者在道路交通活动中的行为准则，用国家强制性的权力维护道路交通活动的正常秩序，对于保障道路使用者安全、提高运输效率、促进道路交通业健康发展具有积极作用。

2. 道路交通法规的主要特征

1) 调整对象具有特定性

道路交通的构成包括人、车、道路及其环境三大要素，道路交通法规就是调整人、车、道路及其环境的相互关系。

2) 内容具有技术性和科学性

实现对人、车、道路及其环境的统一管理，通过运用各种手段，对以道路为基础条件而移动的人流、车流进行合理的限制与科学的组织疏导，以处理人、车、路三者之间在运动过程中产生的矛盾。道路交通系统是个复杂庞大的系统，道路交通法规内容既有科学性又有技术性，既涉及自然科学又涉及社会科学多个领域。

3) 适用范围广

道路交通是参与人数最多的交通，是与社会物资生产、流通、消费和文化交流以及人民群众工作、学习和生活息息相关的一个重要环节。不仅同社会的各个部门、各个行业有着密切的联系，而且还涉及社会的每个成员和每个家庭，因此适用范围广，具有广泛的社会性。

3. 道路交通法规的组成

道路交通法规的表现形式是国家制定的关于维护道路交通活动正常秩序的各种规范性文件。从构成来看，道路交通法规主要包括公路管理法规、道路运输管理法规、道路交通安全管理法规、道路交通行政处罚管理法规4个部分。

1) 公路管理法规

公路管理法规是指调整人们在进行公路规划、建设、养护、利用、管理等活动中所发生的各种社会关系的法律规范的总称，主要包括《中华人民共和国公路法》《中华人民共和国公路管理条例》在内的相关法规、规章。

2) 道路运输管理法规

道路运输管理法规是指人们利用汽车等公路交通工具，从事客、货运输的活动中所形成的各种社会关系的法律规范的总称，主要包括《中华人民共和国道路运输条例》《道路运输违章处罚规定》《公路货物运输规则》《旅客运输规则》等在内的相关法规、规章。

3) 道路交通安全管理法规

道路交通安全管理法规是指规范道路交通安全关系的法律规范的总称。我国现行有关道路交通安全方面的法规主要有《道路交通安全法》《道路交通安全法实施条例》《机动车登记规定》《机动车驾驶证申领和使用规定》《交通事故处理程序规定》等在内的相关法规、规章。

4) 道路交通行政处罚管理法规

道路交通行政处罚管理法规是指规范交通行政处罚关系的法律规范的总称。我国现行有关交通行政处罚管理方面的法规主要有《中华人民共和国行政许可法》《中华人民共和国行政处罚法》《中华人民共和国行政复议法》《中华人民共和国行政诉讼法》《中华人民共和国国家赔偿法》《道路运输行政处罚规定》《交通行政处罚程序规定》《交通行政复议规定》等。

8.2.2 道路交通安全法规

道路交通安全法规，是指与道路交通安全相关的法律、行政法规规章、规程、标准的总称。道路交通安全法规既是全体交通参与者行车、走路、使用道路的规范，也是交通管理部门查处交通违章和裁定事故责任的主要依据。

以《道路交通安全法》为龙头的道路交通安全法规，通过规范道路交通行为，明确交通参与者的权利和义务，有效保护了道路交通参与人的合法权益；通过确定法律制度，增强道路交通的有效管理，提高了管理水平；通过规范执法行为，增强公民的守法意识，保障道路交通的有序、安全和畅通。

1. 道路交通安全法规的基本内容

1）车辆与驾驶人管理

关于车辆安全管理方面的内容主要包括机动车辆的登记、检验、报废、保险和特种车辆的使用与管理等，非机动车的使用规定；关于驾驶人安全管理方面的内容主要包括驾驶人驾驶资格、培训、考试、记分和驾驶车辆上道路行驶前的要求及驾驶人驾驶证审验，机动车驾驶人守则等。车辆和驾驶人安全管理是道路交通安全工作的基础，也是公安机关交通管理部门的管理重点之一。对于道路交通安全而言，管好驾驶人对于保障道路交通安全特别重要。

2）道路交通秩序管理

道路交通秩序管理，即通行规则，主要内容包括道路通行条件和道路通行规定两部分。道路通行条件是指为保障道路交通安全、有序、畅通而对道路、交通信号、交通标志、交通标线以及相关交通安全设施提出的基本要求，应以保障"道路为车辆交通所用"为出发点。道路通行规定依据车辆右侧通行、各行其道、优先通行、安全通行等原则对道路通行、机动车通行、非机动车通行、行人和乘客通行、高速公路等方面的交通活动做出了具体规定。

3）交通违章处罚与交通事故处理

交通违章处罚是指公安机关交巡警部门依照《道路交通安全法》及其他相关法规和规章的规定，对道路交通违章行为人所做的行政处罚。其内容主要包括处罚权限、处罚标准、处罚程序、行政强制措施等。交通违章处罚分为警告、罚款、吊扣驾驶证和拘留4种。

交通事故处理是指公安机关交通管理部门依据《道路交通安全法》以及有关行政法规、规章的规定，对发生的交通事故进行现场勘查、证据收集、物证提取、交通事故责任认定、处罚当事人，对损害赔偿进行调解的过程。其内容主要包括道路交通事故调查和处理两大方面，具体涉及道路交通事故当事人对事故现场的处理措施和责任、交通警察处理交通事故的职责、交通事故处理程序、受伤人员医疗费用承担方式、损害赔偿责任承担方式、当事人赔偿争议的解决方式、交通事故逃逸案举报奖励、道路外事故的处理等多个方面。

4）执法监督

道路交通管理执法监督是指系统内外相关部门和新闻媒体、广大民众对道路交通管理部门的执法行为、执法过程、执法效果、执法公平性等实施监督的一种制度。对道路交通管理执法实施监督的目的就是要防止权力滥用、以权谋私、徇私枉法以及权力利益化。主要有加强交通警察队伍建设，明确执法原则；规范警容风纪；严格执行收费规定；严格执行罚款规定；实行回避制度；行政监察监督、督察监督以及内部层级监督；社会和公民的监督及检举、控告制度，以及对交通执法行为的保障等规定。

2. 道路交通安全法规的适用范围

《道路交通安全法》对道路、人、车辆均做出了明确规定。

1) 对道路的适用范围

道路是指公路、城市道路和虽在单位管辖范围内但允许社会机动车通行的地方,包括广场、公共停车场等用于公众通行的场所。

2) 对人的适用范围

人主要是指车辆驾驶人、骑车人、行人、乘车人以及在道路上从事施工、管理、维护交通秩序及处理交通事故的人员。此外,还有一些特定的单位,即可称为"法人"的道路施工单位、交通设施养护管理部门、道路主管部门、专业运输单位等。

3) 对车辆的适用范围

车辆主要包括机动车和非机动车。关于机动车、非机动车的具体含义见1.2.1节。

3. 道路交通安全法规的基本作用

道路交通安全法规是协调人、车、道路及环境三要素相互间关系的基本准则,是一切参与道路交通活动的部门、单位和个人都必须遵循的法律行为规范,也是国家各级交通管理部门执法管理道路交通的权限、职责的依据。道路交通安全法规的作用可概括为提高交通参与者的交通安全意识,规范交通参与者、交通管理者的行为,维护交通秩序,保障道路交通安全。具体表现如下:

(1) 为管理者依法管理提供法律依据,为交通参与者的安全提供法律保障,保护当事人的合法权利,维护正常的道路交通秩序;

(2) 从法律的角度明确道路交通系统中交通参与者、道路交通管理者等相关者的权利、责任和义务,保持道路畅通;

(3) 全面规范交通参与者、道路交通管理者等相关者的行为,提高道路通行效率,保障交通安全。

(4) 保护合法行为,制裁违法行为,用法律的强制手段增强交通参与者的交通安全意识。

8.2.3 我国道路交通安全的法律法规体系

1. 我国安全生产法律法规基本体系

安全生产法律法规体系是指全部现行的、不同的安全生产法律法规形成的有机联系的统一整体。我国的安全生产法律法规体系以宪法为根本、以刑法、民法为基础,形成了如表8-1所示的安全生产法律法规体系。

表8-1 我国的安全生产法律法规体系

国家根本法	宪法
国家基本法	刑法、民法
劳动综合法	劳动法
安全生产与健康基本法	安全生产法、职业病防治法
专门安全法	道路交通安全法、消防、矿山安全法
安全法规	安全条例、规程
安全规章	安全规章、规定
安全标准	基础标准、管理标准、技术标准

2. 我国道路交通安全法规的组成

（1）法律。法律是由全国人民代表大会及其常务委员会制定的在全国范围内普遍适用的规范性文件。法律的地位及效力仅次于宪法，是我国法律形式体系中的"二级大法"。道路交通安全法律体系的主体法《道路交通安全法》于 2003 年 10 月 28 日由第十届全国人民代表大会常务委员会第五次会议审议通过。它的颁布提升了我国道路交通安全法律的层次，由原来的"行政法规"上升为国家"法律"，因此，我国法律部门中又添加了一个新分支，即道路交通安全法律。

（2）行政法规。行政法规是由国家最高行政机关——国务院制定和发布的具有较高法律地位的规范性文件的总称。行政法规的地位低于宪法和法律，高于地方性法规。行政法规的名称有实施办法、条例、规定、规则等。例如，国务院颁布的《中华人民共和国道路交通安全法实施条例》，在道路交通安全法律体系中其地位仅次于《中华人民共和国道路交通安全法》，是又一部重要的道路交通安全法律文件。

（3）部门行政规章。部门行政规章是指作为全国道路交通安全管理的主管部门——公安部制定和发布的道路交通安全管理规章，以及公安部与有关部委联合制定和发布的有关道路交通安全管理方面的规章，如《道路交通安全违法行为处理程序规定》《交通事故处理程序规定》《机动车驾驶证申领和使用规定》《机动车登记规定》《机动车维修管理规定》《机动车驾驶人培训管理规定》等。部门行政规章的效力低于法律、行政法规。

（4）地方性法规。地方性法规是指省、自治区、直辖市人民代表大会及其常务委员会，根据本行政区域的具体情况和实际需要，在法定权限内所制定、发布并报全国人大常委会和国务院备案的规范性文件。地方性法规的效力低于宪法、法律、行政法规并仅在管辖区内有效。省、自治区人民政府所在地的市和经国务院批准的较大的市的人大常委会，可以拟定本市所需要的地方性法规草案，提请省、自治区人大常委会审议通过，并报全国人大常委会和国务院备案。地方性法规的名称有条例、规定、规则、办法、实施细则等。

（5）技术标准。技术标准分为国家标准和部颁标准，它们也是交通安全法律体系的重要组成部分，如《机动车安全运行技术条件》《道路交通标志和标线》《机动车安全检验项目和方法》《道路车辆外廓尺寸、轴荷及质量限值》《道路交通事故现场图绘制》等。

（6）其他法律法规中涉及道路交通安全的规范性条款。

8.3　道路安全审计与事故预防

研究表明，约 1/4 的道路交通事故是因"人"与"道路-环境"的不协调引发的，这个数字在发展中国家还要高一些。究其原因，主要与采用较低的"安全标准"和全民安全素质不高有关。为提高道路的安全水平，对于道路建设者和管理者而言，需要做好两方面工作：一是降低交通事故，主要方法是识别并消除事故"黑点"；二是事故预防，重点是为道路使用者设计安全的道路，改进交通管理，即进行道路安全审计。

8.3.1　道路安全审计概述

道路安全审计作为一种主动、有效预防交通事故的措施，起源于 20 世纪 80 年代的英国。1985年前后，英国首先开始研究并逐步推广应用公路安全评价技术，且规定从1991年起，对所有新建的高速公路和汽车专用公路实施公路安全性评价。澳大利亚、新西兰在20世纪90年代早期，加拿大、美国等20余个国家也在90年代中后期相继开展了公路安全性评价的研究和应用，普遍推行了道路安全审计制度。道路安全审计（Road Safety Audit，RSA）是从预防道路交通事故、降低事故产生的可能性和严重性入手，对道路项目从规划、设计到建设、使用的全过程，即规划、设计、施工和运营各个不同阶段进行全方位的安全审核，分析道路发生交通事故的潜在危险因素，评价道路的安全能力，提出预防道路交通事故发生的建议，旨在提高道路使用过程的安全性。

国内外的研究表明，道路安全审计可有效地预防交通事故，降低交通事故数量及其严重程度，减少道路开通后运营管理费用及改建完善费用，提升交通安全文化，经济效益明显，其投资回报是15~40倍。

1. 道路安全审计的意义

虽然国内外有关道路安全审计方法的应用各有特点，但无根本差异，只是在实践的程序上因国情的不同而有所差异。道路安全审计的基本意义为：由公正独立、有资质的专业人员对涉及使用者的道路项目（包括已建或将建项目）进行的正式审查，以确定对道路使用者存在的潜在安全隐患，推荐可能的改善措施，最后提交审计报告。

尽管到目前为止，道路安全审计尚无统一的定义，但其基本意义均强调了审计人员的专业性、独立性，审计过程的独立性、正规性，审计建议的可操作性等核心内容。

道路安全审计的关键点是：它是一个正式的、独立进行的审计过程；必须由有经验的、有资格的人员从事这一工作；需要充分考虑到各种不同用户对道路使用的安全需求。

道路安全审计在以下3个方面有别于规划和设计阶段的安全措施：

(1) 道路安全审计是以预防为主而不是被动的手段。
(2) 道路安全审计是由独立的道路工程和交通安全技术人员来完成。
(3) 只考虑道路安全问题，不考虑其他因素，如设计地形条件和费用限制。

道路安全审计作为预防道路交通事故的手段和措施，可最大限度地提高道路的安全性。对于拟建道路项目，道路安全审计可在其规划或设计阶段发挥作用，避免设计失误，减少事故隐患，从而降低道路交通事故发生率，把潜在的事故后果降低到最低程度。

2. 道路安全审计的目标

道路安全审计的目标是：确定道路项目潜在的安全隐患；确保考虑了合适的安全对策，使安全隐患得以消除或以较低的代价降低其负面影响，避免道路成为事故多发路段；保证道路项目在规划、设计、施工和运营各个不同阶段都考虑了使用者的安全需求。其目的是：保证已在运营或将要建设的道路项目都能为不同的道路使用者提供较高实用标准的交通安全服务。

3. 道路安全审计的成效

1) 直接成效

(1) 通过在规划阶段的道路安全审计，将道路网中特定地点要素或网络特征所引发的事故发生频率与严重程度降至最低。

(2) 能够防患于未然，避免在道路运营之后用生命或鲜血的代价来发现道路的安全性能缺陷；同时，将项目实际运营开始后所进行的安全补救工作降至最低程度。

(3) 通过预期评估与适当的投入，使项目的全寿命周期（规划、设计、建设与运营期）的总成本降低。

(4) 增强项目规划、设计、施工、运营、维修各方参与者的安全设计意识。

(5) 将多种交通方式、多层交通系统内的安全事务集成化处理。

(6) 在道路设计的各个方面都引进"以人为本"的理念。

2) 广义成效

(1) 通过道路安全审计的实践，推动道路交通事故机理与交通安全理论、方法、技术的研究与应用。不断推出的交通安全相关模型，以及逐渐成熟的交通安全分析软件，都是道路安全审计推广所催生的科技成果。

(2) 在道路安全审计的探索与应用过程中所积累的代表性成果，可以丰富与扩充道路工程的设计规范，并提高交通安全管理水平。其中，对于道路几何线形的组合与动态设计，以及交通工程设施设计规范的改进是最直接的成效。

(3) 道路安全审计的实践与研究，能够派生出许多新设施、新材料，不仅能够带来明显的社会效益，也能够派生出可观的经济效益。

(4) 道路安全审计在直接带来安全成效的同时，也提高了道路交通系统的运行效率。由于交通事故是导致交通拥堵与系统效率下降的重要原因，因此道路安全审计在减少道路交通事故发生的同时，也使得交通系统的运行更加平稳和顺畅。

(5) 道路安全审计的受惠者不仅仅是避免了交通事故的当事人，还能够提升所有道路使用者的安全空间，尤其在传统的道路建造与运营环节中容易忽略的非机动车交通和行人的安全问题，通过道路安全审计获得关注和解决。

4. 道路安全审计程序

典型的道路安全审计过程：组建审计组→项目设计组介绍情况及提供资料→项目实地考察→安全性分析研究→编写安全审计报告→审计组介绍项目审计结果→设计组研究、编写响应报告→审计报告及响应报告共同构成项目安全文件。

道路安全审计过程是应用一种规定的方式，由具有道路安全审计资格的审计人员独立进行，并做出审计报告。

加拿大等国家认为，在道路项目建设的初步设计阶段进行道路安全审计最重要、效果最佳，因此早期的道路安全审计重点是在项目建设的初步设计阶段。

世界各国普遍认为，在已经运营的道路和拟建道路项目建设期间的全过程都可实行安全审计，即在规划或可行性研究阶段、初步设计阶段、施工图设计阶段、道路通车前期（预开通）和开通服务期（后评估阶段）等不同阶段均可有所侧重地实行审计。

5. 道路安全审计人员组成及其要求

整个道路安全审计的时间一般为2周左右。为保证安全审计的质量，审计组人员的构成至关重要。审计组的人数视项目规模的大小而定，一般由3~6人组成，审计组应由不同背景、不同经历、受过培训、经验丰富、与项目设计组无直接关联的独立人士组成。

审计人员应具备交通安全、交通工程、交通心理、道路设计、道路维护、交通运营及管理、交通法律法规等方面的知识，审计组人员相互之间应能平等、自由地交流，讨论和商议一切安全问题。审计人员应本着对社会即道路使用者负责的态度和安全第一的观点，依据现有道路标准和规范,对项目涉及的各种设计参数、弱势用户、气候环境等因素的综合组合,深入细致地展开道路安全审计。

道路安全审计人员与道路工程设计人员的区别在于:设计人员需要综合考虑项目投资、地质、地形、水文、环境、交通、安全等方方面面的因素,限于经验、时间的约束,对安全问题难免有所偏废;而安全审计人员不考虑项目投资、建设背景等因素,仅仅从安全的角度分析并指出项目可能存在的安全隐患,且只提供安全建议。

要强调的是,道路安全审计并不是要求整个项目重新设计,或一定要求设计人员变更设计,而仅仅是提供安全建议,供设计人员参考,从安全角度帮助设计人员进一步完善项目设计方案。

6. 道路安全审计结果及其响应

道路安全审计结果并不意味着谁对谁错,设计人员可以更改设计方案,也可以不更改设计方案,但必须给予答复、响应,旨在使设计方案更完善。

安全审计报告一般应包括审计人及审计组简述、审计过程及日期、项目背景及简况、图纸等;对确认的每一个潜在的危险因素都应阐述其地点、详细特征、可能引发的事故类型、事故的频率及严重度评估、改进建议及该建议的可操作性(实用性)等。审计报告应易于被设计人员接受并实施。

响应报告应由项目设计人员编写,其内容应包括对审计报告指出的安全缺陷是否接受,如不接受应充分阐述理由;对每一改进建议应一一响应,是全部采纳、部分采纳或不采纳虽然由设计人员自行决定,但均应阐明原因。

 阅读材料

我国道路安全审计的发展过程

20世纪90年代中期,道路安全审计通过两种平行的渠道引入我国:第一种渠道是以高等院校为主的学者通过国际学术交流与检索外国文献,从理论体系的角度引入道路安全审计的理念,并着手开展理论与应用研究;第二种渠道是通过世界银行贷款项目的配套科研课题,在工程领域开展道路安全审计的实践。

总结国外道路交通安全研究历程,大体经历了4个阶段:①道路交通事故统计分析阶段;②道路交通安全评价阶段;③道路交通事故预测阶段;④道路交通事故预防阶段。在每个阶段都产生了一系列分析方法和指标,道路安全审计就是道路交通事故预防阶段形成的分析方法之一。

道路安全审计是有效预防和降低交通事故的重要手段之一。我国的公路建设已由重规模、重基本建设向规模与质量并重转移,道路安全问题已受到全社会的高度重视。经济的发展、生活水平的提高已使安全第一的理念更加深入人心。只有在安全的基础上,道路项目的经济性、舒适性、环保性、可持续性发展等要求才能得以体现。

8.3.2 道路安全审计的各阶段及其主要内容

就道路对交通安全的影响而言,其涉及的安全问题贯穿于道路生命周期的各个不同阶段,因此,道路安全审计关注的安全问题广泛分布于道路规划、设计、施工、运营全过程

的各个不同阶段。为此，世界各国一致认为道路安全审计可以在道路的规划、设计、施工和运营等不同阶段全面介入。

按照道路建设进程过程中阶段特点的不同，道路安全审计可以划分为道路规划与可行性研究阶段、道路初步设计阶段、道路详细设计（施工图设计）阶段、道路施工阶段、道路运营前的验收和运营后的审计5个阶段。因道路建设进程中各个不同阶段的研究内容和关注的重点不同，使得各个不同阶段的审计模式和技术相应不同。

1. 道路规划与可行性研究阶段

国外有关道路安全审计的成功经验表明，道路安全审计做得越早，其效果越显著。道路规划阶段的安全审计主要是从安全的角度对最初方案的交通安全特性进行审查，为规划人员提供有关设计标准、定线、立交类型等方面的安全建议。审计的主要内容包括道路技术标准、线路走向、交叉口位置、桥隧设计标准、交通管理政策以及项目建设对现有道路交通基础设施的影响及其协调处理，如道路网络的功能适配性、不同层次网络衔接的顺适性以及多方式交通系统转换的平滑性等。该阶段的道路安全审计应在规划工作完成之后进行。

在可行性研究阶段，审计的重点是：评估项目的技术标准、技术方案及对环境的影响，设计标准、路线方案、控制点等是否可能导致安全问题，以及备选方案的路线连续性与平顺性、平面交叉、立体交叉、道路出入口分布（针对交通安全）的合理性等。

2. 道路初步设计阶段

该阶段的道路安全审计主要是审查有关项目的总体设计及其主要特征要素是否满足安全标准要求，设计方案与设计规范的偏差可能产生的安全影响，以确定需要进一步改善的地方。进行道路安全性能评估的对象包括平纵线形及其组合、视距特征、平面交叉口、立体设计方案、道路结构、车道与路肩宽度、路面横坡与超高值、超车道特性、停车设施、非机动车与行人设施。其他评估对象包括对特殊用户的考虑，道路施工中可能发生的安全问题预测等。

该阶段的道路安全审计应在初步设计阶段完成之后进行。这一阶段的安全审计值得特别重视，因为一旦道路征地完成后，再进行大规模的修改将变得比较困难，其代价也会更大。

3. 道路详细设计阶段

该阶段的道路安全审计主要是审查有关项目各组成部分的最后设计。该阶段进行安全性能审计的要素包括超高、线形组合及设计一致性检查，标志、标线、信号控制、照明、交叉口细节设计，护栏设计方案、路侧设计、路侧净距、路侧景观设计，交通组织方案与施工组织设计，施工过程中的交通管制方案等。

该阶段的道路安全审计应在详细设计阶段完成之后进行。

4. 道路施工阶段

该阶段的道路安全审计主要是审查项目各组成部分的建设质量及其保障措施、施工过程的组织与管理，不同道路用户的需求措施等。该阶段安全性能审计的重点包括项目的建设质量及其保障措施、施工区、施工过程组织与管理、施工准备与实施方案，以及与施工过程密切相关的交通疏导方案、临时交通控制设施，不同道路用户的需求措施等。另外，在该阶段应特别关注施工相关人员与车辆、施工区域道路使用者的安全保障问题。

该阶段的道路安全审计应在施工过程中定期进行，直至交通开通前。

5. 道路运营前的验收和运营后的审计阶段

道路运营前的测试对象和项目包括机动车（如汽车）路上行驶、非机动车（如自行车）路上骑行、行人步行的现场试验，测试条件包括白天与夜间、晴天与雨天等不同气象条件及畅通与拥堵等不同交通流条件，以确保所有道路使用者的安全需求都能得到最大的满足。

在道路通车后，应对道路的安全状况进行全方位的监控，并就交通事故的类型、发生地点、事故严重程度进行定期分析与评估，找出存在的安全缺陷点及事故产生的原因，并积极予以改进和完善。

8.3.3 高速公路交通安全审计

高速公路交通安全工作的任务，不仅是对既成事故进行调查研究做出处理和防止措施，更重要的是在事故未发生之前，预见可能构成事故的潜在危害因素，及早做出预防措施，把事故消灭在萌芽状态或减轻到最小危害程度。高速公路交通安全审计正是从这方面考虑的，它基于高速公路建设项目投资的全过程，即投资前期、投资执行期、投资服务期，探讨从工程安全角度出发来审计高速公路投资的每一阶段，即规划、预可行性研究（预工可）、工程可行性研究（工可）阶段，初步设计阶段，详细设计、施工图设计阶段，预通车阶段，运营阶段的安全可靠性，从而找出事故的潜在危害因素并进行改进而达到预防和改善交通事故的目的。

1. 高速公路交通安全审计的定义

高速公路交通安全审计是对处于规划、工可、设计、施工、运营的高速公路和交通工程，以及与高速公路使用者有关的任何工程项目的一个正式审查，以评价高速公路发生交通事故的潜在危险性及安全性，它通常由一个或一组独立的、有资格的检查者来进行。

2. 高速公路交通安全审计的特征

高速公路交通安全审计是一个正式的检查而不是一个非正式的检查；是一个独立的不受业主或设计单位影响的过程；由具有丰富经验和受过专业训练的人执行，且仅限于安全问题。

3. 高速公路交通安全审计的目的

高速公路交通安全审计的目的在于：使高速公路或高速公路网的交通事故的危险性及严重性降到最低，使得运营后补救工作量降到最低；降低整个工程的成本费用；增强人们在高速公路规划、工可、设计、施工及养护方面的安全设计意识。

4. 高速公路交通安全审计的应用

从投资全过程看，高速公路交通安全审计可用于以下5个阶段中的任何一个或全部5个阶段，即规划、预工可、工可阶段，初步设计阶段，详细设计及施工图设计阶段，预通车阶段，运营阶段。

5. 高速公路交通安全审计结果的处理

高速公路交通安全审计结果的处理可从两个方面着手：一方面可在规划、预工可、工可或设计阶段消除可预防的潜在事故多发点的产生源，如取消不合理的立交布局、调整不合适的线形及线形组合、改变横断面形式等；另一方面可在预通车或运营阶段对潜在事故多发点通过采取一系列安全管理和控制措施来减少这些地点或路段事故发生的可能性和严重性，如采取防滑表面、交通安全设施、监控设施、照明设施等来减轻现存问题的不利影响。

8.3.4 我国应加强高速公路交通安全审计工作

作为高速公路交通事故预防的一种方法，交通安全审计不失为一种好的预防方法，同时它还是一种能节约投资，降低整个工程实际成本的一种有效方法。目前，道路交通伤害已经成为全球公共卫生问题。交通事故因其极强的杀伤力被称为世界"第一杀手"。2004年4月7日的第55个"世界卫生日"，其主题就是"道路安全"。可见，道路安全问题已是怎么强调也不为过的事情。只有在安全的基础上，公路项目的经济性、舒适性、环保性、可持续性发展等要求才能得以充分体现。

道路交通安全审计作为一项节约投资及运营成本的安全措施却得到了公认。英国资料表明，通过交通安全审计的道路一般能减少1/3的潜在事故，而交通安全审计所增加的成本仅为道路设计成本的4%～10%，经过成本效益分析，道路交通安全审计所产生的效益与所需成本之比为15∶1～20∶1。显然，道路安全审计的效益是十分明显的。按照这个思路，可以对我国高速公路交通安全审计产生的效益做进一步的研究，获得确切数据，例如：其减少高速公路事故发生可能性所产生的效益，降低高速公路事故发生的严重性产生的效益，在建设单位、设计单位、经营单位等心目中增强了安全意识产生的效益，养护工作减少产生的效益，减少给社会带来的不利影响产生的效益等。

在我国，推行高速公路交通安全审计和将其落实为一项制度仍需做进一步的努力。第一，应树立"预防重于治理"的理念，应充分认识到对高速公路建设项目的各个阶段实行安全审计是从源头预防交通事故的重要措施；第二，应尽快开展高速公路安全审计的法规研究，明确高速公路安全审计的程序和安全审计人员的责任、义务及权益；第三，加紧、加快高速公路安全审计指标体系的研究，从而形成一套较完善的评价标准；第四，培育高速公路安全审计队伍及建立相应机构，保证审计人员独立公正地开展工作。

8.4 交通事故紧急救援

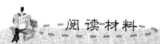

国内外高速公路突发事件应急管理现状

交通事故应急救援源于交通发达国家，与高速公路的发展紧密相关。美国的高速公路事件管理始于20世纪60年代。20世纪70年代，加利福尼亚公路巡逻队与州运输部在洛杉矶建立了一个事件管理的示范工程；此后美国的其他州也陆续开展了高速公路事件管理工作。为指导各地高速公路事件管理的顺利实施，美国运输部联邦公路管理局于1991年颁布了《高速公路事件管理手册》，并于2000年11月推出了更新版"交通事件管理手册"，对高速公路事件管理发挥了积极的指导作用。

在欧洲，德国、瑞典等多国对高速公路突发事件管理给予了足够的重视。1990年，德国交通管理部门组建了道路救援队，其任务是在道路上进行巡逻并参与事故救援。瑞典为改善斯德哥尔摩地区的交通事件管理，1996年当地交通管理部门组织成立了公路救援队，负责公路巡逻和紧急事件救援。近10年来，欧洲在加强道路监控技术、改进报警系统的同时，不断完善突发事件应急处置功能，以提高对突发事件的反应速度和救援效率。

日本一直把道路交通安全作为智能交通系统发展的主要方向，如何避免突发事件及完善应急处置系统成为其发展的重点之一。日本以道路公团为代表，在救援管理中心设立急救车、消防车日夜待命，尽可能缩短突发事件处理时间，提高事故救援效率。

我国交通事故应急救援能力近10年来获得了快速提升。随着我国高速公路的快速发展，我国对高速公路突发事件应急管理经历了不断完善的发展过程。2000年以前由于整体上我国高速公路运输规模较小（通车总里程为16000km），高速公路突发事件较少，应急管理比较薄弱；2000年以后高速公路突发事件应急管理能力明显加强，特别是2003年的"非典"和2008年年初的"南方雪灾"加速了我国高速公路突发事件应急管理的法制化进程，使得道路交通事故应急处置能力、救援水平明显提升。

8.4.1 概述

道路交通事故救援的实践表明，如果在事故发生后5min内采取紧急救援措施，30min内采用急诊，至少可以使18%～25%的重伤者免于死亡，因此实施道路交通事故现场紧急救援对挽救受伤者生命、降低事故死亡率具有重要意义。道路交通伤害的基本特点是伤情复杂，死亡率高。实际中，对交通事故中受伤者的急救是否及时、妥当，直接关系到伤者的生命安全。据有关部门统计，在交通创伤致死的人员中，现场死亡占50%，途中死亡占25%，急诊室和住院死亡占25%。因而，在道路交通事故发生后对受伤者进行现场救援，可以大大减轻伤者的痛苦，预防和减少并发症，有利于降低致残率和死亡率。

1. 交通事故受伤者死亡高峰与紧急救援

一般情况下，交通事故受伤者的死亡高峰发生在3个不同时期。

第一死亡高峰发生在事故发生后的数秒钟至数分钟内，常常死于脑或中枢神经系统、心脏、主动脉或大血管严重损伤，由于上述原因造成的死亡约占该阶段死亡人数的50%，约占所有车祸损伤的5%。在急救领域，将伤害事件发生到伤后的10min，这段时间称为"白金10min"，如果在这段时间实施正确的急救，可以极大地提高抢救成功率，降低伤者致死率和伤残率，但绝大多数情况下由于急救力量很难在事故发生后10min内达到事故发生现场，因而目前还很难改变该时期内高死亡率的现状。

第二死亡高峰发生在事故后的1～2h之内，死亡原因是严重的头部、胸部、腹部和其他明显的大血管的损伤。这一高峰约占车祸损伤的15%，在具有先进外伤救护条件的发达国家约占事故死亡总数的35%。在这段时间内，如果受伤者伤后能够得到及时救助，可得以生还和康复；对于危重的多发伤、严重失血性病人，及时进行正确现场急救、控制出血、预防窒息，维持最基本的生命特征，可以避免部分伤者的死亡，所以有人称创伤后第一小时为"黄金1小时"。在我国目前的道路交通情况和医疗救助条件下，约80%的道路交通事故死亡主要发生在创伤的瞬间及随后的1~2h内。因此，建立完善的事故应急救援体系，提高救援应急响应能力，可有效地提高伤者的生存率。

第三个死亡高峰是在入院后30天内，主要原因有脑死亡、器官功能衰竭和无法控制的败血症，在发达国家即使有良好的医疗条件也无法降低该阶段的死亡率。发达国家大约有15%的事故受伤者在这一阶段的后期死亡，我国很多地区医疗设施不完善，这一时期的死亡比例会更大。

道路交通事故紧急救助主要是针对事故发生后的1~2h这一特定时期。发达国家的救援实践表明，交通事故发生后及时实施紧急救援，可以有效缩短伤员获救时间，为伤员提供及时而有效的救治和帮助，使伤员伤情得到有效控制，已成为减少道路交通事故创伤后死亡的关键时期。

2. 交通事故紧急救援的法律规定

我国《道路交通安全法》对事故救援有如下规定：

第七十条规定："在道路上发生交通事故，车辆驾驶人应当立即停车，保护现场；造成人身伤亡的，车辆驾驶人应当立即抢救受伤人员，并迅速报告执勤的交通警察或者公安机关交通管理部门。因抢救受伤人员变动现场的，应当标明位置。乘车人、过往车辆驾驶人、过往行人应当予以协助。"

第七十二条规定："公安机关交通管理部门接到交通事故报警后，应当立即派交通警察赶赴现场，先组织抢救受伤人员，并采取措施，尽快恢复交通。"

第七十五条规定："医疗机构对交通事故中的受伤人员应当及时抢救，不得因抢救费用未及时支付而拖延救治。肇事车辆参加机动车第三者责任强制保险的，由保险公司在责任限额范围内支付抢救费用；抢救费用超过责任限额的，未参加机动车第三者责任强制保险或者肇事后逃逸的，由道路交通事故社会救助基金先行垫付部分或者全部抢救费用，道路交通事故社会救助基金管理机构有权向交通事故责任人追偿。"

《交通事故处理程序规定》也做出了相应规定。

第二十三条规定："交通警察到达现场后，应当根据需要立即进行下列工作：

（一）组织抢救受伤人员；

（二）在现场周围设置警戒线，在距现场来车方向五十至一百五十米外设置发光或者反光的交通标志，引导车辆、行人绕行；允许车辆通行的，交通警察应负责现场警戒、疏导交通，指挥其他车辆减速通过；

（三）指挥驾驶人、乘客等人员在安全地带等候；引导勘查、指挥等车辆依次停放在警戒线内来车方向的道路右侧，车辆应当开启警灯，夜间还应当开启危险报警闪光灯和示廓灯；

（四）对载运爆炸物品、易燃易爆化学物品以及毒害性、放射性、腐蚀性、传染病病原体等危险物品的车辆发生的交通事故，应当立即报告当地人民政府，通报有关部门及时处理，采取封闭道路等交通管制措施；协同有关部门划定隔离区，疏散过往车辆、人员；

（五）对造成道路、供电、通信等设施损毁的交通事故，通报有关部门及时处理；

(六)确定交通事故当事人,控制肇事人,查找证人。"

第二十四条规定:"急救、医疗人员到达现场的,由急救、医疗人员组织抢救受伤人员,交通警察应当积极协助。"

8.4.2 交通事故紧急救援系统

1. 交通事故紧急救援系统的构成

根据我国国情,应由公安机关协调当地人民政府及保险公司,组织城市医院和急救中心,建立具有快速反应能力的交通事故紧急救援系统,加强交通事故伤害的抢救力量。交通事故紧急救援系统的构成和实施过程如图 8.1 所示。

由图 8.1 可知,交通事故紧急救援系统按其功能不同主要由事故检测及确认、以资源配置调度为主体的事故救援快速反应、现场救援及交通恢复、救援保障服务等环节构成。各环节的作用及其功能如下。

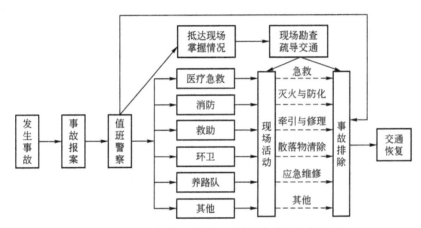

图 8.1 交通事故紧急救援系统的构成和实施流程

(1)事故检测。事故检测是指在事故发生后通过各种检测方式检测到或通过其他方式发现事故的过程。事故检测是事故紧急救援的基础和前提,也是影响救援时间的一个非常重要的环节。道路交通事故应急救援系统的快速反应能力在很大程度上依赖于高效、可靠的事故检测技术。准确、高效的事故检测对于制定恰当的应急响应策略、控制和引导其他车辆避开事发地点,为驾驶人提供实时的交通信息,从而将事故的影响和损失降到最低都是非常重要的。

事故检测的功能旨在快速、准确获取交通事故的可靠信息。

(2)快速反应(资源调度)。事故救援快速反应是指在交通事故获得确认后,进行通信联络,协调相关机构、组织调集相应人员和设备等和事故救援直接相关的一系列活动。恰当合适的事故快速反应过程取决于对所发生事故的了解以及现有条件下所能提供的装备和资源,当然,各部门之间的有效协调配合和应急资源的快速科学配置是影响事故快速反应的一个非常重要的因素。

对事故的快速反应可以有效缩短首批救援人员达到事故地点时间,对于有效地救护受伤人员、挽救财产损失、缓和交通堵塞,使交通尽快恢复畅通起着重要作用。

快速反应的功能是在尽可能短的时间内向事故现场派出救援力量。

(3) 现场救援及交通恢复。现场救援是指救援力量达到事故现场后根据现场实际展开的伤员救护、现场保护与清理及交通恢复的整个过程。涉及的内容包括抢救及转移事故受伤者，帮助现场受困者脱离困境，转运乘客和货物，保护事故现场、确保现场勘查顺利进行，清理事故现场遗留的车辆零部件散落物、所载货物抛撒物及油污等，及时抢修遭事故损坏的道路基础设施和道路安全及管理设施等。现场救援效率与应急预案是否完备、应急组织过程等要素密切相关，高效的现场救援有助于尽快恢复交通。

现场救援及交通恢复的功能是现场伤员救护、现场保护、清理及交通恢复。

(4) 救援保障服务。救援保障服务是指为使救援顺利高效进行，相关部门提供的多种保障服务。包括事故信息及时发布与更新，交通疏导及其管理，救援参与单位之间的信息沟通，包括消防、救护、环保、涉事车辆的牵引及燃油供应等救援后勤服务，现场救援人员救援期间的生活保障等。在其他因素一定的条件下，救援保障服务水平高低对现场救援效率具有重要影响。

救援保障服务的功能是为使救援顺利进行提供所需的紧急救护服务和其他必要服务。

2. 交通事故紧急救援系统运作程序

1) 事故检测和确认

交通事故检测和确认方式包括：①移动电话；②交通监视系统的车辆检测器、视频仪器和闭路、微波电视等；③路边紧急电话或交通事故报警电话；④交通巡逻执法部门的报告等。

2) 事件快速反应

一旦确定交通事故发生后，紧急救援系统根据现场报告信息及以往事故信息并运用人工智能技术提出事件快速反应方案（应急方案），与各相关机构进行协调，调集人员和设备，进行通信联络和信息发布等一系列活动。

3) 现场管理

现场管理的重要任务是准确评价事件严重程度、确定合适的优先权、协调相关资源的使用、保证通信畅通与清晰、通过有效的方法安全、快速、高效地清理事故现场。保证事故处理人员、事件的当事者以及其他车辆驾驶人和乘客的安全是事件现场管理的首要目的。

高效的事件管理方案必须具备以下特征：①确定一个事件现场指挥点；②指定一个有权威的现场指挥人员；③应将所有与事件处理相关的人员都包含进来；④对紧急车辆和设备进行分阶段调用等。

4) 交通管理

交通管理就是将各种交通控制方法应用在事件处理现场，其主要包括：①车道关闭与开放；②匝道控制；③使用可替代道路等。这个环节是通过信号控制系统的配合实现的。

5) 现场清理

现场清理是指转移事故车辆、清理道路上杂物以及其他影响交通流正常运行的东西，使道路通行能力恢复到事件发生前的正常水平的过程。现场清理一般位于救援后期。

6) 事件信息发布和记录

事件信息发布是指通过各种渠道和方式将事件信息传播给事故区域车辆驾驶人及其他交通参与者的过程。常用的传播手段包括：①可变信息板；②道路交通咨询电台；③商业广播电台；④车内路线导航器；⑤有线电视交通报道；⑥互联网；⑦电话信息交换等。

3. 交通事故现场救援作业

首批救援力量到达事故现场后，指挥员应对事故现场及时进行实地考察，充分了解现场情况，并根据事故现场实际进行大致编组和概略分工，采取组合式操作，展开救援作业。为了使现场救援行动规范有序进行，在有可能的情况下最好把救援力量分成若干个小组。具体分几个小组应视情况而定，可以组成的小组包括：

(1) 救援组，可以是若干个，每个小组至少需要3至5人，通常需要剪、扩、撑、切、锯、吊、拉等组合式操作，所以对人员、器材需求很大。

(2) 警戒组，主要负责维护现场秩序，照看被疏散的人员和物资，并控制现场。

(3) 隐患排除组，主要任务是对可能发生的爆炸、有毒、倾翻等潜在的灾害隐患进行清除；对已经发生的燃料泄漏、运输车上的物质泄漏进行控制、回收、输转、堵漏，已经着火的迅速扑灭火灾。

(4) 救护组，主要负责抢救车内乘员和物资。

(5) 遗物收置组。主要任务是收集遗物，搞好登记统计和移交。

展开抢救时，应对事故地域进行简易划分和标示，以免救护行动交叉而产生忙乱。一般可划分为人员看管区、伤员救治区、遇难者尸体停放和遗物堆放区等。

4. 医疗救护

1) 救护原则

道路交通创伤急救的任务是采取及时有效的急救措施和技术，最大限度地减少伤员的痛苦，降低致残率和死亡率，并为进一步展开救治打好基础，为此必须遵守以下原则：

(1) 先复后固原则，是指遇有心跳呼吸骤停又有骨折者，应先进行心肺复苏，直到心跳呼吸恢复后，再进行骨折固定的原则。

(2) 先止后包原则，是指遇到有大出血又有创口时，首先立即用指压、止血带或药物等止血方法止血，接着再消毒创口进行包扎的原则。

(3) 先重后轻原则，是指当垂危伤员和较轻伤员同时并存时，应先抢救危重伤员再抢救轻伤员的原则。

(4) 先救后运原则。过去急救"抬起就跑"的办法，已在国际范围内基本被"暂等并稳定伤情"的思想所代替，这也就是说急救人员要在现场为即将转运的伤员做打开气道、心肺复苏、控制大出血、骨折固定、止痛、处理开放性气胸和连枷胸等重要而有价值的工作，然后再转运，并且在转运途中继续实施抢救措施以提高抢救的成功率。

(5) 急救与呼救并重原则。在遇有成批伤员又有多人在现场的情况下，要紧张而镇定地分工合作，急救和呼救可同时进行，以尽快地争取到急救外援。

(6) 搬运与医护一致性原则，是指将危重伤员的搬运与医护、监护工作协调统一进行。过去在搬运危重伤员中，搬运与医护、监护工作从思想上和行动上存在分离现象，如搬运由交通部门负责，途中医护由卫生部门负责，协调配合不够好，途中抢救缺乏保障，加之车辆严重颠簸等因素，结果增加了伤员不应有的痛苦乃至死亡。据国外资料分析，约有25%的伤员是由于转运不当或转运不及时而在途中死亡。随着抢救伤员的需要和医学科学技术的进步，应积极创造条件使急救和搬运合二为一，协调一致进行。

2) 救护步骤

(1) 应控制和制止大出血和疏通呼吸道,这是保住伤者生命的首要环节。

(2) 固定伤肢,这是控制减轻疼痛、避免骨折和损伤血管神经、防止伤情加重的首要一个环节。

(3) 其他处理,如包扎、心肺复苏等。

3) 现场救护要求

(1) 保持冷静,阻止目击者采取一些危险或不必要的动作;尽量少挪动伤员,必须挪动时,应注意头部、颈部和躯干保持在一条直线上,防止受伤部位的伤情加剧。

(2) 伤员处于侧卧安全状态,以防吸进血液或呕吐而窒息。

(3) 确定伤员是否存在阻碍呼吸的情况,观察嘴内是否有异物(如糖果、假牙、血块)等,如不能呼吸,应进行口对口人工呼吸。

(4) 避免给伤员吃喝东西,如出现伤员休克时,在确定伤员消化道没有损伤时,可给予食盐的饮料少量饮用。

(5) 不应当把骑摩托车伤员的安全头盔脱掉,除非有呕吐现象或呼吸停止。

(6) 保护现场,设置安全警告并对出事车辆应熄火停机,禁止抽烟,排除在原现场再次出现车辆溢油而发生火灾等二次事故。

(7) 绝对避免把似乎已死亡的伤员丢下不管。

思考题

1. 道路交通管理主要包括哪些基本内容和职能?其管理方法有哪些?
2. 在道路交通管理活动中重视"以人为本"有何现实意义?
3. 道路交通安全法规包括哪些内容?与交通发达国家相比,我国现阶段道路交通安全法规在立法和执法方面存在哪些差距?
4. 在道路交通管理活动中强调"依法管理"有何现实意义?
5. 道路安全审计为什么能够起到预防交通事故、降低交通事故发生率的作用?
6. 简述道路安全审计的各阶段及其主要内容。
7. 简述交通事故紧急救援系统的构成及其运作程序。
8. 交通事故紧急救援对完备现代道路交通系统功能有何重要意义?

第 9 章
智能交通系统

 本章教学要点

知识要点	掌握程度	相关知识
智能交通系统概述及其特点分析	熟悉不同国家、组织机构对智能交通系统的定义；掌握智能交通系统的主要特点	美国、欧洲、日本、中国相关组织对智能交通系统的定义与解释；智能交通系统主要特点分析
智能交通系统的框架体系结构	掌握智能交通系统的框架体系结构；熟悉智能交通系统框架体系的设计方法及流程	智能交通系统的主要功能及框架结构；智能交通系统框架结构的设计方法
智能交通系统的关键技术分析	了解实现智能交通系统所需的主要关键技术	与智能交通系统紧密相关的信息采集技术、通信技术、信息管理技术、智能控制技术
智能交通系统的典型应用	了解智能交通系统典型应用	分布式交通信息服务系统、不停车收费系统、安全辅助驾驶系统、自动公路系统

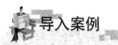

导入案例

我国智能交通驶入发展快车道

近几年来,我国智能交通每年建设投资增速都超过20%,这主要是因为我国城市道路和交通问题越来越严峻,人们对出行效率的需求日益迫切,再加上一些省市举办大型国际赛事或重大活动的推动作用,因此中央和各级地方政府对智能交通建设越发重视,智能交通领域有了广阔的发展空间。

未来几年,智能交通将主要应用于城市交通和城际交通两个领域。2013年3月,国家发改委在《促进综合交通枢纽发展的指导意见》中指出,"十二五"期间我国需基本建成42个全国性综合交通枢纽。根据权威机构预测,我国将在200个以上的大中型城市建立城市交通指挥中心,未来10年智能交通系统的总投入将达1820亿元。此外,城市交通管理系统的市场需求同样可观,预计未来10年内,城市智能交通系统投资总额在450亿元左右。

智能交通在欧美日等发达国家已得到广泛应用,在美国的应用率达到80%以上,2010年市场规模达到5000亿美元;日本1998—2015年的市场规模累计将达5250亿美元,其中基础设施投资为750亿美元、车载设备为3500亿美元、服务等领域为2000亿美元;欧洲智能交通在2010年产生了1000亿欧元左右的经济效益。相比之下,中国智能交通整体发展水平还较为落后。

我国政府已经将智能交通作为未来交通发展的一个重要方向,城市智能交通将对提高城市道路交通效率、解决交通拥挤、确保运输安全、减少环境污染等方面发挥积极作用。我国将科技支撑作为加强道路交通安全的基本原则,未来几年按照适度超前的原则推动交通信息化建设,大力发展智能交通,提升智能交通现代化水平。

(资料来源:李争粉,政策利好,智能交通驶入发展快车道[N]. 中国高新技术产业导报,2014-04-07(A6).

9.1 智能交通系统概述

9.1.1 智能交通系统的定义

智能交通系统(Intelligent Transportation System,ITS)是现代交通运输进入信息化时代后所形成的必然产物。随着物联网等信息技术的飞速发展,智能交通系统也进入快速发展阶段。ITS作为智能交通系统在交通运输领域内的专业术语一直到1994年才被国际组织正式认定。由于技术背景和研发对象的不同,不同国家相关机构对智能交通系统内涵与外沿的理解也不尽相同。

美国交通工程师协会(Institute of Transportation Engineers,ITE)认为,智能交通系统是由交通运输领域各种高新技术所构成的综合系统,相关技术主要包括物联网技术、数据融合技术、智能控制技术等。通过各种技术并结合交通运输理论、道路管理与规划方法，智能交通系统能够有效地提高道路交通运输效率、改善汽车行驶性能、降低道路交通事故的发生概率，使人和货物能够更加安全、高效地到达指定位置。因此，美国交通工程师协会对智能交通系统的定义为：将先进的传感器技术、通信技术和计算机控制技术综合应用于道路交通系统，使之成为能够让汽车、道路管理运行更加可靠、高效的综合系统。美国《智能交通系统手册2000》内描述的智能交通系统是，利用一系列用于交通运输领域的管理思想、先进的信息技术，实现为用户提供多种交通信息服务功能，其目的在于实现交通运输系统控制和管理的智能化，改善道路拥堵等问题。智能交通系统的基础是信息和网络的集成，其中信息采集、交通系统实时数据处理、信息融合决策是智能交通系统的核心。

欧洲道路运输通信技术实用化促进组织（European Road Transport Telematics Implementation Coordination Organization，ERTICO）对智能交通系统的定义是：智能交通系统是各种先进的信息技术在交通运输系统中的综合应用。这一系统能够降低各种道路交通拥堵现象发生，提高道路行车的安全性，为用户提供各种交通信息服务以提高用户在行车过程中的舒适程度。此外，系统还能提高道路交通运输效率，改善人们的生活水平，使出行更加快速、便捷，因此具有极大的经济价值。显然，ERTICO对智能交通系统的定义较ITE简单。

日本道路-交通-车辆智能化推进协会（VERTIS）对ITS定义是：运用各种先进的数据处理技术、网络技术和检测技术等，即采用"智能化"的思想解决交通事故、道路堵塞、能源消耗等各种问题的系统，其主要目的在于实现人、车辆、道路之间处于最佳运行状态。

我国对ITS定义是：通过研究交通运输领域的基础理论，采用先进的信息技术、网络技术、系统集成方法改善交通运输系统存在的各种问题，从而达到提高交通运输管理系统的时效性、可靠性的目的。一般认为，ITS是利用先进的信息技术，实现车辆、道路基础设施、交通网络智能化管理和运行的各种系统的总称。

9.1.2 智能交通系统的发展

1. 我国交通工程的发展

我国自古以来就重视交通运输的发展，早在商周时期就已造出具有运输功能的畜力车辆。车辆的使用让古代人民认识到道路建设与城市规划的重要性，西周文献记载"匠人营国，方九里，旁三门，国中九经九纬。经涂九轨，环涂七轨，野涂五轨"，意思是城市规划时，按棋盘格局将城市道路划分为九横九纵。东西主干道约15m宽，环形路约11.5m宽，市郊道路约8.5m宽（轨为古代长度计量单位，1轨约合1.65m），这种规划方案几乎沿用到近代，成为我国古代城市路网规划的典范。19世纪中后期，我国交通运输行业发展基本处于停滞状态，汽车完全依赖进口，近百年所建成的各类公路总长仅为13万公里，建设规模远落后于西方国家。新中国成立后，国家加大对汽车工业、公路建设的投入，但是由于经济、工业基础薄弱，交通运输行业发展速度较慢。

改革开放时期，随着我国经济、社会、科技的全面提升，交通运输行业呈现出加速发展态势。与此同时，各类交通安全问题也日益凸显。进入21世纪后，传统的道路交通运输发展模式已无法适应我国工业化、城镇化、现代化发展需求，这迫使我国交通运输行业必须走依靠高新技术全面提升服务水平的道路，新型的智能交通系统在此大背景下应运而生。与传统的交通工程相比，智能交通系统将现有的高新技术特别是信息技术应用于交通运输工程，实现人、车、路三者的协调统一，该系统具有以下特征和优势：

（1）智能交通系统理论涵盖了运筹学、电子学、控制理论等多门学科，采用先进的科学技术获取大量、实时、准确的车辆、道路信息。

（2）智能交通系统运用人工智能方法对车辆、道路信息进行汇总并快速综合处理，以得到最优决策方案。

（3）智能交通系统根据车辆、道路实时信息和最优决策方案，为旅行者提供便捷省时的交通信息服务。

2. 智能交通系统的产生背景

汽车被称为人类100多年来最伟大的发明之一。汽车的发明为人们的出行和货物的运输带来极大便利，在节约出行时间的同时，使出行变得更加快捷、舒适。汽车作为一种大众化交通运输工具，已被越来越多的普通民众所掌握和使用。与此同时，随着汽车保有量的不断增加，交通事故频发，交通拥堵现象加重，环境恶化等问题已引起全社会的广泛关注。据日本官方统计数据，首都东京每年因道路交通拥堵而造成的直接经济损失达到1230亿美元。因交通拥堵问题引起的经济效益损失令世界各国政府无法忽视和逃避，特别是道路交通事故已成为道路交通运输行业最突出的问题之一。据国际相关组织预测，到21世纪20年代末，全世界因交通事故造成的经济损失每年将达到数以万亿美元，由交通事故引发的社会不安定因素比例将不断上升。

如何减少道路拥堵和交通事故的发生，保障机动车驾驶安全，已经成为社会各界关注的焦点议题。加大交通基础设施建设是各国最初所采取的解决这些交通问题的主要手段之一，这是因为增加基础设施建设不仅能够适度缓解汽车数量急剧增长问题，还能刺激经济，有利于拉动内需和推进城镇化进程。然而，因道路基础设施的建设速度永远无法跟上汽车保有量的增长速度，实践表明，增加道路供给缓解交通问题的努力往往会导致道路交通更加拥堵。为此，人们只得另辟蹊径，经过多年探索，智能交通系统已成为现阶段解决道路交通问题的有效手段之一。

3. 国外智能交通系统发展概况

20世纪80年代末，美国联邦运输部向美国国会提出了一个研发运用高科技成果改善道路交通的重大战略计划，此计划被命名为智能车辆公路系统（Intelligent Vehicle Highway System，IVHS）。该系统包括先进的交通管理系统（Advanced Traffic Management System，ATMS）、先进的交通信息系统（Advanced Traveler Information System，ATIS）、商用车运行管理系统（Commercial Vehicle Operation System，CVOS）、先进的车辆控制系统（Advanced Vehicle Control System，AVCS）。为实现该计划，美国投资300多亿美元组织全国政府部门、高校、科研机构等单位从事这项研究。1991年，美国为了更好地实现智能车辆公路系统，提出新一轮的道路交通建设法案，这项法案被命名为《陆上综合交通运输效率化法案》（ISTEA），即著名的"冰茶法案"（ISTEA与英文中的冰茶 ice tea 一词谐音）。1994年，美国根据智能车辆公路系统正在实施研发的项目，认为智能车辆公路系统的名称已不能覆盖其全部内容，把智能车辆公路系统又更名为智能交通系统。在原四大分系统基础上再增加两个分系统：先进的公共交通系统（Advanced

Public Transit System，APTS)和先进的乡村交通系统(Advanced Rural Transportation System，ARTS)，形成目前智能交通系统的研究构架。1996 年，美国联邦运输部发布了"交通运行时间节约战略"，在这个战略中第一次提出智能交通运输基础设施(Intelligent Transportation Infrastructure，ITI)的新概念。美国智能交通系统发展过程如图 9.1 所示。

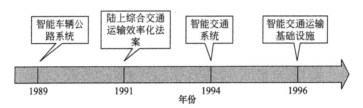

图 9.1 美国智能交通系统的发展过程

与此同时，1971—1991 年，日本先后研究了综合汽车控制系统(Comprehensive Automobile Control System，CACS)、道路-汽车通信系统(Road Automobile Communication System，RACS)、先进的移动交通信息通信系统(Advanced Mobile Traffic Information and Communication System，AMTICS)。但这些研究计划最终未能投入实施和应用。1991 年，日本警察厅、建设省、邮电省联合开发车辆信息和通信系统(Vehicle Information and Communication System，VICS)，这一项目在 1993 年完成，1994 年开始在东京试运行并获得成功。

欧共体(欧盟前身)在 1988 年组织 12 个国家的高校、研究中心、企业等 70 余家机构实施 DRIVE(Dedicated Road Infrastructure for Vehicle Safety in Europe)计划，旨在减少交通拥堵现象，提高交通系统运行的可靠性，降低交通尾气对环境的污染等。其后几年，欧共体又先后组织相关单位完成 DRIVE-Ⅱ计划和 TELEMATICS 计划(DRIVE-Ⅲ计划)。1986 年 14 家欧洲汽车制造商联合提出 PROMETHEUS 计划(Program for Europe Traffic with Highest Efficiency and Unprecedented Safety)。从事这项研究的单位包括 70 个从事基础研究的高校和研究院和 103 个从事应用研究的汽车制造商。

从上可以看出，以美国为代表的经济发达国家对智能交通系统的研究起步较早，其投入也非常大，并取得了一些重要成果。相比国外智能交通系统的发展，因我国智能交通系统的发展起步较晚，存在一定差距。

4. 中国智能交通系统发展概况

20 世纪 80 年代后期，我国开启了智能交通系统基础性研发工作，包括道路交通管理优化、交通信息采集、驾驶人培训考试系统、车辆动态识别等；90 年代初期，大中城市开始建设城市交通指挥控制中心并投入使用；90 年代中期至今，交通运输界的科学家和工程技术人员开始跟踪智能交通系统技术，并取得了长足进步。

进入 21 世纪以来，我国智能交通系统的研究和实施开始进入迅猛发展阶段。2000 年 2 月，科技部会同国家发改委、国家经贸委、公安部、交通部、铁道部、建设部等部委，共同商讨决定建立国内第一个发展智能交通系统的政府协调领导机构——全国智能交通系统(ITS)协调指导小组及办公室，并成立了智能交通系统专家咨询委员会。2008 年，我国科技部、公安部联合发布了关于实施"国家道路交通安全科技行动计划"的通知，该项计划旨在充分发挥科技创新对交通安全保障的支撑作用，努力减少群死群伤的特大交通事故,加大力度推进智能交通系统的研究与实施。2013年3月,国家发改委发布《促进综合交通枢纽发展的指导意见》,明确在"十二五"期间我国要建成42个全国性的综合交通枢纽,至少在200个大中城市设立城市交通指挥中心。

我国智能交通系统发展已近30年,但是在系统体系框架、系统功能设计、用户参与环节等方面仍存在着一些问题,有待解决。

1) 智能交通系统计划的制订应与我国国情结合

我国特殊的地理环境因素和人民居住特点要求我国智能交通系统研究应结合我国实际情况,因而,首先应该构建我国的智能交通系统总体框架。智能交通系统这一系统工程的复杂性也决定了系统不可能从单一的、片面的研究来解决道路交通系统中的所有问题,只有服从整体要求,才能够达到降低损耗和提高效率的目标。

2) 侧重解决公共交通系统存在的问题

我国大中型城市经常会出现交通拥堵现象,为解决此问题,当地政府通常会采取"发布单双号限行"政策以缓解城市车辆拥堵的问题。显然,这种方法并不能彻底解决城市交通拥堵问题。各级政府应鼓励更多的相关科研院所和汽车制造厂商加大投入,利用高新科技开发智能城市公共交通系统,提高公共交通系统的服务水平与营运能力。大力发展城市公共交通是破解城市道路交通运输难题的根本之道。

3) 注重人—车—路协同系统研究

人、车、路是道路交通系统中的三要素,三者之间协调运行可避免道路交通安全事故的发生。在城市道路交通空间资源有限的条件下,如何协调人、车、路之间的关系,使其处于优化协同运行状态,关键在于运用车载装备及城市交通信息管理智能化水平。

4) 智能交通系统功能设定注重"以人为本"原则

当前,我国行人交通法规意识淡薄,对智能交通系统的发展起到了一定的阻碍作用。在我国许多城市,存在着行人过马路不走斑马线、不看红绿灯等违法现象,在此情况下,即使智能交通系统设施建设得再好,交通参与者不做出配合系统使用的行为,智能交通系统也无法充分发挥其应有的优势和作用。因此,在设计智能交通系统功能和提高系统技术含量的同时,应多从用户角度出发,注重"以人为本"原则,强化系统内部的"用户参与"功能。与此同时,应加强对公民交通安全法规的教育以及交通安全意识的培养,做到交通基础设施建设和公民交通意识培养"两手抓",为建立更高效的智能交通系统营造良好的社会氛围。

9.1.3 智能交通系统主要特点

1. 以信息技术为基础

知识工程是智能交通系统理论的重要学科基础之一。利用知识工程相关理论可实现科学技术与工程实践方法的融合,解决知识信息的获取、分析、应用等问题。将各类先进的信息技术以及网络视频技术引入到智能交通系统设计中,按照系统工程原理对智能交通系统各个子系统进行集成,利用计算机技术进行综合分析,逐步实现道路交通系统的实时控制和管理。信息技术所涉及的内容不仅包括各种具体的道路交通实时数据,还包括针对交通信息处理的相关操作。

利用先进的传感技术可以帮助智能交通系统获得道路线形参数、车辆间距、交通流量、行车速度等一系列实时信息,并利用通信技术来传输这些信息,以及利用信息处理技术来预测交通流量、计算车辆实时速度、分析当前车道特征等。

在不久的将来,利用多个不同类型的传感器数据融合,还能预测可能发生的交通事故,帮助汽车驾驶人及时地选择恰当的操作动作,或通知交通管理者选择合适的交通管制、疏导方案。控制科学与技术的应用可帮助智能交通系统对车辆、行人、交通设施等可执行对象进行控制,使智能交通系统能够达到自我决策、自主驱动、自行优化的全新高度。

2. 与多学科相互融合

智能交通系统是一个功能丰富的系统工程,实现该系统需要多个相关学科的共同支持。当前,智能交通系统所涉及的领域及其研究方向,主要是以下3个方面:

(1) 智能交通系统基础理论。主要包括智能交通系统规划与设计方法、现代交通流理论、动态交通流分配理论、交通智能控制理论与技术、动态路径规划等。

(2) 复杂交通系统建模与仿真。基于数学理论和计算机仿真技术开展智能交通系统研究,要重点关注具有时变、非线性、复杂性交通系统的建模和仿真,为智能交通系统的理论转化奠定基础。

(3) 控制理论与检测技术。利用检测技术获取驾驶人和车辆运行状态、道路环境等实时信息,利用控制科学与技术实现或改善现有的交通运行态势,是实现交通系统智能化的核心。

9.2 智能交通系统结构

9.2.1 智能交通系统体系的构成

智能交通系统的系统框架主要组成内容包括用户服务结构、逻辑体系结构、物理体系结构、通信体系结构、标准化工作、费用效益分析评价、实施措施及策略等。各部分在智能交通系统框架内所形成的关联如图9.2所示。

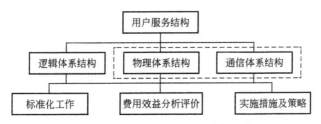

图 9.2 智能交通系统框架内部结构

(1) 用户服务结构:主要用于明确用户对智能交通系统的需求,划分智能交通系统中各个子系统所面向的对象,并且通过调研、分析等方法确定智能交通系统中各个子系统的用户具体需求。用户服务可视为智能交通系统中的最基础的部分,一个经过充分考察、分析的用户需求对开发功能丰富、性能可靠的智能交通系统至关重要。

（2）逻辑体系结构：又称为功能体系结构，是用于明确、定义和描述智能交通系统能否满足用户需求的具体功能。逻辑体系结构充分地描述了智能交通系统内各个子系统之间的逻辑联系，确定这些功能与外部世界的联系方式（特别是与用户之间的联系）。智能交通系统中的相关数据库设计工作也在此过程中完成。逻辑框架是组织智能交通系统中各种功能关联关系的辅助工具。

建立智能交通系统逻辑框架的主要目的在于：一方面可确定系统功能和信息流动状况，另一方面能够帮助智能交通系统开发、设计人员更加方便、快捷地完成包括系统优化在内的各项工作。智能交通系统逻辑框架经常使用分层的数据流图、数据词典和处理说明来描述，一个典型的智能交通系统顶层逻辑框架如图9.3所示。

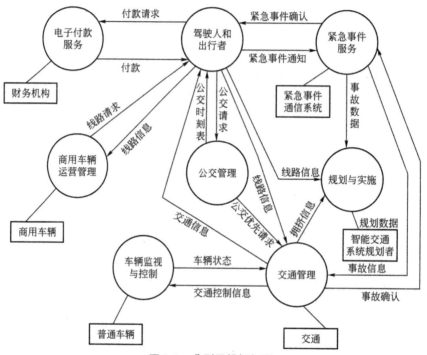

图 9.3　典型逻辑框架图

图9.3中的数据流图主要包括4项内容：数据流（用箭头表示）、处理（用圆圈表示）、文件（用直线段表示）、外部实体（用方框表示）。

开发智能交通系统的物理体系结构、通信体系结构有助于智能交通系统实现内部不同子系统之间预设的通信连接方式及其相互影响。物理框架通常从两个层次进行描述：运输层次和通信层次。运输层次可准确地表达出运输管理组件所形成的一种组织和运作关系；通信层次旨在为运输层次各组件的相互连接提供网络通信服务。通信体系结构主要描述各子系统之间的数据交换方式如物理层的连接方式、链路层和应用层的具体协议信息等。典型的物理框架如图9.4所示。

标准化工作、费用效益分析评价、实施措施及策略的综合作用，主要是为后期智能交通系统项目预留的相关接口及功能，以提高了智能交通系统的兼容性，为智能交通系统的稳定运行提供建议和参考，也为今后对智能交通系统的优化与评价提供科学、可靠的依据。

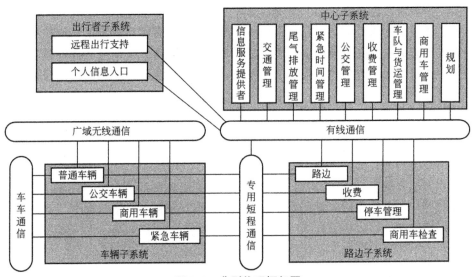

图 9.4 典型物理框架图

9.2.2 智能交通系统框架的制订

智能交通系统框架的制订方法主要有两种：面向过程的方法和面向对象的方法。面向过程的智能交通系统框架的制定主要采用抽象模型，根据系统内部各种信息传输与变换之间的关联关系，以运算的数据为核心，按照自上而下、循序渐进、逐步求精的原则对系统的功能进行具体的分解和详细的设计，最终确定能够满足用户需求的物理框架。该方法在以嵌入式系统为主流的智能交通系统产品研发阶段被广泛地发展和应用。

制定基于面向过程的智能交通系统框架的基本流程包括需求分析、系统模型建立、物理模型建立，与之相对应的三个阶段分别为用户服务定义、逻辑框架和物理框架。

1. 需求分析

需求分析阶段，主要任务是明确使用智能交通系统的用户并分析这些用户对智能交通系统的真实需求。生成一个满足用户需求的系统模型，即需要明确系统开发者描述用户希望的智能交通系统具体"应该做什么"。

2. 逻辑框架

逻辑框架是在需求分析阶段明确了"应该做什么"的基础上，描述系统完成智能交通系统用户服务时，所必须具有的一系列逻辑功能，功能之间的具体联系，以及功能之间数据交换的方式等。逻辑框架是智能交通系统开发过程的核心，决定智能交通系统设计的物理实体能否充分满足用户的需求。此外，逻辑框架的建模过程对于系统功能的时序关系没有明确的要求，只描述了每一个逻辑功能"是什么"以及功能之间数据交换关系。

3. 物理框架

物理框架旨在实现逻辑功能与物理实体之间的对应，完成对系统逻辑框架的物理实现任务。一般而言，智能交通系统框架中的物理框架构建同样遵循结构分析方法。智能交通系统逻辑框架分为系统、子系统和系统模块3个层次，这3个层次之间存在着分层隶属关系,即每一个系统可以包含一些子系统,而每一个子系统可以包含一些系统模块。

智能交通系统的物理框架开发分为两个过程:一是将逻辑功能转化为物理模块,同时将逻辑功能之间的数据交换转化为系统模块之间的物理连接;二是将具有相似功能的系统模块进行合并,形成新的物理子系统,再将若干物理子系统组合成为新的物理系统,最终形成完整的物理框架。

9.2.3 智能交通系统体系的功能

1. 交通信息服务

智能交通信息服务系统(ATIS),是应用城市现有的通信设备基础、网络汇集基础、道路辅助基础,为出行者和交通指挥者提供实时交通信息的一种服务系统。实时交通信息包括城市监控信息、公共交通信息、车辆违法记录信息、道路管制信息、道路区域气象信息、其他服务信息等,图9.5所示为智能交通信息服务系统结构简图。

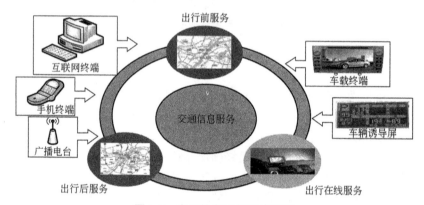

图9.5 交通信息服务系统结构

智能交通信息服务系统一般为用户提供3种交通信息服务:出行前服务、出行在线服务、出行后服务。出行前服务向用户提供出行路径规划、城市公交线路查询等服务,实现平台主要为互联网络和手机终端;出行在线服务将向用户提供行车导航、道路状态信息发布等服务,实现平台为车载终端、车辆诱导屏、电台等设备;出行后服务主要为用户的交通违章记录查询、高速公路收费信息查询等提供服务,其主要实现平台为互联网和手机终端。

2. 行车监控

行车监控系统可通过视频摄像机采集车辆信息,对车辆进行识别、监测,并且计算道路的交通流量。系统也可通过自动辨识车牌号码来对重型车辆进行监测、分类、识别、定位,并将相关数据传送到车辆监测中心。在车辆监测中心,在进行数据对比、融合、分析后,系统就可跟踪超出规定限速的车辆或已经被强制停运的非法车辆。

3. 道路交通状态监控

利用最新的电磁感应技术和视频技术可实现对交通运行状态的实时监控。主要的功能包括快速定位道路交通事故的发生位置,并且做出示警反应;通过电子信息板及时地向驾驶人提供交通流量信息,使驾驶人能够及时驶离交通堵塞道路,缓解城市道路拥堵程度;当发生交通事故时,以最快的反应速度派遣人员赶赴事故现场进行处理工作,使道路交通尽快恢复畅通。

4. 电子不停车收费

电子不停车收费(Electronic Toll Collection,ETC)系统具有不停车、无人操作、无现金交易三大特点。具体包括两部分内容:

(1) 车牌识别系统。车牌作为过往车辆的唯一识别标识,它涵盖了该车辆的其他具体属性。

(2) 后台计费系统。由后台管理中心与结算银行组成,包括相关收费专营公司、结算中心和客户服务中心等。后台计费系统根据接收到的各种实时数据以及缴费协议,对用户收取与所提供服务对应的费用。

此外,电子不停车收费系统还包括其他一些附加功能,如交通运营管理功能、车辆自动报警功能等。

9.3 智能交通系统的关键技术

大多数智能交通系统产品是一种多输入多输出(MIMO)并具有网络通信功能的控制系统。从控制论的角度对智能交通系统进行分析,可将智能交通系统系统结构分解成如图9.6所示结构。按模块划分,智能交通系统包括控制环节、执行机构、检测环节三部分。

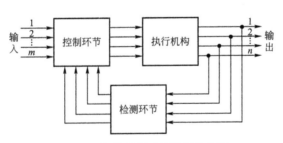

图9.6 智能交通系统控制结构图

其中,控制环节主要完成交通信息的运算与处理,而后得出合理的决策方案或控制指令;检测环节主要完成道路交通系统实时数据采集及信号预处理等功能,输出信号作为反馈信息传送至控制环节;执行机构主要驱动可改变当前交通运行状态的对象,如交通控制信号灯、交通流量显示板、车辆传动机构等。

总的来说,智能交通系统控制策略的实施需要借助交通系统实时数据采集、通信网络、智能计算与分析技术、控制方法与决策理论等。

9.3.1 交通信息采集技术

可用于交通流量信息采集的传感器或检测器包括:普通环形线圈检测器、CCD摄像设备、GPS探测器等。

1. 普通环形线圈检测器

普通环形线圈检测器是一种利用电磁感应原理实现车辆流量检测的传感器，图9.7所示为环形线圈检测器组成及工作原理简图。

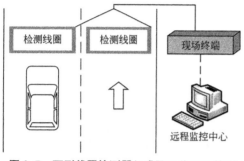

检测器核心部件是一个埋在路面下的环形线圈，工作时该线圈通有一定的电流；当有车辆通过环形线圈或停在环形线圈上时，车辆自身铁质材料将做切割磁感线的运动，环形线圈的电感量将发生变化，检测器通过检测该电感量的变化，即可检测出车辆的运行状态，如车辆长度（表征车型）、车速等，从而得到单位时间内车流量信息。

图9.7 环形线圈检测器组成及工作原理简图

2. CCD视频采集

电荷耦合元件（Charge-Coupled Device，CCD），也称为CCD图像传感器。CCD视频采集是以视频文件为分析对象采集道路交通环境并进行存储，利用图像处理方法分析车辆状态及道路路面占用情况，可达到获取和辨识道路交通流信息的目的。从CCD视频采集装置获取的视频流一般不能直接得出处理结果，通常需要建立车辆视觉测量模型对其进行分析。基于CCD摄像机的交通流检测装置如图9.8所示。

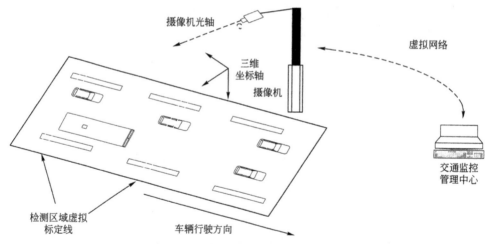

图9.8 CCD传感器进行交通流检测示意图

用CCD摄像机实现交通流测量的基本过程如下：

（1）车辆轮廓参数测量。车辆轮廓参数包括车长、车宽以及车辆在视频图像中所占的面积等。一般采用透视变换的方法获取车辆轮廓参数。

（2）车型识别。车辆轮廓参数信息也可作为识别通过检测区域车辆车型特征参数，如图9.8所示，长、宽和面积等车辆轮廓参数相对较大的车辆一般为大型客车，相对较小的车辆可认定为中型或小型客车。

（3）车速测量。首先，在图像中获得车辆驶入检测区域与驶出检测区域之间的像素距离；然后，通过换算得到车辆驶入检测区域与驶出检测区域的实际距离，并且根据车辆到达和离开检测区域的时间差，计算出车辆的行驶速度。

（4）交通流量检测。交通流量检测的方法简述为：当有车辆通过检测区域时，车辆计数便会随之自动增加；在单位时间内统计通过检测区域的车辆总数即为车流量。

9.3.2 交通信息通信技术

通信技术也是智能交通系统的关键技术之一。此处主要介绍几种常用的通信技术：现场总线技术、短程无线通信技术、远程无线通信技术。

1. 现场总线技术

1) RS-485 总线

RS-485 总线是一种采用差分通信方式的串行通信总线标准，通信距离从几十米到上千米不等。RS-485 通信接口只需两根导线即可实现双向通信，线上可挂接多台 RS-485 通信设备，挂机上限数量为 32。RS-485 总线在进行数据传输时采用半双工的通信方式，即在某一时刻，单个设备只能进行数据的发送或接收动作中的一种。

2) CAN 总线

控制器局域网络（Controller Area Network，CAN）是由 BOSCH 公司为汽车内部电子电路检测和控制而设计的一种总线标准。该总线标准规范已经成为国际标准化组织 ISO 11898 标准。CAN 总线与一般的通信总线相比，其主要特点概括如下：

（1）总线可采用多主机方式工作。因此，可方便、灵活地构成多机备份系统。

（2）具有非破坏性总线仲裁机制。当多个不同的节点同时向总线发送信息时，通过判断优先级，实现屏蔽低优先级节点，选择最高优先级节点继续完成传输数据这种机制，可最大限度地减少总线冲突的仲裁时间。

（3）数据传输可以采用双绞线、同轴电缆等，选择灵活性较强。

（4）节点在数据传输过程中发生严重错误时，能够自动关闭输出，以保证总线上的其他节点不受影响。

（5）数据位具有显性"0"和隐性"1"两种逻辑值。采用时钟同步技术，能够实现硬件自同步，并且能够完成定时时间自动跟踪功能。

能够帮助系统实现 CAN 总线数据传输功能的主要器件为 CAN 控制器和收发器。CAN 控制器以一个可编程芯片上的逻辑电路来实现 CAN 总线通信模型中物理层和数据链路层的功能，并且对外提供与微控制器系统交换数据的物理接口。

2. 短程无线通信技术

短程无线通信方式主要有 ZigBee 数据传输、射频通信、蓝牙通信等。

1) ZigBee 技术

ZigBee 的特点包括近距离、低成本、自组织、低功耗等。目前，ZigBee 的工作频率有 3 种标准：①868MHz 传输速率为 20kb/s 适用于欧洲；②915MHz 传输速率为 40kb/s 适用于美国；③2.4GHz 传输速率为 250kb/s 全球通用。

目前，国内使用的 ZigBee 工作频率为 2.4GHz，带宽为 5MHz。

ZigBee 模块的技术优势如下：

（1）低功耗。在低耗电待机模式下，耗电量大约为 3.47mW。

（2）成本低。因为 ZigBee 是一种短程无线通信方式，通信过程中不需要使用其他设备，降低了通信成本。

（3）网络容量大。一个 ZigBee 网络最多可以支持 65535 个设备，每个 ZigBee 模块可以与其他 254 台 ZigBee 模块相连接，并完成数据传输。

2）蓝牙技术

蓝牙是一种支持设备短距离通信的无线电技术，其技术联盟为一家贸易协会，由许多行业领先厂商组成。蓝牙设备的工作频率为 2.4GHz，设备之间的通信以跳频的形式进行，提高了数据传输的保密性。目前，蓝牙设备的最高通信速率为 2Mb/s，通信距离一般在 10m 以内。"蓝牙"设备在进行数据传输时，能够实现高效、保密的信息交流，其技术优势如下：

（1）安全性高。蓝牙设备在数据传输过程中的工作频率是不固定的。在进行数据传输过程中，双方的信息很难被捕获，更不可能被破解或恶意插入欺骗信息。

（2）易于使用。由于通信距离短，所以它不需要通信中继等其他设备。

3. 远程无线通信技术

目前，远程无线通信方式主要为 GSM、GPRS、3G、无线电台等。

1）GSM 数据通信

从 1978 年第一代模拟蜂窝通信系统诞生至今，移动通信技术得到了空前的发展与进步。以 GSM(Global System Mobile Communication)为代表的时分多地址数字移动通信系统，在全世界得到推广和应用，通常被称为第二代(2G)移动通信技术。GSM 数据通信技术主要应用于短消息服务业务(Short Message Service, SMS)，其后的升级版本是增强消息业务(Enhanced Message Service, EMS)。EMS 可以发送很长的信息，如简单音频信息、图像信息等。另外，EMS 在存储转发机制、信道及实现方式等方面与短消息服务业务 SMS 一样，所以不需要改造当前的网络基础设备，只需对 SMS 进行扩展即可。

2）GPRS 数据通信

GPRS 即通用分组无线业务(General Packet Radio Service)，它是在现有的 GSM 网络数据传输基础上发展而来的一种新型数据传输业务，因此被称为 2.5G 移动通信技术。GPRS 可以使用户利用 GPRS 模块接入 Internet 或其他分组数据网络，实现移动终端与互联网之间的数据交互。GPRS 数据传输的速率在 GSM 基础上得到了极大的提高，最高可达 171.2kb/s。

应用型 GPRS 模块硬件结构如图 9.9 所示，微控制器通过串行接口连接到 GPRS 模块上，微控制器通过特定指令实现对 GPRS 模块的操作控制。

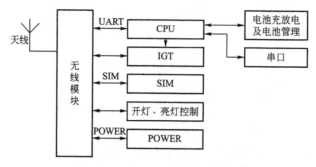

图 9.9　GPRS 模块的硬件结构图

在数据传输的过程中，GPRS 模块可以根据远方监测中心的固定 IP 和开放的端口建立网络连接，进而完成数据传输的功能。考虑 ITS 的数据通信模块研发的灵活性和稳定性，同时降低产品生产成本，研发人员可使用提供数据接口的 GPRS 模块，譬如华为 GTM900 系列。GTM900 系列模块使用 AT 命令集，通过 UART 接口与微处理器进行信息交换，从而实现数据无线发送和接收功能。该系列模块常用于车载 GPS 卫星导航服务系统，为车辆管理中心提供实时监控以及语音调度传送功能。

3) 3G 技术

3G 是第三代(3rd-generation,3G)移动通信技术的专用名词，也就是支持高速数据传输的 IMT-2000(International Mobile Telecommunications-2000)。3G 能够提供高速数据传输服务，数据传输速率一般在几百 kb/s 以上。WCDMA 是目前应用较广泛的 3G 标准之一，WCDMA 与 GSM 的通信标准对比如表 9-1 所示。

表 9-1 WCDMA 与 GSM 的对比

项目	WCDMA	GSM
载波间隔	5MHz	200kHz
频率复用系数	1	1~18
功率控制频率	1500Hz	2Hz 或更低
服务质量控制	无线资源管理算法	频率规划
频率分集	较宽的频带宽度，可以采用 Rake 接收机进行多径分集	跳频
分组数据	基于负载的分组调度	GPRS 中基于时隙的调度
下行发分集	支持，提高下行链路的容量	标准不支持，可应用

9.3.3 交通信息管理技术

智能交通系统依赖于数据组织、存储、管理等交通信息管理技术实现，此类技术主要以数据库技术和云存储技术为主。

1. 数据库技术

数据库(Database)是一种按照一定的组织形式对数据进行管理、分析、存储的数据"容器"。随着信息技术的发展和用户需求的日益提高，数据管理不仅仅需要完成存储和管理任务，而且需要满足用户所需要的各种数据分析与决策功能。数据库系统一般包括三级模式结构：模式、外模式、内模式。三种模式级别分别对应着数据库中的数据之间的联系和逻辑关系、用户层面的数据之间的联系和特征，以及物理存储过程中数据的组织形式。

数据库的实现主要采用结构化查询语言 SQL(Structured Query Language)，它是由 Boyce 和 Chamberlin 于 1974 年提出来，1975 年由 IBM 公司研制的关系数据库管理系统的原型系统 System R 实现。我国已经为 SQL 制定了国家标准《信息处理系统数据库语言 SQL》(GB/T 12911—1991)。目前，SQL 已经成为关系数据库开发领域的主流语言。

目前主流数据库管理系统中，关系型数据库管理系统占有主导地位，该类数据库管理系统一般可以分为 3 类：①以微型计算机(PC 机)、小型计算机为运行环境的数据库管理系统，具有逻辑简单、操作速度快等特点；②以 Oracle 为代表的数据库管理系统，具有安全性高、多进程多线程的体系结构等特点；③以 Microsoft SQL Server 为代表的数据库管理系统，具有数据库设计过程程序化、简洁化等特点。

数据库设计的过程需要完成的工作包括：①定义数据库结构；②编制与调试应用程序；③数据装载；④数据库试运行；⑤其他设计，包括数据库的再组织设计、数据库发生故障时的恢复方案设计等。

2. 云存储技术

云存储技术是一种新兴的信息管理服务技术，越来越多人开始使用云存储服务器存放自己的一些电子文件。许多智能交通系统产品在开发设计过程中使用云存储技术。云存储对于使用者来说，不是特指某一个实际存在的存储设备，而是指由一系列存储设备和服务操作系统构成的数据存储服务。用户使用云存储完成数据的存放过程，是一个使用云存储服务系统实现数据操作的业务。

云存储作为一种为用户提供数据访问服务的业务，是由访问层、应用接口层、服务管理层、存储层组成，这些功能层中包含有组成云存储所需的各种设备和接口以及应用软件等，各部分均以存储设备为核心，通过应用软件向外提供数据存储和访问服务。云存储系统的具体结构模型如图 9.10 所示。

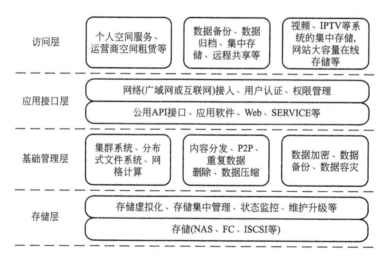

图 9.10　云存储系统结构

云存储技术具有强大的存储能力、高易用性和可扩展性等特点。但是，在使用云存储服务过程中，用户丧失了对数据的绝对控制权，所以采用云存储的数据存在一定的安全隐患。

目前，国内外许多科研机构和云存储运营商正在加大对云存储系统安全性的研究工作，取得的进展主要包括安全、高效的密钥生成管理分发机制、基于属性的加密方式、基于密文的搜索方式以及数据的可信删除。

9.3.4　智能计算与分析

智能交通系统根据实时采集信息做出控制与决策等操作时，主要依靠人工智能算法实现。人工智能算法是专门处理复杂性强、传统数学解析方法难以处理被控对象的一种控制方法。相关算法能将人类所具有的对客观事物进行合理分析、判断的能力赋予机器，使机器能够对某件事物或某一类事物进行有目的的和有效的处理。常用于智能交通系统研发与应用的人工智能算法主要为人工神经网络和专家系统。

1. 人工神经网络

人工神经网络（Artificial Neural Networks，ANN）是由拟人脑神经网络中的突触连接结构的人工神经元进行信息处理的数学模型。1987 年，Simpson 针对人工神经网络的拓扑结构给出一个简明定义：人工神经网络是一个非线性的有向图，图中含有可以通过改变权值大小来存放模式的加权边，并可从不完整的或未知的输入找到模式的一种模型。人工神经网络模型有很多种，通常人们考虑较多的则是人工神经网络的互联架构。一般包括以下 4 种：分层网络、层内连接的分层网络、反馈连接的分层网络、互联网络。上述 4 种人工神经网络互联结构对比分析如表 9-2 所示。在无反馈的人工神经网络中，信号一旦通过某个神经元，信号传输过程就已经结束了，信息处理时间相对较短；在有反馈的互联结构中，信号在各个神经元之间进行反复、往返的传递，这样的网络要达到某个平衡状态需要更长的时间。

表 9-2 人工神经网络拓扑结构对比表

结构名称	有无反馈	层内有无连接	特　点
分层网络	无	无	结构简单，多应用于模式识别领域
层内连接的分层网络	无	有	具有较高的自适应性，可以实现各层神经元的自组织
反馈连接的分层网络	有	无	容错性强
互联网络	有	有	复合型结构，处理时间相对较长

2. 专家系统

专家系统能够模拟相关领域专家的思维，使用计算机运算能力来解决复杂实际问题，计算机运算主要实现存储相关知识和经验、运用知识和经验进行问题求解。一般来说，性能良好的专家系统应具备启发性、透明性、灵活性的特征，系统知识不是固定的，这就要求专家系统在解决实际问题时应该具有存储相关知识的能力，对知识进行不断优化，以及实现"举一反三"的能力。在上述基础上，专家系统还应为用户提供了解知识内容和推理思路的接口，以提高专家系统的透明程度；专家系统的知识库应具有自适应和自学习功能，能够判断出知识的优良，并且加以辨别，从而保证知识库的准确和不断更新。

9.4　智能交通系统应用

目前，国内外一些从事智能交通系统研究的机构及汽车制造厂商将研究和开发的重点放在交通系统信息化和智能化方向，并在交通信息采集、车-路协同控制系统、行车安全预警等方面展开了大量的研究工作。经过国内外多领域专家的共同努力,现阶段的智能交通系统已经在实际应用中发挥重要作用,主要的典型应用包括分布式交通信息网络、电子不停车收费系统、安全辅助驾驶系统、自动公路系统等。

9.4.1 分布式交通信息网络

分布式交通信息网络是目前智能交通系统重点研究开发的对象之一,其功能在第9.2.3节中已做介绍,此处介绍其应用情况。我国的分布式交通信息服务建设经过多年的发展已经具有了一定的规模,并为广大用户所认可。例如,湖北省分布式交通信息服务系统,该系统主要使用数字地图为用户提供不同等级道路的主要交通信息,服务类型包括高速公路出入口信息的定位查询、行车路径规划、行车导航功能;建立动态路况信息库,即时发布道路交通状态的动态信息(包括交通事故、道路交通管制、道路拥堵等信息);移动终端与道路视频接收系统相连,可显示视频直播图像信息等。

分布式交通信息服务系统通过各种技术手段获取实时交通路况信息、道路气象信息等数据,经过处理、分析后为用户提供相关信息服务。系统一般利用交通服务专用总线将各种子系统连接起来,实现数据高速单向或双向传输。分布式交通信息服务系统主要由数据中心、运营中心两个部分组成,另外还包括了实现不同功能的子系统,其体系结构如图9.11所示。

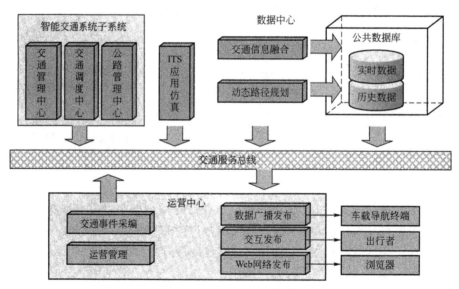

图 9.11　交通信息服务系统结构

图9.11中的数据中心的主要功能包括道路交通信息采集功能以及处理与分析功能,具体为支持实时数据和历史数据分析、存储功能,交通状态分析、行车路径规划等。数据中心是分布式交通信息服务系统的基础,它包括公共数据库、交通信息融合、动态路径规划、智能交通系统应用仿真4个子系统。

图9.11中的运营中心是直接面向用户的部分,它通过各种数据发布媒介为用户提供即时的交通信息服务。运营中心包括交通事件采集、运营管理、数据广播发布单元、交互发布单元、网络服务单元5个子系统。运营中心的主要服务内容包括行车导航服务、即时

路况服务、出行方案规划、公共交通线路查询服务、交通设施查询服务及其他信息服务等。

在运营中心中，道路信息的发布主要依靠数据广播发布终端、交互发布终端、网络服务实现，常见的发布方式如图9.12所示。

图9.12　道路信息主要发布方式

实践证明，分布式交通信息服务系统在出行时间、消费满意程度、道路通行能力以及环境影响等方面具有明显效益，并且能够改善交通拥堵问题、降低事故发生概率。交通信息服务网络的实施效果可参考美国运输部报告的实际效益分析，如表9-3所示。

表9-3　交通信息服务网络的实施效果(美国交通运输部发布)

指　　标	效　　果
碰撞危险	减轻驾驶人行车压力4%~10%
伤亡程度	可以降低伤亡程度
出行时间	缩短4%~20%
通行能力	道路有30%的用户时，可以提高10%的通行能力
延误	高峰小时可以节省1900辆
废气排放量	CO减少7%~35%
满意度	安全性提高70%~95%

9.4.2　智能交通设施及其管理系统

智能交通设施及其管理系统的兴起与发展过程中，ETC系统是其中的杰出代表，第9.2.3节只介绍了该系统的基本功能，此处介绍其具体结构以及应用情况。

ETC系统主要利用计算机技术、通信技术、网络技术等实现不停车自动收费的目的。与传统的收费系统不同，它能极大程度地缩短车辆在收费站处的停留时间，降低了收费站附近道路的交通堵塞现象。ETC系统不需要单独建设收费站，将ETC装置安装在路面上就可以实现对高速行驶的车辆进行收费。

一般地，ETC系统的逻辑结构由用户层、运营层和管理层组成。ETC系统的物理结构主要由收费站管理系统、收费管理中心系统、结算银行和客户服务中心、ETC车道系统、电子标签组成，如图9.13所示。

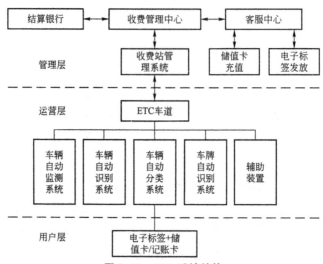

图 9.13 ETC 系统结构

ETC 系统包括前台系统和后台系统两个部分。前台系统由车辆自动监测子系统、车辆自动识别子系统、收费站管理子系统等组成，主要完成对道路上的车辆进行车型识别，收取相关费用，逃费时的画面捕捉等功能。后台部分由收费管理中心、结算银行、客户服务中心组成，主要完成对 ETC 用户的服务，如收费交易信息的管理和存储，账户的交易信息等功能。

ETC 系统的关键技术包括专用短程通信技术（Dedicated Short Communication, DSRC）和车辆识别技术。其中，用于短程通信实现的 DSRC 网络对实际应用环境要求不高，它能够在行车速度快、行车环境恶劣的情况下完成通信任务。DSRC 网络由车载单元、路边单元以及专用短程通信协议组成。智能交通系统也可利用 DSRC 网络建立一个即时的车辆信息采集和处理平台，采用的频段一般在 5.8～5.9GHz 区段，不同国家和地区的 DSRC 使用频段分布如图 9.14 所示。

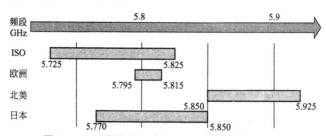

图 9.14 不同国家和地区 DSRC 使用频段分布图

欧美等西方国家在高速公路已广泛安装了 ETC 系统，完成收费的最高车速可达 200km/h，有效地改善了收费站附近道路的交通堵塞问题。实践证明，ETC 系统能够从根本上解决因收费需要停车而造成的交通堵塞问题，并且能够降低收费成本，降低在收费过程中产生的各种舞弊现象。另外，ETC 还能够减少车辆油耗量，改善空气污染问题，因此具有极大的社会效益和经济价值。

9.4.3 车辆安全辅助驾驶系统

车辆安全辅助驾驶系统是智能交通系统中重要的子系统,该系统主要利用先进的传感器技术检测车辆内外各类信息,通过各种信息融合和处理方法,自主识别出潜在危险状态,并利用先进的数码显示技术及时地传达给驾驶人。驾驶人可根据输出结果做出正确的判断,及时对驾驶车辆进行调整,保障行驶全过程的安全。

驾驶人状态监测报警系统和汽车防撞预警系统是车辆安全辅助驾驶系统最为重要的两个子系统。驾驶疲劳是驾驶人常见的一种非正常状态,其表现是驾驶作业能力下降,导致驾驶人行为与意图之间的不一致,从而引发道路交通事故。使用车辆防撞预警系统对疲劳状态下的驾驶人进行警示与干预,是根据驾驶人行为变化特征对用户直接施加作用的典型,其事故防范效果十分明显。车辆防撞预警系统通过综合感知驾驶舱内外环境、车辆周围障碍物,对当前危险态势进行实时检测并报警,为驾驶人及其控制的车辆获得足够的安全防护时间,从而阻止或减少碰撞情况的产生,达到安全驾驶的目的。

基于驾驶行为和车辆参数的驾驶人状态监测系统因其信号易提取,且不影响驾驶人正常操作,逐渐成为研究的热点。实验表明,驾驶人长时间疲劳驾驶导致对车辆传动机构及参数的控制能力下降,包括对转向盘的操控变缓、踩踏油门、制动的力度和速度变小等,此类参数极易使车辆本身的纵向和横向速度及其加速度等参数与正常情形下的运行特征不一致。针对上述特征,研究人员开发出各种类型的状态检测警告系统以及各种形式的报警方式,包括向驾驶人喷射出具有薄荷味的冷空气,或利用类似周边车辆呼啸而过的录音向驾驶人提出警报等。

车辆防撞预警系统如图 9.15 所示,包括 3 个子系统:①传感器感知子系统,用于收集车辆环境信息;②中心处理子系统,用于评估交通事态;③输出子系统,作用为通过人机交互界面为驾驶人提供当前驾驶环境信息。

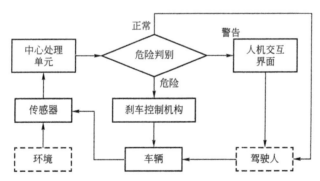

图 9.15 汽车防撞预警系统结构

上述两种子系统的理论基础为对驾驶人的驾驶行为分析。驾驶人在驾驶过程中会接收到外界多种类型信息,包括道路上的其他车辆、行人运动情况、交通信号标志、道路交叉口类型、交通流量等。驾驶人通过自身视觉、听觉和触觉等感觉器官将车外信息收集,然后根据其驾驶技能、应急处理等能力做出判断和决策,继而由控制手、脚等执行车体航向调整或车速增减等操作,从而改变车辆的运行状态。驾驶人在关注车外信息同时,也会感知车辆的行驶轨迹、姿态、车辆振动、车速等参数变化,而驾驶人一般会将相关信息进行综合处理，在确保稳定和安全的前提下，不断调整优化手、脚部驾驶动作以适应道路交通安全驾驶和到达目的地的需要。对驾驶行为可作如下定义：它是与驾驶人相关的各种处理操作的总称，包括驾驶人对外界信息进行感知、计算、决策等处理，控制车辆运行的肢体动作，以及控制车辆与道路环境、自身车辆与其他车辆之间的相对运动关系。形成驾驶行为的各因素及其相互之间信息交互过程如图 9.16 所示。

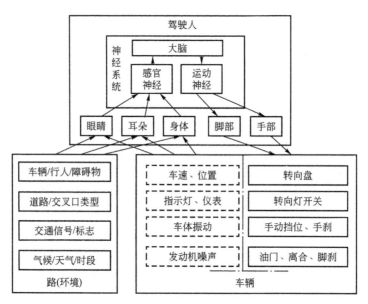

图 9.16 驾驶行为形成要素及其信息交互

目前，车辆安全辅助驾驶系统被广泛应用于高档汽车上。车辆安全辅助驾驶系统的使用在较大程度上提高了车辆驾驶的安全性，减少道路事故的发生。据相关汽车调查机构显示，目前安装车辆安全辅助驾驶系统的汽车比未安装的汽车的事故发生率低 30% 左右。

9.4.4 自动公路系统

自动公路系统是目前智能交通系统中高新技术含量较高的系统，它是智能车辆控制系统和智能道路系统的集成。建立该系统的主要目的在于：实现道路运行车辆的自动导航、交通管理和事故处理的自动化，提高车辆安全性和道路的利用率。自动公路系统能够将大批车辆按一定的方式组成车辆队列形式进行控制与运行，每辆车能够随时加入或者退出这个队列。当汽车在这个车辆队列中行驶时，汽车处于自动驾驶状态，保证汽车的行驶绝对安全、高效。

车辆纵向跟随控制是自动公路系统的主要实现方式，其系统结构如图 9.17 所示。车辆队列中的每辆车可以利用通信网络获取前方车辆的各种即时行车信息，而该车辆的即时行车信息可以利用各种传感器和车载 GPS 获得。纵向控制器根据行进中的车辆和前方车辆即时行车信息，利用各种控制算法产生控制命令，并且将控制命令发送给行进中的车辆的执行机构(包括制动系统和作动系统等)，执行机构通过改变车辆的行车速度和轨迹减小与前车之间的跟随误差。

车辆横向控制一般基于磁体导航装置实现，车辆在驶过埋设有磁体的道路时，磁铁周围的磁场会发生变化，车辆接收装置感应磁场变化的位置就能确定车辆的横向位置。2014

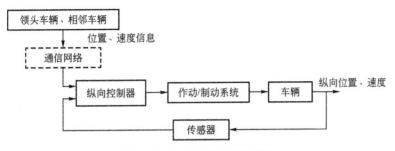

图 9.17 自动公路系统结构图

年,沃尔沃汽车集团宣布顺利完成磁场道路研究项目,能够实现车辆的精确定位,定位误差小于 1cm,磁体分布情况及其信号接收原理如图 9.18 所示。

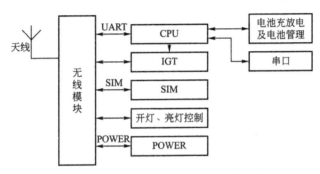

图 9.18 沃尔沃汽车自动驾驶技术原理

自动公路系统的作用如下:①提高道路的车辆容量,提高道路的运行效率;②提高机动车驾驶的安全性;③可靠、精度高的驾驶行为有效地克服雾、雨、雪等恶劣天气的影响。除上述作用以外,自动公路系统在改善环境、提高土地资源利用率、提高运输效率等方面也具有明显效果。

1. 智能交通系统的主要特点是什么?
2. 智能交通系统的体系架构主要有哪些内容?其设计流程是怎样的?
3. CAN 总线的有哪些主要特点?
4. 云存储技术的层次结构是怎样的?
5. 电子不停车收费系统的前台系统和后台系统分别由哪些部分构成?

参 考 文 献

[1] 郑安文，苑红伟主编. 道路交通安全概论［M］. 北京：机械工业出版社，2010.
[2] 郑安文. 道路交通安全与管理——事故成因分析和预防策略［M］. 北京：机械工业出版社，2008.
[3] 郑安文. 现代道路交通系统交通安全状况变化特性探析［J］. 中国安全科学学报，2004，14(5)：42-46.
[4] 公安部交通管理局. 中华人民共和国道路交通事故统计资料 2000—2014［R］：北京：公安部交通管理局.
[5] 裴玉龙. 道路交通安全［M］. 北京：人民交通出版社，2004.
[6] 沈斐敏. 道路交通安全［M］. 北京：机械工业出版社，2007.
[7] 许宏国，等. 交通事故分析与处理［M］. 北京：人民交通出版社，2003.
[8] 陈国华. 风险工程学［M］. 北京：国防工业出版社，2007.
[9] 过秀成. 道路交通安全学［M］. 南京：东南大学出版社，2001.
[10] 赵恩棠，等. 道路交通安全［M］. 北京：人民交通出版社，1998.
[11] 宁乐然. 道路交通安全通论［M］. 北京：中国人民公安大学出版社，2006.
[12] 郑安文. 我国道路交通安全的现状与改善对策［J］. 武汉科技大学学报（自然版）. 2006，29(1)：105-108.
[13] 莫耀祖，邓海英，韩志刚. 我国道路交通事故的现状及其综合治理［J］. 中南林学院学报，2003(4)：66-68.
[14] 中华人民共和国国家统计局. 国际统计数据（机动车使用量数据、公路交通事故数据）［R］. 2000-2010.
[15] 佐藤武. 汽车的安全［M］. 吴关昌，陈倩，译. 北京：机械工业出版社，1988.
[16] 刘志强，葛如海，龚标. 道路交通安全工程［M］. 北京：化学工业出版社，2005.
[17] 王武宏，孙蓬春，曹琦，等. 道路交通系统中驾驶行为理论与方法［M］. 北京：科学出版社，2001.
[18] 郑安文. 期望车速的意义及其影响因素分析［J］. 武汉科技大学学报（自然版）. 2005，28(1)：61-64.
[19] 郑安文，张炳焕. 高速公路不同跟车状态下安全行车间距分析［J］. 武汉科技大学学报（自然版）2003，26(1)：54-57.
[20] 郑安文. 高速公路行车间距分析与防追尾装置开发［J］. 武汉理工大学学报，2002，24(9)：62-65.
[21] 邵毅明. 高等级公路交通安全管理［M］. 北京：人民交通出版社，1999.
[22] 魏朗，刘浩学. 汽车安全技术概论［M］. 北京：人民交通出版社，1999.
[23] 裴玉龙，王炜. 道路交通事故成因及预防对策［M］. 北京：科学出版社，2004.
[24] 苗泽青，谷志杰. 交通安全法规及管理［M］. 北京：人民交通出版社，2003.
[25] 许宏国. 汽车事故工程［M］. 北京：人民交通出版社，2004.
[26] 郭忠印，方守恩. 道路安全工程［M］. 北京：人民交通出版社，2003.
[27] 郑安文，郭健忠. 重视道路因素对道路交通安全的影响作用［J］. 武汉科技大学学报（自然版）. 2002，25(1)：31-34.
[28] 郑安文，牛倬民. 高等级公路行车速度与设计车速匹配研究［J］. 武汉科技大学学报（自然版）. 2003，26(3)：273-275.
[29] 郑安文. 道路交通安全管理措施比较研究［J］. 中国安全生产科学技术，2005，1(2)：38-42.
[30] 郑安文，牛倬民. 高速公路静态交通标志设置科学性分析［J］. 交通运输工程学报，2002，2(4)：49-53.
[31] 郑安文. 我国高速公路交通事故的基本特点与预防对策［J］. 公路交通科技，2002，19(4)：109-112.
[32] 郑安文. 对中国未来 10 年道路交通安全状况分析与初步预测［J］. 公路交通科技，2006，23(5)：97-101.

[33] 陆化普. 解析城市交通 [M]. 北京：中国水利水电出版社，2001.

[34] 郑安文. 加强我国机动车驾驶人交通安全管理的对策思考 [J]. 汽车研究与开发，2004(1)：38-42.

[35] 裴玉龙，马艳丽，张琨，等. 道路交通安全管理法规概论及案例分析 [M]. 北京：人民交通出版社，2006.

[36] 邵祖峰. 论道路交通安全文化的建设 [J]. 道路交通与安全，2006，6(5)：7-9.

[37] 翟忠民，景东升，陆化普. 道路交通实战案例 [M]. 北京：人民交通出版社，2007.

[38] 毛海峰. 安全管理心理学 [M]. 北京：化学工业出版社，2004.

[39] 李振福. 基于交通文化的交通安全策略 [J]. 中国安全科学学报，2004，14(9)：64-67.

[40] 李凤芝，李昌吉，龙云芳，等. 汽车驾驶人攻击性驾驶行为的心理因素分析 [J]. 四川大学学报（医学版），2004，35(4)：568-570.

[41] 李艳春，于海辰. 大货车驾驶人交通心理与交通安全的研究 [J]. 中国安全科学学报，2006，16(10)：15-20.

[42] 马兆有，王建强. 超速行驶违法行为成因及预防对策 [J]. 工业安全与环保，2006，32(9)：58-60.

[43] 刘志宏，陈国民. 开展机动车驾驶人职业适宜性测评势在必行 [J]. 心理科学，1999，22(2)：185-186.

[44] 冯桂炎. 公路设计交通安全审查手册 [S]. 北京：人民交通出版社，2000.

[45] 黄兴安. 公路与城市道路设计手册 [S]. 北京：中国建筑工业出版社，2005.

[46] 李嘉. 公路设计百问 [M]. 北京：人民交通出版社，2004.

[47] 中华人民共和国道路交通安全法 [S]. 北京：中国法制出版社，2004.

[48] 岳茂兴. 道路交通伤的特点及其现场急救新概念 [J]. 中国全科医学，2004，7(24).

[49] 韩文朝，申五一. 现代交通创伤诊疗学 [M]. 北京医科大学出版社，2001.

[50] LASSARRE S. Analysis of progress in road safety in ten European countries [J]. Accident Analysis and Prevention，2001，33.

[51] BERHANU G. Models relating traffic safety with road environment and traffic flows on arterial roads in Addis Ababa [J]. Accident Analysis and Prevention，2004，36.

[52] LASSARRE S. Analysis of progress in road safety in ten European countries [J]. Accidents Analysis and Prevention，2000，12(1).

[53] VASCONCELLOS EA. Reassessing traffic accidents in developing countries [J]. Transport Policy，1996，4(2).

[54] Peden Margie. World report on road traffic injury prevention [M]. World Health Organization. 2004.

[55] HOSSAIN M. Modeling of traffic operations in urban network of developing countries：a omputer aided simulation approach [J]. Computer and Urban System，1998，22(5).

[56] SHANKAR V. Effect of Roadway Geometric And Environmental Factors On Rural Freeway Accident Frequencies [J]. Accident Analysis and Prevention，1995，27.

[57] Roads and highways，T legislation. Road Safety Guidelines for Asia and Pacific Region [R], Asian Development Bank Regional Technical Assistance Project，1996，11.

[58] Hakkert AS, Gitelman V, Cohen A, Doveh E, Umansky T. The Evaluation of Effect on Driver Behavior and Accidents of Concentrated General Enforcement on Interurban Road in Israel [J]. Accident Analysis and Prevention. 2001，33.

[59] 陆键，张国强. 公路平面交叉口交通安全设计理论与方法 [M]. 北京：科学出版社，2009.

[60] 姜桂艳，丁同强. 交通工程学 [M]. 北京：国防工业出版社，2007.

[61] 项乔君，陆键，卢川，葛兴. 针道路冲突分析技术及应用 [M]. 北京：科学出版社，2008.

[62] 成卫. 城市交通冲突技术理论与应用 [M]. 北京：科学出版社，2006.

[63] 张金喜. 道路工程专论 [M]. 北京：高等教育出版社，2010.

［64］ 肖敏敏，苗聪. 道路交通安全工程［M］. 北京：中国建筑工业出版社，2011.
［65］ 胡明伟. 交通工程学［M］. 北京：中国质检出版社，2012.
［66］ 李淑庆. 交通工程导论［M］. 北京：人民交通出版社，2010.
［67］ 张益斌. 乌鲁木齐市道路"黑点（段）"的鉴别、分析及基于 GIS 技术的交通事故信息系统研究［D］. 新疆农业大学博士论文，2004.
［68］ 袁建辉. 湖南省道路交通事故成因分析及预防对策研究［D］. 国防科学技术大学博士论文，2008.
［69］ 姜振亭. 陕西省高速公路交通事故分布规律分析及预防措施研究［D］. 长安大学博士论文，2007.
［70］ 孙平，宋瑞，王海霞. 我国道路交通事故成因分析及预防对策［J］. 安全与环境工程，2007，14(2).
［71］ 秦利燕. 道路交通事故预测预防理论与方法研究［D］. 北京交通大学博士论文，2006.
［72］ 胡江碧. 事故多发地点形成机理及分析方法的研究［D］. 北京工业大学博士论文，2004.
［73］ 徐吉谦，陈学武. 交通工程总论［M］3 版. 北京：人民交通出版社，2013.
［74］ 朱茵，王军利，周彤梅. 智能交通系统导论［M］. 北京：中国人民公安大学出版社，2007.
［75］ 陈艳，何春明. 智能交通系统应用现状及其存在问题分析［J］. 交通标准化，2007(8).
［76］ 曲大义，陈秀锋，魏金丽. 智能交通技术及其应用［M］. 北京：机械工业出版社，2012.
［77］ Ben Forta. SQL 必知必会［M］. 钟鸣，刘晓霞，译. 北京：人民邮电出版社，2013.
［78］ 李威武. 城域智能交通系统中的控制与优化问题研究［D］. 浙江大学博士论文，2003.
［79］ 郑威林. RFID 技术在智能交通系统中的应用仿真研究［D］. 大连理工大学博士论文，2009.
［80］ 张良力. 面向安全预警的机动车驾驶意图识别方法研究［D］. 武汉理工大学博士论文，2011.
［81］ 张良力，严新平，张存保，等. 基于 RFID 的车辆自动驾驶模拟试验装置研制［J］. 武汉理工大学学报(交通科学与工程版)，2009，33(5).